中国社会科学院
经济研究所

经济所人文库

徐建青集

中国社会科学院经济研究所学术委员会 组编

中国社会科学出版社

图书在版编目（CIP）数据

徐建青集/中国社会科学院经济研究所学术委员会组编.
—北京：中国社会科学出版社，2022.12
（经济所人文库）
ISBN 978-7-5227-0706-8

Ⅰ.①徐… Ⅱ.①中… Ⅲ.①中国经济史—文集
Ⅳ.①F129-53

中国版本图书馆 CIP 数据核字（2022）第 141217 号

出 版 人	赵剑英
责任编辑	王 曦
责任校对	殷文静
责任印制	戴 宽

出　　版	中国社会科学出版社
社　　址	北京鼓楼西大街甲 158 号
邮　　编	100720
网　　址	http://www.csspw.cn
发 行 部	010-84083685
门 市 部	010-84029450
经　　销	新华书店及其他书店
印刷装订	北京君升印刷有限公司
版　　次	2022 年 12 月第 1 版
印　　次	2022 年 12 月第 1 次印刷
开　　本	710×1000　1/16
印　　张	22.75
字　　数	336 千字
定　　价	128.00 元

凡购买中国社会科学出版社图书，如有质量问题请与本社营销中心联系调换
电话：010-84083683
版权所有　侵权必究

中国社会科学院经济研究所
学术委员会

主　任　高培勇

委　员　（按姓氏笔画排序）

　　　　龙登高　朱　玲　朱恒鹏　刘树成
　　　　刘霞辉　杨春学　张　平　张晓晶
　　　　陈彦斌　赵学军　胡乐明　胡家勇
　　　　徐建生　高培勇　常　欣　裴长洪
　　　　魏　众

总　序

作为中国近代以来最早成立的国家级经济研究机构，中国社会科学院经济研究所的历史，至少可上溯至1929年于北平组建的社会调查所。1934年，社会调查所与中央研究院社会科学研究所合并，称社会科学研究所，所址分居南京、北平两地。1937年，随着抗战全面爆发，社会科学研究所辗转于广西桂林、四川李庄等地，抗战胜利后返回南京。1950年，社会科学研究所由中国科学院接收，更名为中国科学院社会研究所。1952年，所址迁往北京。1953年，更名为中国科学院经济研究所，简称"经济所"。1977年，作为中国社会科学院成立之初的14家研究单位之一，更名为中国社会科学院经济研究所，仍沿用"经济所"简称。

从1929年算起，迄今经济所已经走过了90年的风雨历程，先后跨越了中央研究院、中国科学院、中国社会科学院三个发展时期。经过90年的探索和实践，今天的经济所，已经发展成为以重大经济理论和现实问题为主攻方向、以"两学—两史"（理论经济学、应用经济学和经济史、经济思想史）为主要研究领域的综合性经济学研究机构。

90年来，我们一直最为看重并引为自豪的一点是，几代经济所人孜孜以求、薪火相传，在为国家经济建设和经济理论发展作出了杰出贡献的同时，也涌现出一大批富有重要影响力的著名学者。他们始终坚持为人民做学问的坚定立场，始终坚持求真务实、脚踏实地的优良学风，始终坚持慎独自励、言必有据的学术品格。他们是经济所人的突出代表，他们的学术成就和治学经验是经济所最宝贵的财富。

抚今怀昔，述往思来，在经济所迎来建所90周年之际，我们编选出版《经济所人文库》（以下简称《文库》），既是对历代经济所人的纪念和致敬，也是对当代经济所人的鞭策和勉励。

《文库》的编选，由中国社会科学院经济研究所学术委员会负总责，在多方征求意见、反复讨论的基础上，最终确定入选作者和编选方案。

《文库》第一辑凡40种，所选作者包括历史上的中央研究院院士、中华人民共和国成立后的中国科学院学部委员、中国社会科学院学部委员、中国社会科学院荣誉学部委员、历任经济所所长以及其他学界公认的学术泰斗和资深学者。

《文库》第二辑共25种，在延续第一辑入选条件的基础上，第二辑所选作者包括经济所学术泰斗和资深学者，中国社会科学院二级研究员，经济所学术委员会认定的学术带头人。

在坚持学术标准的前提下，同时考虑的是入选作者与经济所的关联。他们中的绝大部分，都在经济所度过了其学术生涯最重要的阶段。

《文库》所选文章，皆为入选作者最具代表性的论著。选文以论文为主，适当兼顾个人专著中的重要篇章。选文尽量侧重作者在经济所工作期间发表的学术成果，对于少数在中华人民共和国成立之前已成名的学者，以及调离经济所后又有大量论著发表的学者，选择范围适度放宽。为好中选优，每部文集控制在30万字以内。此外，考虑到编选体例的统一和阅读的便利，所选文章皆为中文著述，未收入以外文发表的作品。

《文库》每部文集的编选者，大部分为经济所各学科领域的中青年学者，其中很多都是作者的学生或再传弟子，也有部分系作者本人。这样的安排，有助于确保所选文章更准确地体现作者的理论贡献和学术观点。对编选者而言，这既是一次重温经济所所史、领略前辈学人风范的宝贵机会，也是激励自己踵武先贤、在学术研究道路上砥砺前行的强大动力。

《文库》选文涉及多个历史时期，时间跨度较大，因而立意、观点、视野等难免具有时代烙印和历史局限性。以现在的眼光来看，某些文章的理论观点或许已经过时，研究范式和研究方法或许已经陈旧，但为尊重作者、尊重历史起见，选入《文库》时仍保持原貌而未加改动。

《文库》的编选工作还将继续。随着时间的推移，我们还会将更多经济所人的优秀成果呈现给读者。

尽管我们为《文库》的编选付出了巨大努力，但由于时间紧迫，工作量浩繁，加之编选者个人的学术旨趣、偏好各不相同，《文库》在选文取舍上难免存在不妥之处，敬祈读者见谅。

入选《文库》的作者，有不少都曾出版过个人文集、选集甚至全集，这为我们此次编选提供了重要的选文来源和参考资料。《文库》能够顺利出版，离不开中国社会科学出版社领导和编辑人员的鼎力襄助。在此一并致谢！

一部经济所史，就是一部经济所人以自己的研究成果报效祖国和人民的历史，也是一部中国经济学人和中国经济学成长与发展历史的缩影。《文库》标示着经济所90年来曾经达到的学术高度。站在巨人的肩膀上，才能看得更远，走得更稳。借此机会，希望每一位经济所人在感受经济所90年荣光的同时，将《文库》作为继续前行的新起点和铺路石，为新时代的中国经济建设和中国经济学发展作出新的更大的贡献！

是为序。

于 2019 年 5 月

编者说明

《经济所人文库》所选文章时间跨度较大，其间，由于我国的语言文字发展变化较大，致使不同历史时期作者发表的文章，在语言文字规范方面存在较大差异。为了尽可能地保持作者个人的语言习惯、尊重历史，因此有必要声明以下几点编辑原则：

一、除对明显的错别字加以改正外，异形字、通假字等尽量保持原貌。

二、引文与原文不完全相符者，保持作者引文原貌。

三、原文引用的参考文献版本、年份等不详者，除能够明确考证的版本、年份予以补全外，其他文献保持原貌。

四、对外文译名与今译名不同者，保持原文用法。

五、对原文中数据可能有误的，除明显的错误且能够考证或重新计算者予以改正外，一律保持原貌。

六、对个别文字因原书刊印刷原因，无法辨认者，以方围号□表示。

作者小传

徐建青，女，1951年6月出生于辽宁鞍山，1986年进入经济研究所工作。

1983年毕业于中国人民大学经济系，1986年毕业于中国社会科学院研究生院经济系，经济学硕士。1986年起，任职于经济研究所，从事中国经济史研究。主要研究方向为清代经济史、手工业史，中华人民共和国商业和流通史、手工业史。参加（或主持）多项国家社科基金、中国社会科学院及经济研究所重大（重点）课题。曾任中国社会科学院经济研究所研究员、中国现代经济史研究室主任。主要社会兼职有中国经济史学会中国现代经济史分会理事、中国商业史学会理事。2011年12月退休。

作者参与了《中国经济发展史》、《中国经济通史》（清代经济卷）、《中国手工业经济通史》（明清卷）、《中国村庄经济——无锡保定22村调查报告（1987—1998）》、《中华人民共和国经济史》（第一卷）、《中国十个五年计划研究报告》、《无锡保定农村调查统计分析报告（1997）》、《中华人民共和国经济史》（第二卷）、《中国经济运行分析（1953—1957）》、《中国近代以来农村变迁史研究》，以及国家清史纂修工程《清史·典志·手工业志》等项目的撰写。主编了资料书《1953—1957中华人民共和国经济档案资料选编·商业卷》、《1958—1965中华人民共和国经济档案资料选编·商业卷》及《薛暮桥笔记选编（1945—1983）》（合编）。参加《中国农业百科全书》（农业历史卷）、《中国经济学百年经典》等工具书的撰写。翻译［法］魏丕信著《18世纪中国的官僚制度与荒政》。其中《中国经济通史》(清代经济卷)、《1953—1957中华人民共和国经济档案资料选编》、《中华人民共和国经济史》(第一卷)、《中国十个五年计划研究报告》、《中国经济学百年经典》、《1958—1965中华人民共和国经济档案资料选编》获历届中国社会科学院优秀科研成果奖、郭沫若中国历史学奖,《中国经济发展史》获"中国出版政府奖·图书奖",《薛暮桥笔记选编》获社会科学文献出版社优秀原创图书奖。此外,《中国村庄经济》、《中华人民共和国经济史》(第二卷)及作者论文数篇,多次获中国社会科学院经济研究所优秀科研成果奖。

目 录

从仓储看中国封建社会的积累及其对社会再生产的作用 ………… 1
清代康乾时期江苏省的蠲免 ……………………………………… 28
清代前期的民间造船业 …………………………………………… 50
清前期的公共事业经费 …………………………………………… 78
清代手工业中的合伙制 …………………………………………… 105
20世纪50年代农村的国家粮食市场 …………………………… 134
一个村庄50年的城市化变迁 …………………………………… 151
20世纪50年代农村商品市场变化述略 ………………………… 161
社会主义流通经济理论与实践的探索
　　——近年来新中国商业与市场史研究回顾 ………………… 178
新中国前期的农村商业中介组织与城乡交流 …………………… 196
建国前期的市价与牌价
　　——从价格机制到统购统销 …………………………………… 205
我国的商品检验市场和检验事业 ………………………………… 229
老字号商业企业的经营管理 ……………………………………… 244
"一五"时期的投资与制度变革 …………………………………… 252
制度变革与手工棉纺织业：1954—1965
　　——兼及统购统销制度下国家与农民的关系 ………………… 268
棉花统购、棉布统购统销政策与手工棉纺织业 ………………… 289
统购统销制度下农民家庭棉纺织成本收益探析 ………………… 307

新中国 60 年农村商品流通体制变迁及其路径逻辑 ………… 321
中华人民共和国第一次手工业普查简析 ……………………… 334

编选者手记 ………………………………………………… 349

从仓储看中国封建社会的积累及其对社会再生产的作用

中国封建社会曾经存在过多种不同名称、不同性质和作用的仓储形式。除了漕仓、正仓等官仓外，与社会生产直接相联系，且历时最久、作用最大的是常平仓、义仓和社仓。常平仓制始于西汉，属于官仓。它主要通过对粮食的"丰敛歉散"，调节与稳定市场价格。义仓（社仓）之制始于隋，属于民间仓储。它主要通过借贷仓谷，为农民提供部分生产周转资金。① 本文提到的仓储，即指这三种仓。

本文试图从封建社会剩余产品分配的一个方面——社会积累方面，探讨仓储产生的原因、条件及其作用。

苏联学者波梁斯基认为，社会产品分为生产消费基金和个人消费基金，这在资本主义与社会主义经济学中有很大意义，但对封建主义来说，还是一个谜。他认为，封建社会客观上也有这种划分，但在再生产过程中，这些资金没有获得相对独立性，不作为独立物发挥作用。② 他的看法，主要是针对俄国或欧洲中世纪的情况而言。但在中国，仓储作为一种社会积累，正是取得了相对独立性的一部分生产资金，它是中国封建社会积累的一种形式（此外还有货币积累）。对这部分资金是可以进行分析并确定其作用的。

---

① 称为义仓者有三种情况：其一为普遍设立于乡村、市镇，由民间自行经理，为农民提供生产资金的仓。这种仓有时被称为义仓，有时被称为社仓，有时两种称呼混用。其二为设立于市镇，由某些人士和商人等捐输兴办，主要对市镇贫民施行救济的义仓，如商义仓、盐义仓等。其三是与宗族制度有关的宗族义仓，以赡养救济族内贫户为目的。本文考察的是前两种义仓，主要是第一种。由于与社仓的实际上称呼的混用，所以在文内表述中，对二者不作严格区分。

② 《经济学译丛》1981年第1期。

由于仓储制度到了清代发展得最为充分与完善，所以本文主要以清代为典型来分析。

一

一个社会为了保持其生产的连续与发展，不能没有积累。积累是指剩余产品转化为生产资金。社会从总产品中留出一部分，作为积累，这种扣除"在经济上是必要的"①。"在经济发展的一切阶段上都有一定的财富积累，也就是说，一部分采取扩大生产规模的形式，一部分采取货币贮藏之类的形式。"② 但在不同的生产方式下，由于产生的条件不同，积累在其形式、来源、形成方式以及具体作用等方面都不相同。这里要研究的是，在中国封建生产方式下，社会积累的经济必要性及其表现特征。③

积累一般以货币和实物两种形态存在。在中国封建社会，仓储是社会实物积累的形式。由于货币形态的社会积累没有以相对独立的形式出现，从而无法从量上准确估计，因此，仓储是取得相对独立的社会积累的主要形式。考察仓储，对考察中国封建社会的积累及其对再生产的作用具有重要意义。

仓储形式的积累是与中国封建地主制经济下小农经济的存在联系在一起的。在地主制经济下，基本的生产单位是农民个体家庭。由于以家庭为生产和生活的单位，经营规模小，容易实现生产和消费的平衡。"足以自资""犹足自给""人可自给"等许多记载，都说明农民在一般情况下，基本可以维持正常的生产与生活。

但是，在封建社会生产力的条件下，小农家庭的储备能力与贮藏能力有限。生产的狭小，使其经济收入从而剩余产品是有限的。

---

① 《马克思恩格斯选集》第3卷，人民出版社1975年版，第9页。
② 《马克思恩格斯全集》第26卷Ⅲ，人民出版社1974年版，第463页。
③ 广义地讲，社会积累包括社会上的各种积累，本文仅指个人积累以外的其他社会积累。

在自给以外，多数是"少有储蓄""家罕赢余"。当然，也有一部分农民家庭在正常年景，尤其是在丰收年景，会有一部分储蓄。但即使稍有储备能力的家庭，由于受到自然条件（如气候潮湿等）和自身条件（如收贮设施）的限制，也难以长期收贮。农民家庭实物储备的减少使它的应变能力下降，"中稔之岁固皆足以自给，小有水旱即多不能自存"①。此外还可能由于意外事故而丧失生产条件。在这些情况下，如果得不到资助，农民只能束手待毙。

与此相关的是小农经济的生产资金薄弱，往往缺乏足够的生产周转资金以及遭到变故后及时恢复生产的经济力量。为了维持再生产，农民就不得不求助于外部，往往落入高利贷的陷阱。有时，"即出倍息称贷无门，不得已仰给于官"②。所以，建立一定的社会积累，弥补农民资金之不足，抵消一部分高利贷的剥削，以利农民从事正常的再生产，是非常有必要的。

随着商品经济的发展，在那些商品经济比较发达的地区，农民家庭生产与市场的联系日益密切。良好的市场条件是农民能够维持正常再生产的因素之一。一方面，由于经济作物增加，粮食作物相应减少，这些地区对外地粮食的依赖性大大增加。而另一方面，由于商品经济的发展，地区之间的联系加强，一个地方的情况好坏会对另一个地方产生影响，形成连锁反应。例如，清代江南地区粮食靠湖广等地接济，一旦湖广、江西因灾米贵，运出亦少，就影响到江南地区缺粮，引起粮价上涨。建立社会积累以调节市场，满足这些地区对粮食的需求，对促进商品经济的发展也是重要的。

除了上述经济条件之外，交通不发达的状况也需要建立一定的社会积累，以便在发生天灾人祸、外部救济物品难以及时运到的情况下，尽快地救民于水火。在那些交通不便，"舟楫不通，每遇歉岁从无商贾运米接济"的地方，"有仓谷尤民之有司命"③。

---

① 刘拱辰：《募设义仓积谷启》。
② 陈宏谋：《社仓规条告谕》，乾隆元年六月，《培远堂偶存稿》文檄卷4。
③ 乾隆《建宁县志》卷7。

可见，在小农经济下，除了农民自身积累外，社会积累是不可少的。它对于维持社会的再生产，保证生产过程的连续性与稳定性是一个重要条件。同时，除了一定量的货币积累外，大量的实物积累也是必要的。在封建社会里，实物积累主要是粮食。由于封建经济的自然经济性质，以及交通不发达状况，这种实物积累的必要性更超过以后各时代。在交通发达、市场较广的情况下，可以随时从其他地方购买到所需物品，并及时运到本地，这在封建社会就难以办到。仓储形式的积累正是由这种种经济条件和自然条件所决定的，是小农经济存在和发展的内在要求。

产生于小农经济下的一部分社会积累，取得了它在这种生产方式下的特殊表现形式——实物积累的仓储形式。其中又分为国家的常平仓积累与地方民间的义社仓积累。虽然在常平仓和义社仓出现前，中国封建政权已执行着其社会积累的经济职能，但只是在常平仓和义社仓出现后，这种社会积累才取得了固定的和典型的形式。与其他生产方式下的社会积累相比，这种积累表现出以下主要特征：

第一，仓储积累是作为农民个人积累的补充而存在，这反映了小农经济下积累主体的特殊性。在常平仓与义社仓这两种社会积累中，以前者为主。建立国家积累是小农经济的特殊要求，是国家的经济职能在这种生产方式下的具体体现之一。从量上看，清代前中期常平仓储量一般在 3000 万石至 4000 万石[①]，义社仓储量一般在 700 万石至 900 万石[②]，二者之比大致为 4∶1，以国家常平仓为主。

第二，仓储积累是在社会剩余产品的分配与再分配过程中形成的，其形成有不同的途径和方式。首先，由农民将剩余产品的一部分以地租形式交给地主，或以赋税形式交给国家，地主则将地租的一部分以赋税形式交给国家；其次，各自将所得剩余产品的一部分

---

① 《清史稿》卷 121。
② 《清朝文献通考》卷 37。

以不同的仓储形式储备起来，形成社会积累。正如马克思指出的："在这样的社会状况下，'工资'和地租也是积累的主要源泉。"① 下面，以清代为例，从仓储的具体来源来考察其形成途径。

常平仓积累的来源，历来无大变化，清代主要有以下几条途径：

（1）采买。国家从赋税银中拨出一部分，交由各地买谷贮仓。如康熙四十三年，"动西安司库兵饷银十四万两，以十万两照时价买米增储，以四万两于各州县盖造仓厫"。雍正四年议准，江南"地广人稠，需用米谷，倍于他省，动帑买运，以济民食"，浙江"杭嘉湖等府，动司库银十万两，买谷分储"，台湾"动正项钱粮运米十万石，存边海地方"。乾隆六年，江西"动用存公银买谷十万余石，分储各府州县，以备缓急"。②

（2）拨漕粮或正仓粮充贮。国家从实物赋粮食中拨出一部分，作为国家积累。康熙三十四年，"运通仓米至密云、顺义各万石贮仓备用"。三十七年，直隶"截运山东、河南漕粮，……积贮平粜"。③雍正九年，"截留江西、湖广漕米至山东分贮"④。乾隆十年，直隶"拨通仓米五万石……分发缺米州县，存贮备用"⑤。以上两种积累来源于赋税。

（3）捐谷贮仓。包括两种，一为捐纳监生谷，如雍正五年，湖广"照江浙二省现开捐纳贡监事例，……收捐本色，实贮在仓，以备东南各省拨运平粜之需"⑥。乾隆三年上谕，常平捐监与其纳银于户部，"曷若在各省捐纳本色，就近贮仓，为先事之备，足济小民之缓急"⑦。二十六年，"准甘肃省收捐纳监粮"⑧。二为劝捐仓谷，即倡导有粮者，自愿捐谷入仓，多捐者给以奖励。康熙二十一年，命"州县卫

---

① 《马克思恩格斯全集》第 26 卷 Ⅲ，人民出版社 1974 年版，第 463 页。
② 光绪《大清会典事例》卷 189。
③ 《清朝通典》卷 13。
④ 《清朝文献通考》卷 35。
⑤ 光绪《大清会典事例》卷 189。
⑥ 《清朝文献通考》卷 35。
⑦ 《清高宗实录》卷 61，乾隆三年正月。
⑧ 《清朝通典》卷 14。

所官员劝输常平各仓谷，定议叙之例"①。三十四年，劝谕乡绅士民，"每岁收获时，量力捐输积贮"。三十六年，湖广"各官捐输之谷，储各属常平仓，以备赈济"。② 这种来源中，有地租，也有农民自留产品中的剩余。这是用奖励的手段把散在个人手中的剩余产品集中起来作为积累。

（4）摊派。按亩征收。但此法只在少数几省实行了几年。常平仓谷来源主要是前三种。

义社仓的积累来源，清代以前有按户、按亩、按丁等不同征收方式，清代主要有以下几条途径：

（1）劝捐。奖励乡绅、官员捐输，动员农民和其他人民捐输米谷，把民间分散的剩余产品集中起来，作为民间积累，集中使用。如康熙十八年，劝谕"官绅士民捐输米谷，乡村立社仓，市镇立义仓"。四十二年，"设立社仓，于本乡捐出，即储本乡"。雍正二年覆准，社仓之法原以劝善兴仁，"地方官务须开诚劝谕，不得苛敛以滋烦扰"。③ 这一来源中有地租，也有农民自家的剩余产品。社谷来源以此为主。

（2）拨借官谷充作社本。雍正十三年，云南建立社仓，"各属皆有常平仓及官庄等谷，……酌量暂拨，以作社本"。乾隆三年，四川省粜卖常平仓谷，以买补后"所剩余价，均买作社粮，以为民倡"。二十六年，安徽省社仓"还官谷本十五万三千三百六十石归补常平仓"。④ 广西所建社仓，"系由常平仓息谷作本"⑤。

（3）动官税银买谷充作社本。雍正七年谕，"从前于通省加二火耗内，应行裁减每两五分之数，且暂行征收，发与民间采买谷石，分贮社仓"⑥。

---

① 《清朝通典》卷13。
② 光绪《大清会典事例》卷189。
③ 光绪《大清会典事例》卷193。
④ 《清朝通典》卷13。
⑤ 光绪《大清会典事例》卷193。
⑥ 光绪《大清会典事例》卷193。

(4)少数城镇义仓系由某业人士捐输而建。如雍正四年，两淮盐商捐银为江南买贮米谷，盖造仓厫，称为盐义仓。乾隆七年，山东盐商按票输谷设立义仓。①

二

随着封建经济的发展，仓储制度在不断完善。唐代以前，佃客、部曲为依附农民，"皆注家籍"，其赈贷由地主解决，故国家主要解决自耕农的问题。宋代起，租佃制度发展，依附农削弱。此后，社会经济发展，人口增加，耕地扩大，农业区不断开拓。同时，随着社会经济的发展，农民（包括佃农）自有经济不断充实完备，生产能力提高，需求扩大，偿付能力增强，仓储制度随之产生一系列变化。

第一，小农经济的普遍发展引起仓储的设置区域逐渐扩大，设置密度亦增大。西汉耿寿昌创建常平仓时只设置于边郡。东汉至南北朝，常平仓时兴时废。隋朝于京师设常平监，又于诸州设立义仓社仓。唐初常平仓只设置于京东西，后来扩大为于全国诸州道设立常平仓。到了宋代，则全国遍设常平仓，并下设至县。宋代以后，历代常平仓都设置于县级（明代称为预备仓）。义社仓在隋初创建时为当社立仓，但不久就归官经理，设于州县。此后一直延续到宋代。宋代义仓仍设于州县，但在义仓之外，又始在乡建立社仓，只是此时仅在少数地区，还不普遍。② 宋以后的元、明、清各代，社仓均设于乡，由民经管，不再归官了。到了清代，各仓发展得最为普及，县设常平仓，县以下均设有数量不等的义社仓。据嘉庆二十五年湖南省72个县统计，每县有常平仓1—2所。72个县共有社仓584所，平均每县8所。共有社仓粮733500石，平均每仓有社谷1250石。③

---

① 光绪《大清会典事例》卷193。
② 冯柳堂：《中国历代民食政策史》，商务印书馆1934年版。
③ 嘉庆《湖南通志》卷41。

江西省在乾隆至道光初，各县有社仓少者十几处，多者五六十处，每仓有谷几百石至上千石不等。① 乾隆十八年，直隶兴办义仓（社仓），全省144个州县卫共建义仓1005处，平均每县7处。② 同时，朝廷还把设置仓库及积谷数量作为考核官员的条件之一。

第二，仓谷借贷对象逐渐扩大。借贷对象有一个由只贷给"有田之家"到贷给"力田之家"的扩大过程。后汉时，贷放对象基本为有田业者，"贫民有田业，而以困乏不能自农者贷种粮"③。唐代借贷对象为"百姓""民"，具体何指不详，考虑到唐代实行均田制，此处似应指均田制下的农民，也是有田业者。宋代租佃制度发展，虽仍沿袭旧制，但此时已开始向力田之户贷放转变。不仅贷给有田业之家，且贷给无田之佃户。宋神宗年间，"诏沂棣、沧州民第四等以下，立保贷请常平仓粮有差，仍免出息"④。宋代民户主户分为五等，第四等以下应为只有少量土地的自耕农、半自耕农及佃田耕种之客户。南宋李燔于江西建立社仓，认为"社仓之置，仅贷有田之家，而力田之农不得沾惠"，"遂倡议裒谷创社仓以贷佃人"⑤。此时尽管有此转变，但仅是开始，亦未普及。至清代情况方有根本变化。清代仓制明确规定，贷放对象为"力田之家"，包括"佃业"，在有些地方的规定中，还特别指明，领借社谷"不必尽有田产之家"，"佃田力作"者亦借给。⑥ 赈贷时，"奴仆雇工"可以不给，"如系专靠租田为活之贫佃"则要给。⑦ 这是租佃制度发展，佃农自有经济增强在仓储制度上的反映。农民的生产需要，特别是佃农的需要从制度上得到了保证。

第三，平粜、赈济、借贷，是仓谷发放的三种主要方式。一方

---

① 据江西省南昌、丰城、鄱阳等县地方志。
② 方观承：《义仓奏议》。
③ 郎擎霄：《中国民食史》，商务印书馆1934年版，第78页。
④ 郎擎霄：《中国民食史》，第79页。
⑤ 于佑虞：《中国仓储制度考》，正中书局1948年版。
⑥ 《清朝文献通考》卷37。
⑦ 汪志伊：《荒政辑要》卷3。

面，随着小农经济的发展，农民对资金需求的增加，引起仓谷发放方式的多样化，由初创时的粜、赈而增加了贷放。另一方面，随着农民家庭经济力量的增强，特别是佃农自有经济的发展，牛犁、谷种、口粮、住房等自有生产资料和消费资料从不完备到比较完备，偿还能力增强了，义社仓谷的发放方式也逐渐由以赈放为主转变为以贷放为主，成为一种常年性的资助方式。唐代以前，常平仓定制只为平粜之用。间有关于贷放的记载，但是否出贷常平仓谷，是否成为制度则不详。唐代始见有常平仓谷借贷之制，但非主要方式。宋代王安石的"青苗法"，变常平仓灾贷为常年"借助"，是对常平仓制的改革，实际上是对贷放方式的改革。尽管"青苗法"不久后被废除，但自宋以后，常平仓谷以平粜为主兼以常年贷放之制始终未变。义社仓在设置之初，只为救济灾荒时用，发放方式只是赈给。唐代亦增加了义仓谷借贷，"岁不登，则以赈民；或贷为种子，则至秋而偿"①。但总的来看，还是以赈济为主，兼以贷放。宋代情况有了变化。义仓之设，为"民饥欲贷充种食者"，计口贷给，突出了借贷方式。同时，"青苗法"虽被废除，但它在社仓法中继续生存下来，宋代明确规定，社谷专以借贷方式接济农民。② 至此，社仓发放方式转变为以贷放为主。清代，在以借贷为主的情况下，兼有赈济之用，"（社谷）止许出借，不许出粜"③，"社谷主借而义谷兼赈"④。个别省如江西、陕西，偶有在荒年出社谷散赈之例。在清代，仓谷的常年借贷已成为一项重要的经常性的接济方式。仓谷不论灾年常年，年年放还，不断周转，其中社仓借贷的作用越来越强。如果说社仓在创建早期还带有某种程度的社会救济性质，那么到了清代，已完全演变为一种生产借贷关系。同时，各仓发放方式全面，常平仓粜、赈、贷兼行，义社仓贷、赈兼行，以适应生产的多种需要。

---

① 《新唐书》卷51，食货一。
② 《宋史》卷178，食货上六。
③ 陈宏谋：《社仓条规》，乾隆十八年四月，《培远堂偶存稿》文檄卷33。
④ 乾隆《兴县志》卷10。

仓储制度的变化适应发展了的社会经济的要求。它的日益完善也使农民的需要在一定程度上得以满足，有利于维持和促进生产，稳定社会秩序。古老的救灾方法之一是移民就粟，即当灾害发生后，由于没有足够的粮食储备，而不得不将灾民大批地、有组织地迁徙到未受灾的地区进行救济。这种方法一直沿袭到唐代，唐制有"凶荒则有社仓赈给，不足则徙民就食诸州"[1]。到宋代以后，虽有个别移民就粟的事例，但从制度上这种方法是被否定了。这不能不同仓储在这个时期乃至以后的发展有关。移民就粟的方法不利于社会稳定，影响生产正常进行。这种方法被否定，也反映了仓储积累在社会经济中的作用增强，成为保证再生产持续与稳定的条件之一。

仓储制度的完善，不但从质上表现出来，也从数量上表现出来。由于资料所限，缺乏各代详细可比的仓储量数据，难以作出较为准确的估计，但从一些数字，还是可以看到粗略的发展线索。以常平仓储量为例。唐代常平仓储量，天宝八年记载为 4602220 石，唐大石一石合 0.594 市石，则常平仓储量约为 2733720 市石。[2] 宋熙宁二年，全国常平钱谷贮额计 14000000 贯，[3] 假如以一贯钱折一石粮计，共储常平仓粮 14000000 石，宋一石折 0.664 市石，则宋代常平仓储量约为 9296000 市石。清代自乾隆至嘉庆年间，常平仓储量一般在 30000000 石至 40000000 石，以 35000000 石计，清石一石折算 1.035 市石，则清代常平仓储量约为 36225000 市石。假如以唐代储量为 1，则唐、宋、清三代常平仓储量之比大致为 1∶3∶13（清代以前是谷米兼储，清代改为储稻谷。如加以折算，比例会有变化，但不会很大）。这一比例说明，常平仓的积累量是在逐渐增多。它还可以说明，在整个社会积累发展的同时，国家积累量日益增多，反映了在小农经济发展的情况下，国家对社会经济调节作用的增强。

---

① 《新唐书》卷 51，食货一。

② 唐代常平仓储量见梁方仲《中国历代户口、田地、田赋统计》，上海人民出版社 1980 年版，第 287 页；折合比率该书第 545 页，以下宋、清时期亦同。

③ 《宋史》卷 176，食货上四。

如从人均储量来看,唐代与清代相比,按常平仓储量计算的人均储量是上升的,而按总储量计算的人均储量是下降的。原因是人口的增长速度超过仓储量的增长速度。尽管如此,清代在人口激增的情况下,仍使储量有所增长,说明它是继续发展的。

积累的状况反映着经济发展状况,它是国力强弱的体现之一。从历史上看,当社会经济处于正常发展时期,积累也会正常发挥作用,积累量也会较多,如唐、宋、清代的前中期。积累的发展反过来促进了社会经济的发展,社会就会繁盛。反之,每当社会动乱时期,积累量也必然减少以致全无,积累的作用必然削弱。这种情况同样反过来影响经济的发展,使社会秩序愈加不稳定。可以说,积累是社会经济的一面镜子。封建社会积累的发展及其对生产的作用增强,从一个侧面反映了中国封建经济的发展。

三

地主制经济下社会积累的直接目的是维持与发展社会生产,以稳固地主阶级的统治。在小农经济形式下,具体体现是保证小农经济的生产与再生产。关于小农经济生产的资金有限性与仓储建立的经济必然性已如上述。生产发展的需要是仓储建立并得以长期存在的原因。清人有言:"天下之本在农,农民困则天下困。天下之困解而止。而农民口食之外,尚有事田亩,但解口食之困而不可止。……耕三余一,耕九余三,非农自余之,实赖有积贮之政。"[①] 农业是传统社会生产的主要部门,是社会的基础,所以"农民困则天下困"。而农民受自身条件所限,又经常处于困境,要保证农民能够正常从事生产,就要帮助他们解决生产资金问题。耕三余一、耕九余三是一种理想,在当时的生产水平下,要达到整个社会的耕三余一是不可能的。但一定量的储积却是保证生产正常进行不可缺少的条件,

---

① 章谦:《备荒通论上》,贺长龄辑:《皇朝经世文编》卷39。

有其无可替代的作用。因此，尽管历史上仓储制度因社会变动而多次废弃，但是，只要社会生产恢复正常秩序，它的建立就立即被提到议事日程上来，而且总是被付诸实施；屡废屡建，一直持续到封建社会的终结。

仓储积累的作用主要表现在以下几个方面：

第一，为直接从事农业生产的农民提供生产周转资金。仓储积累主要是解决农民的资金问题，不论赈与贷都主要是接济农民。"赈，所以救农也。……司赈者必视田亩被灾轻重，与器用牛具之有无，以别极贫、次贫。其不因灾而贫者，则非农也。不因灾而贫者亦赈，误以赈为博施之举也。夫农饥则四民皆饥，谷贵则百物皆贵。盖推广恩泽而及之耳，非赈政之本意也。故灾赈首重赈农，其余乏食之民不过为区别斯可矣。"① "博施之举"是指救济那些缺乏劳动能力的人，或无业游民，对这些人的救济不是"赈政之本意"，赈济农民才是积贮之目的。农民是主要生产部门的劳动者，无论从再生产的角度讲，还是在时人的意识中，对农民的接济，无论是生产资料还是生活资料，都属于生产的一部分。仓储积累是为了扶助农民生产，它不是一种单纯的社会救济措施（对丧失劳动能力者的正常性救济，一般由政府从正项支出少量专款，或地方慈善性捐款。如遇灾荒，对非生产者，国家临时拨款或米粮赈济，地主、绅士、商人等亦捐款放赈）。当然，在没有专门用途划分的情况下，有一部分社会救济性的粮食也是从常平仓、义社仓中支出的，"鳏寡孤独，……宜临时同众酌议赈济，然非大荒之年不可"②。再有如灾荒之年的"施粥"，这种使用毕竟是少量的。

为了保证切实起到接济农民的作用，仓储制度规定，贷放对象为"力农之家"。各地的社仓规条对此规定得非常明确。在规定可发放对象的同时，又限制了几种人不可借贷社仓储备。这些人中，除了以上提到的社会救济对象外，主要指游手好闲之人、商贾、官兵

---

① 王庆云：《石渠余纪》卷1。
② 甘扬声：《扶持保义仓约》，盛康辑：《皇朝经世文续编》卷43。

家属等非力田者："社谷原系借给耕种农民以为籽种，凡游手好闲及无生理穷民均不准借。"（江西社仓规条）①"社谷原备农民籽种，凡耕田之家，毋论佃田自田，凡无力者皆许借领。一切贸易及不耕之民，概不准借，衿监衙役兵丁之家有务农者仍准亲属出名借给，如系有力亦不准借。"（湖南社谷出借条规）②"不论佃业，凡种田之户无力者均准借给。不种田者，虽有别项生业皆不准借。田多力能耕种者亦不准借。生监书役兵丁之家虽种田亦不准借。"（江苏出借社粮檄）③"借谷必须力田有业之人。其游手无业者不借，兵役不借，商贾不借，有田而殷实者不借。"（福建社仓规条）④"必须力农乏食之家……方准借给。凡游手无业及无保者不准借给，衿监兵役果系耕田亦准取保借给。"（陕西汇申常平条规檄）⑤"……实系农民方准借给，……凡无地土之户，及胥役豪棍均不准借。"（河南严查借粜积弊檄）⑥"出借之时，尤须详慎。无籍之人不许强混，力农之家亦须均匀。"（云南社仓规条）⑦"……借给农民，凡衿监军役及游手好闲之人，概不准借。"（山西义仓规条）⑧ 以上多为社仓出借之制。常平仓亦同。从各地社仓规条可见，即使是发放给农民，也是有区别的。那些殷实有力之家，不论是否务农，亦不准借，以此来保证那些真正急需生产资金者的需要。

一般来说，农民资金最为拮据的时间是在生产周期之初（农业以一年为一个周期），此时农民要筹资为新的生产过程准备条件。仓谷适时发放正是为了解决农民急需。发放时间一般由朝廷决定，但各地可根据具体情况，定时间先后。在正常情况下，出借一般为一年一期，春借秋还，有的地方一年两期或三期。逢灾时，不拘成例，

---

① 《培远堂偶存稿》文檄卷 13。
② 《培远堂偶存稿》文檄卷 37。
③ 《培远堂偶存稿》文檄卷 45。
④ 《培远堂偶存稿》文檄卷 33。
⑤ 《培远堂偶存稿》文檄卷 39。
⑥ 《培远堂偶存稿》文檄卷 31。
⑦ 《培远堂偶存稿》文檄卷 4。
⑧ 乾隆《兴县志》卷 10。

可以随时出借。平粜时间是一年一期，于青黄不接时发粜仓谷，以抑粮价，秋成买补归仓。

借贷利息率是统一规定的。初时定为二分，"石息二斗"，后统一定为"收成八分以上，石收息一斗，七分以上免息，六分五分两年责偿"。此为常贷。灾年所贷"均免息"。① 与当时民间高利贷加三加四乃至更高的利息率相比，加一之息无疑是较低的。这大有利于农民生产。

常社仓对农民的接济主要为直接生产过程中所需要的籽种、口粮与牛具。在传统农业生产中，籽种、牛具是主要的生产资料，口粮是主要的生活资料，两者都是基本生产条件，积谷主要是备这几项之需。仓储制度规定，常平仓谷"许农民领借，作为口粮籽粮，……使耕种有资，无虑拮据"②，"凡贷有籽种，有口粮"③。在这两大项之外，在需要时也发仓粮以资修建农田水利和贷作耕畜饲料，这几项内容无疑都是在直接生产范围内的。除了这些与生产有关的项目外，一律不准动用仓谷。常平仓"粜粜平价，不许别项动支仓谷"④。"社仓遇有水火偏灾应行给恤者，均请另款给赈，不得擅动。一切公事不许动用。"⑤ "即遇有军需大事，亦必不拨动社仓。"⑥

每当东作方兴之时，或遇灾之后，便会发放仓谷，以资籽种、口粮。宋代"诸州岁歉，必发常平、惠民诸仓粟，或平价以粜，或贷以种食，或直以赈给之，无分于主客户"⑦。宋至道二年，"发粟数十万石，贷京畿及内郡民为种"。曾巩在越州，"值岁饥，出粟五万石，贷民为种粮，……农事赖以不乏。"⑧ 清前期，正常情况下，每年循例借贷仓谷，"俾得耕作"，"以资接济"，"以纾民力"。乾隆

---

① 王庆云：《石渠余纪》卷1。
② 杨昭谨：《常平仓谷章程疏》，嘉庆七年，贺长龄辑：《皇朝经世文编》卷40。
③ 王庆云：《石渠余纪》卷1。
④ 光绪《大清会典事例》卷189。
⑤ 光绪《江西通志》卷88。
⑥ 陈宏谋：《社仓规条告谕》，乾隆元年六月，《培远堂偶存稿》文檄卷4。
⑦ 《宋史》卷178，食货上六。
⑧ 汪志伊：《荒政辑要》卷5。

六年春，直隶、山东、河南、陕西等省"均得瑞雪"，"播种不可后时"，凡"贫乏之家，籽种不足者，量为借助"①。七年，江苏省十八州县水灾，动用常平仓"借给籽种口粮，……秋成免息还仓"②。二十三年，福建漳、泉、福州各府歉收，"于社仓内借给麦本，来年秋后免息还仓"③。二十八年，直隶水灾，"查明有可赶种春麦或候种大田者，均分别借给籽种"④。当实在无力偿还时，又有豁免之例。乾隆十六年，江南省几个州县历年所借籽种口粮共欠米麦三万四千多石，全部豁免。⑤

各仓积贮也用来对农民提供牛力资助。宋代刘涣在澶州，适值河北地震，民乏食，纷纷贱卖耕牛以图朝夕，"涣发仓储买之。明年耕牛价增十倍，涣即出所市牛以原直与民，赖不失业"⑥。清代，每当耕牛不敷犁种时，或赏或借，使农民"力作有资"。康熙三十八年，直隶多有流民归乡，资生无术，遂"贷仓粮以给牛种"。乾隆十一年，规定陕西部分州县，每年于常平仓出三数内，将贷余粮米尽数出粜，粜价"为次年贷给出口种地穷民牛具之需"。二十三年，谕山东、江南、河南等省，"有实在穷民牛具籽种不能接济者，即行借给（常社仓粮）"⑦。三十五年，江西、湖北、江苏、河南等省部分州县"皆被灾，借给口粮、籽种、牛具，俾农民得以及时播种"⑧。

仓储供给量能在多大程度上满足农民最基本的需求？试以社仓制度为例略作估计。

社仓供给量：按照规定，社仓对农户的发放量一般是每户一次五斗至二石，最多不超过二石。有的地方是按日计发。

农户需要量：只计算籽种、口粮需要量。清代南北方农户占有耕

---

① 《清朝文献通考》卷45。
② 光绪《大清会典事例》卷276。
③ 《清朝文献通考》卷45。
④ 光绪《大清会典事例》卷276。
⑤ 光绪《大清会典事例》卷276。
⑥ 潘游龙：《康济谱》卷9。
⑦ 《清朝文献通考》卷45。
⑧ 光绪《大清会典事例》卷276。

地数不同，北方一般为 30 亩，南方一般为 10—20 亩，分别南北方来计算。以北方计，假定一户 5 口，30 亩地，且全部口粮、籽种都需要外部提供。按照官方规定的口粮赈济量，大口日米 3—5 合，小口半之，取中数，大口日米 4 合，小口 2 合，青黄不接时间一般按两个月计，则全户共需米 9.6 斗，折谷 1.92 石。按照规定的籽种借贷量，每亩 3—5 升，取中数每亩 4 升，30 亩地共需 1.2 石。两个月共需籽种、口粮 3.12 石。按照最大借贷量二石计，可满足 64% 的需要量。如果按灾年算，赈济时间为三个月（官方规定，灾年赈济一般是急赈一个月，正赈极贫二个月，次贫一个月，如灾情较重再加赈一个月，大致平均为三个月。特大灾害例外），那么需要口粮三个月，籽种不变，共需籽种口粮 4.08 石，社仓可解决 49% 的需要量。以上是北方的情况。南方如以户占耕地 10 亩计，人口数不变，按照上述规定的赈贷量，则常年需口粮、籽种 2.32 石（1.92＋0.4），灾年为 3.28 石（2.88＋0.4），社仓可解决 60%—85% 的需要量。如以户占耕地 20 亩计，则常年需口粮、籽种 2.72 石（1.92＋0.8），灾年为 3.68 石（2.88＋0.8），社仓可解决 55%—75% 的需要量。

根据计算，如果农户全部籽种、口粮都需要外部解决时，社仓可满足需要的程度，在北方一般为 50%—65%，在南方低者为 55% 以上，高者至 80% 以上。在贫困户的需要全部借贷与有力之家的无须借贷之间，有一般农户的非全部借贷的许多种情况，这些情况是大量的。据嘉庆朝借贷统计，总 23 件借贷事，其中借贷量在二石（包括二石）以下的有 16 件，占 70%。[①] 社仓的供给量与多数农户的基本需要量是相符的。在这些情况下，如果社仓能正常地建立与发挥作用，它对于农民再生产可起比较重要的作用。这种作用表现为，可抵消一部分高利贷的剥削，并基本保证一部分较贫农民能够维持再生产。

第二，官方调运仓储积谷以调节产粮区和缺粮区之间的粮食供需，其中既有年成丰歉时的调节，又有常年的余缺调节。这是国家

---

① 李文治：《中国近代农业史资料》第一辑，生活·读书·新知三联书店 1957 年版，第 94 页。

的宏观调节。清代粮食调运大多由商人来进行,但商人的特点是视利而趋,并不完全是哪里需要就运往哪里。在当时交通运输条件不便的情况下,为应对灾荒年的紧急需求,积贮对于缺粮地区尤为必要,由于民间储备无多,国家储备就更加重要。

清代产粮区主要是四川、湖广、江西、安徽等省,缺粮区主要是东南沿海、西北地区,粮食调运即在这些地区之间进行。官府将粮食或是存贮于产粮区以备外地调用,或者运往缺粮区储积以备需用。在产粮区的积储量中,有一部分本就是专供外省调拨之用的。如乾隆十八年,湖北省在常平仓原额之外,"加储四十万石,存为邻省协拨之用"①。乾隆五十五年,四川省增贮谷五十万石,"以备本省平粜及接济邻封之用"②。缺粮区的食用、储备向来仰仗外地调运。如陕西省,康熙三十二年关中饥,运襄阳存仓米二十万石接济。五十九年、六十年,运湖广、河南等处仓米二十万石接济陕西。雍正十一年,拨运河南、湖北两省米十万石至陕西积储。③ 福建省每年平粜,除利用本省积储外,还要依赖江浙运米。④ 广东缺米一向由广西接济,但仅靠民间自由流通不能完全解决问题,"惟(由广西)买备平粜,然后东西两省均有利焉"⑤。产粮区也有赖于向外省拨运粮食以稳定本地市场,如乾隆十三年,湖南稻谷丰收,恐秋后粮价下跌,因而主动请求向外省调出粮食,"向闻江苏未经买补仓储甚多,请于湖南买谷二十万石,拨运江苏"⑥。粮食的存贮和调运,既可满足缺粮区的需要,也有利于稳定余粮区的市场,反映了仓储在调节国内粮食供需中所起的作用。特别是商品经济比较发达的地区,本地产粮不敷食用,粮食调拨可以在一定程度上满足这些地区的需求,这也是维持农民再生产的基本条件,有利于这些地区商品生产的发展。

---

① 光绪《大清会典事例》卷189。
② 光绪《大清会典事例》卷192。
③ 乾隆《直隶商州总志》卷7。
④ 高其倬:《豫筹买米以备平粜疏》,雍正五年,《皇清奏议》卷27。
⑤ 鄂弥达:《请豫备仓谷以利民生疏》,雍正十年,《皇清奏议》卷30。
⑥ 《清高宗实录》卷319,乾隆十三年七月。

第三，发挥仓储的蓄水池作用，调节市场价格，维持粮价稳定。这也是国家的宏观调节。小农经济下的农民生产在不同程度上与市场发生联系，需要在市场上出售农产品以换取生产资料和生活资料，从而不同程度地受到市场影响。对于农业生产来说，主要是粮食价格的涨落对生产的影响。稳定市场价格以保护农民利益，具有举足轻重的意义。"谷价贵贱，民食攸关"①，"米价平则百物与之俱平"。粮价平社会就安定，各行各业才能正常发展。市场形势直接影响农民再生产，与市场联系越密切，对再生产的影响就越大。而市场变化是发生在生产过程之外的，农民自身无力左右它，需要有一个外部的强大力量来控制它。这个职能责无旁贷地由国家来承担。国家利用自己掌握的粮食储备，调节市场价格，为农民再生产创造外部条件。

调节市价的方法是减粜增籴，即在谷贵之时量减市价出粜仓谷，谷贱之时量增市价采买贮仓，一方面稳定价格，一方面补充仓储。这样做可使农民在丰岁"常使其有余"，凶岁"无使其不足"②。在清代这是一项经常性工作。每年春夏青黄不接之际是循例发仓平粜之时，此时，各地纷纷请求发粜仓谷以平粮价。夏秋收获时节，则要求各地积极买谷储仓。乾隆五十三年，朝廷要求各省凡价值平减之处，都要及时采买储仓，"在仓贮既得早为充足，……而民间粮石亦得及时售卖，不致有谷贱妨农之虑"。但买贮又要有限度，不可多买，否则"转致谷价增昂，有妨民食"，要做到"仓储民食两有裨益"，③实际是仓储、民食、农民生产三有裨益。

平粜效果如何？在仓储制度得到正常执行，仓谷积储丰盈的时候，平粜的效果还是比较明显的。明代张惟诚在山东汶上县建一常平仓，积谷5011石，"三月间开仓，比时价减三分之一，……数日之间，市价顿减，民稍沾惠"④。清雍正初年，朝廷"以平米价为首

---

① 《清高宗实录》卷1412，乾隆五十七年九月。
② 郑昱：《请通行常平仓法疏》，贺长龄辑：《皇朝经世文编》卷39。
③ 《清高宗实录》卷1318，乾隆五十三年十二月。
④ 张惟诚：《请建社仓议》，乾隆《山东通志》卷35。

务，出仓粟二百万石，减价贱卖，米价大平"①。乾隆时，各省常平仓"实贮州县，每年平粜，利益甚大"②。乾隆十三年，浙江石门县"夏旱，米价腾贵，发常平米平粜及劝富户发余米平粜，……历日五旬，粜米四千六百石有奇，……而市价以平"③。三十年，湖南祁阳县水灾，市场上"米价日增"，"民情甚为惶惧"，官府发仓平粜及劝富绅出谷，减价粜卖，两个月共粜谷 2540 石，"祁民虽遇奇荒，得免饿殍之叹"④。三十六年，京畿麦收歉薄，"幸有官麦平粜，市值未致加昂"⑤。在那些产粮不敷民食的地方，平粜是解决民食、抑平物价不可少的措施。福建省"每年至二、三月，平粜不能不行"⑥。嘉庆十九年，浙江旱，"粮价腾贵，人心惶惶，……亟应平粜，以济民食"⑦。米价平，社会秩序也会安定，"倘遇地方一时乏食，他处之米接济不及，乡民嗷嗷，万千成群，入城呼吁，地方官或赈或粜，小民各得升斗，即时立散"⑧。道光年间，江西吉安府因连年水灾，米商趁机抬价，民无口食，纷纷聚集城中，有争抢"以致酿成讼狱者"。道光十五年，捐办丰乐义仓，专备平粜，以补常平之不足，"自是后，……争籴胁粜之事或庶几免乎"。⑨ 对平粜价格有规定，不能随意多减。定例当大荒时，减时价不得过三钱，其他时候减五分至一钱之数，减价的幅度有限。从这个角度看，似乎消费者受益不大。但这种做法可以防止商人抬价，因为这个时候是商人投机的大好时机，此时发仓储平粜，使粮价保持在一定水平上，无论于民还是于农，都是有利的。

稳定粮价对于农民不仅是维持简单再生产的条件，也是扩大再

---

① 胡煦：《上隆太宰买米备赈书》，贺长龄辑：《皇朝经世文编》卷44。
② 万年茂：《粜价不宜拨饷疏》，乾隆十年，贺长龄辑：《皇朝经世文编》卷40。
③ 道光《石门县志》卷6。
④ 嘉庆《祁阳县志》卷9。
⑤ 《清高宗实录》卷883，乾隆三十六年四月。
⑥ 高其倬：《仓谷平粜疏》，雍正四年，贺长龄辑：《皇朝经世文编》卷40。
⑦ 道光《石门县志》卷6。
⑧ 万年茂：《粜价不宜拨饷疏》，乾隆十年，贺长龄辑：《皇朝经世文编》卷40。
⑨ 鹿泽长：《丰乐义仓记》，道光十八年六月，道光《义仓全案》。

生产的条件。因为农民为扩大生产所需要的生产资料可能是自己留出的，但更可能是从市场上购买的。稳定粮价使农民少受损失，也使他们能有更多的剩余资金用于扩大再生产。这些都是从可能性上讲的，实际情况如何要做具体分析。总的来看，社会积累的作用在这里不仅限于维持简单再生产，而且为可能的扩大再生产创造了一个通往现实的市场条件。同时，由于农民本身与市场发生联系的性质不同（商品经济性与自然经济性），这种作用尽管在形式上相同，在性质上也是不同的。在自然经济占统治地位的条件下，这种作用是维持和巩固了自然经济性的再生产。在那些商品生产比较发达的地方，许多从事商品生产的农民已是"籴粮而食"。如果古代一般是谷贱伤农，到宋以后，特别是清代，一些地方已是贵亦伤农。在这些地方，农民的生产已经发展为以流通为媒介的再生产，稳定的市场为商品生产创造条件，反过来促进商品经济的发展。

　　第四，进行扩大生产性的基本建设，如兴修一些农田水利工程。对于水利工程的投资不属于积贮的职能范围，它属于封建国家积累的又一方面，尤其是大型水利工程的建设，一般是有专项拨款的，但有的时候也会利用储备资助农民兴修小型农田水利。这里有两种情况。其一是工赈。即在受灾地区，利用赈济灾民的银、粮（主要是常平仓谷），招募工役，修建一些水利工程，开辟有待开垦的农田，以及筑路、浚河等其他公共事业。此举既解决灾民的生活困难，又办了有益的事，一举两得。此种制度，历代都有实行。宋代规定："自今灾伤，用司农常法赈救不足者，并预具当修农田水利工役募夫数及其直上闻，乃发常平钱斛，募饥民兴修。"① 熙宁六年、七年，各路受灾，几次发常平钱谷，募饥民修农田水利。② 清代以工代赈是救灾制度中的一项重要措施。有时规模还比较大。如嘉庆六年，京师发生罕见大水，山水并发，永定河决堤数百丈，"下游被淹者九十余州县，数千万黎民荡析离居，飘流昏垫"，很多州县的常平仓、社

---

① 马端临：《文献通考》卷26。
② 李焘：《续资治通鉴长编》卷247、卷250。

仓都被冲掉，朝廷调运现存的常、社仓谷，用多种方式救灾，又招募大批灾民修复河堤，疏浚河道。这一年，除正仓粮外，因灾和青黄不接之时共出借常平仓和社仓粮八万多石。①

另一种情况是常年进行的。宋代为开垦荒废的田地，经常将常平钱谷贷民为种粮，或买耕牛，或募民垦田，或兴修水利。兴修开垦的农田少者几千顷，多者几十万顷。②明万历三十五年，江西新建县因发水圩坏，发"义仓谷两千石并帑银一百两，助民修圩一百一十六所，共长二十万丈"③。山西介休县在明万历年间，官府提倡打井灌田，"贫民不能持畚锸者，开一井借谷五斗，共开一千三百眼有奇。邑民至今赖之"④。清代更不乏用仓谷助民开垦农田、兴修水利的事例。清前期广西常平仓积谷较多，因而请求"因开垦之便，将捐谷量借贫民为牛种饭食、置农器、盖茅庐之资"⑤。雍正时，曾多次号召各省，凡"闲旷未耕之地皆宜及时开垦"，其情愿开垦而贫寒无力者，借给银谷，以为牛种口粮。⑥雍正九年，安徽开垦农田，凡领垦之人贫寒无力，"于常平仓内给谷二斗，以为籽种"。乾隆年间，山西社义两仓有存余息谷三十五万余石，除酌量出粜外，其余"遇有地方农田水利公事，奏明动用"。安徽、福建、江西等省均有存余社义仓息谷几十万石，按规定用于"地方农田水利等务"。⑦陕西、河南、山西一带，气候干旱，"凿井灌田，实为救旱良法"。官府号召农民打井，对缺少资金的"无力者，给社谷常平谷作工本"。有的地方还要求根据井的大小，所费工本的多少，酌借仓粮，工本较费的"多借以仓粮"。水浇田自然会比旱田增产，"深井亦可灌二十余亩，浅井且可灌三四十亩，但使粪灌及时，耘籽工勤，即此一井，

---

① 嘉庆《钦定辛酉工赈纪事》卷38。
② 《宋史》卷173，食货上一。
③ 道光《新建县志》卷12。
④ 乾隆《介休县志》卷2。
⑤ 李绂：《条陈广西垦荒事宜疏》，《穆堂初稿》卷38。
⑥ 道光《南海县志》卷1。
⑦ 光绪《大清会典事例》卷166、卷193。

岁中所获，竟可百石，少亦七八十石。……（小井）一井可及五亩，但得工勤，岁可得十四五石谷。更加精勤，二十四五石可得也"。① 据此计算，打井灌田亩产平均可达二至三石，多者四五石，比当地平均亩产一石之数，高出几倍。

可见，以仓储资助农民兴修水利确有成效。相对于其他方面的使用，兴修农田水利所使用的储备量较小，但它对于帮助与促进生产毕竟起了积极作用，而且这种作用属于扩大再生产的性质，因此它在这方面的作用也不可忽视。

由以上分析可以看到，仓储积累对于再生产有一定的积极作用。但它能否切实发挥作用，还要看其实行情形如何。常平仓、社仓的实际执行情况，发展不平衡。往往在一段时间内执行得比较正常，而有时则流于形式；在一段时间里，有的地方执行得较好，有的地方却弊端较大。这主要取决于执行者的情况。总的来看，每个朝代建立前期，仓储制度基本能正常实行。如清代前期，政府对仓储制度很重视，三令五申要求各地大力兴建仓储并严格照章办事，对其中可能产生的弊端也有一定防范措施。当时，各仓储备比较充足。除了正常的借贷平粜之外，每遇灾荒即发仓赈济，其中一部分是正仓、漕仓粮，相当一部分是常平仓粮。康熙五十九年，陕西、甘肃饥，拨陕西省常平仓粮六十九万二千石，甘肃省常平仓粮六十七万二千石救灾。乾隆元年，山西米价昂贵，平粜仓粮，并发社仓谷二十余万石照例出借。七年，江西、安徽共五十三州县水灾，共放赈米麦二百四十万石。② 十七年，浙江几州遭灾，共放赈米三万四千余石，籽本谷一万四千余石。③ 二十年，山西岢岚等地歉收，先后借出常平仓谷三十三万二千余石。④ 道光十二年，京畿旱，截漕三十万石，又碾常平仓谷二十万石备赈。⑤ 据安徽省凤台县统计乾隆年间数

---

① 王心敬：《井利说》，贺长龄辑：《皇朝经世文编》卷38。
② 《清朝文献通考》卷36、卷46。
③ 光绪《大清会典事例》卷271。
④ 《清朝文献通考》卷45。
⑤ 光绪《大清会典事例》卷274。

字，全县每年正供银 15300 两，米 256 石，积六十年不过银 978000 两，米 15319 石。而在乾隆朝的六十年中，全县共蠲免银 198000 两，米麦 3946 石，又发放赈银 693838 两，赈米 125817 石。① 也就是说，全县六十年中，救灾所用的银两占上缴数的 2/3 以上，这还不算蠲免之数。而救灾所发放的米谷数是全县上缴数的 8 倍多，大大超过了上缴数。这种情况也许不止这一个县。如不是全国有充足的储备，是难以做到的。

在那些曾较好地执行了仓制的地方，其作用比较明显。这可以从两个方面来看：

首先，从当时人们（尤其是农民）的态度来看，尽管人们看到了仓制在执行中的弊端，但对它的作用总的持肯定态度，认为仓谷发放对于处于窘迫之际的农民来说总归是一个补救与资助，"人得斗米以延于青黄不接之时，即生路矣"②。"（社仓）于青黄不接之际，升斗之需，不无小补。"③ "社谷之法在各省虽不能尽无弊端，究竟利多而弊少，得社谷之益者十有八九。"④ 湖南省乾隆二十年积有社谷四十三万余石，"四乡农民专望借领社谷接济春耕"，而且"年年借还，本息无欠，最为难得"。⑤ 在执行得较好的地方，农民受益就多一些。明嘉靖年间，直隶大名县遭水患，"坏民庐舍靡有底止，镇民赖（社仓）以不垫。方春播种，谷价涌翔，民用艰食……发所储而贷之，镇民复赖以不饥。"⑥ 清康熙年间，直隶南乐县建义（社）仓四处，凶年"每仓发粟备赈，附仓居民凡二百余村赖以全活"⑦。农民因有仓储支援作为后备，也能安心从事生产。江苏震泽县乾隆年间力行社仓法，"其积益多，而民莫不恃有备以无恐，是所宜永行

---

① 嘉庆《凤台县志》卷2。
② 乾隆《安福县志》卷19。
③ 晏斯盛：《请设商社疏》，贺长龄辑：《皇朝经世文编》卷40。
④ 陈宏谋：《清查社谷檄》，《培远堂偶存稿》文檄卷43。
⑤ 嘉庆《湖南通志》卷41。
⑥ 乾隆《大名志》卷2。
⑦ 民国《南乐县志》卷1。

勿弛也"[1]。更有百姓因受社仓之益而主动要求多建社仓的。清前期陕西省社仓建立不少,"分贮各乡,附近居民年年借还,不须远涉,不须守候,加一之息甚轻。息又生息,仍为附近村民之公物。积渐加多,可以听民多借,丰歉皆获接济"。自雍正七年建立社仓,通省有社谷四十二万余石,至乾隆十四年的近二十年中,增加至七十三万余石,"每社有多于千石以上至二千石者",由于积谷较多,乾隆十三年"令分社贮谷,……借还更近,民尤称便。连年歉收米贵,乡僻村民得借社谷以作籽种口粮,随处接济,深得其益,有纷纷具呈求官分社,情愿捐建社仓或捐添社本者"。[2]

其次,从仓储的资金周转情况看。以社仓为例,社谷每年有借有还,还仓时有利息,息又作本,社谷逐年增加。从社谷的借还量与周转速度,也可以看出农民对它的依赖性。根据计算,部分地区可计算的社仓出借年平均周转速度如表1所示[3]:

表1　从仓储看中国封建社会的积累及其对社会再生产的作用

地点		社本数（谷、石）	社息			报告期本息总量（石）	年平均周转速度（次）	报告期年出借量（石）	户数（户）	受益面（%）
			实贮息谷量（石）	入仓率	生息时期					
江西	泰和县	2634	4722	七分	乾隆7—17	7356	3.1	11402		
	进贤县	2100	10239	七分	乾隆7—45	12339	1.4	8637	(50000)	17.3
	德化县	4759	5887	七分	乾隆19—44	10646	0.98	5217		
江苏	吴江县	1068	4266	七分	雍正6—12	5334	2.5	6668	64007	10.4
	江阴县	5539	1500	七分	乾隆1—30	7039	0.27	950		
安徽	泾县	4094	7208	九分	乾隆2—16	11302	1.7	9607	96000	10
	太平县	1600	3118	七分	乾隆2—27	4718	1.3	3067	24255	7.3

---

[1] 乾隆《震泽县志》卷30。
[2] 陈宏谋:《巡历乡村兴除事宜檄》,贺长龄辑:《皇朝经世文编》卷28;《分贮社谷檄》,《培远堂偶存稿》文檄卷29。
[3] 为保持著者行文原貌,文中涉及的图表样式、数据除有考证外均不修改。下同。（编者注）

续表

地点		社本数（谷、石）	社息		报告期本息总量（石）	年平均周转速度（次）	报告期年出借量（石）	户数（户）	受益面（%）
			实贮息谷量（石）	入仓息率	生息时期				
广东	澄海县	4424	7940	五分	乾隆25—49	12364	1.7	10509	(19950)	52.7
	揭阳县	10990	7599	五分	乾隆4—43	18589	0.56	5205		
福建	仙游县	10750	11728	八分	乾隆18—23	22478	1.3	14611		
	南平县	6070	1553	八分	乾隆18—28	7624	0.68	2592	(20000)	13
山西	陵川县	1535	6922	七分	雍正1—44	8457	0.9	3806	25241	15
	介休县	9700	6910	七分	雍正2—35	16610	0.37	3037	68462	4.5
	代州	2806	2806	七分	雍正3—50	5612	0.35	982	19579	5
	应州	1392	317	七分	乾隆8—32	1709	0.28	239		
湖南	祁阳县	(10000)	6054	七分	雍正1—29	17515	0.35	3065		

注：括号内数字为推算或估算数字；"实贮息谷量"一栏内的数字，系按原资料记载所录，其中可能包括临事捐输而增加的部分，因未明确记载，此处都按利息量未计。

资料来源：乾隆《泰和县志》卷5；同治《进贤县志》卷4；乾隆《德化县志》卷5；乾隆《吴江县志》卷45；道光《江阴县志》卷4；嘉庆《泾县志》卷5；嘉庆《太平县志》卷3；乾隆《澄海县志》卷20；嘉庆《澄海县志》卷14；乾隆《揭阳县志》卷2；乾隆《仙游县志》卷20；嘉庆《南平县志》卷5；乾隆《陵川县志》卷13；乾隆《介休县志》卷4；乾隆《代州志》卷2；乾隆《应州续志》卷2；嘉庆《祁阳县志》卷9。

表内16个县中，社仓年平均周转速度在0.9次及以上的有9个县，占56%。可计算的9个县的受益面在10%以上的有6个县，占67%。这些地区的年社谷出借量都在几千石到上万石，相当于几十万斤到上百万斤。

由上述可见，在仓储制度得到正常执行的地方，仓储积累对于农民再生产是一个重要的资金来源。这些地方社仓出借的年平均周转速度一般都在一次左右，多者达到二至三次。尽管由于谷本量多少不同，各地人口多少不同，实际上的受益面程度不同，但从周转情况可以看到，它可以解决农民的部分生产资金，维持农民家庭的再生产。另外，常平仓储量多于社仓，如果加上常平仓的发放量，受益面还会增大，可达20%—30%，如山西陵川县的情况（陵川县三仓受益面为32%）。

最后，就全国来说，假如4000万石的总储量中，常平仓储量为

3500万石，社仓为500万石，那么按照常平仓出三，社仓出五的规定，每年常平仓的出仓量为1050万石，社仓为250万石，共有1300万石的生产周转资金。在常平仓、社仓总储量中，周转资金与后备资金的比例，大致为3∶7。这部分周转资金如果利用得好，会对社会再生产起一定的作用。

总之，仓储形式的社会积累是中国封建社会剩余产品分配的一个重要部分，在巩固和发展社会经济的过程中起了一定的积极作用。

当然，对它的作用又不应估计过大。这是因为：第一，一般来说，因为社会积累本身受经济条件制约，所以它对经济的作用也不能不受到制约。这种制约主要表现为小农经济下，发展生产主要依靠农民的积累，特别是他们的劳动积累。社会实物积累只起辅助与保证作用。第二，仓储尽管可以维持一部分农民的再生产，在一定程度上抵消高利贷的盘剥，但它的量与社会实际需要量相比毕竟很小，而农民对于周转资金的需要量则随着商品货币经济的发展在增大。农村高利贷的广泛存在是对仓储积累作用有限性的反证。第三，由于仓储量在总产品中的比重很小，而且其中大部分使用又属于维持简单再生产的性质，因此，它对推动社会经济的增长和进步，作用也是有限的。第四，由于仓储制度在执行中的种种弊端，也在某种程度上限制了其作用更好地发挥。尽管如此，由于它影响面广（广大农民），发生作用时间长（一年内有几个月，年年如此），所以对它的作用还是要有适当的估计。

谈到仓储在执行中的弊端，主要可归纳为如下几个方面：（1）常平仓设在县城，它的受益范围只限于城内和近郊，偏远地区的农民无法沾惠（严格地说，这算不上弊端，是弱点）。（2）社长与胥役为奸，侵吞、挪用仓谷，亦有豪强恃强中饱，使仓谷亏空，仅存虚籍。（3）个别地方、个别时候在买补仓谷时有强制派买，或发放时强行摊派仓谷的现象，对农民是一种额外负担。（4）常平仓谷平粜时有胥吏、商人冒粜囤积之弊，仓谷发放与入仓时又有胥役克扣与浮索。仓储制度执行过程中的弊害有时甚至是严重的。对弊端怎么看,引用当时人的话:"地方官不能无贤愚勤惰之分,胥役人等不能免中饱侵渔之弊",而如果因噎废食,则"犹行舟者恶风涛之险而收帆,驾车者恐覆辙之虞而投辖,有是理乎!"① 与仓储所应起到和实际起到的作用相比,应是利大于弊,否则它不会以同一种形式存在如此之久。

(原载《中国经济史研究》1987年第3期)

---

① 田文镜:《请复仓谷借粜疏》,贺长龄辑:《皇朝经世文编》卷40。

清代康乾时期江苏省的蠲免

赋税蠲免是清政府一项重要的经济政策。政府一贯重视利用蠲免来调节财政收入分配，视蠲免为"古今第一仁政"①。各种蠲免无年不有，借此措施以舒民力，并缓和社会矛盾。对于蠲免的实施情况及其作用，以往已有一些研究。但受资料所限，对它的定量研究较少。近年来在关于江南赋税负担程度的讨论中又提出蠲免量的问题。② 本文仅就清代康乾时期江苏省的蠲免情况特别是蠲免量的问题略作探索。

一

清代的蠲免名目较多。作为本文分析对象的蠲免，主要为以下三部分：（1）普免；（2）遇灾减免；（3）豁免历年积欠钱粮。这三部分都是在赋额不变情况下实行的蠲免（即"赐复"）。至于因坍荒或减"浮粮"而进行的赋额减免（即"免科"），暂不涉及。

就江苏省的情况看，赋税蠲免实行于清代始终。但从蠲免的频繁程度与数量上说，以清前中期比较突出，尤其是康熙、乾隆两朝。这两朝的蠲免有共同之处，即普免、灾蠲与积欠蠲免三者兼具。除历年对局部地区的灾蠲外，每隔几年就有一次大的蠲免，或是普免（免地丁钱粮或免漕粮），或是积欠蠲免。另外，康熙、乾隆两朝每逢皇帝南巡（康熙、乾隆各六次），凡经过地方都有特恩蠲免

---

① 《清史稿》卷121。
② 《清代财政讨论会综述》，《中国经济史研究》1989年第1期。

（通常是免当年地丁或免历年积欠），江苏省是必经之地，受惠尤多。雍正时期，除雍正七年令各直省轮蠲 40 万两外，没有全国性的普免。积欠钱粮多为分若干年带征或缓征。全省除个别县于个别年份有少量民欠蠲免外，基本没有本朝积欠蠲免的事例[雍正朝的积欠乃于雍正十三年（乾隆）一次尽免]。各地所记雍正朝的蠲免基本上是免康熙朝的历年旧欠与本朝的灾免。其灾免的频繁程度较高，数量也比较大。这一时期突出的是，雍正初期在整顿吏治的基础上，将历年积欠钱粮内实在民欠与官侵吏蚀银区分开，分别处理。以后又于雍正十三年（乾隆）与其他项目一道全部蠲免。另外，经过核查，于雍正三年减免苏松二府赋额 45 万两① （由于雍正朝时期较短，资料又多缺漏，难以说明一段时期内的平均情况，故以下不作特别分析）。嘉庆时期"无普免而多灾蠲"②。与清代总的经济发展形势一样，嘉庆以后，蠲免的情况也发生了很大变化，需另行分析。

有关赋税蠲免的叙述性资料，前人已有一些述论，这里不详细叙述，只涉及与数量分析有关的情况。以下从普免、灾蠲与积欠蠲免三方面分别进行分析（本文的统计内容只是地丁正项钱粮中的货币部分，即折色银两的蠲免，不含杂税，也不包括实物性的本色米麦蠲免）。由于资料较少且零散，这里的估计只能是粗略的，但愿能为研究问题提供一个参考。

二

康乾时期对江苏省的普免有三种情况：一是府库充裕情况下实行的钱粮蠲免，或是除遇灾当年实行减免外，在连年灾荒之后于常年实行的蠲免（后者有时被视为灾蠲，此处视为普免）；二是在皇室重大喜庆之际实行的蠲免，即恩蠲；三是皇帝南巡时对沿途

---

① 嘉庆《溧阳县志》卷 6。
② 《清史稿》卷 121。

所经地方实行的优免（为分析简便起见，此处将南巡优免当年地丁钱粮列入普免项下，而将南巡豁免积欠列入积欠蠲免项下）。普免的实施范围或是全国，或是几省或一省，或是部分州县。仅就前两种地丁银粮的普免来说，康熙朝对江苏省全免地丁钱粮4次（康熙二十七、四十一、四十八、五十二年），全免漕粮1次（康熙三十年）。乾隆朝全国性普免地丁钱粮5次（乾隆元年、十一、三十五、四十二、五十五年），普免漕粮3次（乾隆三十一、四十三、六十年），又特免江苏漕粮1次（乾隆四十六年）。清代历朝的普免都不如康乾两朝之盛。① 康乾时期江苏省部分地区的普免量统计见表1②。

表1

地区	时间	共计年数（年）	有普免年数①（年）	赋额总量（两）	普免量②（两）	普免占应纳比例（%）
吴江县	康熙44—54年	11	2	2200000	273548	12
长洲县	乾隆20—30年	11	3	748000	93580	13
常熟、昭文县	康熙27—60年	34	4	6698000	519098	8
	乾隆42—60年	19	2	2470000	261720	11
	乾隆1—60年	60	5③	7800000	654300	8
崇明县	乾隆4—22年	18	2	396000	25044	6
嘉定县	康熙27—50年	24	3	6000000	575282	10
	康熙51—雍正12年	23	1	4250000	217203	5
上海县	康熙47—60年	14	2	2940000	327530	11
南汇县	乾隆1—60年	60	2	3780000	145009	4
高淳县	乾隆1—11年	11	1	460000	40518	9
溧阳县	乾隆2—11年	10	1	650000	65000	10
	乾隆31—43年	13	2	845000	130000	15
金坛县	乾隆2—11年	10	2	700000	96683	14

① 嘉庆《溧阳县志》卷6；民国《吴县志》卷44；嘉庆《松江府志》卷26。
② 为保持著者行文原貌，文中涉及的图表样式、数据除有考证外均不修改。下同。（编者注）

续表

地区	时间	共计年数（年）	有普免年数①（年）	赋额总量（两）	普免量②（两）	普免占应纳比例（%）
山阳县	乾隆1—11年	11	2	450000	64200	14
清河县	康熙48—61年	14	2	196000	27954	14
	乾隆1—15年	15	1	210000	13800	7
盐城县	康熙1—61年	61	4	61	4	7
泰州	康熙32—61年	30	4	1650000	216231	13
高邮州	康熙7—61年	55	4④	55	4	7
	乾隆1—46年	46	3⑤	46	4.5	10
	乾隆47—60年	14	1	490000	35066	7
砀山县	乾隆1—25年	25	2	425000	28841	7
睢宁县	康熙23—54年	32	4	700000	77397	11
邳州	乾隆4—14年	11	1	346000	31500	9
	乾隆46—55年	10	1	315000	31500	10
海州	康熙1—61年	61	4⑥	61	4	7
赣榆县	康熙1—61年	61	4	61	4	7
沭阳县	康熙1—61年	61	4	61	4	7
海赣沭	乾隆11—55年	45	4	2700000	240000	9

注：①有普免年数基本按原文所计普免年统计。有些普免年原文未记的，这里也未增加进去。必要时需增入的另作说明。
②普免量按照普免年所计数字统计，有些未记确切数字的，如"普免地丁钱粮"、"全免正赋"等，则照应征赋额数估计。
③原文未记乾隆元年的普免，这里加入。
④原文未记康熙二十七年的普免，这里加入。
⑤原文未记乾隆四十二年的普免，这里加入。
⑥原文未记康熙二十七年的普免，这里加入。海州、赣榆县、沭阳县、高邮州、盐城县所记均为相对数，故直接相加。以下各表同。
资料来源：相关地方志。下同。

由于个别年份的蠲免量不足以说明一段时期内的平均情况，因此，这里都以一段时期为统计区间，最少不低于10年。统计数字力求选择一段时期内的连续数字（以下灾蠲、积欠蠲免统计与此相同）。这里的"连续数"是指某一项蠲免的次数上的连续，其间隔时间长短会有所不同。同时，三项蠲免在一段时期内在时间上应基本是连续的，如元年普免，二年灾蠲，三年免欠……

根据表1，康熙朝普免量占比共有13个数字（其中一个与雍正朝连续计算）。普免量占比在5%—9%的有7个，10%—15%的有6个。在乾隆朝普免量占比的17个数字中，5%—9%的有8个，10%—15%的有8个，4%的有1个。总共30个数字中，普免量占比在5%—9%的有15个，10%—15%的有14个，4%的有1个。由于普免时间分布不均（两朝都是集中在中后期），而统计期间又比较分散，因此有的时期普免次数多，普免量占比相对较大，但多未超过15%；有的时期普免次数少，普免量占比也相对较少，但很少低于5%。

由于统计时期分散，对各地各时期普免程度的代表性还应进一步分析。作为统计结果的同一时期内各地普免程度不会完全一致。这是因为各年赋税的具体征收量与赋役册上的额征量不同，在同一时期内，各地有数字记载的地丁普免量（即当年实际应征数）与总额征量之比会有差别。即使就同一地区（不同地区也同样）来说，由于资料中未记确切数字而按赋额数（或普免次数）估计的普免量与总额征量（或总年数）之比，与上述据数字记载的普免量与总额征量之比，二者之间也会有差别。但除南巡蠲免仅及部分地区外，全国或全省性普免是利益均沾，蠲免程度是一致的，同一时期内各地的数量偏差不至于很大。受资料所限，这里仅择康熙四十八年至六十一年、乾隆元年至十一年部分州县的普免情况作一比较（见表3康乾时期普免栏）。康熙时13个州县与乾隆时16个州县在同一时期中的普免程度都比较接近。乾隆时数字较高的几个州县是由于有乾隆四年的一次特免，而其他州县均未记这一年的特免数，否则其数量会更为接近。这一结果可能不会仅仅是数字上的巧合。照此来看，一个或几个州县一定时期内的普免情况应基本可以代表多数其他地区同一时期的情况。

从全省范围内较长时期平均来看，仅就前两种普免计，康熙朝平均普免量占比将近7%（4次全免及丁银蠲免等），计蠲免折色银1500余万两；乾隆朝平均普免量占比将近9%（5次全免及部分特蠲等，如乾隆四年特免江南正赋100万两），计蠲免折色银约1700万两。①

另外，又有皇帝南巡时对沿途所经之地的赋税优免。康、乾南巡路线在江苏省境内基本是沿运河及长江行走，每次车驾所经近30个州县，约相当于全省州县的一半。康熙南巡共6次，有关康熙南巡蠲免的情况各资料记载不一。②尽管如此，据巡幸蠲免例推测，康熙南巡时存在赋税优免是可以确定的。6次南巡的蠲免量至少相当于江苏省半年的赋额（沿途赐复一年或6次各蠲3/10）。这样，与上述几次全蠲相加，康熙朝对江苏省的普免量将近该省5年的赋额，约1800万两，占康熙朝应纳赋额总量的8%左右。乾隆的6次南巡，除乾隆十六年仅对江苏省蠲免积欠外，自乾隆二十二年以后的5次南巡，不仅免积欠，又例定江苏省跸路所经地方免当年地丁3/10，上年被灾地方免5/10，江宁苏杭附郭诸县全免。而乾隆三十年的一次南巡又特谕所有江苏省经过地方均免5/10。③照此估算，乾隆5次南巡对江苏省的赋税蠲免量约310万两，相当于全省一年的赋额。与上述几次全蠲相加，乾隆朝对江苏省的普免量相当于全省6年以上的赋额，为2000余万两，占乾隆朝应纳赋税总量的10%以上。就个别县份来说，某些县的普免量还会高于全省平均数。如长洲、元和、吴县、上元、江宁等附郭州县，乾隆朝将南巡优免与全国普免相加，平均每五六年就有一次地丁钱粮的蠲免，仅普免量就占应纳赋额的16%左右（以10次计）。

---

① 康乾时期年额征量据《清朝文献通考》卷1。
② 对于康熙南巡蠲免，有的资料记为："康熙十年东巡，沿途地方赐复一年（此为巡幸蠲免之始，余不俱载）"，"巡幸之地，例免十之三"（王庆云《石渠余纪》卷1）。有的仅记为：康熙二十三年，"车驾所过，赐复一年"，而其他几次均未记载（《清史稿》卷7）。有的则记为：康熙二十三年南巡，"蠲地丁银十之三"（民国《宝应县志》卷4），或"特免二十四年人丁银"（民国《吴县志》卷45），而其他几次未记。
③ 民国《吴县志》卷29；光绪《大清会典事例》卷266；又光绪《大清会典事例》卷266记，乾隆十二年议准，嗣后恭遇圣驾所经，恩免钱粮，直隶、山东、山西等省，"分别御道两旁二三里为界。界内钱粮，按指定分数，核实造册。奉天、河南、浙江等省，则将经过州县额征钱粮，按指蠲分数，均摊计算蠲免，不分界限里数。"这里把江苏省按浙江省例对待。

三

江苏省是黄淮运河流经、交汇之地，水旱灾害频仍。其淮扬一带更是多灾重灾之区。清代历朝对江苏省灾蠲不断，数量可观（这里只指蠲免受灾当年赋额，其因灾蠲免历年逋欠列为积欠蠲免之项）。如康熙朝几次因灾免漕 1/3 或 1/2；康熙四十六年免江苏、安徽受灾地亩银 197 万余两（有的记为 297 万两），粮 39 万石。康雍乾时期各州县的灾蠲情况见表 2。

表 2

地区	时间	共计年数（年）	有灾蠲年数①（年）	赋额总量②（两）	灾蠲量③（两）	灾蠲占应纳比例（％）
吴江县	康熙 44—54 年	11	3	2200000	239988	11
长洲县	乾隆 20—30 年	11	3	748000	11930	2
常熟、昭文县	康熙 27—60 年	34	3	6698000	220805	3
	乾隆 42—60 年	19	4	2470000	205212	8
崇明县	雍正 1—10 年	10	2	220000	17024	8
	乾隆 4—22 年	18	3	396000	24927	6
嘉定县	康熙 27—50 年	24	2	6000000	279279	5
	雍正 1—10 年	10	4	1300000	86009	7
	康熙 51—雍正 12 年	23	5	4250000	93886	2
上海县	康熙 3—13 年	11	5	2310000	164866	7
	康熙 47—60 年	14	3	2940000	16894	0.6
	雍正 1—10 年	10	2	1220000	35547	3
高淳县	雍正 4—13 年	10	5	420000	5771	1
	乾隆 1—11 年	11	6	460000	27332	6
溧阳县	乾隆 2—11 年	10	3	650000	38642	6
	乾隆 31—43 年	13	5	845000	59416	7
金坛县	乾隆 2—11 年	10	3	700000	26987	4
山阳县	乾隆 1—11 年	11	6④	460000	42200	9

续表

地区	时间	共计年数（年）	有灾蠲年数①（年）	赋额总量②（两）	灾蠲量③（两）	灾蠲占应纳比例（%）
清河县	康熙48—61年	14	5	196000	20267	10
	雍正1—13年	13	3	182000	15987	9
	乾隆1—15年	15	11⑤	210000	58953	28
盐城县	康熙1—61年	61	24⑥	61	11.1	18
	雍正1—13年	13	5	430000	34418	8
	乾隆1—10年	10	6	280000	58661	21
泰州	康熙32—61年	30	12	1650000	137209	8
高邮州	康熙7—61年	55	22⑦	55	13.7	25
	乾隆1—46年	46	16⑧	46	8.4	18
	乾隆47—60年	14	5⑨	490000	33179	7
睢宁县	康熙23—54年	32	15⑩	700000	84778	12
邳州	乾隆4—14年	11	10	346000	63300	18
	乾隆46—55年	10	6⑪	315000	71900	23
海州	康熙1—61年	61	22⑫	61	7.5	12
赣榆县	康熙1—61年	61	18⑬	61	6	10
沭阳县	康熙1—61年	61	25⑭	61	9	15
海州	雍正1—12年	12	4	168000	19910	12
海赣沭	乾隆11—55年	45	25⑮	2700000	182193	7

注：①有灾蠲年数基本按有灾蠲数字的年份统计。有灾蠲而未记明免数的，另作说明。
②赋额总量按不同时期的赋额数分别计算相加。以下积欠蠲免亦同。
③有些未记确切数字的，如"灾免本年地丁""灾，全免正赋"等，则照应征赋额数估计。
④其中2年无具体数量记载，故灾蠲量只是4年的数字。
⑤其中1年无数字。
⑥其中1年无数字。又其中4年为绝对数，这里都按赋额数折算为相对数。
⑦其中1年无数字。
⑧其中5年无数字。
⑨其中1年无数字。
⑩其中1年无数字。
⑪其中1年无数字。
⑫其中4年无数字。
⑬其中3年无数字。
⑭其中4年无数字。又其中有几年为绝对数，都按赋额折为相对数。
⑮其中5年无数字。

由于不可能一地每年都有灾免，所以，如果 10 年内有三四个灾免数字，就视为连续数统计。间隔时间太长的，如一二十年中只有二三个灾蠲数，除必要时外，在统计时一般都未包括在内。

根据表 2，各朝灾蠲量的数字共有 36 个，其中占比在 5%—9% 的有 15 个，10%—19% 的有 10 个，20% 以上的有 4 个，4% 以下的有 7 个。在 7 个 4% 以下的数字中，多数是由于资料不全所致。如常熟县在康熙二十七年至六十年的 34 年中，除 2 次因灾部分免漕外，只有 3 次灾免地丁的记载；嘉定县在康熙五十一年至六十一年，只记灾免 1 次；上海县在康熙四十七年至六十年，雍正元年至十年，各只记灾免 2 次。这几个灾免数字与实际情况显然有距离。① 不少地区灾蠲程度尽管已经不低，但仍存在一段时期中或多或少年份数字记载的缺漏。如崇明县在雍正元年至十年，只记灾免 2 次；乾隆四年至二十二年，只记灾免 3 次。嘉定县在康熙二十七年至五十年，只记灾免 2 次。表 2 中较多地区存在少数年份数字的缺记。照此推断，其实际灾蠲程度还会高于这里的统计结果。

与普免的情况一样，也需对表 2 所列各地灾蠲情况的代表性作一分析。由于地区、时间不同，或由于资料记载的详细与否，灾免数字显示出一定差别。但因灾蠲范围往往是一片地区，而不是个别县份；灾蠲程度依受灾程度而定。故一省之内除少数地区外，多数地区的灾蠲程度短期内可能会有较大差别，但在一较长时期中，其差别会趋于缩小。表 3 中有一值得注意的现象，即在数字记载较全的一些州县，相邻地区、特别是一府之内的灾蠲程度一般比较接近，而淮扬二府的数字始终高于其他地区。这可能也不会仅仅是数字上的巧合。有些资料数字记载不全，或只记灾免次数而不记数量，如句容县乾隆元年至十一年灾免 1 次；溧水县康熙四十八年至六十一年灾免 5 次，雍正元年至十三年灾免 2 次，乾隆元年至十一年灾免

---

① 苏松地区在康熙朝共 61 年中，发生水旱灾害 20 次以上，在雍正朝共 13 年中，仅水灾就有 5 次。平均 2—3 年有 1 次水旱灾害。见彭雨新《鸦片战争前清政府对苏松地区的减赋和治水》，《江汉论坛》1984 年第 6 期。

5次；山阳县雍正元年至十三年灾免3次（只有一年有数字记载），均未记蠲免数量。① 在史料记载中这种情况是大量的。由此推断，除淮扬二府外，省内多数地区的灾蠲程度在一较长时期中应会趋于接近。

表3

地区	时间	共计年数（年）	赋额总量（两）	普免年数（年）	普免量（两）	普免占应纳比例（%）	灾蠲年数（年）	灾蠲量（两）	灾蠲占应纳比例（%）
吴江县	康熙48—61年	14	2800000	2	273548	10	2	27422	1
常昭县	康熙48—61年	14	2758000	2	260279	9	2	23455	1
嘉定县	康熙48—61年	14	3500000	2	433935	12	1	7877	0.2
上海县	康熙47—60年	14	2940000	2	327530	11	2	16894	0.6
清河县	康熙48—61年	14	196000	2	27954	14	5	20267	10
盐城县	康熙48—61年	14	490000	2	70000	14	4	25123	5
泰州	康熙48—61年	14	770000	2	106231	14	5	16741	2
高邮州	康熙48—61年	14	14	2	2	14	4	2.6	19
兴化县	康熙48—61年	14	14	2	2	14	6	1①	7
睢宁县	康熙48—61年	14②	308000	2	35696	12	4	28517	9
海州	康熙48—61年	14	14	2	2	14	4	1.6	11
赣榆县	康熙48—61年	14	14	2	2	14	1	1	7
沭阳县	康熙48—61年	14	14	2	2	14	1	1	7
吴江县	乾隆2—11年	10	650000	2③	46536	7			
震泽县	乾隆2—11年	10	710000	1	36814	5			
常昭县	乾隆2—11年	10	1300000	1	130860	10			
崇明县	乾隆2—12年	11④	242000	2	25044	10	1	16040	7
上海县	乾隆2—12年	11	990000	2	76756	8	1	9461	1
南汇县	乾隆2—11年	10	630000	1	36260	6			
金山县	乾隆2—11年	10	450000	1	36815	8			
高淳县	乾隆1—11年	11	460000	1	40518	9	6	27332	6

① 见各相关地方志。

续表

地区	时间	共计年数（年）	赋额总量（两）	普免年数（年）	普免量（两）	普免占应纳比例（%）	灾蠲年数（年）	灾蠲量（两）	灾蠲占应纳比例（%）
溧阳县	乾隆 2—11 年	10	650000	1	65000	10	3	38642	6
金坛县	乾隆 2—11 年	10	700000	2	96683	14	3	26987	4
山阳县	乾隆 2—11 年	11	460000	2	64200	14	6⑤	42200	9
清河县	乾隆 1—11 年	11	154000	1	13800	9	8	51902	34
盐城县	乾隆 1—11 年	11	308000	1	28000	9	6	58661	21
高邮州	乾隆 1—11 年	11	11	1	1	9	6	3.1	28
砀山县	乾隆 1—11 年	11	187000	1	11841	6			
邳州	乾隆 4—14 年	11	346000	1	31500	9	8	63300	18
常昭县	雍正 1—13 年	13	1690000				3⑥	157410	9
崇明县	雍正 1—10 年	10	220000				2	17024	8
嘉定县	雍正 1—10 年	10	1300000				4	86009	7
上海县	雍正 1—10 年	10	1220000				2	35547	3
高淳县	雍正 4—13 年	10	420000				5	5771	1
清河县	雍正 1—13 年	13	182000				3	15987	9
盐城县	雍正 1—13 年	13	430000				5	34418	8
海州	雍正 1—12 年	12	168000				4	19910	12

注：①共免6年，只1年有数字记载，故这里为1年的灾蠲数。
②睢宁县数字只到康熙五十四年，五十五年以后无记载。
③各地都未记乾隆元年的一次普免。这里为便于比较，都未包括这次普免。
④崇明县数字始自乾隆四年。这里为便于比较，自二年算起。
⑤其中2年无数字。
⑥雍正十一年为因灾缓征，十三年被豁免。这里为便于比较，列为灾蠲。

全省总的灾蠲数字不多。据记载，江南于雍正朝13年间灾蠲共140余万两，占江南通省（含安徽省）赋额的2%。而乾隆元年至十八年中蠲免共2490余万两，① 占此时期通省赋额总量的28%。两数相差很远，前者可能偏低，而后者数中可能含积欠数而显偏高。总的来看，多数地区的平均灾免程度可能至少不会低于5%。而淮扬府

---

① 王庆云：《石渠余纪》卷1，纪灾蠲。

属各州县的灾免又高于全省平均数。如扬州府的兴化县（见表5），在康熙朝61年中，仅全免正赋就有18次，其中因灾全免14次。高邮州在康熙七年至六十一年，全免赋税15次，其中因灾全免11次；在乾隆元年至四十六年，全免赋税10次，其中因灾全免7次。淮安府的海州直隶州，在康熙朝61年中，记载灾免的年份有26年，每次蠲免的分数在2分至5分，以至全免；雍正朝的13年中，记载灾免4年；乾隆朝60年中，记载灾免或缓征的年份有30年。这些地区的灾免量最低也在10%左右，高的在20%以上。统计全省，即以5%的灾免量计，平均每年灾免数至少在16万—18万两，康、乾两朝各免掉钱粮至少在1000万两。

四

与以上两项蠲免相比，积欠蠲免的情况相对复杂一些。积欠问题存在于清代始终，而据认为嘉庆以后情况最为严重。① 据相关资料反映，清代江苏省的赋税从未按足额之数上缴。康熙时期拖欠之严重居于多数省份之上，尤其是被认为赋额最重的苏松二府。因此，江苏省的积欠蠲免也比较突出，每隔几年就有一次大量的积欠地丁钱粮的蠲免。如通过康熙八年、十年、十一年、十八年、二十年几次免欠，康熙十七年以前的积欠几乎全部豁免。康熙二十八年南巡，免江南全省积欠共银220万两。康熙三十三年、三十八年两次共免江苏积欠银近100万两。雍正元年免康熙五十年前积欠共700余万两。② 雍正十三年（乾隆）尽免康熙五十一年至雍正十二年未完正耗钱粮、漕项芦课学租杂税等银。乾隆皇帝6次南巡，每次都豁免江苏大量积欠地丁银米。乾隆十六年免江苏乾隆元年至十三年积欠

---

① 见《清代财政讨论会综述》，《中国经济史研究》1989年第1期。
② 光绪《大清会典事例》卷265；雍正元年"普免天下康熙五十年以前宿逋"（《石渠余纪》卷1）。雍正元年江苏省免数各资料记载不一。《石渠余纪》卷1记为880万两，光绪《大清会典事例》卷265记为1189万两，《清史稿》卷121记为1210万两。本文取地方志记载729万两（嘉庆《溧阳县志》卷6）。

银228万余两；二十二年南巡，免江苏二十一年前未完地丁银两94万余两；三十年南巡，免江苏未完地丁及民借籽种口粮等银共143万余两；五十九年蠲免江苏积年民欠等银共122万余两。① 通过各次豁免逋欠，历年积欠银米及带征缓征钱粮几乎全部被免掉了。部分州县积欠蠲免情况见表4。

表4

地区	时间	共计年数（年）	赋额总量（两）	积欠蠲免量（两）	免欠占应纳比例（％）
吴江县	康熙51—雍正13年	24	2100000	257865	12①
	康熙44—54年	11	2200000	207451	9
震泽县	康熙51—雍正13年	24	2160000	301855	14
长洲县	乾隆20—30年	11	748000	15950	2
常昭县	康熙28—54年	27	5319000	370237	7
嘉定县	康熙27—50年	24	6000000	869819	14
	康熙51—雍正12年	23	4250000	719784	17
崇明县	乾隆4—22年	18	396000	13158	3
上海县	康熙51—雍正13年	24	2530000	524518	21②
金山县	康熙51—雍正13年	24	1460000	274798	19③
山阳县	康熙56—雍正13年	24	1460000	290900	20
砀山县	乾隆1—25年	25	425000	42772	10
睢宁县	康熙23—54年	32	700000	73535	11

注：①雍正四年由吴江县析置震泽县。康熙五十一年至雍正十二年积欠数，两县数字记载不同，故分别统计，并将析置前之赋额分半记为两县各自的赋额。
②雍正四年自上海县析置南汇县。计算方法同吴江县。
③雍正四年自娄县析置金山县。计算方法同吴江县。

原文所记积欠数多为时期数，如"康熙五十一年至雍正十二年"，"乾隆元年至十三年"，或"某某年以前"等。尽管所记蠲免数不一定是此时期的全部蠲免量，这里仍假定它为此时期的连续数。因为

① 嘉庆《溧阳县志》卷6。

它至少可以代表最低的积欠蠲免量（包括以下省级单位的蠲免估算）。因灾带征缓征数字比较少，且数量不大，由于几年后一般都被豁免，故统计时都计入积欠蠲免数。

从表4看，有数量记载的县级单位的积欠蠲免共有13个数字，其中10个是康熙朝的（6个是康雍时期）。在康熙朝的10个数字中，平均积欠蠲免占比在7%—9%的有2个，10%—19%的有6个，20%以上的有2个。而在这10个数字中，有8个属于赋额较重的苏松二府。由于苏松以外地区的数字太少，难以说明问题。就苏松二府而言，多数积欠蠲免在10%以上，或是接近10%。为验证这一数字的可靠程度，需与其他资料相对照。据康熙二十一年江苏巡抚慕天颜奏称："溯自康熙九年以前钱粮，苏松民欠每年实有十分之二三，即康熙十年到十三年……合算起存，仍有一二分逋欠不等。"尽管自"康熙十四年以来……完额亦止九分以外"，但"此不及一分民欠……断断难完"。又据康熙二十四年江苏巡抚汤斌奏："每当奏销之期，多者尝欠至五十余万，最少者亦不下三四十万。"苏松二府康熙时赋额有197万余两，积欠数占赋额的15%—25%。仅以此积欠数与全省年额征量相比，省均积欠占比即在10%左右，或者更高。又有雍正三年怡亲王奏减苏松浮粮：苏州岁征银162万余两，松江岁征银83万余两，"额征地丁银项，至次年奏销之期，苏州一府民欠必至三十余万两，松江一府十五六万两"[①]。照此估算，苏松二府民欠当占赋额的18%以上。而将此积欠数与省赋额数相比，省均积欠占比也在10%以上。由于终康熙朝未对苏松粮额实行大的减免，积欠一二分应是这一时期苏、松二府的普遍现象。因此，上述10%以上的蠲免估算值即使与实际情况有距离，至少也表明一个较低的积欠蠲免量。另外，尽管全省情况不明，但考虑到苏松二府是当时赋额最重的两个府——康熙时多数关于减免赋额的议论都是就这两个府而言的——其积欠似

---

① 嘉庆《松江府志》卷21。

应高于其他各府州。换句话说，即康熙时全省的平均积欠、从而平均积欠蠲免程度应略低于苏松二府。与上述估计的省均积欠程度相对应，积欠蠲免也会在10%左右，或者略高。经过雍正三年、乾隆二年两次减免苏松地丁额银65万两，及乾隆元年减免苏松太耗羡银近8万两，① 到乾隆时期，这两个府与其他府的情况可能已经相接近。从当时关于减免赋额的议论看，康熙时最盛，到雍正特别是乾隆以后，已基本没有了。尽管从赋税总额来说，江南仍高于全国其他许多地区。

至于乾隆时期的积欠蠲免，县级单位的数字只有3个，1个在10%左右，2个在5%以下。崇明县在乾隆四年至二十二年的19年中只有2年的积欠蠲免数，故其实际情况应高于3%。从叙述性资料看，乾隆时每隔几年仍有一次积欠蠲免，说明当时不是不存在积欠问题。在乾隆朝60年中，仅几次有数字可考的积欠蠲免量即有644万余两，② 占全部应纳赋额的3%以上。联系4个省级积欠蠲免的估算（见附表），看起来到乾隆时，由于几次减免赋额，赋税绝对量有所减少，同时随着土地垦辟、人口增加、农副业生产发展，赋税负担渐趋均平与减轻，积欠问题已不像康熙时那么突出（这可能是此时多数地方包括苏松二府均不记积欠蠲免量的原因），其省平均积欠蠲免可能会低于10%（不排除由于地区、时期不同，各地积欠蠲免存在高低差别）。乾隆后期、嘉庆以后，由于吏治腐败，积欠问题又显得突出了。③ 从少数几个这些时期的数字看，积欠蠲免都在25%以上甚至更高。这在此前是不曾见的。

---

① 嘉庆《松江府志》卷21。
② 这一数字包括乾隆十六年、二十二年、三十年的3次南巡及乾隆六十年共4次省积欠蠲免量，以及几次少数地区的局部蠲免数。二十七年、四十五年、四十九年3次南巡的省积欠蠲免数无考。三十七年、四十三年也有蠲免江苏民欠钱粮，又有各年局部地区的积欠蠲免，数字均未详记。
③ 王庆云：《石渠余纪》《附录·国史列传》。据记，道光时"江南额征共五百二十九万。道光十六年查豁前欠五百六十三万两，约计十年蠲免一年之额；二十六年查豁二十年以前民欠一千一十万，约计十年已蠲两年；及本年（咸丰二年）查豁该省三十年以前未完一千三百八十六万，是十年租赋几至蠲免三年……侵挪情弊显然"。

以上三项蠲免总计见表5。

表5

地区	时间	共计年数（年）	蠲免总量（两）	蠲免量占应纳比例（％）		
				普免+灾蠲	普免+免欠	普免+灾蠲+免欠
吴江县	康熙44—54年	11	720987			33
长洲县	乾隆20—30年	11	121460			16
常熟、昭文县	康熙27—60年	34	1110140			17
	乾隆42—60年	19	466932	19		
崇明县	乾隆4—22年	18	63129			16
嘉定县	康熙27—50年	24	1724380			29
	康熙51—雍正12年	23	1030873			24
上海县	康熙47—60年	14	344424	12		
高淳县	乾隆1—11年	11	67850	15		
溧阳县	乾隆2—11年	10	103642	16		
	乾隆31—43年	13	189416	22		
金坛县	乾隆2—11年	10	123670	18		
山阳县	乾隆1—11年	11	106400	23		
清河县	康熙48—61年	14	48221	25		
	乾隆1—15年	15	72753	35		
盐城县	康熙1—61年	61	15.1	25		
泰州	康熙32—61年	30	353440	21		
高邮州	康熙7—61年	55	17.7	32		
	乾隆1—46年	46	12.9	28		
	乾隆47—60年	14	68245	14		
兴化县	康熙1—61年	61	18①	30		
砀山县	乾隆1—25年	25	71613		17	
睢宁县	康熙23—54年	32	235710			34
邳州	乾隆4—14年	11	94800	27		
	乾隆46—55年	10	103400	33		
海州	康熙1—61年	61	11.5	19		

续表

地区	时间	共计年数（年）	蠲免总量（两）	蠲免量占应纳比例（％）		
				普免+灾蠲	普免+免欠	普免+灾蠲+免欠
赣榆县	康熙1—61年	61	10	16		
沭阳县	康熙1—61年	61	13	21		
海赣沭	乾隆11—55年	45	422193	16		

注：①原文未记二十七、四十一年两次普免，加入。这里仅为全免年数，其余未记，故实际免数应更大。

根据表5，三项蠲免相加总数共有7个，5个是康熙时期的，2个是乾隆时期的。其中2个在20%左右，2个在30%以上，3个在15%左右。如前所述，常熟县的灾免量，崇明县的灾免与积欠蠲免量都与实际情况有明显距离。考虑到这个因素，其实际蠲免也应在20%以上。其余蠲免总量的数字或缺少积欠蠲免量，或缺少灾蠲量。普免加免欠之数有1个，为17%。普免加灾蠲之数共有21个，15%—19%的有7个，20%—29%的有8个，30%及以上的有4个，14%及以下的有2个。几个灾免量较大的地区，其两项相加之和也比较高，有的甚至在30%以上。这两组数字中，不论是哪个时期，两项相加最低也在15%左右（上海县灾免量记载有缺）。如考虑增加灾蠲量或积欠蠲免量，其数值都会在20%以上。与以上三项相加组的数值基本相符。由此看来，至少就江苏省部分地区说，尽管普免、灾蠲、免欠三项比例各不相同，其地丁钱粮的蠲免量总会在20%—30%。个别地区在某一时期由于某一项蠲免的比例偏高或偏低，其蠲免总量会略高或略低于此基本估计值。为对蠲免程度有一整体印象，以下列出几个记载较全的州县的情况。其中少数年份缺记的数字则酌情估计增补进去。见表6。

表6中6个州县的情况与以上的总体分析基本相符。6个普免加灾蠲的数字中4个在25%—35%，2个低于20%，但也在16%以上。如加进积欠蠲免的因素，也会高于20%。2个三项蠲免相加数中，1个在20%以上，1个为18%。但从表中可以看出，这两个数字中的

清代康乾时期江苏省的蠲免　45

表6

地区	时间	共计年数（年）	赋额总量（两）	普免年数（年）	普免量（两）	普免占应纳比例（%）	灾蠲年数（年）	灾蠲量（两）	灾蠲占应纳比例（%）	积欠蠲免量（两）	免欠占应纳比例（%）	蠲免总量（两）	普免+灾蠲（%）	普免+灾蠲+免欠（%）
海州	康熙1—61年	61	183[①]	12	12	7	26	22.5	12			34.5	19	
直隶州	乾隆1—60年	60	3600000	5[②]	300000	8	30[③]	272193	8			572193	16	
	康熙7—61年	55	55	4	4	7	22[④]	13.9	25			17.9	33	
高邮州	乾隆1—60年	60	60	8[⑤]	6.5	11	21[⑥]	11.1	19			7.6	29	
兴化县	康熙1—61年	61	61	4	7	7	31[⑦]	17.6	29			21.9	35	
盐城县	康熙1—61年	61	61	4	4	7	24[⑧]	11.3	19			15.3	26	
嘉定县	康熙1—61年	61	15250000	4	792485	5	7[⑨]	452125	3	2287500[⑩]	15	3532110		23
崇明县	乾隆1—60年	60	1320000	6[⑪]	113044	9	6[⑫]	100047	8	13158[⑬]	1			18

注：①海州、赣榆县、沭阳县三州县合计之数。
②原文未记乾隆元年的普免，加入。
③原文所记灾蠲或缓征之年共30年，但只20年有数字。如以有数字之20年之数按赋额数折为相对数。四十七至六十年之数按赋额数折为相对数。
共应灾蠲272000余两。
④其中1年无数字，估为2/10增入。
⑤原文未记元年，四十二年的普免，加入。
⑥其中6年无数字。原文灾免分数多为3/10，按此估计，6年共免1.8分。6年共11.1分。
⑦有灾蠲年31年，其中明确记为全免者共14年。其余有绝对数者按赋额数折算，无数字者按年免2/10估计。
⑧其中1年无数字，估为2/10增入。
⑨只有7年的记载，其中2年无灾蠲免记录而无具体数量。
⑩康熙二十七年前只有积欠蠲免记录而无具体数量。康熙二十七年至五十年平均积欠蠲免为14%，康熙五十一年至雍正十二年平均积欠蠲免为17%。按平均蠲免15%计，61年共应免积欠228000余两。
⑪原文末记乾隆元年，三十五、四十二、五十五年的普免，加入。
⑫原文只有6年灾蠲记载，其中2年为缓征，这里列为灾蠲。
⑬此数只是2年的积欠蠲免量。

灾蠲量由于记载不全（灾蠲年数显然少于实际应有的年数）都低于实际蠲免程度。崇明县的积欠蠲免只是2年的数字，因此其实际的三项相加之和也应在20%以上。

如果把以上不全面的统计视为一个被动的抽样调查（康熙朝江苏省有州县50余个，雍正时析置新县，乾隆时有州县60余个。作为统计样本的州县有25个，地区涵盖面占全省州县数的1/3以上。从时间上看，以县为单位计，康雍乾三朝各县历时近8000年次。统计时间1100余年次，时间涵盖面占总时间的1/7左右。如以统计样本25州县历时3300余年次计，时间涵盖面亦为1/3以上），那么，按照总体估计原则，是否可以认为，康乾两朝蠲免程度20%—30%这一估计值也可代表江苏全省的基本情况。从对上述三项蠲免的省平均情况的分析中看，康乾两朝各自的三项蠲免之和也在20%以上，至少不会低于20%。也就是说，两朝对江苏省大约分别免掉12—18年的地丁折色赋额。康乾两朝相比较，前者全国性普免少（康熙五十二年一次），积欠蠲免量较大，而后者全国性普免较多，积欠蠲免量少于前朝。同时，尽管康乾时期的蠲免程度差不多，但由于乾隆时生产发展程度高于前朝，赋额又有所减轻，人民的实际赋税负担会相应轻于前朝，特别是康熙前期。当然，清代前期的加派杂征较多，这一因素也不应忽视。皇帝南巡时又有对地方的烦扰，特别是乾隆时期。据记载，康熙南巡"往返供亿，系发内帑"，而乾隆时则所过都邑"供亿烦苛"[①]。赋税蠲免与实际赋税负担的关系还应进一步研究。

五

关于康乾时期蠲免的两个问题。

首先，在积欠量中，有官欠，即"官侵吏蚀银"与"实在民欠"之分。是官欠多还是民欠多，这影响到对民户实际赋税蠲免程度的

---

① 印鸾章：《清鉴》卷5。

分析。从有关资料来判断，积欠量，从而积欠蠲免量中主要还是民欠。在各朝关于蠲免的记载中，多为强调豁免"实欠在民者""民欠××两"等。康熙时尽管要求减免苏松粮额的呼声很高，但终康熙朝却未实行减免。据当时人记，其原因是因为皇帝怀疑其中有官吏侵蚀挪移之弊，并曾命派员下去专门调查此事，"命大臣往查分析，在官在民，应追应蠲"①。可能因为前期军费之需，以及康熙朝吏治较松，地方财政较乱，此事终未能查清，故未轻易实行减免。雍正初年整顿吏治，清查地方财政，在积欠钱粮中区分出"官侵吏蚀银"（或称"役蚀银"），此当为官欠。对此项钱粮的处理方法是分作十年带征。只是到了雍正十三年（乾隆）才一次性全蠲。经过清查，雍正三年怡亲王再次奏请减免苏松粮额，认为二府每年积欠多为民欠，随后自雍正四年减免苏松额银45万两。当然，蠲免中不排除有官借民欠之名上报豁免的可能，这个因素的大小尚难以估计。从数量上看，上海县在雍正十三年的积欠蠲免量中，康熙五十一年至雍正十二年民欠地漕项芦课学租杂税等银共51万余两，康熙五十一年至雍正六年役蚀银共24万余两（在以上关于上海县的积欠蠲免统计中未含此数）。高淳县雍正四年豁免康熙六十一年至雍正四年役蚀地丁银1126两，民欠地丁银1725两。② 尽管官欠数量不小，民欠量还是超过官欠量。至于嘉庆以后积欠日益严重，官欠民欠何者为重，有待另行研究。从另一方面看，除贫困农户无力完纳重额赋税而有所拖欠外，江南地区地主阶级势力较强，抗税不交，拖欠较多的情况也是可能的。

其次，按照蠲免之定例，凡遇蠲免，漕项银米、芦课等例不蠲免。因此，各次蠲免大都是免地丁钱粮中漕项以外的部分。尽管清代对此定例屡有破除，但除几次全国性普免漕粮与地区性部分免漕外，漕粮的积欠蠲免与灾蠲的次数较少，数量也较小。有的学者认为，江南赋税重在漕粮，③ 从蠲免的情况看，这一认识有一定道理。

---

① 嘉庆《松江府志》卷21。
② 见各有关地方志。
③ 见《清代财政讨论会综述》，《中国经济史研究》1989年第1期。

漕粮负担的实际情况还需进一步证实。

　　与仓储一样，从经济学意义上说，蠲免也属于收入分配范畴。政府在财力允许的情况下，以不同方式对赋税实行减免。"并无荒欠而轮免天下之赋"①，遇灾减免并增加灾蠲分数（康熙朝灾蠲分数小于顺治朝，雍正朝、乾隆朝两次增加），豁免赋额较重地区的积年逋欠。这是当时政府调节经济的又一种手段。与其他省份尤其是积欠历来较少或基本无积欠的省份相比，江苏省从积欠蠲免中得益更多。蠲免之举尽管非专为江南所行，各省蠲免程度目前亦难以比较，但它无疑使江苏赋额、从而人民负担有所减轻。占总户数50%左右的土地所有者（其中小土地所有者占40%以上）② 可以从蠲免中受益。尽管对蠲免的落实程度，即蠲免的实效论者见仁见智，但大量的赋税蠲免毕竟有利于江苏农业生产的发展。由于减轻了农民的赋税追比之苦，加上当时农产品价格上涨，使土地负担减轻而收益增加，从而刺激了农民从事生产的积极性，"力田之勤，则前此所未逮。遇旱涝，前多畏难中辍，今则竭力营救，且有因凶岁免租而起家者"。乡村消费水平较低，"苟安分不赌博，便易至赢余"。富裕起来的农民，包括佃户，多以其赢余购置田产，"城内业田之户，多以田归于佃，可得倍价。故昔之田租，城多于乡而聚，今则乡多于城而散也"，以致"城居者多贫……而乡民颇多温饱"。③ 康熙后期及乾隆时，田价上升，除农产品价格上涨因素外，与蠲免也有着直接关系。如上海县"康熙初，灾祲连年，邑令比粮严酷，昔所买之田，不索值而还之，其人犹不受。至吴淞浚后，康熙四十七八年间，钱粮连邀蠲免，花价复昂，每田一亩，遂增至数金"④。无锡县到乾隆时，"田值之昂，较雍正间不啻倍蓰。盖昔迫于追呼，但见田之为累，故弃田之家多而置田之家少。及乾隆以后，大赦旧欠，闾阎无扰，

---

①　王庆云：《石渠余纪》卷1，纪灾蠲。
②　彭泽益：《康熙初年江苏长洲三册鱼鳞簿所见》，《中国经济史研究》1988年第4期。
③　黄卬：《锡金识小录》卷1。
④　咸丰《紫堤村志》卷2。

又米价腾涌，益见田之为利，故今置田之家多，而弃田之家少"①。在当时政府除从事官营手工业、兴修水利、建立储备等少数项目而在经济活动方面没有更多投资方向的情况下，以蠲免方式调整收入分配，藏富于民，对江苏省的经济发展具有积极作用。

附表：

	地区	时间	共计年数（年）	赋额总量（两）	积欠蠲免量（两）	免欠占应纳比例（%）
1	苏松七府州	康熙13—17年	5①	16000000	768614	5
	江南省	康熙28年前	8②	40960000	2200000	5
	江苏省	康熙50年前	12③	44160000	7296290	17
	江苏省	乾隆1—13年	12④	37070000	2280000	6
	江苏省	乾隆21年前	8⑤	26960000	942229	3
	苏属五府州	乾隆22—25年	4⑥	8000000	205430	3
	江苏省	乾隆60年前	10⑦	32500000	1225199	4
2	睢宁县	嘉庆23—道光10年	13	286000	76023	27
		道光11—20年	10	220000	57150	26
	清河县	嘉庆23—道光10年	13	212000	111849	53
		道光11—20年	10	163000	115468	71

注：①江苏省此时期为8府州，7府州赋额估计为3200000两。
②此为康熙二十八年免数。十七年前已经多次豁免。二十六年未完之数经二十七年免除。二十七年普免。故此积欠数主要应为康熙十八年至二十五年之数。
③府志记为"康熙三十四年以后"。而三十四年至三十六年积欠已于三十八年尽免。此数主要应为康熙三十七年至五十年之积欠。四十一年、四十八年普免。
④此为乾隆十六年免数。乾隆元年、十一年普免。
⑤此为乾隆二十二年免数。十三年前已免。此当为乾隆十四年至二十一年之数。
⑥此为乾隆二十七年免数。苏属五府州为苏州府、松江府、常州府、镇江府、太仓州。
⑦此为乾隆六十年免数。四十八年前已经豁免。五十五年普免。此数主要应为乾隆五十年至五十九年之积欠。

（原载《中国经济史研究》1990年第4期）

① 黄印：《锡金识小录》卷1。

清代前期的民间造船业

在近代交通运输发展之前，水运是主要运输方式，木船是主要运输工具。中国的造船业具有悠久历史。宋元时期，中国的木帆船制造已经达到很高水平，明清时期继续发展。造船有官营，也有民营。历史上官营造船业曾经占有主要地位，并代表了当时技术上的最高水平。明代以后，官营造船业仍然占有重要地位，主造漕船、战船，但它在整个造船业中比重有所下降，民间造船业逐渐发展。清代，在近代轮船制造业兴起之前，民间木船制造业曾一度兴旺。船舶作为运输工具，属于生产资料，其生产与整个社会经济联系密切。关于明清时期造船业的研究已有不少，各有建树。但专就清代前期民间造船业的研究还不算多，本文试就这一方面作一考察。

一

水路运输有河道运输与海道运输，船舶也相应分为内河船与海船。就民用船来说，从用途上讲，内河船主要有内河运输船、客船、农用船、渔船等，海船主要有沿海运输船、远洋运输船、海洋渔船等，还有其他各类船只，如渡船、游船。这些船只都是民间所造。

民间造船业的史料记载，宋以后渐多。宋以前的资料也提到修造船只的"船场"或"船厂"，但见于正史的多属官船厂，有的则性质不明。从考古发掘的情况看，有的规模较大，如1974年在广州发掘的秦代造船工场遗址，有3个船台和木料加工场，[①] 很可能是官

---

① 章巽：《我国古代的海上交通》，商务印书馆1986年版，第14页。

营船厂。到了宋代，有记载说："官中造船，决不如民间私家打造之精致。"① 福建"漳、泉、福、兴化，凡滨海之民所造舟船，乃自备财力，兴贩牟利而已"②。这是关于民间造船业的明确记载。宋代的民间造船技术已经相当发达，能够制造大型船只，所造的"神舟"载重达万斛，客舟"长十余丈，深三丈，阔二丈五尺，可载二千斛粟，以整木巨枋制成"。1960 年江苏出土的宋代内河船，长 24 米，宽 4.3 米，深 1.3 米。1974 年泉州出土的宋代海船长 34.55 米，宽 9.9 米。③ 当时的造船地点主要有泉州、明州（宁波）、温州、台州、赣州、潭州（长沙）等地。④ 记载所指多为官造船地，但这些地方可能同时也是民间造船的集中地。明代，随着社会商品经济的发展，民间运输业及民间造船业也随之发展。但明代政府出于沿海防卫的需要，实行海禁，对民间海船建造实行限制政策，禁止民间"擅造二桅以上违式大船"，下令"将沿海军民私造双桅大船尽行拆卸"⑤。但实际上，由于社会经济的发展，民间海船建造并未禁绝。嘉靖时，福建沿海居民"私造双桅大舡下海""私造巨舟""家造过洋大船"⑥的事例不少。当时，沿海的南直隶、浙江、福建、广东等地，都有私造两桅三桅大船下海的情况，因而弘治十三年、嘉靖四年、嘉靖三十三年几次遭到政府禁止。⑦ 明代的造船技术也相当高。郑和下西洋所乘的宝船，最大的长 44 丈，舵杆长 11.07 米。⑧ 当时的远洋商船"大者广可三丈五尺，长十余丈。小者广二丈，长约七八丈"⑨。

---

① 李纲：《梁溪集》卷 121，见漆侠《宋代经济史》下册，上海人民出版社 1988 年版，第 638 页。
② 《宋会要辑稿》，见编写组《泉州港与古代海外交通》，文物出版社 1982 年版，第 45 页。
③ 杜石然等：《中国科学技术史稿》下册，科学出版社 1984 年版，第 15—17 页。
④ 《文献通考》卷 25，漕运。
⑤ 《明会典》卷 132，镇戍七。
⑥ 《明世宗实录》卷 54、卷 189，参见傅衣凌《明清商人和商人资本》，人民出版社 1956 年版，第 180 页；顾炎武《天下郡国利病书》卷 96。
⑦ 《明会典》卷 132，镇戍七。
⑧ 杜石然等：《中国科学技术史稿》下册，第 115 页。
⑨ 张燮：《东西洋考》卷 9，舟师考。

沿海沙船"双桅习以为常，甚至有五桅者"①。然而，明代所实行的禁止民间自由从事海外贸易的贸易政策，禁止私造二桅以上海船下海的禁海政策，毕竟对民间造船业有所影响。这些政策使民间造船业始终处于政府无力控制下的非法状态，在一定程度上阻碍了民间海船建造的正常发展。到清代前期，随着社会经济的发展，政府在政策上也逐步放宽，带动了民间造船业，使之在明代的基础上继续发展。

　　需要指出的是清政府关于造船生产的政策。与明代相比，清代对于造船业的政策有所变化。在内河船方面，明清两代都未见有所限制。但在海船建造上则有所不同。清初仍然实行海禁，禁海政策至为严厉。顺治十二年下令，严禁"官民人等擅造两桅以上大船"出洋贸易，禁止"造成大船，图利卖与番国；或将大船赁与出洋之人"，即不许造大船，也不许船主造船出租或出卖，只许"单桅小船""于沿海近处捕鱼取薪"。②顺治十八年实行迁海政策，又下令将所有沿海船只悉行烧毁，"片板不许下海"③。这一禁令持续了20余年。康熙二十三年开海禁。康熙五十六年禁止与东南亚诸国的南洋贸易，但未禁止与日本的北洋贸易以及国内沿海贸易。雍正五年再开南洋海禁，以后就没有再实行禁海政策。开海通商为民间海船建造的发展提供了有利条件，沿海省份的民间造船业很快发展起来，"沿海编氓，自开北洋海禁以后，造船出海，各随地产土著，贩运懋迁"④。由于造船业的发展，清政府对于造船业的政策也逐渐发生变化。康熙二十三年开海之初规定，沿海民人"情愿在海上贸易捕鱼者，许令乘载五百石以下船只，往来行走"，不许"打造双桅五百石以上违式船只出海"。康熙四十二年，这一限制开始放宽，"商贾船许用双桅，其梁头不得过一丈八尺，舵水人等不得过二十八名"，但

---

　　① 《筹海图编》卷13，转引自李伯重《明清江南地区造船业的发展》，《中国社会经济史研究》1989年第1期。
　　② 姚贤镐：《中国近代对外贸易史资料》第1册，中华书局1962年版，第3页。
　　③ 《泉州港与古代海外交通》，第89页。
　　④ 姚贤镐：《中国近代对外贸易史资料》第3册，中华书局1962年版，第1411页。

造船者必须"确系殷实良民，亲身出洋"，才能"准其成造"，当时仍禁止造船出租，如果"有谋利之富民，自造商船租与他人，及寒薄无赖之人租船者"，当地的州县官员也要受到处罚。[1] 这种出于维护沿海治安而制定的禁令，限制了富裕有财力者造船的数量，多少限制了海船数量的发展。康熙四十六年，又放宽了对渔船的限制，准许出洋渔船照商船样式，许用双桅，以便渔民捕鱼运货。[2] 乾隆三十三年，限制进一步放宽。虽然对船式大小的限制没有变化，但已允许造船出租，规定"造船之家，无力贸易，听其租给与人。查租船只应禁其为匪，如所租之人，亦系殷实良民，即与船主及船主亲属无异……应听船主择有力之人……准其租赁"[3]。从政策上明确允许造船出租，清以前尚未见先例。这一规定实际上取消了对船主造船数量的限制，有利于富裕的商人、船户增加造船投资，乃至清前期有一个船主拥有四五十条大船的事例。事实上，在嘉庆以前，关于船式大小的限制也早已被自发突破，民间私造二桅以上大船的现象已很普遍，而官府对此也无可奈何。到了嘉庆二十三年，又进一步放宽了对船式的限制，"嗣后商民置造船只，梁头丈尺，照前（即限制之前）听民自便，免立禁限"[4]。看来，到嘉庆后期，清政府关于造船的限制基本上都被解除。政策变化一般具有滞后性，往往是现实生活变化的反映。清政府关于造船政策的变化正是现实生活中造船业发展变化的反映。以往多以顺康时期的规定来认识清代的造船业政策，认为这些政策阻碍了造船业的发展，而没有看到政策上的变化。

由于不禁止民间造船，因此政府承认民间船厂存在的合法性。这一点比明代有所进步。康熙五十六年，皇帝路过苏州时所见船厂即是民营船厂，"每年造船出海贸易"[5]。嘉庆七年，禁止沿海居民不经报官私造船只，偷越出口，要求各地方官"于民厂造船处所随

---

[1] 姚贤镐：《中国近代对外贸易史资料》第1册，第3、7页。
[2] 《清圣祖实录》卷229，康熙四十六年三月。
[3] 《清高宗实录》卷814，乾隆三十三年七月。
[4] 《清仁宗实录》卷347，嘉庆二十三年九月。
[5] 聂宝璋：《中国近代航运史资料》第1辑上册，上海人民出版社1983年版，第47页。

时查察"①。沿海地区民营船厂的长期合法存在无疑有利于海船建造业的发展。

总之，在清前期，对于造船的限制逐渐解除，不禁止私人造船，也不限制造船数量与船式大小。另外，规定造船时要有邻佑里甲具保，并报官验明给照，这在更大程度上应属于政府管理范畴，并非对造船本身的政策限制。清代未见有如明代宝船那样大型船只的记载，其原因尚需考察。宋代的万斛船、明代的宝船都是官营造船业的产物，也许这种情况更多地体现了官营造船业地位的下降与衰落，而不是造船业的普遍停滞与造船技术的普遍下降。如果说，清初政府的某些规定对造船业造成一定的限制与阻碍，那么这以后，由于经济的发展、政策的放宽，民间造船业很快发展起来。

二

清代的民间造船业多分布于沿海沿江地区，福建、广东、浙江、江苏、四川、湖南、湖北、吉林等省都是造船业比较集中的地方。闽广江浙主造海船，内河船修造也比较发达。四川、湖南等省则以造内河船只为主。

福建的造船业在宋明时已经发展。直至清代，这里一直是官营船厂的所在地。同时，民间造船业也很发达，"闽省地方，多半滨海，居民操楫为生，大小船只殆难悉数"②。沿海的"福州、兴化、泉州、漳州、福宁五府，地处下游，环山滨海，民多以海为田，操舟为业"，在这几个地方，都有"居民造报商渔船只"。③ 据研究，福州自明代成为造船中心，官、民造船业都很发达。④ 清代福州仍设有官船厂，但关于民间造船的情况记载较少。泉州、漳州二府一直

---

① 姚贤镐：《中国近代对外贸易史资料》第 1 册，第 14 页。
② 台湾银行经济研究室：《福建省例》（船政例），第 645 页。
③ 《福建省例》（船政例），第 624 页。
④ 陈铿、赵建群：《明代福州造船业考略》，《中国史研究》1987 年第 3 期。

是民间造船的集中地。泉州的造船业自宋元以来一直占有重要地位。雍正七年，官府以"福州船匠不多，向调泉州府属船匠帮修"，增设泉州官船厂，将原福州官船厂所修战船的一部分分于泉州厂修造，以后，又将漳州官船厂所修战船分于泉厂修造，① 说明泉州府民间造船业的发达，存在大量的造船工匠。泉州府的同安、晋江、惠安、厦门等地都是造船的地方。据地方志记载，同安物产有"渔船，俗称钓艚"，长5—6丈，宽2丈，深3—6尺，船员人数共20余人。② 有一种同安梭式商船，比官军的赶缯船、艍舢船轻快，乾隆六十年，特命将已届拆造大修的战船"仿照同安梭商船式，分别大小一二三等号"，重新改造。③ 晋江造船也多。康熙时，福建出海的商船中，许多是"晋江县双桅洋船"④。据说，明清时，惠安有西坊乡，世代专业造船。⑤ 厦门造船业的兴起是清代的一个发展。厦门"贩洋船只始于雍正五年，盛于乾隆初年"，嘉庆时已不是盛期，尚有"洋船商船千余号"⑥。商人出洋贸易，获利数倍至数十倍，"故有倾产造船者"⑦。修造船业以及与之相关的手工业随之发展，并吸引了大批外来工匠，"厦门土木金银铜铁诸工率自外来，船工大盛，安其业者多移居焉"⑧。由于厦门造船业的发展，官府为了便于招募工匠，乾隆元年又将泉州官船厂移设于厦门。⑨ 厦门成为官、民造船业新的中心。漳州府的造船业也是素称发达。海澄县明代称为月港，嘉靖以后置海澄县，曾是民间海外贸易以及修造船业最为繁荣的港口。以后由于其他港口的兴起，其地位有所下降，但在清代仍不失为一重要造船地，"海澄县地处海滨，田园稀少，民多操舟为业。是以请造

---

① 道光《厦门志》卷5，船政。
② 民国《同安县志》卷11，物产。
③ 道光《厦门志》卷5，船政。
④ 《宫中档康熙朝奏折》第7辑，第116页。
⑤ 《泉州港与古代海外交通》，第98页。
⑥ 道光《厦门志》卷5，船政。
⑦ 道光《厦门志》卷15，俗尚。
⑧ 道光《厦门志》卷15，俗尚。
⑨ 道光《厦门志》卷5，船政。

船只，较多他县"，附近的龙溪、漳浦、同安等县居民也常到海澄造船。① 按照清代规定，凡新造船只都要由造船所在州县的官员验明给照方能驾驶。嘉道时有些商船在海上遇风漂到朝鲜，根据当时的讯问记录，其中5例是福建船只，船票均为海澄、诏安县所发，说明很多船只是在这两个地方成造的。如嘉庆十八年，同安船户驾船赴奉天贸易，船票为海澄县发，因为船是"适在海澄县时成出，而同安、海澄俱是福建所管"②。诏安县"凡力能造船者则自造渔舟，乘潮捕鱼"③。由于存在发达的民间造船业，官府也时时利用这种便利条件，出资由民间造战船。如嘉庆初年，同安人李长庚镇守定海，"议造大艇船三十以攻夷盗"，特派人"赍银如闽造艇"，"艇成，名曰霆船，最坚壮，加以大炮，兵威大振"。以后"海盗"由于畏惧霆船，于是"厚赂闽商更造船之大于霆者"。④ 战船的制造技术要求较高，说明福建民间不仅造船业发达，而且造船技术也是相当高的。

广东是清代又一重要造船地区。据记载，广东民船有海船及江、渔等多种内河船。海船船身厚重坚劲，吃水深，"风涛不能掀簸，扬篷而行，不费人力"。江船底薄而平，灵巧便捷，顺流"遇砯硪大石，一折而过，势如矢激"，逆流"触崖抵礐，随石回旋"。渔船名称有多种，有乡艍、涝罾、索罟船、沉罾等。有一种大洲龙船，宽8尺，长达10余丈，出番禺、顺德、东莞等地。⑤《粤海关志》中记载有"新造商船"等税收的地方有广州、汕尾、潮州、澄海、海口、乐会等地，⑥看来这些地方都是造船场所。广州是历代官船厂所在地。清代开海通商后，广州是四个通商口岸之一。乾隆以后实行独

---

① 《福建省例》（船政例），第641页。
② 松浦章：《李朝漂着中国帆船の〈問情別単〉について》下，関西大学《東西学術研究所紀要》18辑。
③ 康熙《诏安县志》卷3，方舆。
④ 民国《同安县志》卷34，人物。
⑤ 范端昂：《粤中见闻》卷24；屈大均：《广东新语》卷18。
⑥ 编写组：《广东航运史》（古代部分），人民交通出版社1989年版，第248页。

口贸易，广东继续作为唯一的通商口岸。大量远洋与内海商船往来贸易，在广州停泊修理，促进了这里修造船业的发展。广州南岸有河南地方，既是官船厂所在地，也集中了一批民间修造船业。广州的黄埔港是明清时期发展起来的一个港口。明代由于河道淤塞，原港口从黄埔附近的扶胥移至黄埔。清代，随着广州成为开放口岸，外国商船停泊在黄埔港，办理出入口手续，维修船只，使这里的修造船业逐渐发展起来，原集中在澳门的一部分修船业也移到了黄埔。① 乾隆时，"夷人寄寓澳门，凡成造船只房屋必资内地匠作"②。据记载，鸦片战争前，"这里不仅修造大量的中国帆船，而且也修理过不少外国帆船，当时停泊在这里的船只经常有一百多艘，绵延达三英里"③。当时黄埔一带已经有了一些泥船坞，"在帆船盛行的时代，珠江里的黄埔一带，本来就有若干中国人经营的泥船坞"④。说明这里的船舶修造已有固定场所，这在当时修造船业中是先进的，在其他地方关于船坞的记载比较少。这些泥船坞成为近代修造船业发展的基础。澄海县濒海，"农工商贸皆借船为业"⑤，"民少恒产，惟以泛海为生"⑥。这里也是造船的地方。所出一种"牵风船"，"每出必双，故曰对，每对造银数百两"⑦。其他船如"稳底船兴贩于三阳大埔间，其罾子船、罛船、运艚船多捕鱼于海，其舶艚船则远达各省"⑧。海南的海口是官船厂所在地，这里也存在民间造船业。鸦片战争前，海南岛的商船每年前往东京、安南、柬埔寨、暹罗、新加坡等地进行贸易，仅开往暹罗和安南两地的就有93艘，这些船平均载重在一二千石，运力有一万多吨。这些船都是在海

---

① 编写组：《黄埔港史》（古近代部分），人民交通出版社1989年版，第185页。
② 印光任、张汝霖：《澳门纪略》上卷。
③ 卫三畏：《1840年前中国回忆录》，参见汪敬虞《十五世纪西方资本主义对中国的经济侵略》，人民出版社1983年版，第338页。
④ 吕实强：《中国早期的轮船经营》，"中研院"近代史研究所，1962年，第140页。
⑤ 乾隆《澄海县志》卷19，生业。
⑥ 嘉庆《澄海县志》卷23，物产。
⑦ 嘉庆《澄海县志》卷6，风俗。
⑧ 光绪《潮州府志》卷12，风俗。

南建造的。① 这还不包括从事沿海贸易的船只。广东民间造船技术也比较高，有的船型式、性能都优于官府战船。有一种"米艇"，比官军的营船轻便迅捷，乾隆五十九年，特命添造米艇93只归官军使用。②

江苏省也是个具有造船传统的地方。它东部濒海，境内有长江、运河、淮河等大河通过，所以，它的海船与内河船制造都是发达的。明清时期，沿运河、长江一线，集中了许多大型官营造船工场，修造漕船、战船。江宁、苏州、扬州、仪征、太仓、崇明等地都是造船处所。在这些地方，集中了一批有长期经验的造船工匠，成为民间造船业发展的人力资源。这些地方交通比较便利，虽然本地所产的造船物料有限，但木材、油、钉等顺着海路、水路可以直接运到这些地方。崇明是造海船的地方，据说著名的沙船就是由于产于崇明沙而得名。清代记载，这里"昔年双桅巨舰数千余，南洋北洋大篷网仓"③。船有五桅七桅的大船，也有三桅双桅的小船。④ 崇明东乡"沙船盛时多至百余艘"⑤。嘉庆时，"沙船聚于上海约三千五六百号，其船大者载官斛三千石，小者千五六百石，船主皆崇明通州海门南汇宝山上海土著之富民"⑥。这些地方大概都能够造船。道光初年漕粮改雇商船海运，商人有利可图，短时间内又"新造大船五百余号"⑦。显示了这些地方所存在的相当大的造船能力。鸦片战争前，在上海的黄浦江两岸，修造船业已经比较发达，有一些老式船坞船厂，和一些兼营锻造锚链、铁钉的铁铺，制造渔船、驳船、沙船等。上海开埠后，进入港口的船只倍增，大量的船只修造工作都是由这些船坞、铁铺从事的。工匠们或是上船修理，或者把船泊入

---

① 前引聂宝璋《中国近代航运史资料》第1辑上册，第50页。
② 道光《琼州府志》卷17，经政。
③ 《古今图书集成》职方典，卷676，苏州府部风俗考。
④ 民国《崇明县志》卷4，物产。
⑤ 民国《崇明县志》卷4，风俗。
⑥ 包世臣：《安吴四种》卷1，海运南漕议，嘉庆九年。
⑦ 包世臣：《安吴四种》卷3，海运十宜。

船坞。乃至在外资船厂建立以后的一段时间，其船厂的一些工作还要由老式船厂来承担。① 刘河港是官船厂所在地，清代这里设有税关，是中外商船停泊之所。在其繁荣时期，这里的海船修造业也很兴旺，有船厂及与之相关的绳索厂、竹木行、棕麻行等。② 苏州是个重要的造船处所，兼造海船与内河船。这里制造的船种类名称很多，如吴船、画船、农船、渔船、快船、罛船、装船、桨船等。③ 康熙帝南巡时路过苏州，"见船厂问及，咸云每年造船出海贸易者，多至千余"④。关于造船"千余"的数字有所质疑，但这里表明了苏州民间造船业的发达。吴江县濒太湖，康熙时即有专门的"船作"。⑤ 其东南境乡民以操舟为业，"无虑以万计"，捕鱼、运输，南至杭州，北至镇江、通州。⑥ 县东部的同里镇是个造内河船的地方，"造作之属曰船厂，在辽浜，居民多于此设厂造船"⑦。太湖沿岸出产一种罛船，"亦名六桅船"⑧，船身长八丈四五尺，梁阔一丈五六尺，船舱深丈许，是一种相当大的内河渔船，仅苏州、常州二府所属就有100余号。造船的地方有多处，"其造船之处在胥口之下场湾，西山之东村，五龙桥之蠡墅，光福之铜坑，其编篛篷打篾缆在冲山"⑨。此外，江宁、扬州、淮安、海州等地历来是官船厂所在地，这些地方也应存在民间造船业。明代江宁的龙江船厂在生产时，除匠户外，"每一兴工，辄募外匠"⑩。说明除匠户外，民间尚有大量造船工匠。清代未见有关记载。

---

① 编写组：《上海民族机器工业》，中华书局1979年版，第30—32页。
② 道光《刘河镇纪略》卷9，参见陈忠平《刘河镇及其港口海运贸易的兴衰》，《南京师范大学学报》1991年第3期。
③ 民国《吴县志》卷51，物产。
④ 前引聂宝璋《中国近代航运史资料》第1辑上册，第47页。
⑤ 康熙《吴江县志》卷7，物产。
⑥ 乾隆《吴江县志》卷38，生业。
⑦ 嘉庆《同里志》卷8，物产。
⑧ 民国《吴县志》卷51，物产。
⑨ 《太湖备考》卷16，杂记。
⑩ 《龙江船厂志》卷3，参见傅衣凌《明代江南市民经济试探》，台湾谷风出版社1986年版，第32页。

浙江省也是造船集中地，这里明代就是漕船的主要修造地之一。清代官府在仁和、钱塘设有漕船厂，在宁波、温州、乍浦设有战船厂。[①] 这些地方也存在民间造船业。浙江省的蛋船、三不像船都是著名的善于航行南北洋的海船，又有白铜载、百官船、乌山船、乌篷船等多种内河货、客船。宁波、乍浦是两个造船业集中的地方。造船需用杉木，商船自福建将杉木大量运往这两个地方，"杉木载自福州，卸于宁波乍浦"[②]。鄞县东乡南乡都有船工，"东乡善造浙西诸郡各帮粮船及出海大小对渔船，南乡段塘善造南北洋商用蛋船及江河行走百官船乌山船"[③]。还有出海樵采网捕的各种小船。康熙时，"造小船一只，止需十数金，鄞〔县〕镇〔海〕沿海之民，稍有本力者，一家制数只、数十只不等，出赁收税"[④]。隔着杭州湾与宁波相对的乍浦，是清代发展起来的一个港口。清代杭州的地位有所下降，代之而起的是杭州的外港乍浦。到乾隆时，这里"贾航麇至"，设立了不少会馆，中外船只在这里停泊，"居民或造巨舰出洋贸易"[⑤]。太湖南岸的乌程县是造内河船的地方。所出船只有农船、渔船、装船、沙飞船等十余种。[⑥] 康熙时，该县小湖、织里等地居民即"业造船"[⑦]。乌青镇有船厂，"凡客船、驳船、田庄船等均能制造"[⑧]。乾隆时，这里出一种"桦船"，用桨不用橹，迅捷便利，往往被"盗贼"所用，以致官府下令禁止，"船厂不得制造"[⑨]。据晚些时候的记载，该镇南栅西栅有船厂20余家，这些船厂不仅造船修船，而且兼营租船业务，拥有自己的船只以供出租，"四乡各村航船均向船厂租赁，遇有损坏即时到厂

---

① 光绪《大清会典事例》卷935，船政。
② 光绪《定海厅志》卷20，缪燧：《沿海弭盗末议》，康熙五十四年。
③ 光绪《鄞县志》卷2，风俗。
④ 光绪《定海厅志》卷20，缪燧：《沿海弭盗末议》，康熙五十四年。
⑤ 光绪《平湖县志》卷2，风俗，引乾隆志。
⑥ 光绪《乌程县志》卷29，物产。
⑦ 康熙《乌程县志》卷5，习尚，见前引李伯重文。
⑧ 民国《乌青镇志》卷21，工商。
⑨ 乾隆《乌青镇志》卷2，水利。

修理"①。与早期的生产比较，这时至多是船厂数量的变化，生产方式看来不会有什么变化。此外，富春江上有一种运货载客的江山船，道光时有船一二千号，均为沿江两岸的建德、义乌人所有，②这些船的建造地点不详，因二县濒江，很可能是在当地制造的。

江浙闽粤四个沿海省份是清代造船业最为发达的地区。上述所提及的只是一些著名的造船集中地。事实上，在沿海沿江的一些重要港湾，都具有造船能力，"沿海州县俱有船只制造及买卖情事"③，许多船是就地打造的。

其余存在造船业的内陆省份主要制造内河船只。沿长江一线的四川、湖北、湖南、江西等省，在明代已发展起民间造船业。明初，"每年会计粮运应用船只，俱派湖广四川诸省多木近水州县军民相兼成造"。终明之世，江西、湖广的粮船都不在漕船厂制造，而是利用当地的人力物力，"造于各原卫所"。④清代，这些地方仍是官府经常用来制造粮船的地方。江西的粮船，向例是在本地方成造。直隶、山东、江南等省的运粮剥船，一直由江西、湖北、湖南几省成造，其中一度改于直隶成造，但因"工匠俱系生手"，以后仍改归江广等省代造。乾隆至道光，江西、湖广代造剥船，每次自几百只至千余只。而这几个地方，仅武昌、汉阳设有两个官船厂。⑤官府所利用的正是民间的造船力量。然而有关这几个地方具体造船地点的记载却比较少。

四川自古就是造船的地方。宋代已有专门的修船场所，陆游《入蜀记》记载："（舟）泊新河口，距沙市三百里，盖蜀人修船处。"⑥

---

① 民国《乌青镇志》卷21，工商。
② 包世臣：《安吴四种》卷24，《九姓渔船》。
③ 《福建省例》（船政例）。
④ 嘉靖《漕船志》卷1，建置；卷3，船纪。
⑤ 光绪《大清会典事例》卷935，船政。
⑥ 许增泽：《四川古代造船业发展轨迹》，《公路交通编史研究》1990年第6期。

重庆府江北厅是个造船集中地，这里出产桐油，"船家多用以制船"①，到光绪末年已有木船修造厂四五十家，沿江的涪州、万县都有船厂。②万源县的大竹河、罗文坝、固军坝等处设有"船厂"，出"鹅耳、梭子、三板、炭、渔、渡等舟"，销往"近陕汉江川河渠江等处"，这虽是稍晚些时候的情况，但又据记载，这些生产"由今视昔无甚变迁改良之处"，③说明这里的造船生产已具有长久历史。江西的赣州、吉州在宋代就是造船之地。南昌临赣江，江船中有一种著名的"红船"，就是嘉庆时在这里的滕王阁下创制的，"最稳，且最速……后各处皆仿造，人以为利"④。湖北也存在较强的造船能力。乾隆时，湖北、湖南两省主要消费淮盐，自仪征向汉口运盐的盐船千余艘，"皆系楚省有力民人自行制造……其船大者装至四千四五百引，计重百余万斤以外。小者亦装至四五百引，计重二十余万斤"。更多的是"可装六七百引以至一千余引二千余引之船"。⑤在内河船中，这种盐船是相当大的了。湖南境内河网密布，舟船也是必要的交通工具，所出船有八杆船、舴艋、七板子、小拨等多种。洞庭湖及湘江沿岸都能造船。善化县"造船曰倒划，虽小而坚致轻便，且可顺可逆，随地可泊"⑥。宁乡县嘉庆时有"本地乌江船、艄船"，用来运输米谷。⑦零陵县城北居民"二百年以来，多以醝舟为业。大于粮艘，本赀甚巨，获利致富者甚多"，此外还有运客载货的八杆船、泷泊小船。⑧祁阳人务农以外，以"驾小船"为业，"如烟江之桐壳、白水，归阳之鳅子、七板子，上下桂全衡湘之间，转运粤粮淮盐"⑨。

---

① 道光《江北厅志》，物产。
② 前引许增泽文。
③ 民国《万源县志》卷3，工业。
④ 梁章钜：《浪迹丛谈》卷1，红船。
⑤ 道光《重修仪征县志》卷15，食货志。
⑥ 乾隆《善化县志》卷4，风土。
⑦ 嘉庆《宁乡县志》卷8，风俗。
⑧ 光绪《零陵县志》卷5，风俗。
⑨ 嘉庆《祁阳县志》卷13，风俗。

有关北方造船业的资料稀少。清前期在临清、登州、胶州、天津设有官船厂，修造漕船、战船。① 这些地方的民间造船业未见记载。山东掖县临莱州湾，有海庙乡，"多船户，工师造船"，造船的某些工序已经形成专业，如"木之隙缝必贯以铁具加桐油杂石灰碎绳以塞之，业此者名曰粘匠"②，这最晚是道咸时候的事。清代东北地区的造船业发展起来。清初，官府在吉林设有官船厂修造战船。随着东北地区的开发，民间运输业发展。在松花江及辽河流域，民间造船也随之兴起。道光四年，奉天官府逮捕私造船只的人犯46人，查获船只86艘，这些船来往于辽阳、牛庄等处，运输货物。③

总的来看，清代的民间造船业主要集中在南方，其海船与内河船制造都比较发达。这些地方的特点是，在多数民间造船业集中的地方，同时也是官营造船业的所在地。民间造船业为官营造船业提供了条件，官营造船业的存在依赖于民间造船业的发展。如泉州民间造船业的存在，使福州、漳州的官船修造部分移向泉州，而随着厦门民间造船业的发展，又将泉州船厂移至厦门。福建同安梭式商船、广东民船米艇，都成为官船改型仿造的对象。相比之下，官营造船业呈现衰落迹象。明清时期，官员出使琉球，嘉靖十二年至乾隆二十一年共9次。康熙二十二年以前的7次都是由官府自造船只，自康熙五十八年以后的2次则开始雇用民船。康熙五十八年，"预取宁波商船两号"，乾隆二十一年，"选备福州民船两座"，④ 意味着民间造船业的发展，并开始取代官府造船。清初有漕船一万余艘，嘉庆十四年只存6200余艘，⑤ 道光初又改漕粮雇商船海运，这必然影

---

① 《大清会典事例》卷935，船政；郭蕴静：《天津古代城市发展史》，天津古籍出版社1989年版，第308页。
② 民国《四续掖县志》卷6，志余。
③ 黑图档，见孔经纬主编《清代东北地区经济史》第1卷，黑龙江人民出版社1990年版，第172页。
④ 周煌：《琉球国志略》卷5，山川。
⑤ 《清史稿》卷122。

响官营漕船厂的生产。道光元年，福建战船厂也由于木料难寻，陷于停产。① 官用的一些粮船、战船有时则干脆由民间承造。

三

中国传统的木帆船制造在宋元时已经发展到很高水平，在船舶构造、运载能力、船型种类等方面可谓居世界领先地位。海船建造代表了造船的技术水平，中国的四大海船船型，即福船、广船、沙船、鸟船，在清代以前已经定型。清以前已能建造载重量近千吨的大型海船，各种木帆船种类有二三千种。清代前期，造船业在这些方面没有突破性进展。尽管如此，清代的船只在船舶性能方面仍有所进步。嘉道时有人说，"自从康熙年间大开海道……万商辐辏之盛亘古未有。从此航海舟人，互相讲究，凡夫造舟之法，操舟之技，器用之备……莫不渐推渐准，愈熟愈精"，航行速度因而加快，"是以数十年前，江浙海船赴奉天贸易，岁止两次，近则一年行运四回"②。

然而从总体上说，清前期造船业的发展主要表现为量的扩大。首先是地域扩大，兴起了一批新的港口和造船中心。随着商业、运输业及海外贸易的发展，沿海的厦门、黄埔、澄海、乍浦等港口的造船业发展起来。内陆地区，随着东北地区的开发，黑龙江、松花江、辽河船运发展，吉林、辽宁产生了民间修造船业。湖广、四川的民间造船明代虽已存在，但主要还是在清代随着这些地区的开发而发展起来的。随着长江上中游航路的开辟，山区的开发，四川万县、江北、涪陵、万源，湖北汉口，湖南的洞庭湖沿岸都成为船舶修造地。

其次是造船数量增多。清代民间海外贸易的发展，国内市场的扩大，也就意味着作为主要运输工具的货运船与农、渔生产性用船

---

① 道光《厦门志》卷5，船政。
② 谢占壬：《海运提要序》，贺长龄辑：《皇朝经世文编》卷48。

数量的增加。关于总的造船数量难以作出精确统计,只有一些零散的数字。远洋商船,乾隆初,"闽粤洋船不下百十号"①,这些船都是在国内造的。1830 年,中国前往日本及东南亚贸易的船只,据不完全统计约 360 艘,载重量为七八万吨,这些船有的是在国内造的,有的是在国外造的。② 各港口的内海船只,厦门往来南北洋的贩洋船只,到嘉庆元年已不是盛时,尚有"洋船商船千余号"③。主要往来于闽台间的横洋船,鸦片战争前,"向来千余号"④。广州在道光中期仅蛋民就有船 84000 只,⑤ 每年开往上海的广东商船有 400 只。⑥ 嘉庆初年,上海有沙船"约三千五六百号"⑦。道光初年,"上海乍浦各口,有善走关东、山东海船五千余只"⑧。又有记载说,道光时,"迢迢申浦,商贾云集,海艘大小以万计,海内外无隙地"⑨。鸦片战争前,每年开到上海的来自关东、天津、山东的北洋船约计 900 只。⑩ 内河运输船,鸦片战争前,每年"从长江及各支流口岸到上海的船计 5400 艘。这些船从不出海,把南北洋船运来的货运往内地,把内地货运来供南北洋船运走"⑪。长江中还有盐船千余艘。⑫ 这只是主要航线上的商运船,此外在沿海与内陆的大小河流中,还行驶着无数大大小小的渔船、农船、货船、客船等各类船只。据称,乾隆时,江南苏杭等府"其船只之多,大小不下数十万艘,百姓赖以资生者何啻数百万人"⑬。有人估计,鸦片战争前,国内运载能力在七八百石即 50 吨以上的船只,沿海商船有 9000 余只,将近 10000

---

① 前引聂宝璋《中国近代航运史资料》第 1 辑上册,第 49 页。
② 前引聂宝璋《中国近代航运史资料》第 1 辑上册,第 50 页。
③ 道光《厦门志》卷 5,船政。
④ 道光《厦门志》卷 5,船政。
⑤ 前引姚贤镐《中国近代对外贸易史资料》第 1 册,第 304 页。
⑥ 前引姚贤镐《中国近代对外贸易史资料》第 1 册,第 554 页。
⑦ 包世臣:《安吴四种》卷 1,《海运南漕议》。
⑧ 钱泳:《履园丛话》卷 4。
⑨ 黄本铨:《枭林小史》弁言。
⑩ 前引姚贤镐《中国近代对外贸易史资料》第 1 册,第 554 页。
⑪ 前引姚贤镐《中国近代对外贸易史资料》第 1 册,第 554 页。
⑫ 道光《重修仪征县志》卷 15,食货。
⑬ 《粤海关志》卷 8,税则 1,江苏布政使兼管浒关事务安宁奏。

只，总运力约 150 万吨；内河运输船，包括运河商船，长江干支流的商船、盐船，珠江、黄、淮等河商船，共有 12000 余只，运载能力 100 余万吨，这些尚不包括官方漕运船只。此外，各内河、沿海 50 吨以下的运输帆船（不包括渔船、农船、无帆小船）约计 20 万只，一二百万吨。总计鸦片战争前，沿海与内河运输帆船共 20 多万只，总运力不下四五百万吨。① 这里的数字主要是道光以后的，还不是帆船业最繁荣的时期。1669 年，一位欧洲人说，"有人确信，中国船的数量超过了世界各地所有船只的总和，这对许多欧洲人来说似不可信"，"但在世界各地旅行后，我认为这个看法是十分正确的"。② 这是开海之前的情况，也不是帆船业最盛的时期。

  众多的船只说明投入于造船的用工与资金是巨大的。以资金量来看，航运业尽管风险较大，但获利机会多，盈利大，所以仍然吸引了大量的投资，"服贾者以贩海为利薮，视汪洋巨浸如衽席，北至宁波上海天津锦州，南至粤东，对渡台湾，一岁往来数次。外至吕宋、苏禄、实力、噶喇巴，冬去夏回一年一次，初则获利数倍，至数十倍不等，故有倾产造船者"③。清代造船费用呈现出上升趋势。明代一只远洋商船，"造舶费可千余金"④。清代康雍时期，"内地造一洋船，大者七八千金，小者二三千金"，闽广有"四五千金所造之洋艘"⑤，洋船"其巨者一桅费千余金"⑥。乾隆时，闽粤洋船"每船大者造作近万金，小者亦四五千金"⑦。道光时，厦门"造大船费数万金"⑧。1830 年，造 8000 担运力的海船，广东为 16000 元，厦门为 21000 元。⑨ 造沿海商船，嘉庆初，"小者需费数十金至

---

① 樊百川：《中国轮船航运业的兴起》，四川人民出版社 1985 年版，第 71—83 页。
② 转引自金秋鹏《中国古代的造船和航海》，中国青年出版社 1985 年版，第 3 页。
③ 道光《厦门志》卷 15，俗尚。
④ 张燮：《东西洋考》卷 9，舟师考。
⑤ 蓝鼎元：《论南洋事宜书》，雍正二年，《鹿洲初集》卷 3。
⑥ 屈大均：《广东新语》卷 18，舟语。
⑦ 前引聂宝璋《中国近代航运史资料》第 1 辑上册，第 49 页。
⑧ 道光《厦门志》卷 15，俗尚。
⑨ 前引聂宝璋《中国近代航运史资料》第 1 辑上册，第 53 页。

数百金，大者必需数千金"①。上海沙船，"每造一船，须银七八千两"②。嘉庆中期，福建一船主置造沿海商船一只，"价银一万五千两"③。道光中期，江浙闽粤沿海商船"一船可值数千金，多者数万金"④。上海一船主李也亭拥有沙船十余只，"每船值银数万两"⑤。看来，到清乾嘉以后，造海船一只费用至少在四五千两以上，大者达万两以至数万两。内河船只造价，嘉道时，长江盐船"约计造一船之费以万计"⑥。其余商船造价不明，权且以漕船造价作一比较。官方造 400 石漕船一只，康熙时规定造费银 208 两，以后由于造船费用增加，"赔累日甚"，嘉庆十七年规定，浙江省造漕船一只，"每船除例给二百八两外，复给银五百九十余两"，则总造费银约 800 两。嘉庆二十三年，又将江苏省漕船造费银增加至 300 两。⑦ 这是官船费用。民间造船油舱坚致都超过官船。明代造战船费用仅为贾客船的"三之一"⑧，清代也应差不多。那么，民间造七八百石即 50 吨以上的内河船，造价当不下 1000 两。其余船只造价，前述康熙末年宁波造出海小船一只"止需十数金"，嘉庆时广东造渔船牵风船，"每对造银数百两"。如按上述船只数量，以较低造价来估计，造沿海商船一只平均需银 5000 两，近一万只船总造价约为 5000 万两；内河船每只造价 1000 两，一万余只船需费 1000 余万两；七八百石以下的运输帆船 20 万只，每只即以造价 200 两计，需银 4000 万两。总计鸦片战争前，国内各类运输商船所占用的固定资金当不下 1 亿两。这还不包括无法计数而造价巨大的远洋商船及渔船、农船、无帆小船等。船只每年需要维修、更换帆索等船上设施用具。这么多的船只，每年用于维修的费用也是相当可观的。众多的船只与大

---

① 汪志伊：《议海口情形疏》，嘉庆四年，贺长龄辑：《皇朝经世文编》卷 85。
② 包世臣：《安吴四种》卷 1，《海运南漕议》。
③ 前引松浦章文。
④ 前引聂宝璋《中国近代航运史资料》第 1 辑上册，第 58 页。
⑤ 中国人民银行上海市分行：《上海钱庄史料》，上海人民出版社 1960 年版，第 734 页。
⑥ 包世臣：《淮盐三策》，贺长龄辑：《皇朝经世文编》卷 49。
⑦ 《清史稿》卷 122；《大清会典事例》卷 935，船政。
⑧ 张燮：《东西洋考》卷 9，舟师考。

量的投资反映清代民间造船业生产能力增大，已成为一个重要行业。

在清代，船只的出租与买卖也开始普遍化。这种普遍化主要也是在清代发展起来的。同时它也成为刺激造船业发展的一个因素。清初政府出于维护海防的需要，禁止造船出租出售。乾隆时放松了限制，允许造船出租，但对于卖船却未见弛禁的明文规定。对于私造私卖行为，惩罚也很严厉，规定"如有私造私卖及偷越出口者，俱照违禁例治罪"①。然而在实际生活中，船只买卖却是必然的，"船户每遇生理失利，往往将船只转售邻邑，民人承买驾驶，事所常有，势难禁阻"②。事实上，禁止本身就意味着现象的存在。如嘉庆十一年福建巡抚奏请，"商船梁头以一丈八尺为率，已造之船既往不究，新造者不得过一丈八尺。如相卖买，查系未经奏定以前置造应成买，将来拆造时改正"③。说明当时不仅船式超过限制，船只买卖现象也已大量存在，而官府对于这种违禁现象也没有更为有力的措施加以禁止，只能承认其既定事实，下不为例。有的时候，则采取一些变通的办法，"船只卖买，在所不免……嗣后买卖交接之时，必得彼此关查……"④ 船只的出租与买卖在清代前期日益普遍，反映了造船业向深层次的发展。取消对船只出租的限制，使出租取得了合法性，富商巨贾将大量财力投入造船，出现了许多拥有数十只船的大船主。嘉道时，上海沙船业中有拥有四五十号船的大船户，有船5条以内的就算小船主。⑤ 道光初实行漕粮海运，慈溪船商费三埠具船30艘，承运4万余石。⑥ 咸丰时，上海县船主郁泰峰"有五十余舡"⑦，出租给船户往奉天等地运货。以每船造价5000两计，这些船主拥有的固定资产都不下一二十万两。据嘉道时一些行船的记载，大量的船都是船户

---

① 《福建省例》（船政例）。
② 《福建省例》（船政例）。
③ 道光《厦门志》卷5，船政。
④ 《福建省例》（船政例）。
⑤ 包世臣：《安吴四种》卷3，《海运十宜》。
⑥ 《慈东费氏三修宗谱》，参见张守广《明清时期商人集团的产生和发展》，《南京师范大学学报》1991年第3期。
⑦ 前引松浦章文。

向船主租来的，这些船主拥有船只，自己并不出海。① 这些是船主出租船只。又有乌青镇的船厂自造船只出租，如上述乌青镇"四乡各村航船均向船厂租赁，遇有损坏即时到厂修理"②。这些船厂主也成了船主。船只买卖反映了民间对船舶的需求，这种需求在某种程度上也可以刺激造船生产。被买卖的船只有新船出售，也有旧船转手，用于各种用途。雍正元年，广东香山县民人李立正"置有沙罟船一只，借巡河护客为名，冒领县照"③，需领取船照，说明所置的是新船。乾隆十五年，广东番禺县"东陂村置有龙船一只"④。乾隆二十四年，上海宝山县八都海口，因往来过渡艰难，有绅监"捐田置买船只，设立义渡"⑤。乾隆四十八年，晋江县船户吴长兴"置有商船一只……管驾贸易"⑥。嘉庆四年，广东澄海县蔡开候"置有拖风船一只，接载客货"⑦。嘉庆十八年，福建同安县民人吕接等驾船出海运货，"船乃本年二月以三千两银买于陈源合，船元（原）是黄万琴之私船，黄万琴现为船上管驾"⑧，说明船已不是第一次转手。道光四年，镇海县民人张翘"自置商船一只，请领船照"⑨。流通会影响生产，清代船舶流通的活跃从另一方面反映了造船业的发展。

四

与其他手工行业一样，清代的民间造船业仍停留在传统手工业的生产方式。其生产组织方式大约有以下几种：

一是一些大商人直接投资开设船厂，打造船只，从事船运业和

---

① 前引松浦章文。
② 民国《乌青镇志》卷21，工商。
③ 张伟仁：《清代法制研究》第3册，"中研院"史语所，1983年，第367页。
④ 中国社会科学院经济所藏刑部抄档。
⑤ 上海博物馆：《上海碑刻资料选辑》，上海人民出版社1980年版，第189页。
⑥ 《福建省例》（船政例）。
⑦ 中国社会科学院经济所藏刑部抄档。
⑧ 前引松浦章文。
⑨ 张伟仁：《清代法制研究》第2册，第310页。

商业。乾隆时，上海县葛元祥、葛元瑞兄弟在县城南门外设立葛家船厂，打造沙船，往来山东、奉天各口贸易，积百余年，富称南中。① 咸丰时，上海商人朱朴斋"自置船厂，鸠工建造巨大帆船，航行南北洋各大埠，均系自营业性质，贸易颇能获利"，到光绪时，朱家有船7艘，从事航运，兼贩南北货。② 类似情况大概不会只此二家。商人开设船厂，雇工造船，是商人支配生产的一种方式。雇工人数不清，从其他资料所反映的情况看，一般制造数十吨小船的船厂雇工需要十来个人（见下文），这里是制造载重数千石至少百吨以上的大沙船，其雇工人数当不止十来个人。据朱氏家族成员回忆，其船厂在生产中还没有形成明确分工。不过，造船，尤其是造大海船，是一种技术性比较强的工作，油舱帆篷都有专门技能。在官船厂中有专门的舱匠、箬篷匠、船木匠、油灰匠、铁匠、索匠、竹匠等，③ 在那些造船比较集中的地方，由于经验的积累，已经存在各有专长的船工。因此，如葛氏、朱氏这种制造大沙船的船厂，在生产中即使没有明确的固定分工，也应存在简单分工。从造船本身来看，这种商人开设的船厂已经具有手工工场的性质。不过，这里造船是自造自用，造船是为了从事航运和贸易，造船业还没有与航运业、商业分离，它与航运业、商业结合在一起，并服从于航运业和商业。

再一种情况是，在一些造船比较集中的地方，形成了一些专业性或半专业性的船厂、船坞。如上述广东河南的船厂、黄埔的船坞，还有江浙的上海、苏州、吴江县、同里镇、乌青镇，四川江北厅、万源县，湖南的宁乡县等地都明确提到有"船厂""船家"。在太湖的胥口、西山、五龙桥、光福等地，及宁波、福建沿海这些造船集中地，也应存在船厂，只是未见直接记载。这些船厂兼

---

① 《上海葛氏家谱》，参见张忠民《上海：从开发走向开放，1368—1842》，云南人民出版社1990年版，第296页。
② 《上海民族机器工业》，第31页。
③ 嘉靖《漕船志》卷4。

营造船与修船，往往有着固定的场所地点，有船坞或没有船坞。有的还有厂房，乌青镇船厂"厂房均设栅外"①。这些船厂多是分散的个体小船厂。如乌青镇船厂，"南栅养鱼窠一处有孙永茂孙隆顺沈家顺沈源懋等十数家，西栅高桥外有沈森顺沈洪顺杨廉记施茂记等十数家"②。乌青镇纵长七里，这些船厂如分布于沿河两岸，则半里左右就有一个船厂。船厂主的身份不明。清代前期，在接近乡村的地方，船工大概多是当地农民。这些人从事造船业，但很可能并未完全脱离农业，或者是本人兼事务农，或者是家人从事农业，本人有活儿时招之即来，无活或农忙时回家务农。掖县海庙乡有粘匠业，乡人于文法以此为业，并为匠首，而同时"家贫兼务农"③。四川万源县的各手工行业，包括船厂，直到晚些时候仍是"业此者多系乡农于余时为之，借以糊口"④。在这种情况下，尽管有了"船厂"这种固定的生产形式，但其生产还与农业联系在一起，尚未独立出来。

到了鸦片战争前后，开始形成了一些专业性船厂，产生了专业的船业工人。鸦片战争前，上海人顾明海在浦东陆家渡地方设立船厂，雇用十来个木工，从修理旧船开始，逐渐发展到制造驳船、帆船，以造四五吨到十来吨的小木船为多，生产周期较长，造小船也要两个月。1850年左右，浦东人张桂华、张阿富在陆家渡开设两个木船厂，雇用七八名工人，有时雇用临时工，专做50—100吨的驳船，业务颇忙。⑤ 四川江北厅到光绪时已有木船厂四五十家，水木工匠2000余人，每年建造30—100吨的木船七八百只，修理大小木船二三千只。⑥ 据民国时县志记载，湖南宁乡县有"划船塘船厂十余

---

① 民国《乌青镇志》卷21，工商。
② 民国《乌青镇志》卷21，工商。
③ 民国《四续掖县志》卷6，志余。
④ 民国《万源县志》卷3，专业。
⑤ 《上海民族机器工业》，第30页。
⑥ 前引许增泽文。

家,全县乌舡出此,工约百余,昼夜不息,他处无人仿造"①。这些船厂已是常年开工的专业性生产,船匠也成为专门的船业工人。另外,道光时,厦门"船工大盛,专其业者多移居焉",看来也是专业船工。鸦片战争前,上海的铁铺兼事锻造船舶锚链铁钉,这些虽是专门的手工业人口,但还不能算作专门的船业工人。到太平天国前后,铁铺中开始分出专门的"船作",这些船作专事锻造船上所需的各种铁制品,成为造船的分支行业,这些铁工也成为专门的船业工人。② 不过,这些都是晚些时候的记载。在清代前期,这一专业化趋势还不明显,大约以半专业性船厂为主,多少还与农业有一定的联系。

与上述商人船厂不同,这些专业或半专业性的船厂造船基本上不是为了自用,而是为了出售。宁乡县船厂造乌舡供给全县所需。四川万源船厂所造内河江船长期以来销往"近陕汉江川河渠江等处",万县赵镇打造的一种"出山船",可载货60吨,船造好后载货运出川,船、货一同变卖,"出山"为有去无回的意思。③ 看来船已有了固定销路。沿海居民还往往违禁私造船只卖到海上。如嘉庆八年,福建商人私造大霆船,"载货出海济(蔡)牵用,商归岸伪报被劫"④。船厂的加工方式可以是接受订货,也可以是来料加工式的,晚些时候的专业性船厂已发展为自产自销式的生产,不过都是小船。商人及四乡农民需要船只,到这些造船的地方购买或订制,修船也多到船厂来修,乌青镇四乡航船"遇有损坏即时到厂修理",江北厅船厂每年修船二三千只。可以说这已是一种商品性生产。

关于船厂生产规模及内部关系的资料比较少。据一位英国人所记,鸦片战争前,黄埔的船坞业多是建立在家族关系基础上的,"黄埔泥坞很坚硬,可容十八世纪远洋巨舶驶入坞里。从事修船的船匠

---

① 民国《宁乡县志》故事编,工业。
② 《上海民族机器工业》,第9—12页。
③ 前引许增泽文。
④ 民国《同安县志》卷34,人物。

多是附近乡村的居民。船坞业是一种特殊垄断性的以亲缘与家庭为基础的集体行业"①。这种以家族关系为基础的垄断性的生产,其规模不会很大。也有雇工生产的。嘉庆时,广东连州有"开船厂生理者",雇工生产,因向雇工讨债而被砍死。② 只是不了解雇主身份与雇工人数。道咸时候上海浦东的几家船厂都是雇工生产的,常年雇用人数在七八人到十来人。湖南宁乡船厂 10 余家,工约百余,平均每厂雇工 10 人左右。四川江北船厂四五十家,船工二千余人,平均每个船厂人数在四五十人,这个规模相对较大。尽管未见直接记载,但与上述商人船厂一样,这些常年性的专业船厂在生产中也应有一定的内部分工。船厂主身份不太清楚,但从这些情况来看,这些船厂也可以说具备了手工工场性质。江浙的各水乡船厂情况不清。但清前期江南手工业中雇工已经普遍,船厂大概也都是雇工生产的,只是雇工人数不明。

在目前的资料情况下,很难判断"船厂"这种生产形式在整个造船业中的地位。还有许多船是船主雇人自行打造的,即手艺人式的生产。手艺人式的造船方式各地都有。在那些近水地方,一些掌握了造船技艺的手艺人,受雇于船主,沙滩水次就地打造船只。如江苏省,"吴有富商,倩工造舟……以舟行商"③。也有修船的,如嘉庆时,湖南巴陵县"聂崑船只渗漏,雇马昌松修舱"。河南淮宁县"刘克明修理杨秀船底,讲定价钱十三千二百文"。④ 这种方式都是临时性的,没有形成固定的生产关系。在清前期,这也是一种重要的造船方式。

在清代,以后两种为造船业的主要生产方式,大量的船只是以这两种方式修造的。投资造船的有农民,特别是在南方河网地区,农船渔船是必需的交通运输工具,几乎家家置备。也有地主、商人。

---

① Austin Coates, *Whampoa Ships on the Shore*,见《黄埔港史》(古近代部分),第 185 页。
② 刑部抄档,见《广东航运史》(古代部分),第 248 页。
③ 褚人获:《坚瓠余集》卷 1,木龙。
④ 中国社会科学院经济所藏刑部抄档。

如上海、乍浦各口的沙船，"船户俱土著之人，身家殷实，有数十万之富者"①。广东的商船渔船"皆富商巨贾为之"。宁波造船的都是"稍有本力者"。乾隆时，南北运河盐商捐银数十万两，建造驳船、盐船。② 福建沿海"大号商船，揽载客货，资本至数千金，多系身家殷实之人"③。湖北的大盐船"皆系楚省有力民人自行制造"。山东黄县"大贾则自造舟贩鬻，获利犹厚"④。那些有数十万之富的身家殷实之人，恐怕多是集地主和商人于一身的。根据前述各类船只的资金额看，海船、大型内河船资金为多，这些船大都是富商大贾制造的，说明商人投资造船占有重要地位。商人造船是为了从事航运、贸易和捕捞，所谓"造船牟利"就是指这种情况。如闽广"商贾造舟置货"，至江浙山东奉天贸易。⑤ 厦门"造大船费数万金，造船置货者曰财东"⑥。大量的商业资本投入造船，使得这后两种方式的造船业也在一定程度上依赖于商业与商人资本。

清代前期，在一些造船业比较发达的地方，开始形成了一定的生产分工。前述宁波的船工，东乡善造粮船渔船，南乡善造商用蛋船及百官船乌山船，看来由于长期的经验积累，这里开始形成某种地域分工。就造船生产来讲，一些船的零部件制造与造船工序开始形成专业性分工。乾隆时，太湖沿岸的造船处所在胥口、光福等地，而"编筬篷打篝缆在冲山"，太湖中的漫山、冲山二地有居民200余家，"以造篷为业"⑦。鸦片战争前，上海造船业中已形成专门制绳索的"索绚业"，大船主王文源、王文瑞兄弟就是"习索绚业"起家的。⑧ 乌青镇船厂造船，而"船上摇橹另有专工制

---

① 钱泳：《履园丛话》卷4。
② 《新修长芦盐法志》卷16，见《河北省航运史》，人民交通出版社1988年版，第79页。
③ 《福建省例》（船政例）。
④ 同治《黄县志》卷3，食货。
⑤ 蓝鼎元：《漕粮兼资海运疏》，贺长龄辑：《皇朝经世文编》卷48。
⑥ 道光《厦门志》卷15，俗尚。
⑦ 《太湖备考》卷16，杂记；卷5，湖中山。
⑧ 同治《上海县志》卷21，人物。

造,全镇只南北栅二家"①。山东掖县海庙乡造船,分出了专门以塞船缝为业的"粘匠"。据道光县志记载,广东封川县"数十年前,黄冈山中有……船筋厂"②,数十年前正是乾嘉时期。广州河南为船厂聚处,除工厂外,还有专造"桯缆桨橹""葵蓬菱荸"的,似已形成配套性生产。形成分工是造船业发展的表现。不过,这是一种建立在小生产基础上的分散的社会分工。清代前期,由于造船业尚未形成独立的部门,这种与农业联系在一起的小生产式的分工,还不足以改变整个造船业的生产面貌。

五

总之,与前代相比,清代的民间造船业仍然有所发展。这种发展是与整个社会经济的发展相联系的。社会经济的发展会促进运输工具的发展,后者反过来又会推动前者的发展。清代农村经济作物种植的扩大与城乡手工业的发展,提供了造船所需的物料,如竹木、油麻、石灰、钉锚等。商品经济的发展、商品量的扩大,特别是长距离贩运贸易的发展,导致对运输工具船舶需求的增加。贩运贸易的巨大利润刺激着商人等对造船的投资。出于运输安全、迅速的需要,在造船工艺、船舶性能上也都有所改进。反过来,造船业的发展为运输业提供了物质工具的保证,清代的河运海运都呈现出一幅帆樯如织的繁荣景象。江南、闽广这些地区商品经济的发展,与当地造船业的发达不无关系。

尽管如此,与同时期欧洲国家相比,清代造船业的发展速度是远远地落后了。中国的造船业曾居世界首位,但长期以来发展缓慢,欧洲起步虽晚却发展迅速。中国早在十二三世纪的宋元时期就已能制造装载量近千吨的大型平底海船,当时的大商船一般都有 4—6

---

① 民国《乌青镇志》卷21,工商。
② 道光《封川县志》卷1,舆地。

桅。① 但直到19世纪的清代，商船制造的型制也没有超过前代。欧洲北部的一些国家于15世纪30年代开始制造使用双桅、三桅船，17世纪，三桅四桅船成为当时的主要帆船。② 同时，各国在船型、船上设备方面都大大改进。19世纪上半叶，英国开始在船上使用蒸汽机。③ 从船的数量吨位上看，中国自16世纪初至19世纪初沙船数量增加仅4倍。④ 而自16世纪起，欧洲造船业船舶吨位迅速增加，荷兰1500—1700年，船舶吨位增加了10倍。⑤ 在造船的生产组织方式上，直到清代前期，除官船厂外，未见有关民间大船厂的记载，造船生产还没有完全脱离农业，分工尚未充分发展，生产停留在手工制造阶段。直到鸦片战争前后，才出现专业化的造船工场，但规模也都不大。而在荷兰，造船业是它的一个古老行业，到17世纪，生产空前发展，不仅能满足本国需求，还向英国、法国、西班牙、意大利等国提供船舶。造船厂在制造中使生产标准化，并使用了机器，如风力锯木、起吊机等。⑥ 许多与造船相关的分支部门，如船帆与绳索制造、木材贸易、小冶金、船锚浇铸等发展起来，造船工业成为促进国家经济发展与繁荣的主要力量。⑦ 总之，入清以后，中国的造船业在制造技术、船舶吨位、生产组织方式等方面，较之同期欧洲的发展来说，都处于落后地位。

如前所述，运输工具作为重要的生产资料，其生产的发展是与整个社会的生产与经济结构的发展变化相联系的。社会的生产水平与生产方式决定了运输工具制造的水平与生产方式。欧洲造船业的迅速发展，正是其社会经济结构变化的结果。16世纪以后，欧洲进入了向资本主义过渡的时期，"世界市场引起了商业、航海

---

① 杜石然等：《中国科学技术史稿》下册，第15页。
② 卡洛·M. 奇波拉：《欧洲经济史》第二卷，商务印书馆1988年版，第199—204页。
③ 米歇尔·博德：《资本主义史：1500—1980》，东方出版社1987年版，第18页。
④ 李伯重：《明清江南地区造船业的发展》，《中国社会经济史研究》1989年第1期。
⑤ 卡洛·M. 奇波拉：《欧洲经济史》第二卷，第358页。
⑥ 米歇尔·博德：《资本主义史：1500—1980》，第18页。
⑦ 卡洛·M. 奇波拉：《欧洲经济史》第二卷，第359页。

业和陆路交通工具大规模的发展。这种发展又反转过来促进了工业范围的扩大"[1]，资产阶级也以同样的速度发展起来。另外，中国直到鸦片战争前，社会经济结构没有发生根本变化，小农的自然经济结构仍占主导地位。商品经济虽有发展，但发展程度有限。这种状况制约了运输工具制造业的发展。尽管从性质上说造船业本应是易于集中的行业，但中国的造船业长期以来处于分散的小生产状态。虽然历史悠久，但民间并未发展起集中的大型船厂。船舶数量虽有增加，但增加速度缓慢。专门经营集中的造船工场需要一定的资本，且生产周期较长。而对商人、地主来说，在存在大量农民船匠的情况下，造船无须自备工具设施，乃至场地屋蓬，造一条船的成本相对低廉，造船从事运输是急功近利的事业。在造船从事运输与专门经营造船二者之间，前者显然比后者有利。这种状况影响了商人的投资选择，恐怕也是造船业难以集中的原因。

尽管如此，还应注意到，清代造船业的发展为近代造船工业的产生打下了基础。在近代机器工业产生的过程中，传统的造船业是与近代工业联系最为密切的一个行业。1845年，广州第一家外资船厂柯拜船坞建立，所利用的正是黄埔一带的旧式泥船坞。1850年后，外国资本在上海陆续设立船厂。这些外资船厂所雇用的木工、铁工、铜工等，都是传统修造船业中的熟练工匠。在机器造船业产生后，这些工人成为早期机器工人的来源之一。清代前期民间修造船业的发展为近代造船工业的产生准备了现成的物质条件。

（原载《中国经济史研究》1992年第4期）

---

[1]《马克思恩格斯全集》第4卷，人民出版社1958年版，第467页。

清前期的公共事业经费

一个社会总有一些公共事业。这些事业是维持社会正常运行所必需的。其中有的属于直接生产领域，如农田水利，有的虽不属于直接生产领域，但与生产关系密切，如交通（交通在近代以后发展为一物质生产部门，在清前期尚未形成独立行业）、储备、救荒等；有的则与生产无关。本文考察的正是前两类（以下所称公共事业即指这两类）。"公共事业"一词的含义及其与生产的关系都随着社会经济与生活的发展、社会交往的扩大而变化发展。本文以清前期为准，主要包括农田水利、河道海塘、桥路、储备、救荒几项事业。

公共事业经费是封建社会剩余产品或资金分配与使用的一个方面，是封建社会再生产过程的组成部分，致力公共事业建设又是封建政府的职能之一。本文试图以这两方面为中心，考察清前期公共事业筹资。

一

随着社会的发展，许多公共事业逐渐显示出在社会经济中的联系与作用。农田水利属于直接生产领域。至于河道、桥路、储备、救荒等项，在以家庭为生产单位的小农经济条件下，在商品经济发展到一定程度时，都成为生产的外部条件与基础设施。良好的外部条件与设施是生产发展的前提之一，也是再生产得以连续的条件之一。这些事业受到历代从统治者到生产者的深切关注。

公共事业的特点是涉及面宽、工程量大，需要较多财力、人力，往往是个人不愿干或无力去干而对社会发展又必不可少的，故往往需要权威机构来主持。在中国封建社会中，这个权威主要是封建国家（此外还有宗族组织），其执行机构为各级政府。进行公共事业建设，为生产单位创造有利的外部条件，促进生产发展，保证再生产正常运转，是政府经济职能之一。公共事业状况从一个侧面反映了一个政府管理经济的能力与效果。

公共事业建设的关键首先是经费问题。在小农经济条件下，面临的两个问题是，一方面，资金需要量大；另一方面，社会资金分散，政府财力有限。如何开拓筹资渠道，集中并有效地利用社会分散的剩余产品或资金，是有待封建政府着力解决的问题。历代政府在实践中采取了不少有效举措，到清前期日渐完善，逐渐形成一套由政府——地方名流（士绅、富户、商人等）——农民一道出资出力，共同办事的做法。

清前期政府解决公共事业经费的方法，首先是政府直接出资。政府财力主要来自田赋、税收，这是社会剩余产品或资金的一部分。政府通过调拨、借支等再分配方式，把其中一部分用于与生产有关的公共事业。在清前期政府的财政支出中，这部分资金占有一定比重。从历史上看，政府主持公共事业曾占有相当重要甚或是主要地位。文献记载中，宋以前的农田水利、河道治理、修桥筑路、储备、赈济，以官府主持为多。宋代起，民间捐资的事例开始增多，如募捐修建桥路，劝诱兴修塘堰圩堤。宋代民间社仓开始发展，社仓积谷主要来自捐输。自明后期起，尤其是清代，公共事业中民间捐输成分明显增多。这是社会经济发展在这方面产生的变化。随着经济的发展，人口增加，农田面积扩大，山区边疆逐渐开发，许多事情政府无力直接插手，不得不下力发掘民间力量。而经济发展，民间财力增加，也为其提供了这种可能性。以农田水利为例。清前期四川逐渐开发，农田垦辟，大量水利工程有待开修，"若官为经理，势不暇而资亦不继，不得不听民自为之"①，官府提倡、鼓励民间捐资兴修水利，有的民办工程还由官员督率。许多水利工程就是这样修建起来的。又如内河航运，明清时，江西山区经济发展，山区与外界的商品交换扩大，这时期内河航运的显著特点是山区支流河道疏凿工程增多，如章江五羊滩、宁冈河、福惠河、桃江乌漾滩、瀼溪河等河滩的疏凿，其中许多是捐修的。②再如修桥，江苏地方志记载的桥梁中，建于明代以前的很少，明清以后，桥梁数量大增，且向乡村扩展，城外桥发展突出。清代吴江县有城内桥22座，城外桥304座，在记有初建或记载中第一次出现修建年代的桥梁中，多数为明清时修建，其中民间捐修的又远多于官修。③吴县有城内桥308座，城外桥651座，在记有初建年代的桥梁中，明代以前修建的以城内居多，城外很少，多数桥梁，尤其是城外桥梁是明清时期修建的；又从记有桥梁修建者身份的情况看，明清时的桥梁多数是民间捐修的。④清前期政府积极倡导、鼓励利用民力，取得一定成效。有能力捐资的主要是地方富户、士绅、商人，其收入来自地租、商业利润，也属于社会剩余产品或资金。政府通过鼓励捐资，即再分配的方式，同样使其中一部分与生产、再生产联系起来。

总之，清前期政府重视公共事业建设，多方开拓筹资渠道，通过对剩余产品或资金的再分配，把这部分财物纳入社会再生产过程。在不同事业中，方法侧重又有不同。以下分别考察。

二

清前期，属于直接生产领域的公共事业为农田水利。清代把与农田有关的河道疏浚、堤坝圩围修筑、塘井沟渠修挖，以及农田整

---

① 民国《三台县志》卷2，堤堰。
② 编写组：《江西内河航运史》（古近代部分），人民交通出版社1991年版，第113页。
③ 康熙《吴江县志》卷2，桥梁。
④ 民国《吴县志》卷25，桥梁。

修都归入农田水利范围。在以农业为主的社会中，农田水利的重要性不言而喻。清政府非常重视农田水利，设有水利机构，各级政府设置专职或兼职水利官员。农田水利也是地方官的职责与考核内容之一。农田水利建设，有的工程量较大，往往需筹巨资兴工举行，有的工程量较小，分散农户可自行从事。所以，清前期根据不同情况采取不同筹资方法，资金来源形成多条渠道。

（一）动拨官帑、官谷

大型工程通常由政府出资兴办，其方式主要有直接修建水利工程、设立固定的水利设施岁修银、以工代赈兴修水利、借贷发放水利资金等。不过，清代财政中似无农田水利专款，需要时往往多方筹集。官帑、官谷出自官库正项钱粮、盐课商税、漕粮、官帑生息银两等。

最重要的官帑来源是正项钱粮。康熙时，令江浙地方疏浚河港，修建闸坝，"皆用公帑，不使丝毫出于民力"。雍正时，江南"建立闸坝，疏浚河流……其一应公费，皆动用库帑支给"①。陕西修渠，"着动用正项钱粮，及时挑浚"②。至于疏浚太湖、刘河等归海要道，治理运河，"尤不惜帑金，专员督理"③。嘉庆时，以借帑兴修为多。嘉庆元年，借帑挑浚刘河9500余丈。十年，借帑挑浚武进、丹徒二县河道11600余丈。十七年，借帑98000余两，挑浚刘河。④

官费又出自商税，主要是盐税。乾隆元年定，挑浚仪征至甘泉河道共60余里，改民捐为官费，用费于运库动支。二年又定，江苏省"一切河道，凡关粮艘往来，及江河湖海要区，专资通泄之处，遇有淤浅，责令水利各官，于藩运二库公银并河库及藩库所存盐规银两，动项修浚"⑤。江西丰城县石堤岁修银每年约一千四五

---

① 光绪《大清会典事例》卷927，水利。
② 《清朝文献通考》卷6，水利田。
③ 《大清会典事例》卷927，水利。
④ 《大清会典事例》卷928，水利。
⑤ 《大清会典事例》卷927，水利。

百两，免其派征，"动支盐规银办理"①。嘉庆时，筹办直隶水利，准以"天津盐务加价一项"及"天津关税一项"拨用。道光四年批准，直隶水利大工9处，不敷银两，在所解长芦盐课内拨银20万两，又拨山西、山东、河南地丁银20万两，共40万两，贮库以备工需。②

动用一定官帑作本发商生息，以生息银作为水利经费，也是清前期经常采用的解决水利费用的方法。乾隆三十六年，为解决安庆府漳葭港每年挑浚需费，特"将城工余剩银二万七千两，发商筹备，以一分起息，每年得息银二千二百余两，约十年还本。其息银仍发商生息，以备岁修之用"③。嘉庆十三年，为解决山东四女寺支河岁修费用，命山东于司库城工生息银内提取10万两，发给该省运司，"交与殷商生息，为每年冬间勘估挑浚之用"④。十九年，"拨两淮引盐征存加价项下银六十万两生息，为邳宿运河岁修"⑤。

此外，各地还时常动用其他款项。乾隆初年，云南水利拨用官庄变价之银。⑥ 与河工有关的可动用河工专款。乾隆二十四年，以邳宿等县部分闸坝"关系漕运河防，归河工动帑修理"⑦。道光四年，筹备直隶水利款项，令广东、江西、浙江三省，收解捐监银20万两。⑧ 灾荒时，动用官帑，截留漕粮，以工代赈，修堤筑坝，在清代成为定例，其数量有时相当大。

（二）民间捐输

民间捐修水利也是一种重要筹资方式，有劝捐、倡捐等名义。捐资者主要是商人、士绅、富户，以及官吏。不过，名为劝捐，实际上有时是作为一种分工来规定的，有时是强制性派捐。

---

① 《大清会典事例》卷928，水利。
② 《大清会典事例》卷925，水利。
③ 《大清会典事例》卷927，水利。
④ 《大清会典事例》卷926，水利。
⑤ 《大清会典事例》卷927，水利。
⑥ 陈宏谋：《请通查兴修水利状》，贺长龄辑：《皇朝经世文编》卷106。
⑦ 《大清会典事例》卷927，水利。
⑧ 《大清会典事例》卷925，水利。

那些与盐场有关的堤防工程或运盐河道，往往由盐商捐资修浚。江南范公堤，为"盐场之保障"，"系商人捐修工程"。乾隆以前，仪征至甘泉河道60余里，向例三年大挑、捞浅各一次，"共需银一万六百两，是皆商三民七，分派捐输"。乾隆以后改拨官帑疏浚。乾隆时定，江苏邳州、宿迁等地运盐河疏浚，"仍归商捐办理"。淮北盐河，上通中河，"为淮北行盐苇营柴料，及民间米粮货物运行之路"，乾隆二十五年由商人出资大挑一次，以后渐淤，四十七年，"饬商一律挑挖深通"①。嘉庆十五年定，河南疏挖漳河、卫河，每年所需挑费银8000余两，由"有漕州县并长芦盐商，分为盐六漕四，摊捐办理"。道光十三年，山西修复姚暹渠，"所借商捐销价生息银两，由坐运两商四六摊捐归款"。②

绅民捐资事例不少。如江苏高淳县里人魏台等，顺治时人，改土堰为石堰，"捐赀甃石为堰，并买田浚沟减水，极其坚固，河水分注，行旅称便"。《高淳县志》记有堰坝36座，其中记有居民捐资建者15座。③浙江昌化县章铿，乾隆时人，独力捐赀，"鸠工伐石，凿渠筑埭，引水溉田，费银三千二百余两，为桑梓兴利，……恩赏六品顶戴"④。四川三台县有惠泽堰，乾隆时先由官府议修，工巨费繁，数年不成。以后有诸生熊绣与其子先后垫修，"罄其产费万余金"，又数年堰成，"计灌潼绵二属田万六千五百余亩，公议受水田户按亩抽田以归其赀"。龙洞堰，道光时"乡绅高斗垣、宋晓东浚畎浍筑田塍，灌溉二百余亩"。又有永成堰、官堰、高坡石堰、浸水河等，都是清前期居民捐资修筑的。⑤

另外，清代规定，社仓贮谷可用于资助兴修水利，社仓谷主要来自捐输。

---

① 《大清会典事例》卷927，水利。
② 《大清会典事例》卷926，水利。
③ 民国《高淳县志》卷3，水利。
④ 民国《昌化县志》卷12，义行。
⑤ 民国《三台县志》卷2，堤堰。

（三）民田自修

属于农田范围或紧傍农田的圩堤沟渠，自明代起就形成了"业主出资，佃户出力"，利用农隙自行修筑的做法。清代仍沿此例，"业食佃力"，由地方官劝谕督促，使民间自修小型水利。雍正三年，浙江整治河港坝堰，责成地方官"劝谕业主出赀，佃户出力"，每年于农隙时疏浚修整。① 九年，山西修农田水利，令地方官每岁于农隙时，"劝导有田各户按亩出力，贫富维均"②。乾隆元年，云南筹办水利，其田间沟洫、村寨闸坝，令地方官"于农隙时督令头人按照田夫兴修，不须动项"③。二年，陕西通行打井，共报开成井32900余眼，"其中有民自出资开凿者，有借官工本开凿，分年缴还者"④。六年，江西修砌陂塘堰圳，令地方官每年农隙时，"督率圩长民夫，合力修筑"⑤。二十三年，江苏省劝谕农民修治田功，开沟筑圩，按例"佃户出力，田主给以口食……不便请动官帑"，确实工程量较大，准借给官银，于田主名下扣还。⑥ 二十七年，河南开挖民田沟洫，每一州县开田沟自十数道至一百数十道不等，长自里许至数十里不等，宽深自数尺至数丈不等，凡商旅通行之路一律开渠种树，这些工程"皆民间业佃各就地头施工，虽有绵亘一二十里者，而一人一户承挑无几"⑦。道光四年，直隶"各州县支港沟渠，著饬地方官俟秋收后，劝谕农民按亩出工挑挖"⑧。很多时候，这种民力的支出，名为劝谕，实际带有一定强制性，是一种派工派费的方法。

总起来看，在清前期农田水利费用中，较大工程多由官府出资。那些覆盖面较广的中小工程，则以民间捐修、自修为主。

---

① 黄叔琳：《详陈浙江水利情形疏》，《皇朝经世文编》卷116。
② 《大清会典事例》卷926，水利。
③ 陈宏谋：《请通查兴修水利状》，《皇朝经世文编》卷106。
④ 陈宏谋：《通查井泉檄》，《皇朝经世文编》卷38。
⑤ 陈宏谋：《请水利责成佐贰疏》，《皇朝经世文编》卷38。
⑥ 陈宏谋：《沟洫事宜示》，《皇朝经世文编》卷106。
⑦ 胡宝瑔：《开豫省田沟路沟疏》，《皇朝经世文编》卷106。
⑧ 《大清会典事例》卷925，水利。

三

　　河防工程是指与农田水利关系较小的几条干河，即黄河、淮河、运河、永定河，及一些主要支流的河道治理工程，堵塞决口，开河分流，挑浚河道，修筑堤坝，清代称为"河工"。广义地讲，河道治理也属于水利范畴，不过清代一般把它与农田水利相区分而自成体系。清代，这些河流经常淤积泥沙，河道阻塞，泛滥成灾，为两岸人民生产、生活造成巨大灾难，也影响了运输，尤其是漕运。河道治理于生产、运输关系重大，受到清前期政府高度重视。清代从中央到地方设有专职河官，河官与水利官分工明确。河官有专责，规定不许委派别项差事。地方官对河工也负有责任。河官属下有河兵河夫，规定每年治河夫役名额应有保证。政府财政中拨有专项治河经费，用于河道岁修抢修与新建工程，兴大工则另外增拨费用。

　　另外，江苏、浙江滨海地区为捍御海潮，保护民居民田，于海滨修筑海塘，据记始筑于唐代。海塘修筑与维护也是一项较大工程，清代称为"塘工"。塘工与生产、生活关系密切，同样受到政府重视。据《清史稿》记载，江、浙两省海塘总长为73000余丈，清以前为土塘，一般是民间自行修治。清代改土塘为石塘，改民修为官修。[①] 政府设有专门机构及塘官、塘兵、塘夫，专事海塘维修。财政中拨有塘工专款，用于海塘岁修抢修及塘兵塘夫开支。

　　河工、塘工工程量相当大，需费巨资。清政府为整治河道、海塘，不惜帑金，每年花费大量财力。从资金来源看，除政府专项经费，又有动拨其他官款、开捐纳、官帑生息，以及民间捐输等多条途径。

（一）动拨官帑

　　政府财力是河工、塘工的主要经费来源。动用官帑有两种方式：

[①] 《清史稿》卷128，河渠三。

一是拨定每年专项河工、塘工经费，两项经费均有定额；二是当额定经费不足时，临时增拨费用。政府河工经费来自征收河银、正项地丁钱粮、盐税等。清前期对直隶、山东、河南、江南、浙江五省征收河工钱粮，随田赋一道征解。顺治初年定，河银300两以上，岁内全完者，地方官记录一次。河工经费存贮河库，每年由各省巡抚或河道总督负责盘查，送部存案。康熙时，各项工程修治费用没有定额，当兴工时，一般由河官估计所需费用，或自筹，或报批动支官帑。河官在估费时往往虚报浮估，造成浪费、贪污。自雍正时起，逐渐完善财政制度，分别规定各项工程岁修抢修定额经费，规定各省河库存库银定额及来源。如雍正八年奏准，江南省河库钱粮，由江苏、安徽、浙江三省每年征解河银145000余两，淮关每年额解河银26000余两，两淮盐政每年额拨银300000万两，两淮、广东、两浙、长芦、山东、福建几个盐运使司每年额解节省银90000两，苏州布政使司每年拨解河库银99000余两，以上总计河银67万余两，存贮河库，以供岁修抢修及兵饷役食之用。① 这是常额经费，不包括兴举大工费用。据《大清会典事例》所记，河南、直隶、山东、江苏几省有数可查的河工额定经费，雍正时为74万余两，乾隆时为97万余两，嘉庆时为242万余两，道光时为422万余两。② 在增多的费用中，有对原有定额工程的增拨，也有一些工程的新增经费。这只是几个不完全的统计数，与实际数恐怕有很大距离。据记载，乾隆三十一年河工经费，仅东河、南河岁修银即为380余万两。③ 照此推断，其余几朝的实际数都会在这一统计数之上。即使从这一不完全统计也可看出，从雍正朝到道光朝，河工经费呈明显增长趋势。再以南河工程一项来看，嘉庆十二年以前，定例岁修抢修经费每年为50万两，自嘉庆十二年起增加2倍，定额为150万两，到道光二十八年，又增至每年300万两。又河南黄河抢修经费，嘉庆十年以

---

① 《大清会典事例》卷904，河工。
② 《大清会典事例》卷904至卷906，河工。
③ 《清史稿》卷125，食货六。

前数额不详，嘉庆十年起每年于地丁项下增拨30万两，道光二年，再从地丁项下增拨30万两，以裕工用。① 河工经费的增加趋势，一方面是由于河工物料价格上涨，不得不增加用费；另一方面也反映了清代河工治理中的一些问题，如浪费现象，以及受当时技术水平限制，淤堵日甚而难以根治。

江浙海塘岁修抢修定额经费，又称为塘工专款。雍正初建立海塘岁修经费，定为从正项钱粮动拨。乾隆以后又有出自盐税、契牙杂税、官帑生息银、捐监款等项。雍正三年、十三年、乾隆元年几次强调，江浙修理海塘工程，皆动支司库钱粮，停止向附近里民派费修筑。乾隆十九年定，每年额拨引费银1万两，为浙江海塘岁修经费。以后又将裁汰海防道兵夫饷银、裁汰浙江盐政养廉公费银共2万余两，归入海塘经费。五十一年，在浙江余存塘工经费项下拨银50万两，交商生息。嘉庆八年，又拨存贮银26万余两，交商生息，生息银两添补岁修经费。② 清代在河工、仓储、军需三方面经费不足时，有开捐纳之例，以捐纳款添充经费。开捐纳是政府扩大财源的一种手段，所收捐监款也是官款。开捐纳也是河工、塘工重要筹资手段。道光十九年定，每年自捐监项下提拨5万两，添备浙江海塘岁修经费。③

当兴举大工、定额经费不足时，又有增拨费用，称为"增拨银""加价""另案经费"。增拨费用主要来自正项钱粮，"河防堤岸闸坝等项工程，有关运道民生者，定例皆动正项钱粮"④。还有盐课、内库银、捐监款等。清前期每年增拨的河工、塘工费用数量相当大。如乾隆十八年，南河高邮等坝冲决，拨银200万两。河南河工拨浙江藩库银100万两。四十四年，堵塞仪封决口，拨部库及盐课银560万两。四十七年，堵塞兰河决口，除例需工料外，加价至945万余两。又有修浙江海塘，拨银600余万两，修荆州江堤，拨银200万

---

① 《大清会典事例》卷904至卷906，河工。
② 《大清会典事例》卷922，海塘岁修。
③ 《大清会典事例》卷922，海塘岁修。
④ 《大清会典事例》卷904、卷906，河工。

两。乾隆朝"大率兴一次大工，多者千余万两，少亦数百万"。嘉庆中，河南衡工加价730万两。嘉庆十年至十五年，南河年例岁修抢修及另案专案各项工程，共用银4099万两，平均每年680余万两。嘉庆二十年，河南睢工加价300余万两。道光前期，南河、东河两项工程于年例岁修外，另案工程经费平均每年拨银420余万两。道光八年又称，"近年例拨岁修抢修银两外，复有另案工程名目，自道光元年以来，每年约共需银五六百万余两"。道光九年至十二年，徐淮另案工程用银共1100余万两，平均每年270余万两。二十一年至二十三年，东河、南河另案工程用银共1660余万两，平均每年为550余万两。二十五年至二十七年，东河、南河另案用银共1480余万两，平均每年490余万两。① 其余增拨数十万两的情况更多。

这些增拨的费用，有时是直接由政府开销，有时是借支，需照地亩分年摊征还款。这些摊征款项最终由百姓负担，实际是加赋。不过，由于数量过大，地方上往往无力按时归还，时间长了，积欠过多，就有豁免之举。如乾隆中，河南河工历次拨用部库及司库银千余万两，本应摊征归还，乾隆四十八年，特谕豁免河南分年摊征银945万余两。同年又免山东河工加增银22万余两。四十九年，将本应摊还的山东运河增拨银53万余两，作为正项开销而免征。六十年，豁免江南借帑摊征未完银10万余两，豁免山阳等17州县河工摊征未完银13万余两。道光五年，免河南省嘉庆十八年至二十五年积欠加价摊征款82万余两。②

清政府每年用于河工、塘工的费用在财政收入中占有一定比重，"河工需费，为度支之大端"③。从年例定额经费来看，以乾隆三十一年为例，该年支出东河、南河岁修银380余万两，收入地丁各项共4800余万两，④ 两项河工支出占总收入的约8%，这并不是全部河

---

① 《清史稿》卷125；《大清会典事例》卷906；王庆云：《石渠余纪》卷3，《直省出入岁余表》。
② 《大清会典事例》卷904、卷906。
③ 《大清会典事例》卷906，河工。
④ 《清史稿》卷125，食货六。

工经费，实际当在 8% 以上。河工岁修经费作为一项常例支出，这个比例至少在一定时期具有一定代表性。如果加上增拨款，比例将会增大。嘉庆、道光两朝财政收入渐趋减少，而河工岁费与增拨款趋向增加，这一比例会更大。嘉庆十年至十五年，南河年例岁修、抢修及另案专工平均每年用银 680 余万两，这几年财政岁入数未知，权以嘉庆十七年的 4013 万两来计，① 仅南河一项工程支出就占 17%。道光二十二年，南河扬工拨银 600 万两，年例岁费即以上述 422 万两计，共用银 1000 余万两，该年财政岁入 3714 万两，② 河工支出占 27%。道光二十五年至二十七年，东河、南河另案工程平均每年增拨 490 余万两，合年例岁费共 900 余万两，这三年财政收入平均每年为 3900 余万两，③ 河工支出占 23%。在清前期政府的财政支出中，河工支出恐怕是一大项目。

（二）清前期河工、塘工费用又来自民间捐输与自修自守

捐输方式或派捐，或劝捐。乾隆以前，山东、江苏、直隶几省挑挖运河"有于田亩派捐者"，浙江绍兴府海塘"向由附近里民按照田亩派费修筑"，派捐实际是摊派，乾隆元年革除派费，动正项钱粮兴修。道光二年，令海盐县塘工，最要紧之处，"公捐兴办"。④ 再有一些小型工程，需费不多，一向属于民修民守，地方官有责任督谕居民及时修补。

在清前期河工、塘工全部修治费用中，民间捐助的数量很少，绝大部分由政府支出。

四

桥梁、道路、渡口、航路，这些应属交通事业。前述河道治理

---

① 《清史稿》卷 125，食货六。
② 《清史稿》卷 125，食货六。
③ 王庆云：《石渠余纪》卷 3，《直省出入岁余表》。
④ 《大清会典事例》卷 904、卷 922。

也含有开通航路的意义,这里指河工以外的商业航路的开凿。商品经济发展到一定程度,交通状况对生产以至整个社会的发展至关重要。清前期,商品经济已有一定发展,一些沿海地区商品经济已比较发达。生产、生活对水陆交通的依赖性日益增强,桥梁、道路、航路成为社会经济、生活正常运行的重要条件。清代,人们越来越认识到交通的重要性。清政府一开始就把修治桥梁道路作为地方官的一项重要职责。顺治元年规定,"凡直省桥梁道路,令地方各官以时修理。若桥梁不坚完,道路不平坦,及水陆津要之处应置桥梁而不置者,皆交部分别议处"。雍正七年谕,"平治道路,王道所先"。①官修地方志中,也把"桥路""桥渡"列为专门条目。此外,政府要求地方官员每年于农隙时,劝谕民间修治桥路。

修治桥路费用视工程情况而定,"往来道路,虽山僻州邑犹须修葺平坦,使水陆无阻,况冲剧之孔道乎。凡有溪河之处,深广则宜设官渡……浅狭则建造桥梁,酌其大小而为之捐募"②。清前期交通事业经费来源主要有如下两个:

(一) 动用官帑

那些重要交通桥道,既是官方传递书文的驿路,也是民间贸易往来的通途,受到政府格外关注,均由政府出资修筑与维护。政府也关心那些非关驿路却是商业要道的地方性桥路、渡口。重要的地方性桥路往往也由政府出资。乾嘉两朝,还曾九次恩诏各省,普查各地要路桥梁,有损坏者,由地方有关部门查明申报,动公项修理。③

官帑来自正项钱粮、耗羡银、河工银、官帑生息银、官田地租等。康熙三十二年,为修整西山至京城的运煤道路,命"将于公寺前山岭修平……著户工二部差官,将所需钱粮,确算具题"④。雍正

---

① 《大清会典事例》卷932,桥道。
② 黄六鸿:《福惠全书》卷31。
③ 《大清会典事例》卷932,桥道。
④ 《大清会典事例》卷951,薪炭。

七年，命直隶、山东、河南三省，动正项钱粮，不惜帑金，修治直隶到江南大道，共修道路长10万余丈，修建桥梁162座，补栽了道旁柳树，并责成地方官每年查勘，随时修整，新旧交代，永著为例。雍正时，还修整了贵州通云南的道路，四川南北两路驿站沿途山路，一路上平治沟坡，建筑桥梁，修置渡口、渡船。① 地方上如浙江德清县望仙桥，"为漕艘出入所必经，吴越行旅往来之要道"，年久坍毁，雍正时拨公项银1060余两重建。② 乾隆三年，命四川、陕西二省动用存公银，修补二省栈道，历时3年，修补栈道共1300余里。二十八年，拨西巡经费余息银1万两，分给陕西汉中、凤翔二府，交当商营运生息，息银专供修理栈道工费。③ 又江苏镇洋县三里、界牌二桥，为雍正时动支军工银两建造，乾隆二十七、四十六年，两次请领公帑修葺。④ 道光前期，屡次动用公帑，修建直隶、江苏、安徽、浙江、四川等省的道路桥梁。道光元年，江苏上元县九龙、复成二桥年久坍坏，准于充公存剩银内动支工料银13000余两兴修。二年，安徽宿州驿路、桥梁遭水冲坍，所需工料银两于水利工程典息银内动支。三年至十五年，修治直隶献县、满城、天津、河间、清苑、正定、涿州等县桥梁道路，所需费用分别于司库地丁钱粮、河库河淤地租银、水利生息银等项官帑内动支。⑤ 交通要道上的一些渡口，由官府出资疏通、置船，称为官渡，并拨有官田，以官田地租来支付渡夫工食银、渡船维修费。

开修航路是清政府发展交通的又一方面。清代水运发达，除原有航路，一些新的运输路线又得以开辟。有的工程也由政府兴办，其中著名的如云南至四川一段水路的开通。乾隆初，为解决滇铜京运问题，决定开凿云南东北至四川泸州一段的金沙江水路，工程险巨，历时数年，"计程一千三百余里，费帑十余万"。水路开

---

① 《大清会典事例》卷932，桥道。
② 民国《德清县新志》卷10，程元章：《重建大麻望仙桥记》。
③ 《大清会典事例》卷932，桥道。
④ 民国《镇洋县志》卷2，桥梁。
⑤ 《大清会典事例》卷932，桥道。

通不仅解决了官府运铜、运兵米问题,也沟通了沿线商运,"商船往来"①,成为民间贸易往来要道。江苏江浦境内有黑水河,嘉庆以前官府屡次开浚,至光绪初又决定开凿朱家山河,与黑水河相连,工程历时一年半,河道绵亘20余里,用银17万余两,费用由盐票项下动拨,河开后"农商两便"。② 有些重要航路在河槽两旁立有航道标志,以防航船搁浅。这些航标常由政府设立。乾隆时,江西督粮道衙门在漕船航路上立柳木标志,以保漕运安全。有的山区支流也出现了航标。③

(二) 民间捐输

民间捐修桥路在清代相当普遍。在民间,捐资修治桥路、渡口,往往是作为一种"善事"来做的。政府鼓励这种"善举",对成绩突出的给予奖励,"修理桥梁,添设渡船,开修山路,疏通水沟者,奖"。④ 在存在宗族组织的地方,修治桥路也是宗族事务之一,宗族经费也有来自族内捐献的。捐资者有商人、士绅、富户、官吏等。捐资方式有倡捐、募捐、独资捐助等。地方志中有关捐资修治桥路的记载很多,仅举数例。

修筑桥路是清代商业利润流向之一。一些商人受传统思想影响,往往将一部分利润用于"行善"。江苏扬州"修补津梁渡口者,往往出自商族"⑤。六合县王汉卿,康熙时人,"业卖砖瓦……竭力修南门后街,费百余金"⑥。浙江昌化县胡禁,乾隆时人,"弃儒业贾……捐赀以修平葛等处之桥梁,迄今犹啧啧人口云"。方时英,乾嘉时人,"弃读习贾……至桥梁道路利行人者无弗兴修"。⑦ 江苏吴县朱焕文,道咸时人,"业顾绣起家,累赀巨万……修葺香山全境桥路"⑧。

---

① 《清史稿》卷307,张允随传。
② 光绪《江浦埤乘》卷3,江河。
③ 《江西内河航运史》(古近代部分),第116页。
④ 陈宏谋:《劝善》,《培远堂偶存稿》文檄卷23。
⑤ 康熙《江都县志》卷4,风俗。
⑥ 光绪《六合县志》卷5,人物。
⑦ 民国《昌化县志》卷12,人物。
⑧ 民国《吴县志》卷70上,列传。

士绅捐赀者，浙江唐栖镇卓麟异，顺治时"举北闸……修广济桥独任六百金……（修建）道路桥梁，动以百金者莫得而数"①。南浔镇有北回桥，乾隆时，绅士吴、张、董等"慨然各捐己赀以为士民先，又承士民之好义者俾各视力厚薄以为之助……用银七百两有奇"②。安吉州郎志俊，太学生，热衷于捐赀修治桥路、渡口及其他公益事业，"早年家甚饶裕，不下二万金，至晚年施舍一空"③。平湖县水路四通八达，乾隆时，知县"集绅士谋浚河之策"，众绅"踊跃从事，有资者捐资，无资者助力……有一人而捐至数十金者"，浚城内水道共用钱600余缗，推广四乡，"无不疏导通达"，乍浦一镇工费2000余金，"费集而民不扰"。④ 昌化县胡良祥，道咸时人，"创修竹岭亭路，捐资二百余元，并劝捐二千八百元，五载告成，岭道康庄，行旅称便"，被官府奖以"一乡善士"匾额。⑤

又有富户捐资的。苏州张国秀，康熙时人，"以贫苦起家，性俭约而好行善事，修桥梁……造船于三江渡口，雇佣拨田以食之"⑥。溧阳县狄在眉兄弟七人，康熙时人，修建聚金桥，"费金三千七百七十两"⑦。昌化县余彝善，乾隆时人，"家贫业农，以勤俭积累，家渐饶……修筑道场坪紫源路，所费多赀，至今称颂焉"⑧。余杭县陈筵，乾隆时人，先世务农，筵"废书持门户修先业而息之，积三十年盖十倍其初……捐资建桥，复捐田立义渡……行人胥受泽焉"⑨。昌化县童树生，道光时人，"因悉力耕作，年得余资约百金，尽以助诸桥"⑩。湖北房县王元龙，"市井人也，饶于赀，喜施予……施粥

---

① 光绪《唐栖志》卷3，人物。
② 咸丰《南浔镇志》卷28，碑刻。
③ 同治《安吉县志》卷12，义行。
④ 乾隆《平湖县志》卷1，城池。
⑤ 民国《昌化县志》卷12，人物。
⑥ 同治《苏州府志》卷148，杂记。
⑦ 嘉庆《溧阳县志》卷2，桥梁。
⑧ 民国《昌化县志》卷12，人物。
⑨ 嘉庆《余杭县志》卷28，义行。
⑩ 民国《昌化县志》卷12，人物。

舍衣捐棺修桥，四十余年如一日"①。

　　清代寺僧捐、募资金修桥筑路的也不少。顺治时，江浦"孤舟寺僧滋远募修浦口至滁州关山路一百二十里"②。安吉州有温家滩渡，雍正七年，"西禅寺僧正一捐田六亩，永给渡夫耕种作工费"③。吴县有临顿、定跨二桥，为乾隆时"北禅寺僧了义重建"④。

　　还有以家族名义修建的。孝丰县粮丰桥、永丰桥，为乾隆时"潘氏族修"，丰乐桥，道光时"金氏族修"⑤。湖北黄梅县桂氏，自乾隆二十九年至六十年，"聚族谋伐石为桥十数座。……白镪之以两计者，最少不下五百余，多则倍之，或三四倍之，合计一万六七千有奇"⑥。

　　地方官因为有修治桥路的责任，往往以官俸倡捐。吴县万年桥，乾隆五年由巡抚徐士林等倡捐修建，"计费一万六百余金"⑦。江苏阜宁县邓场，"捐职理问，乾隆间独解己囊，疏民便河二十余里，修崎岖路由西厂庄达八滩镇，舟车咸便之"⑧。昆山县人徐树宏，"擢知灵璧县，……出廉俸修新马桥，桥长二里，为九省通津，商旅便之"⑨。浙江新城县金应鳞，道光间任廷尉，"出赀修筑驿路，自西门街市至界牌15里，自界牌至富阳县城三十五里均甃石，至今二县人便之"⑩。陕西蓝田县有七盘坡，山路崎岖，乾隆时，巡抚陈宏谋、知县蒋文祚先后2次捐银或倡捐3480余两，开凿或重修道路，"秦楚吴粤牵车服贾，熙熙攘攘，前后相望，咸云便焉"⑪。一些港口水流急，暗礁多，为保证船只安全，在海中山上立有灯竿，并专建寺院，由寺僧照管灯光。这种灯竿、寺院也是官员捐资建立的。如浙江乍浦港外

---

① 同治《郧阳志》卷六之一，德行。
② 光绪《江浦埤乘》卷4，桥梁。
③ 同治《安吉县志》卷3，山川。
④ 民国《吴县志》卷25，桥梁。
⑤ 光绪《孝丰县志》卷3，桥梁。
⑥ 光绪《黄梅县志》卷35，艺文。
⑦ 民国《吴县志》卷25，桥梁。
⑧ 光绪《阜宁县志》卷15，人物。
⑨ 光绪《昆新续修合志》卷25，政绩。
⑩ 民国《新登县志》卷20，拾遗。
⑪ 光绪《蓝田县志》附，蓝田县文征录卷1，蒋文祚：《七盘坡烟河沟等处修路记》。

的观山、外蒲山上都立有灯竿。乾隆时，由府县各官在外蒲山上捐立灯竿，建中普陀禅院，延寺僧"专司灯事，朝暮添续膏火，务使双灯长明。山门内外，又设有巨钟大鼓，时防昼夜潮来，凭高振响，……又何虞于冲礁欤"，又拨官田为寺僧薪火之资，捐俸买田30亩以资岁修，捐备大渡船一只以便往还。① 严格地说，官员倡捐中的官俸部分来自政府收入（排除搜括等因素），实际应属官费。

这些记述不免有溢美之词，不过，确实也反映出民间捐输的一种面貌。清前期民间捐修在全部桥路、渡口修建中占有相当比重。以江苏省几个县桥梁修建情况为例。《吴江县志》记有城内外桥梁326座，其中记有明清修建者的141座，内民捐修120座。②《溧阳县志》记有桥梁220余座，其中记有明清时修建者的33座，内民修22座。③《江浦埤乘》记有桥梁90座，其中记有清代修建者的16座，内民修13座。④《六合县志》记有明清时修建桥梁56座，其中记有修建者的32座，内民修28座。⑤《高淳县志》记有明清时修建桥梁157座，其中记有修建者的81座，内民修75座。⑥《溧水县志》记有桥梁127座，其中记有明清修建者的54座，内民修52座。⑦《吴县志》记有城内外桥梁959座，其中记有明清修建者的141座，内民修88座。⑧这里民修、官修均以明清时桥梁初建或记载中第一次出现的修建者的身份来区分。官修桥梁虽以官员记为修建者，实际许多是官员倡捐修建的，并不完全是官费。有的桥梁初建时为官修，重建时则为民修。这些民间捐资者有"邑人""里人""庠生""监生""邑绅""道士""寺僧""尼姑""义妇"，等等。许多桥梁自明至清数次重建，有时是居民自建，有时是官员倡建。与明代相比，清代民间捐修的数量

---

① 光绪《平湖县志》卷2，地理下。
② 康熙《吴江县志》卷2，桥梁。
③ 嘉庆《溧阳县志》卷2，桥梁。
④ 光绪《江浦埤乘》卷4，桥梁。
⑤ 光绪《六合县志》卷3，桥。
⑥ 光绪《高淳县志》卷3，桥。
⑦ 光绪《溧水县志》卷2，桥。
⑧ 民国《吴县志》卷25，桥梁。

明显增多。这表明清代地方交通事业由官办向民办转变，民间捐资已成为地方交通事业的主要力量。

五

关于清代仓储论者已经很多。仓储不属于直接生产领域，仅与生产、再生产关系密切。在小农经济条件下，农民家庭储备能力有限，应急、应变能力差。为了保证生产的连续与稳定，需要一部分外部资金的扶助。从政府来说，为了农民正常生产的维持，灾后正常秩序的恢复，进而保证社会秩序的稳定，也需要建立一定储备。仓储作为这样一种储备应运而生。清代与再生产关系密切的主要有常平仓、社仓、义仓。在宗族组织存在的地方，还有宗族义仓。仓谷的具体用途主要有，向农民发放借贷以提供部分生产急需的籽种、牛具、口粮，兴修农田水利，平粜以稳定粮价，赈贷救灾等。在现代财政中，用于这些方面的资金被列入积累基金中的扩大生产基金与社会后备基金，都属于再生产性质。清政府非常重视仓储建设，一方面官办常平仓；另一方面，号召地方建立民间储备，修建社仓、义仓。清统治者屡次下令，要求地方官把建立仓储作为重要事情来做，并作为地方官职责与考核内容之一。在政府大力倡导下，清前期各地城乡普遍建立起多种形式的粮食储备。

仓谷来源主要有：

（一）动拨官帑采买米谷，或动拨官谷贮仓

官帑拨自正项钱粮、耗羡银、兵饷、商税、盐课、茶课等项。康熙四十三年，陕西增储常平仓谷，"动西安司库兵饷银十四万两，以十万两照时价买米增储，以四万两于各州县盖造仓廒"[①]。雍正三年，命湖广动支库银10万两采买米后，分贮省仓及州县各仓。[②] 四年，因江苏、浙江上年丰收，命二省支帑金买谷积贮，江苏苏松常

[①] 《大清会典事例》卷189，积储。
[②] 《清朝文献通考》卷35，市籴考。

三府买运常平仓谷 8 万石，浙江宁波、金华等府买谷 5 万 5 千石，杭嘉湖等府动司库银 10 万两，买谷分储各州县。九年，准四川买储常平仓谷 60 万石，所需价银共 18 万两，"于夔关及盐茶赢余银内动支"。乾隆时，陕西社仓谷石，"系耗羡银两买储"。乾隆五十八年，云南买补常平仓谷，"准其在于粮道库存平粜溢额兵米价银内，按数动支"。①

官谷来自截留漕粮、正仓粮、捐监谷等。康熙五十三年，浙江两次截留漕米 20 万石存仓。② 五十九年，从河南截留漕米内拨 10 万石运至西安存储。雍正九年，"截留江西、湖广漕米至山东分贮"。乾隆十年，直隶"拨通仓米 5 万石……分发缺米州县，存贮备用"。③ 捐监谷属专项米谷，记载中一般把捐监谷单独列出，以与正仓谷、民捐谷相区分。康熙二十八年，开捐纳仓谷事例，准职官可以纳粟升级，生员可以纳粟入监，捐纳谷各贮本地常平仓。④ 四十九年，浙江杭嘉湖三府常平仓存储捐监谷 20 万石。⑤ 乾隆初，广东开捐纳，澄海县收存监谷 4 万石，揭阳县收存监谷 6 万石，南海县收存监谷 6 万石。⑥

（二）民间捐输米谷贮仓

清政府在倡立社仓、义仓之始就把士民捐输作为仓谷主要来源，"劝谕官绅士民捐输米谷，乡村立社仓，市镇立义仓"。⑦ 常平仓谷也有来自民间捐输的。捐输者主要是士绅、富户、商人、官吏。与修桥筑路一样，在民间，一般也是把捐输仓谷作为一种"善事"来做的。政府同样鼓励这种"善举"，规定按捐谷多少分别嘉奖，如给匾、给冠带、免差役。地方官劝捐仓谷定有议叙之例，官员本身也要带头捐输仓谷。康熙二十四年，湖北抚司道府州县等官，共输

---

① 《大清会典事例》卷 189、卷 193。
② 雍正《浙江通志》卷 77，积贮上。
③ 《大清会典事例》卷 189，积储。
④ 叶梦珠：《阅世编》卷 2，学校二。
⑤ 光绪《嘉兴县志》卷 13，仓储。
⑥ 乾隆《澄海县志》卷 20，积贮；乾隆《揭阳县志》卷 2，仓廒；道光《南海县志》卷 14，积贮。
⑦ 《大清会典事例》卷 189、卷 193。

捐常平仓谷35000余石。雍正四年，两淮盐商捐银24万两，盐政缴公务银8万两，以30万两买贮米谷，盖造仓厫，建立盐义仓。五年，湖广盐商捐银10万两，分交湖北、湖南二省买贮常平仓谷。乾隆中，安徽共贮社仓谷40余万石，山西社义两仓共贮本息谷94万余石，福建社仓共贮谷40余万石，江西社仓共贮本息谷73万余石，①湖南社仓共贮本息谷75万余石。②其中官吏以官俸捐谷一项，实际也是官谷。

（三）摊捐，实为摊派

有随田亩摊捐的，对象为农民；有随盐票摊捐的，对象为盐商。康熙三十一年，山东摊捐常平仓谷每亩4合。三十二年，浙江摊捐常平仓谷每亩4合。③康雍年间，江苏社仓随漕摊捐，每亩2合。④南汇县雍正十二、十三两年随漕捐米1300余石，拨归社仓。⑤乾隆七年，山东行销票盐地方"照票输谷"，每票自1石至2石不等，共输谷20余万石，存贮义仓。⑥不过，清统治者基本不主张向农民强行摊捐仓谷，摊捐实行时间不长，地域也不普遍，在全部贮谷中，摊捐的数量较少。

总的来看，常平仓谷主要来自官帑、官谷，社仓、义仓谷主要来自民间捐输。清前期，常平仓储谷一般在3000万—4000万石，社仓义仓储谷一般在700万—900万石，官谷占有主要地位。

六

中国历代都有救荒举措。从再生产角度看，救荒也是一项与生产有关的公共事业。自然灾害过后，社会必须拿出一部分物资用于

---

① 《大清会典事例》卷189、卷193。
② 嘉庆《湖南通志》卷41，积贮。
③ 《大清会典事例》卷189、卷193。
④ 民国《镇洋县志》附录。
⑤ 乾隆《南汇县志》卷4，积储。
⑥ 《大清会典事例》卷189、卷193。

救灾，为灾民提供吃穿住所需的生活资料及恢复生产所需的生产资料。救灾物资来自社会储备与临时筹措。现代财政中把专门用于防备自然灾害的这部分资金列入积累基金中的社会后备基金，属于再生产性质。清代灾荒频仍，水、旱、蝗、震年年发生，对社会正常生产影响严重。清政府对于救灾同样给予高度重视，一方面加强对自然灾害的防御，如抓紧修建河道海塘、农田水利；另一方面，每年拨出大量钱粮用于救灾。政府对救灾有一套比较完备的制度、措施，从勘灾、报灾到赈救都有详细规定。救灾方式多样，灭蝗、平粜、煮赈、散赈、工赈、借贷、灾蠲等，往往多种方式并行。救灾也是地方官员职责之一。救灾中重要的是救灾钱粮的筹集。清前期救灾钱粮除动用仓谷储备外，还有临时调拨与劝输。

（一）动拨官帑、官谷

官帑官谷来自正项钱粮、存公银、商税、漕粮、正仓贮谷等项。康熙十八年，山东、河南灾，派官员前往赈救，"无论正项钱粮，或漕粮，或一应杂项钱粮，酌动赈给饥民"。同年，安徽旱灾，拨凤阳仓存谷2万石赈济。[①] 五十五年，直隶水灾，拨通仓米20万石赈济。五十九年，陕西饥，拨运银50万两，及陕西、甘肃二省常平仓谷130余万石赈济。[②] 乾隆四年，直隶蝗灾，给捕蝗贫民每人每日钱8—10文，共用折银9500余两，于司库存公银内拨用。[③] 十年直隶灾，十三年山东灾，耕牛缺乏，令地方官动用官帑购买耕牛，给贫民以资耕作。[④] 乾隆十一年，江南水灾，截漕米20万石赈济，并给银以修葺房屋。[⑤] 十七年，浙江仁和等州县旱，共赈济本色、折色米30余万石，给籽本谷14000余石，籽本银229000余两。[⑥] 嘉庆九年、

[①] 《清圣祖实录》卷79，康熙十八年正月。

[②] 《清朝通志》卷89，食货六。

[③] 陈振汉主编：《清实录经济史资料》农业编第2分册，北京大学出版社1989年版，第719页。

[④] 《清朝文献通考》卷45，贷粟。

[⑤] 《清通考》卷46，赈恤。

[⑥] 《大清会典事例》卷271，蠲恤。

十年两年，江苏水旱灾害，共赈银188万余两。①

清前期每年拨有官帑、官谷用于赈灾，有时数量相当大。以乾隆年间为例。乾隆七年，黄、淮河决口，赈济江苏、安徽二省共用米240余万石，银740余万两。② 十二年，山东90州县大水，截留山东、河南漕粮，并运天津北仓米赈济，共用谷44万余石，米59万余石，银186万余两。③ 十八年，江苏运河决口，拨米谷110万石，银400万两赈济。④ 三十五年、三十六年，直隶灾，拨部库银220余万两赈济。甘肃灾，拨西安藩库银200万两赈济。四十三年、四十六年，河南、江苏大水，各赈银一百六七十万两。四十七年，黄河泛滥，拨浙商佐工银、淮商公输银共280余万两赈江南、山东。五十年，河南旱，赈银250万两。五十一年，安徽灾，拨关税银100万两赈济。五十五年，江苏水灾，拨官银及运关库银共200万两赈济。此外，"六十年中凡一隅偏灾赈费数万两至数十万者不可胜计"⑤。

灾蠲是清政府救灾的又一方式。与发放救灾钱粮不同，灾蠲是将本应征收而尚未实收的一部分赋税，及因灾借贷本应归还而尚未归还的一部分钱粮予以豁免，"以舒民力"。灾蠲实际也是一种"返回式"救灾。灾蠲有免当年应征钱粮，又有免历年灾欠钱粮。清代对灾免有详细规定，按照受灾程度进行不同程度的减免，直至全部蠲免。清前期的灾免也比较突出，有时数量很大。如康熙四十六年、四十七年，江南、浙江连续发生水、旱灾害，全免二省两年地丁银共1080余万两，粮48万石，豁除江苏积欠银60余万两，米麦30余万石。雍正十三年间，共免江南银140余万两。⑥ 乾隆三十年，免江苏、安徽历年因灾未完漕项及因灾出借籽种口粮、民借备筑堤等银

---

① 汪志伊：《荒政辑要》叙。
② 王庆云：《石渠余纪》卷1，纪赈贷，纪灾蠲。
③ 《清通考》卷46，赈恤。
④ 《清史稿》卷125，食货六。
⑤ 王庆云：《石渠余纪》卷1，纪赈贷，纪灾蠲。
⑥ 王庆云：《石渠余纪》卷1，纪赈贷，纪灾蠲。

共 143 万余两，米麦 11 万余石。① 嘉庆六年，甘肃旱灾，免积欠银 170 余万两。八年，河南、山东水灾，全免二省 14 州县钱粮。② 嘉庆九年、十年两年，江苏水旱灾害，共蠲缓银 98 万余两，粮 78 万余石。③ 至于局部灾免每年都有。

（二）劝谕民间捐赈

救灾中政府往往一面发放官帑、官谷；一面劝谕富户、商人捐输银米赈济，捐输牛种助耕。同样，捐赈也是一种"善举"，会受到政府奖励。有关记载很多。

如康熙五年水灾，淮扬商人捐赈万余两，赈济人口 77 万余人。④ 十八年，山东、河南、江苏大饥，饥民"千百成群，要夺官粮"，官府不得不"檄劝所属官绅、富户助米施粥以赈"⑤。三十年，陕西西安、凤翔二府旱灾，"动支州县捐银借给，以为籽种之用"⑥。乾隆十二年，江苏旱，句容县士绅聚金 1500 余两买米平粜，四乡"各大户或出粟，或捐金，或减价济贫，或计口称贷，凡距城僻远之乡皆赖素封任恤之谊"⑦。嘉庆十九年，江南灾，资于捐输的赈银"至二三百万两"⑧。

就救灾钱粮发放总数看，官帑、官谷与民间捐输中，还是以前者为多。

七

以上分别考察了清前期 5 项主要公共事业的经费筹措情况，综合起来看，可见如下特点：

第一，清前期社会经济得到发展，这其中也得益于当时作为生

---

① 光绪《嘉兴县志》卷 12，蠲恤。
② 王庆云：《石渠余纪》卷 1，纪赈贷，纪灾蠲。
③ 汪志伊：《荒政辑要》叙。
④ 康熙《江都县志》卷 8，尚义。
⑤ 叶梦珠：《阅世编》卷 1，灾祥。
⑥ 《大清会典事例》卷 276，蠲恤。
⑦ 乾隆《句容县志》卷 10，乾隆十三年，知县孙循徽撰《绅士公捐平粜碑》。
⑧ 《清史稿》卷 125，食货六。

产内、外部条件与基础设施的公共事业的发展。清前期农田水利、河道治理、桥梁道路、仓储建设、防灾救灾等项事业都取得了一定成效。兴修水利田、浚河筑坝、凿井挖渠,投入大量财力人力,直接推动了农业生产发展。黄淮运河的治理,减少了水患,不仅促进了沿河地区的农业生产,保证了赋税收入、政府漕运,也有利于商品流通,特别是商品长距离运销,推动了南北物资交流。桥梁道路的修筑,"周行商贾,利往耕樵"①,便利于生产,有利于沟通生产者与市场的联系,促进商品生产发展。航路的开辟促进了新的农业、手工业区的开发。清代长江上游地区得到开发,在一定程度上也得益于长江上游航路的开辟。仓谷的储备与利用,大量救灾钱粮的发放,使农民在常时至少得以维持简单再生产,灾时免遭流离,对保证再生产的连续与稳定起到了一定作用。

第二,清前期政府能够大规模投入公共事业,是由于当时财政收入稳定,府库充裕。自康熙后期起,户部存银数呈上升趋势,乾隆中后期保持在六七千万两之数。② 嘉庆以前,政府动辄调拨官帑、官粮,革除了不少地方的摊派做法。库帑、仓储充实,不时进行大规模蠲免。有的工程改民办为官办,如江浙海塘清代改为官办,江西丰城石堤、河南孟县小金堤、武陟县沁河堤工、浙江绍兴沿江沿海堤工、江苏扬州河工,山东馆陶、临济等州县堤埝,原都是由民间自修自守,乾隆初都改为官费承修。③ 嘉庆以后,借帑方式增多,借帑意味着摊还,即摊派增加;河道治理开始松弛;仓谷实际储量下降;蠲免减少,缓征增加。这些现象反映了嘉庆以后财政上的变化。

从财政制度上看,河工有专款,仓储有其特定作用,这两部分可以说是一种划分出来的、在再生产过程中具有相对独立性的资金。其他几方面没有划拨专门款项,总是临事多方调拨筹集,这几部分资金从实际用途上属于再生产范畴,但还不具备独立性。这是制度

---

① 光绪《高淳县志》卷3,桥。
② 《康雍乾户部银库历年存银数》,《历史档案》1984年第4期。
③ 《大清会典事例》卷903、卷904、卷921、卷927;《清朝文献通考》卷6。

与实际的分离。这种分离是否说明封建财政的一种不完善？

第三，清前期公共事业经费主要来自政府（包括官吏）与地方名流——士绅、富户、商人等，筹资方式主要是调拨与捐输。由于存在强制性摊派，农民也承担了一些费用，不过数量很少。带全局性的事一般以政府为主，一些地方性较强的事，如中小型水利、地方性桥路、社仓等，已基本转为民办。政府在经费筹集过程中起了关键作用。一方面，调动自己掌握的一部分财力；另一方面，着力开发、利用民力，制定相应的奖励措施，清前期民办事业显著发展。

关于政府在经济中的作用，还可与中世纪欧洲国家略作比较。有关研究反映，中世纪欧洲国家显示了有限的行政能力。中世纪欧洲的领地"国家"形式繁多。作为领主的政府，其行政能力限于领地范围。其收入主要来自庄园地租、领地内的各种税收、教会捐助等。作为领地统治者，这些收入被视为统治者的私人收入，可以随心所欲地使用，财政效率在相当大程度上取决于君主个人性格这种偶然因素。政府多数收入往往用于扩大领地的战争与扩大王室特权的奢侈性消费。中世纪早期的政府在公共事业方面几乎无所作为。领地内的桥梁、道路，通过驱使领地居民服役来修筑，城市集市之间的陆路和海路存在各种障碍，"道路桥梁很少得到维修，河道也被各种障碍物所阻塞"。政府几乎没有建立任何储备，领地内谷仓属于统治者个人，只有必要时才向农民出借少量粮食。而捐助钱粮救济饥民更多的是由教堂作为慈善事业来进行。中世纪后期一些统治者开始承认交通设施的维护管理是政府的责任，也保证在领地开掘河道、建筑道路桥梁。但它们"经常缺乏资金和行政能力来贯彻执行这些良好的意图"。一些政府虽建立少量储备，但它们更愿意通过市场来解决灾粮问题。中世纪后期人们希望大多数政府在经济领域内进行干预，有的政府也有能力动员不少资源用于重大工程项目，但总的来说，"它们的能力必然还是有限的"。[1]

---

[1] 卡洛·M. 奇波拉：《欧洲经济史》第一卷，商务印书馆1988年版；汤普逊：《中世纪经济社会史》下册，商务印书馆1984年版。

与中世纪欧洲国家相比,清前期政府显示了较强的行政能力与效力。政府承担了主要公共事业的经费筹集与组织实施工作。在封建资金运转过程中,政府通过再分配方式,有效地集中了一部分剩余产品或资金,把它们用于一些有益事业,使之与社会再生产联系起来。在维持王朝的运行中,清前期的政府行为起了重要作用。

毋庸讳言,无论何时,只要涉及资财,就必定会产生诸如官吏侵蚀中饱、靡费、苛索等弊端。清前期在河工、仓储、救灾等事务中都存在这些现象,有的甚至相当严重。为了防止这些现象发生,政府定有经费奏销制度、资金管理制度等,这些制度起到了一定制约作用。总起来看,这些弊端恐怕不能掩盖总的成就。

第四,在清前期公共事业中体现了中国传统思想的作用。从政府方面讲,中国传统经济思想重视国家管理经济的职能,在强调农业生产、农田水利、轻征薄敛、储备积蓄、桥路通达、救荒赈贷等事业的同时,尤其强调国家在这些方面的能动作用。清统治者承袭这些传统思想,利用国家力量,包括财力与权力,积极管理经济,以稳定社会秩序,巩固其封建统治。

从个人方面讲,许多事情是官绅士民作为"善事"来做的。传统思想强调"仁""义""善行",接受了这些思想的士绅、商人等身体力行,捐资换取声誉,以求功德圆满。另外,清统治者也利用这些思想加以倡导,宣传、褒奖这些"善举",把人们的行为纳入一定的社会规范,引导其分余资以利社会。政府与个人在这一点上达到一致,尽管它们各自追求不同利益与目的。清前期的公共事业在某种程度上也得益于这种在传统思想基础上产生的合力。

(原载《中国经济史研究》1993 年第 4 期)

清代手工业中的合伙制

在有关清代手工业的史料中经常出现"合伙""股分"[①] 一类词语，从其存在来看，已不是一种偶发现象，它存在于许多行业中。这种"合伙""股分"式的手工业生产，不仅仅是一种筹资方式，也成为一种广泛采用的企业组织形式。它也得到官府的认可。在清代手工业的发展中，这种"合伙""股分"形式的企业组织也具有一定地位。史料中对此没有统一称谓，本文权且承袭传统提法，称之为"合伙制"。

一

经济学中关于"合伙企业"（partnership）的解释为，在这种组织形式中，两个或两个以上的人对他们的贡献（资本或力量）数量和可能得到的利润的分配方法取得协议，其规模一般来说大于独资企业、小于公司。合伙企业承担无限清偿债务责任。[②] 按照这种解释，合伙企业的基本做法是合伙人之间取得协议，以协议即合伙合同的形式确立收益分配与亏损责任。这种分配与合伙人的投资——资本或劳动——数量有关，但又不是确定的数量关系，也就是说，其分配只是一种约定。合伙协议常常采取书面形式，通常被认为是一种契约关系。据此可以说，清代一些手工业中的多种形式的合伙生产都可属于这种合伙制。

[①] 文中"分""份"未加区分。——编者注
[②] ［美］D. 格林沃尔德主编：《现代经济词典》，商务印书馆1981年版，第323页。

合伙制是一种民间手工业的企业组织形式。它是随着民间手工业的发展而逐渐形成发展起来的。最初也许仅仅是一种筹资方式，人们为了从事某项工作但受到资金限制，便邀集几个同伙攒凑资金，合作共力。随着社会经济发展，手工业技术进步，生产繁荣，提供了更多的就业机会与投资机会。资力雄厚者可以独资也可以合伙从事一些较大规模的活动，资力薄弱者往往只能以资金或劳动合伙，共同经营。合伙的推行及其内部组织管理的日趋制度化，使其逐渐由仅仅作为一种集资手段演变为一种确定的企业形式。特别在一些需要较多资金、生产规模较大的行业企业中，如矿业，合伙制相当多见。

合伙制至少在明代后期，在某些行业中已经出现。如陶瓷业，《天工开物》记载，一些地方烧制缸瓶的烧窑为群体式烧制，"凡缸瓶窑不于平地，必于斜阜山冈之上，延长者或二三十丈，短者亦十余丈，连接为数十窑，皆一窑高一级，盖依傍山势所以驱流水湿滋之患而火气又循级透上。其数十方成陶者，其中苦无重值物，合并众力众资而为之也"[1]。这句话不易理解，可能是一种松散的合伙，以烧窑为单位的联合体式的生产。在四川井盐业中，明代嘉靖时有奏称，开凿一井须"合众家之力，攒万两之金，经年累月而后成"[2]。开凿盐井投资大、周期长，又有一定风险，独资难以承受，大多采取合伙经营。

清代，合伙制存在于不少手工行业中，在农产品加工业、矿业等行业中都有。清中后期，在某些地方的某个行业中，合伙成为主要的企业形式，如京西采煤业、四川井盐业，其内部组织也更加复杂，经营管理逐渐制度化、形式化。

清代，合伙制也得到官府的认可与推行。官府承认各行业中合伙组织的合法性。特别在矿业中，随着清初矿山封禁政策逐渐松弛，

---

[1] 徐光启：《天工开物》中卷，陶埏第七卷。
[2] 嘉靖《四川总志》卷16，转引自《自贡盐业契约档案选辑》，中国社会科学出版社1985年版，第45页。以下简称《盐业契约》。

各地矿山相继投入开采，初时只允许本地贫民小规模开采，以后出于需要，到乾隆时，官府允许商人合伙投资从事采冶。如广东铜铅矿中，乾隆九年议覆，允许每县召一总商，承充开采，如矿山分散，允许每山召一商，"倘资本无多，听其伙充承办"①。乾隆十一年有奏报称，"招商承开矿山，资本无多者，原准其纠合伙伴同充，……总期多得矿砂，以资鼓铸而尽地利"②。这是官府为推动民间手工业发展而在生产组织方面采取的一种积极态度。

二

清代，合伙制受生产本身发展程度制约，其在各行业中的存在形式与发展程度并不相同，综合起来大致有以下几种形式。

第一种合伙制为劳动合伙，即合伙人主要以劳动入伙，收益按劳动量分配。有的记载为收益按人均分，这是在各人提供劳动均等基础上的做法，实际仍是按劳动量分配。这种做法适合那些无须多少资本的工作场合，如砖瓦、采矿等，合伙者多为农民、小手工业者。如乾隆时，浙江安吉砖瓦业兴旺，从业于烧制砖瓦的较多，组织形式不一，"各乡俱有业此者，皆徽宁江右人，租地设厂，砌窑烧砖瓦以售，山乡数家合雇窑匠者谓之镶窑"③。这里前一种形式为商人投资，而后一种形式很可能为劳动合伙，山乡数家各出人力，合请烧窑师傅，合伙烧窑。

木材加工业中，嘉庆时，四川崇庆县有合伙从事木材加工的，"周枝才等五人合伙赊买马纯翠山场树木，锯枋发卖，雇余万春在厂帮工"④。这是合伙赊买木材加工出售，不需要多少资本，有少数帮

---

① 中国人民大学清史研究所编：《清代的矿业》上册，中华书局1983年版，第272页。以下简称《矿业》。
② 《矿业》上册，第276页。
③ 乾隆《安吉州志》卷8。
④ 彭泽益编：《中国近代手工业史资料》第1卷，生活·读书·新知三联书店1957年版，第404页。以下简称《资料》。

工，以合伙人自己劳动为主。

云南铜矿业中劳动合伙的情况较多。滇铜采掘开放较早，其中不乏商人投资，也有许多是本地贫民凑资出人，开挖硐碉，谋取微利。乾隆时有人说，"滇民多系瘠贫，当其开采之时，需用饭食油炭，或二三十家，或三四十家，攒凑出资，始能开一硐碉"①。清代挖矿工具很简单，通常是利用自家锹镐。凑集少量资金主要是为了照明与伙食，没有共同的固定资产，数十家合伙挖矿，应为劳动合伙。

直隶铅矿业中，嘉庆时，承德、赤峰等地有民人结伙私挖铅矿，"或聚二三十人为一群，或聚三四十人为一伙，共有二十余起，聚有三五百人"，所得矿砂除给甲长外，"余下砂子按人数均分，为首三人摊分双股"②。在共同劳动情况下，按人均分也就是按劳动分配。不过，此例虽然反映矿业中劳动合伙的必然性，但因系非法私挖，严格说不构成正常生产。在锡矿、金矿中都有这种情况。

采煤业中合伙制也较为普遍。一般来说，只要开挖煤窑，必定需要一定的人力物力，除非有大资本，否则只有合伙才能办到。采煤合伙有多种形式，包括劳动合伙。如山东博山采煤业发达，有一种"份子井"，有8—10人，由每家每户各出劳力、工具，合伙开挖浅井，工具只有辘轳、粗绳、条筐、镐头等。③ 工具相当简单，且不是共同财产，合伙者主要是投入劳动。直隶、湖南、四川等地采煤业中都存在这种劳动合伙形式。

金矿业中，贵州天柱县有黄花金厂，雍正时有奏称，"黄花厂现今止有磨山上下二洞，招集沙夫开采，亦有附近居民前来合伙分利，总非巨商大贾可比"④。后一种的附近居民合伙，本小利微，当是贫民的劳动合伙。

劳动合伙实质上是劳动者之间的合作，合伙人身份平等，收益

---

① 《矿业》上册，第79页。
② 《矿业》下册，第398页。
③ 淄博矿务局：《淄博煤矿史》，山东人民出版社1986年版，第20页。
④ 《矿业》下册，第561页。

按劳动分配,权利平等。合伙关系的建立一般只凭口头约定,没有正式形式。这种合伙的临时性很强,有利则干,无利散摊,分合容易,没有约束。劳动合伙通常存在于小窑、浅井、小矿的情况下,规模不大,管理简单;如果是规模较大的矿、井,这种形式就不能适应了。

第二种合伙制是资本与劳动兼有的合伙。合伙人既出资金,本人也亲自参加劳动,取得收益分别按投资量与劳动量分配。在一些需要一定资本的手工业作坊中,这种形式比较常见。合伙者多为农民、小手工业者、小商人。与第一种基本是劳动合伙比较,在这种形式中,有着合伙人共同置办的工具,即合伙人有共同资产。不过,这只是就一般情况而言,具体到各行各业中,情况又比较复杂,形式多样。

如碾业中,乾隆五十四年,四川巴县有李承让、冯廷惠、杜元珍等"打伙开磨房生理",李出本银26两,冯、杜二人出银80两。[1] 出资是为了购置工具,磨房规模不大,三人可能也是主要劳动者。

榨油业中,嘉庆十六年,巴县有柯廷与罗大顺在姜家场"伙开油坊",又兼贩木,柯出本银1000两,罗原无本,即以劳动入伙,到嘉庆二十年拆伙时,柯收回本利1800余两,另赚银590余两,二人各该分得290余两。[2] 此例中,柯出本金1000两,收回本利1800余两,这800余两是按投资分配所得,又有590余两二人均分,这是按二人投入的劳动分配的。这种形式在其他榨油业发达地区可能也有,但清前期资料较少。清后期在一些新的榨油业集中区,合伙榨油的不少。如山东榨油业发展起来后,高密县,"每于岁晚农暇之时,农民以人工合作榨油,制造生豆饼,出售青岛及本县邻县"[3],榨油需要油榨、锅盆、畜力等,是需要一定资金投入的。

---

[1] 四川省档案馆等编:《清代乾嘉道巴县档案选编》(上),四川大学出版社1989年版,第386页。以下简称《巴档》。

[2] 《巴档》(上),第383页。

[3] 民国《高密县志》实业志。

丝织业中，道光六年，巴县有沈元良与徐巽坤、徐奉恩"伙开机房"，沈出本银1000余两，沈本人为商人，"原系磁帮生理，不熟机房，因与巽坤系属乡戚，巽坤无本难开"，央沈出资入伙，并在机房内工作，"诸事巽坤权管"。二徐可能是擅长丝织的机匠，缺少资本，以劳动入伙，兼管机房事务。巴县是四川丝织业集中区域之一，乾隆五十九年，有"机房200余家，色绫系伊等自织"。① 道光时机房可能也不少，其中很可能有一些是合伙开设的。

染布业中，道光十一年，巴县有黄、张二姓合伙，在金沙坊开设染坊。又据道光十八年记，渝城染坊有54家，② 其中可能也有合伙开设的。开设染坊需要染缸、染料等，尤其需要人力，资力薄弱者当会选择合伙投资。

瓦器业中，道光十二年，巴县有曹班辅弟兄二人合伙"开设窑罐厂生理"③。

制烟业中，道光二十八年，巴县有江、卢二人"合伙开设烟铺"，巴县是制烟业集中地区，"渝城烟帮万商聚集"④，其中也会有合伙开设的。

冶铁业中，山西冶铁业历史较久，据1870年一德国人的观察，晋城的熔冶厂不需用什么材料就可以建立，一般有100马克资本就足以开动起熔冶业务，虽说数额很小，但还是由许多人合资来经营，并且是亲自担任劳动的主要部分。⑤ 这是一种小型合伙企业，合伙人共同出资，并直接从事劳动。

上引各合伙事例中，许多为手工作坊，规模不大，合伙者既有资金合伙，又有劳动合伙，即合伙人共同出资置备工具设施，如碾具、织具、染具、榨具等，同时本人也参加劳动，也有不出资而以人力入股的。合伙者共同劳动，并生产共同的产品。收益既按投资

---

① 《巴档》（上），第349、347页。
② 《巴档》（上），第355、357页。
③ 《巴档》（上），第334页。
④ 《巴档》（上），第370、377页。
⑤ 彭泽益编：《资料》第2卷，第141页。

分配，也按劳动分配，二者结合，如上述榨油业中柯、罗二人的分配。也有雇用少数帮工，属于合伙者共同雇用。

广东、台湾制糖业、湖南冶铁业的情况略有不同。广东的制糖作坊称为糖寮，榨糖时"上农一人一寮，中农五之，下农八之十之"①。后两种中农、下农的糖寮，即为合伙形式。制糖需有榨具、锅罐、牛力等，这些或许是由合伙人出资共同置备，如糖榨，或许由合伙人分别将己产投入使用，如牛力，同时，合伙人本身也就是劳动者。在中农的糖寮中，或许有少量帮工。

台湾的糖厂称为糖廍，常被引用的两条资料说，糖廍有公司廍、头家廍、牛犇廍几种形式。其中牛犇廍，"蔗农合设者也，每犇出牛三，为园九甲，一廍凡九犇，以六犇运蔗，三犇碾蔗，照园轮流，通力合作，其法甚善，各乡莫不设之"，糖廍需用人工有糖师、火工等 17 人。② 如果一户出一两个劳力，则一个糖廍至少由十几户组成。糖廍中物力、人力均由蔗农投入。

在分配方面，不论是广东糖寮，还是台湾糖廍，从资料中不得其详。实际上，尽管蔗农合作榨糖，其蔗园还是一家一户的。情况很可能是，蔗农分别经管自家的蔗园，当榨糖季节到来，受人力物力所限，他们组织起来，或共同置备工具，或有物出物，有人出人，共同劳动，轮流为各家榨蔗制糖，产品也分别属于各个家庭。在这种情况下，劳动对象与产品的归属是明确的。至于报酬，从近代云南合伙榨糖的情况看，是从产品中提取一定比例的糖作为酬劳。据近代云南制糖业调查，合伙的制糖组织是这样的："合伙榨制者，系由蔗农十家或二十家集资购置工具，合设一糖坊制造。其榨制之分配，以蔗之生熟为先后，或抽签分配。制糖工人由同伙中人担任，每百斤糖扣五斤，以为酬劳，工具公用，惟拖榨辊之牛则由各糖主自备。"③ 不清楚所获得的实物报酬如何分

---

① 彭泽益编：《资料》第 1 卷，第 266 页。
② 彭泽益编：《资料》第 1 卷，第 264、265 页。
③ 彭泽益编：《资料》第 4 卷，第 262 页。

配，或许是采取按出资量与劳动量分配相结合的方法。

　　与制糖业相似的，还有湖南冶铁业。湖南冶铁业中有一种"乡厂"，"乡厂者数人共一炉墩，各以所获炭矿轮流煽铸，为日甚暂"①。挖矿者为当地贫民，分散生产，炭矿归各家自有，而冶铁则受资金、人力所限，于是数人合资共同置备、使用一个炉墩，轮流合作，分别为各家挖获的炭矿煽铸生铁，所获生铁当归各家所有。为日甚暂，是说所获炭矿煽铸完毕，合伙也就结束了。与制糖业一样，这里合伙者置有共同设备，冶铁时共同劳动，但炭矿分别为各家所挖，所出生铁归各家所有，劳动对象与产品的归属也是明确的。劳动报酬的获取及分配方法或许与制糖业相仿。

　　广东与四川制盐业的情况又有不同。广东制盐业中有采用煎制方法的，盐丁"竭彼一丁之力，所治盐田二三亩"，修基围、修漏池、建草寮均为独立生产，煎盐时，"朋合五六家同为箐盘，一家煎乃及一家"②。这是五六家共同置用一个煎盘，但煎盐过程还是各家轮流独自进行。四川井盐业中，清初多为小井小灶，其中都有合伙生产的。如井户中，盐源盐场"有谢尚斌、谢尚照等67人积资开凿班水、硝水两井，依其人数定灶为67条半……水亦分为67份"③。这里67人集资凿井，共同拥有盐井，盐水按平等权利每人一份，但67人各有自己的灶，煎盐为各自分别进行。广东盐户与四川井户的共同点是，只是合资购置工具或开凿盐井，煎盐则都是一家一户独立进行，也就是说，他们拥有共同的生产资料，在使用上拥有平等权利，合资者本人也是劳动者，但与制糖、冶铁不同的是，在劳动过程中并不合作，煎盐仍为个体生产，作为产品的盐也分别归各家所有。

　　以上各例尽管具体情况不同，但综合可见，这种资本与劳动兼及的合伙也带有一定合作性质，合伙人之间的关系基本是平等的，

---

①　《矿业》下册，第501页。
②　彭泽益编：《资料》第1卷，第250页。
③　吴炜等编纂：《四川盐政史》卷2。

即共同拥有生产资料，共同劳动，以平等的权利获取劳动报酬，但在按投资分配方面也体现了资本的性质。这种合伙关系也带有较强的临时性与不稳定性，往往因个人之间关系不协调而拆伙。在一些为时较长的合伙关系中，有的已用契约形式来确定，称为"合伙约"，表明这种合伙关系向正式形式演进。同时，资料还反映，合伙人之间的关系，许多为亲族、朋友之间的合伙，如舅甥、叔侄、弟兄、乡邻等，家族因素在这里占有重要地位，意味着合伙关系还未完全演变为经济关系。

第三种合伙制为资本合伙。合伙人只投入资本，本人不参加劳动，雇工生产，但投资者一般仍亲自参与经营管理，即所有权与经营权统一。收益则根据协议依投资量按比例分配，一般称为"股""分"。这种形式多存在于那些需要资本较多、生产规模较大的工作场合，如矿冶。合伙者多为商人、富户。

与前两种形式相比，这种资本合伙更为形式化，合伙关系的建立都立有契约，即合伙约。契约内记明合伙人的权利，主要是确定其在收益中所得份额。这种合伙形式已摆脱了劳动者合作性质。在清代冶铁、采煤、铜矿、制盐几个行业中，这种资本合伙形式已普遍可见。

在铁矿采冶业中，乾隆时，广东招商承开铁炉，有独资，也有合伙。嘉应州有"商人王长兴、商伙李世业在松源堡分煽蔡坑、宝坑，承开玉浆炉一座"①。湖南郴州有采矿业，"历来矿商厚挟资本，招集砂夫，怂恿富户，合伙开采"②。辰溪冶铁业中有乡厂、客厂之分，乡厂已如前述，"客厂者或一人或数人合伙，先期收买炭矿，每秋凉时开炉，至次年春夏之交为止"③。这几例提到合伙投资，置办设备，购买原料，招募人工。投资者为商人、富户。

四川巴县有铁矿业，有资力者往往合伙开采。如乾隆三十年，

---

① 《矿业》下册，第495页。
② 嘉庆《直隶郴州总志》卷19。
③ 道光《辰溪县志》卷21。

有"向柏能纠同巴民莫添章私挖铁矿"。嘉庆十年，有雷天其弟兄"邀田学圃出本银伙办铁矿"，以后由于雷姓弟兄欲辞退田姓伙贸，约定将合伙期内所采铁矿的一部分抵补田姓工本，"情愿将所办现矿三堆，共二十八伙铁，将二十伙铁补抵借到田学圃名下镜面本银一百三十五两正，每两每月加三分行息"①，未提雷姓投入的工本量，看来田姓出资较多，因而将所采铁矿的大部分归于田姓，约定出铁后连本带利归还。道光三十年，有张天斗邀王济龙"共凑银二百两伙开铁矿厂"，张雇其胞侄张万邦帮工，并议定"济龙管理内务，天斗收理外账"②。张、王二人集资开厂，并分工亲自经管厂务。

巴县冶铁业，乾隆五十六年，有欧国钦"与彭忠元伙捐工本，在钱家沟开设铁厂，计费三百余金"。嘉庆十八年，有况国桢等4人立合伙文约，"合伙开设铁厂，共立万顺字号，在外拈借银两作本，支给矿山、柴山以及厂内办干，俱归四人公用，俟来岁炉火毕所卖铁价银，除所借外账本利还明，所买矿炭以及佃银山价、厂内亏项扫数揭清外，所赚银两四人均分；倘有不敷，四人均认，不得推诿……务要合力经营，不得懈怠。所用银两不得隐瞒"。又道光二十九年，有刘海珊状告陈隆泰，三年前，陈邀刘等"合伙在大广山开设铁厂"，刘等"约□□万寿宫龚灿元钱七百串，交与隆泰作本，议明赚折均分均认……自伙之后，买卖银钱概系隆泰经营"，刘等"并未染指"。③ 这几例中，投资者立约合伙经营铁厂，除本人投资外，又有借款。各人投资量或许不等，但约定赚折均分均认。铁厂均为投资者亲自经管，第二例是四人共同经营，约定同心协力，借款公用，用款公开，第三例刘等看来不参与具体事务，而由合伙人之一陈隆泰经管。

采煤业中，典型的是京西地区的采煤业。从已发现的清代该地区一些煤窑契约可见，合伙制已是这里普遍采用的形式。京西地区

---

① 《巴档》（上），第296、297页。
② 《巴档》（上），第308页。
③ 《巴档》（上），第298、301、308页。

采煤业发展较早,清初已允许民间采掘,清前期煤窑已相当多,采掘越来越深,有的煤窑有雇工数百人,规模相当大。一些深井、大井的开采工本需要量大,且具有一定风险,合伙制即在这种情况下发生并推广。① 有关契约中均详细写明合伙关系,仅举一例:乾隆四十四年九月,"立会批窑合同人焦之信、润、安增、瑞因有厢红旗焦姓地内萝卜窖得意窑一座,自无工本开做,今会到徐友松名下出本开做。其窑按一百二十日为则,去焦之信、润开地主业二十日,去安增、瑞开旧业十日,去孙景懋开旧业十日,徐出工本开新业八十日,言明出工本钱八百吊正。如再工本不接,公同窑伙借办,按月三分行息。煤出之日,先回借钱,后回工本,除回完之外,见利按日分均分。……所有窑上办事日等,听其新业主裁……自开工以后,或行或止,听其新业自便……"②

综合各契约内容可见,首先,京西采煤业中的合伙制至少始于明后期,清初得以恢复推广,一直延续到清末,据后来实地调查,可延续到民国时期。合伙的目的是凑集足够的资本,合伙人有地主,有出工本者,出工本者又有原出工本而后退出者,有新出工本者,这些人都以合伙人的身份参与分配。其次,契约规定反映出这里的合伙制已趋于正式化,合伙关系通过书面协议建立,具有一定的稳定性。对合伙人的行为权利有明确约定。合伙者的股份可以出卖、出租、出典,也可以退伙,不管哪一种变化,新的关系都以书面协议的形式来确定。再次,不管是称作"股分""日分",出工本者按比例分配只是一种协议约定,与出资量有关,又不是一种确定的数量关系。股份又分为土地股与工本股,表明资本与土地的关系。如果地主又出工本,其所获土地股份与工本股份是明确分开的,二者各得其所,土地股所得份额实际上是地租,工本股所得份额为资本盈利。最后,一部分契约中未写明煤窑是否有专人经管,可以推测,

---

① 有关研究有方行《清代北京地区采煤业中的资本主义萌芽》,载《中国社会科学院经济研究所集刊》第 2 集,中国社会科学出版社 1981 年版。

② 《矿业》下册,第 422 页。

其中必定有一些合伙人是亲自经理窑务的，如上引事例中的徐姓出工本者，既出工本，又主管窑务，决定煤窑的用人、行止。在这种情况下，所有权与经营权还没有分离，或者没有完全分离。

四川巴县采煤业多采用合伙制。合伙者以书面协定确立合伙关系。如嘉庆七年，任国祥等7人合伙采煤，"商议协力同心，于回龙桥石绵洞开挖炭洞，待异日开穿之时出卖。所获利息七人除本均分，……其中费用账目，不得私人渗漏，七人如同一己。……今恐人心不一，故特立合约，各执一纸为据"。道光四年，陈敏中等5人合伙"开挖煤炭生理"，规定"此生意派作十股，胡姓得四股，陈姓得四股，王氏昆仲共得一股，黄姓名下得一股，共成十股生意。见炭之日，获息均照成股分摊，不得争议多寡。至于折本不虞等事，亦照股摊赔。其有写山银两及杂项费用银两，同议胡姓出银二百两，王氏昆仲出银五十两，其余费用不敷，概由陈姓一人垫出完竣。黄姓分厘未出。所写胡陈王三人垫用本银，生意中公认月利，每月每两二分行息。其原本并利，出炭时先即楚偿无遗，方照股分分利。自合伙之后，务各同心协力，认真办理，不得推诿不前"。① 巴县煤窑有时称为"煤厂"，采用雇工生产，称为"啄斧手"。合伙者可能有地方富户、商人，本人不参加劳动，依入伙资本多寡占有一定股份，参与分配，入伙资本量与分配比例都是众人协商的结果，如上述第三例，或约定资本与利息均认均分，如第一例。又这三例可见，煤窑是由合伙者共同经营，在管理方面权利均等，合伙人不得私自动用或借用共同的资金，如有急事必须动用的，须经所有合伙人共同商议同意。

各地采煤业中许多是采取合伙形式的，"民间伙采煤窑，出本图利"。如乾隆五年，山西保德有"王二汉子与堂兄王建其伙开煤窑生理"。乾隆二十年，蒙古归化有张照禄与赵周"合伙开采"煤窑。乾隆四十年，江西安福有刘兆祥与刘转保"合伙在山左开煤"。乾隆

---

① 《巴档》（上），第258、259、268页。

四十二年，河南登封有"梁允升与张九恩伙开煤窑"。① 这些煤窑都为雇工生产，合伙者本人不参加劳动，均为资本合伙，其中至少有一部分是由出资者亲自经营管理的。

铜矿业中，有贫民小本经营，但主要是商人投资开采，有独资，也有合伙。云南铜矿许多为合作开采，"矿厂向系朋开，其股分多寡不一，有领头兼股者，亦有搭股分尖者，自必见好矿而后合伙"②。"数人伙办一硐，股分亦有大小，厂所首需油米，故计石而折银焉，退出添入，或相承顶，令其明立合同后即无争"，也有就他人之硐分开窝路，叫做"客尖"，"客尖亦有独办、伙办之不同"，所获赢利除去工本按股分分配，"卖获矿价，除去工本，又抽公费……余则就原伙石分而分之"③。铜矿采用雇工劳动，出资者本人既不参加劳动，大部分投资者也不直接经办矿务，但不排除有的小矿有出资者参与经营管理。

甘肃铜矿业中，乾隆五十二年，有王楚珩等起意开挖铜矿，"纠袁世富、谈昌贤、赵云从合伙，各皆允从，王楚珩先交现银五十两给袁世富、唐德麟雇夫置备器具……王楚珩自赴汉中置货……彼此说明合伙五人连王廷玉共作六股，于八月初十日雇夫十八名赴山开挖……"④ 这是合伙者出资，并从置备器具到雇夫挖矿均亲自过问经办，矿硐共同经营管理，约定矿利按每人一股均分，其中王廷玉为县府典史，依仗权势参与分配。各地铜矿业中像这样的投资经营方式可能还有。

制盐业中合伙制最为典型的应为四川井盐业。⑤ 随着凿井技术改进，盐井深度增加，开凿费用日增，投资周期延长，除少数大商人资本外，多数中小资本只能集资合伙经营。前述明代已有合伙事例，清代成为普遍形式。由于盐井经营的多样性，其合伙关系相当复杂。

---

① 《矿业》下册，第 456、444、449、472、452 页。
② 彭泽益编：《资料》第 1 卷，第 337 页。
③ 《矿业》上册，第 82 页。
④ 《矿业》上册，第 302 页。
⑤ 彭泽益：《自贡盐业发展及井灶经营特点》，载《盐业契约》。

有清一代，四川井盐业中的合伙制度逐渐形式化、制度化，在集资、管理、分配等方面都形成一套成规。到民国时，井盐业中的合伙制更为成熟，有研究者认为，其制度构成中国特有的股份制形式。①

四川井盐业中的合伙更多为资本合伙。合伙者有商人、地主（指地主以资本投资）以及地方贫民。合伙者通过契约形式建立起合伙关系，依据投资量多少对盐井水火分配比例达成协议，所得份额称为"日份""股份""锅份"。盐井开凿采用雇工，有的由出资者直接经营管理，仅举二例：

光绪三十年，有张可风、曾三友、徐顺源善伙佃神涌井日份15天，三股各占5天，"工本、佃价、推办用度，均照日份派逗。其余井上账目，满年一算，余有红息，亦照日份派用……所有井上事件，伙等相商办理"。光绪三十年，有杨慎旃、赵翰卿、杨治安伙佃同海井一眼，锅份24口，"其锅份杨慎旃十七口半，赵翰卿六口，杨治安半口。所有佃价、淘费、修造，照口份陆续派逗。淘出水、火、油，仍照口份分鸿。其井交杨慎旃承办"。②

以上两例表明，在四川井盐业的合伙制中，有一部分是由投资者亲自经营，或是共同经营管理，有事相商办理，如第一例；或是委托合伙人之一承办，其余人不参与井上事务，如第二例。在承办人杨慎旃所占的锅份中，或许有部分是作为其管理的报酬，不过约内并未写明。

在以上冶铁、采煤、铜矿、制盐业的收益分配中，都有地主参与在内。出资者佃山佃地采矿挖煤，将收益的一部分分给地主，有的虽名之为"股分"，实质是地租。至于井盐业中的"地脉股份"，情况则比较复杂。地主作为土地所有者占有收入的一部分，这是地租。但约内往往又规定地主也须承当见功后继续下锉的开凿费用，即照24口锅份摊派复行下锉费用，这又具有工本性质。因此，"地脉股份"在盐井开凿后期恐怕兼有地租与投资收益双重性质，地主

---

① 彭久松、陈然：《中国契约股份制概论》，《中国经济史研究》1994年第1期。
② 《盐业契约》，第576、577页。

本人也兼土地所有者与投资合伙人双重身份。有研究认为，在京西采煤业中，地租在收益中的比例有下降趋势。① 在四川井盐业中，似也表现出这一趋势。在早期的分配中，一般规定地主占 24 口锅份中的 6 口，即占 1/4。道光以后，一般从 6 口地脉锅份中分出 2—4 口"浮锅份"作为承办人报酬，且形式固定下来，则地主所占减为 1/6—1/12。光绪时一些契约规定以 30 天日份计，主人占 3 天，客人占 27 天，即地主占 1/10。这些变化意味着土地权利地位下降，资本权利地位上升。

造船业中，商人集资合伙造船的情况普遍存在，只是造船与航运、商业并未分离，商人合伙制造并共同拥有船只，其收益来自商业与航运业，并非造船本身。

在以上资本合伙形式中，均为雇工生产。在生产关系中，地主、投资者、雇工身份明确，具有典型的资本关系。当生产达到一定规模的时候，可以说，这种合伙制已带有资本主义生产关系的性质。

第四种合伙形式也是资本合伙。在合伙人身份、合伙关系的建立、分配方法等方面与第三种形式有相同之处。只是这种合伙制中投资者本人既不参加劳动，也不亲自进行经营管理，而是仅仅作为出资本的股东参与分配，企业的经营管理有专门人员，即所有权与经营权开始分离，这些经理人员在各行业中称呼不同。

在京西地区采煤业的合伙关系中，有一种"窑业"人，有的称为"业主"。从契约文字上看，这种"窑业"人与地主、出工本主是明确分开的。"窑业"人本人不出工本，而享受"窑业日分"。从契约内容上看，"窑业"人的职责可能是具体经管煤窑事务。据后来的实地调查，也证实"窑业"人就是煤窑的经营管理者。② 兹举几例：

顺治二年，焦云路、高义、杨文华合伙开做煤窑，"将此窑议同

---

① 见前述方行文。
② 邓拓：《从万历到乾隆》，载《论中国历史的几个问题》，生活·读书·新知三联书店 1979 年版。

以六十日为则,焦连地主开拾日,杨、高开业主及出工本开叁拾日,户部王老爷开贰拾日。言定煤出之日,除完工本,见利均分"。此例业主与出工本主为两种身份,杨、高为企业经营者兼股东。

顺治十年,牛录白与焦九万合伙开做煤窑,"言定窑以六大分为则,镶白旗牛录白出工本开四分,焦九万开窑业地主共二分。出煤之日,除完工本,按分分收"。焦姓不出工本,以窑业与地主两种身份参与分配。

康熙十四年,刘国安、安敬、高应明等会同众人出本开做煤窑,"言明按贰佰肆拾日为则,太太府中开做捌拾日,下剩壹佰陆拾日,均壹佰柒拾日为则。干窑业拾伍日,安敬开柒日半,高应明开柒日半,刘国安、昌开地主拾伍日,安敬出本开做叁拾日,高应明出本开做叁拾日,高应捷、录出本开做贰拾伍日,刘国安、昌出本开做拾日……煤出之日,见利按日分均分"。此例安、高作为干窑业与出工本分别享有不同的分配比例,二刘作为地主与出工本主分别享有不同分配比例,他们分别作为企业经营者、股东、地主的身份是明确的。

康熙二十九年,焦钦会到众家出本开做焦家地内吉利窑一座,"其窑按一百五十日为则,索府开出本窑叁拾日,马承援开出本窑拾日……焦承沣开出本窑拾日,焦承沣又开窑业柒日半……阎宝开出本窑拾日,焦钦开地主窑拾五日,杨文登、贵开窑业柒日半。言明出煤之日,先完做窑工本,然后见利按分均分"。此例中焦承沣享受"出工本日分"与"窑业日分"两种受益权。二杨不出工本,而享受"窑业日分",为单纯的企业经营者。

咸丰九年,山主张秉义有煤窑一座,自无能力开采,因同张必文、李天太邀到刘士荣等6人名下出工本开做,"其窑按三百二十股为则,内支山主地分窑四十股,张山主抱旧业四十股,张必文开新业二十五股,李天太开新业二十股,下余一百九十五股,新出工本六人抱开。卖煤之后,见利先回新工本,新工本回完,然后按股分均分"。此例中山主享有地分与旧工本两种受益权,新出工本6人即股东享有大部分受益权,张、李二人不出工本,以"开新业"即管理煤窑享有受益权。①

综合上述几例，除封建权贵凭借特权或出工本占有一定分配份额外，其他人中，地主、出工本主与"干窑业"或"开新业""业主"各自的身份明确，地主占有地分，出工本即股东占有工本日分，干窑业即经营者占有窑业日分。有的是经营者兼地主，如第二例；有的是经营者兼股东，如第一、第三、第四例；有的是单纯的经营者，如第四、第五例。至于其他出工本者则不参与经营，作为股东，只享受投资收益。干窑业以经管煤窑付出劳动而享有收益权，这种收益权尽管以股份形式出现，但并不意味着对煤窑有所有权，而还是一种没有演变为工资的报酬形式，一旦退出便不再享有窑分，而出资者则不同，即使不再投资也享有对以往投资的收益权，即"开旧窑业日分"。干窑业又出工本，即经营者兼股东，其作用与前一种投资者亲自经管煤窑的形式相似，只是其主要身份为"窑业"人，即经营者。

山东采煤业发达，大的煤井经营多为资本合伙，"凡攻井，合众财，其利视本多寡为差"②。不过出资本者只坐收其利，并不亲自经营，真正经理煤窑的有井头、洞头、账房，"又闻之里中武断规取山场，纠众敛钱攻采，其主事者，必曰井头，率徒下攻者曰洞头，收发钱财者曰账房，此三人者权莫大焉。输钱出份者谓之攻主。煤已见矣绐以难，攻采无算矣，仍以繁费为辞，彼攻主犹怀欲取姑与之心，任其苟派销算，而井、洞头则一文不费，公私十倍坐获。及日久见疑，从而察之，账房又意为舛错，遂使攻主倾家入井，而山场业主办赋无从矣……事闻于官，与此三人若风马牛不相及也"③。"纠众敛钱"说明煤窑是合伙出资的，"输钱出份"即出资本的称为"攻主"，但攻主与经营无关，煤窑由井头、洞头、账房经管，这些人也就控制了煤井实权，并往往以此挟制出资本的攻主。这些人一

---

① 《矿业》下册，第415、417、418、430页。
② 《矿业》下册，第461页。
③ 民国《续修博山县志》卷7，引乾隆志。

文不费，却"公私十倍坐获"，所谓"公私"，可能既包括本应由经管煤井付出劳动所正当获得的报酬，也包括以不正当手段谋取的利益。一旦出事，则与这几人又不相干，因为他们获取的是无本之利。不管怎样，这条资料说明，在山东采煤业的一部分合伙井中，出资本者与经营者，即所有权与经营权发生了分离。①

其他事例如，乾隆三十三年，宛平县民张进良与人合伙于房山县民人蔡兴地内，"费用工本京钱一千七百吊，开挖旧有三合磠煤窑一座，计窑业五十分议定，山主蔡兴得十一分半，窑伙赵得新得四分半，尹成保得五分，朱巩祚得五分，张进良得二十四分。所有窑上一切事务，俱交给郭君玺经管"②。这里张、赵、尹、朱等人为合伙出资者，但本人并不经营，只参与分利，煤窑事务交给郭姓经管，郭姓为实际经营者，但分配比例中没有他的份额，其收入另有来源，其身份更接近于单纯的经营者。

乾隆四十年，山西阳曲有"姜万雨与张天有、孟加库伙开煤窑，张天有托伊叔张大成在窑管事"③。张大成即煤窑的经营管理者。

四川巴县采煤业中，道光三年，有姚心仲邀蒋贵等4人合伙采煤，"伊（姚）出人照理，蚁（蒋）等3人出本银钱邀费，见炭之日，亦系心仲一人在厂照卖，进出各账，均系伊经手"④。蒋等3人只出本钱，不管经营；姚不出工本，只负责照理煤窑，实际是煤窑经营者。

铜矿业中，云南铜矿采冶的生产单位分为硐、炉，一个矿厂中可以有许多由不同投资者组成的硐户、炉户。这些硐户、炉户为出资本者，但通常并不亲自管理生产，具体工作、事务有专人负责。有记载说其内部关系，硐户中，"合伙开硐，谓之石分，从米称也，雇力称硐户曰锅头，硐户称雇力曰弟兄"，"一厂之中，出资本者，

---

① 现代经济学称这种情况为"内部人控制"。
② 《矿业》下册，第406页。
③ 《矿业》下册，第447页。
④ 《巴档》（上），第291页。

谓之锅头；司庶务者，谓之管事；安置镶木者，谓之镶头，……炼铜者，谓之炉户"，"凡硐管事管镶头，镶头管领班，领班管众丁"。炉户炼铜有炉，炉有炉头，"无论银铜，炉户之亏成，在其掌握。硐之要在镶头，炉之要在炉头"①。可见硐户、炉户为出资者，具体经管有管事、硐头、镶头、炉头等人，分别负责财务、生产等项事务。其分配如前所述，除去工本、公费、山租等，"余则就原伙石分而分之"，即获利由出资者按股份分配。那些经办人看来不占有股份，而是受雇于出资者，报酬另计，身份近于后来的管理人员。

云南铜矿业中的一个特殊现象是"官本"，是政府为鼓励商人开采而采取的措施。"官本"实质是国家向私营矿厂采办铜斤的预付货款，并非对矿厂投资的股本，因而"官本"并不体现国家对矿厂的所有权，即在合伙企业中，国家并不是合伙者。

云南银矿业中，雍正时招商开采银矿，"挟资与分者远近纷来，是为米分厂客。或独一人，或合数人，认定硐口，日需硐丁若干进采，每日应用油米盐菜若干，按数供支。得获银两，除上课外，分作十分，镶头硐领共得一分，硐丁无定数，共得三分，厂客则得六分"②。商人投资有独资，也有数人合伙，认定硐口，每日供给日用所需，具体经管有镶头、硐领。所获收益中，除去镶头、硐领及硐丁的份额，其余为投资者所得。镶头、硐领的报酬表现为股份形式，享有一分收益权。

四川井盐业，清前期，盐井开凿中有一种"承首人"，承首人不出工本，其主要职责是筹集合伙资金，包括启动资金及开凿过程中的经常性费用，组织并指挥盐井开凿，"其同为客人，合伙作井，始议每人占'井分'若干天，'锅分'若干口，出钱，交与承首人办理，按月用钱若干，各照所占'井分'、'锅分'缴出"③。客人即出资本的商人，合伙开凿盐井，但只是作为股东出本收益，盐井交由

---

① 《矿业》上册，第82、83页。
② 《矿业》下册，第573页。
③ 彭泽益编：《资料》第1卷，第288页。

承首人办理。承首人对股东负责，定期集敛资金，组织人力，开凿盐井，并要定期向股东们述职，"其办井所用进出限银钱、货物、账目，至满年后承办人约众伙到井清算明白，免生疑议"①。这种承首人即为盐井的实际经营者。

承首人本人不出资本，以承办盐井而享有一定收益权，实为工作报酬。其收益形式初时为"家伙滚子全水"，即开凿工具等归承首人。如嘉庆元年，李万盛、刘坤伦等4人承首办天元井，在24口锅份中，地主得地脉水份6口，出资者得水份18口，承首人不占有份额，但"家伙滚子全水归与李万盛，二十四口不得争占"。又嘉庆八年，陈三锡等4人出首承办天圣井，约定地主得地脉水份6口，"其有家伙滚子水份，归承首人管业，二十四口水份人等不得争占，余有十八口，归承首人邀伙开凿"。②此时承首人的收益在24口锅份之外，即不占有股份。收益形式为实物报酬。

承首人的收益形式以后看来发生了变化。道光以后的契约中不见"家伙滚子全水"字样，而是由地脉股份中拨出几口井份归承首人，以作费心之资，称为"浮锅份"，通常为2—3口，也有拨出4口的。如道光十四年，邹朝璋出首承办天顺井，"地主得地脉水火锅份四口，承首得地脉水火锅份二口；内有十八口，任凭承首邀伙出资凿捣……承首不得停工住凿；如有停工住凿，将承首地脉水火锅份二口，交与众开户承办，承首不得异说"。又咸丰九年，刘光辉等3人承办顺海、天海二井，照24口分班，"每眼地脉锅份六口内，拨出浮锅份二口半，付与承首主人，以作费心之资，均系子孙永远管业"。③同治时的一些契约中均有类似规定。承首人所得份额由地脉水份中拨出，意即其不承担开凿费用，同时，其收益以锅份形式固定下来，或许意味着其地位的某种变化。契约规定承首人在开工后不得停工住凿，否则股东们有权收回其所得的浮锅份，承首人收

---

① 《盐业契约》，第349页。
② 《盐业契约》，第334页。
③ 《盐业契约》，第336、337页。

益的工资性质更为明确。

承首人也有兼为投资者的,在其收益中除占有浮锅份外,还享有开锅水份,即投资收益。如嘉庆元年刘坤伦、张仕瑛承办天元井,除享有"家伙滚子全水"外,在18口开锅水份中,又有刘坤伦2口、张仕瑛3口。道光十四年,邹朝璋作为承首人分得地脉水份2口,在其余18口锅份中,其作为出资股东还享有锅份1口。同治七年,颜璜溪、颜庆升承办三升井,以其"出力承办",分别占有浮锅份2口和半口,此外在18口开锅水份中,颜璜溪又占有9口。① 承首人作为经营者兼股东,具有双重身份,与京西采煤业中的"窑业人"类似,其主要身份为经营者。

在光绪以后的契约中,似少见"承首人"的称呼,多称为"主人""客人",收益按主人、客人分配。主人为地主,客人为出资本的股东,分配中没有了管理者的份额。有研究认为,承首人是一历史范畴,其数量在趋于减少。② 同治以后的记载中,井灶管理者多称为"董事""理事""管事"等,③ 或许是由承首人演变而来。他们的报酬也不再表现为股份形式。这一变化大约是与近代企业的经营管理的产生相适应的。

综上所述,清代在一些手工行业中,主要是矿业中,已出现了一些专门人员,这些人虽以合伙人的身份出现,但其主要职责是进行经营管理。这些人不出资本,而以自己的"费心"来获取一定比例的报酬。这一报酬一般以股份形式出现,还未演变为真正的工资形式。与出资本者拥有对企业的所有权不同,这种股份形式的报酬并不意味着对企业具有所有权,也不具有永久性,如果经营者违约或退出,出资本的股东们有权收回其所占股份。这些企业的生产规模一般较大,一个单位中合伙人众多,从数个至数十个不等。这些合伙企业已基本摆脱了传统家族企业的性质,合伙人之间很少为家

---

① 《盐业契约》,第333、337、348页。
② 《盐业契约》,第55页。
③ 彭泽益编:《资料》第1卷,第290页。

族关系。众多的合伙人中，有的是全部，有的是多数不参与经营管理，只作为股东参与分配，已经脱离了生产，表明在这种合伙形式中所有权与经营权在不同程度上的分离。

三

如前所述，合伙制随着民间手工业的发展而发展起来，并逐渐由仅仅作为一种集资手段、一种简单协作的劳动组织演变为一种固定的具有内部管理制度的企业组织形式。其存在逐渐普遍化。仅据所见资料，清代手工业中存在合伙制的有十六七个行业。合伙形式多样，从劳动合伙到资本合伙，表明其形式在不同层次上的发展。这种形式上的区别看来与生产本身的发展程度有关。在资金较少、生产规模较小、管理简单的组织中，常见的是合伙制的前两种形式。如农产品加工业中的一些手工作坊、碾坊、糖坊、油坊、烟铺等，工具简单，资本较少，规模小者数人，大者一二十人，其合伙形式多为资本与劳动兼有的合伙。采矿、冶铁等行业中的劳动合伙，人数多者聚集数十人，但资本量很少，劳动过程及内部管理简单，大多又带有临时性，较为低级的合伙形式已足以适应这些群体。

在矿冶、井盐等行业中存在的资本合伙的两种形式，是适应这些行业中企业向大规模发展的需要而出现的。数十个贫民劳动合伙只能采掘一些浅层、露头炭矿，而开采深井、大硐，非有较多资本不行。如山东的煤井，深者达二三百尺，雇工人数"畚挶上下，率以百计"，加之开采煤井的投资风险，因而出资本者往往也是比较谨慎的，"其治井也，必先相地有炭苗，然后出重资攻掘"。[1] 京西地区的煤井有的深达十数里，煤窑规模大者有一二百人，做窑工本一般在数百两至千余两，[2] 即使对一般富户来说，支出这笔资金也不是轻而易举

[1] 《矿业》下册，第460页。
[2] 许涤新、吴承明：《中国资本主义发展史》第一卷，人民出版社1985年版，第538页。

的，因此做煤窑者往往是"会同众家出本开做"。铜铅等矿采冶，人少了不行。除了大商人资本独资经营，拥有雇工在数千乃至数万人的大矿厂外，那些小矿厂以至单个矿硐，也都是较具规模，"开矿之役，非多人不足给事，凿者、挖者、捶者、洗者、炼者、奔走而挑运者、董事者、帮闲者，每一厂不下百余人"①。云南铜矿中有的磻硐深达十余里至二十余里不等，每硐工人在百人以至千人以上，由此出现了不同规模的资本合伙，"有领头兼股者，亦有搭股分尖者"，又有"数人伙办一硐"的。四川井盐业中盐井开凿深者有二三百丈，开凿费用随盐井加深而增长，"凿井之工费，浅井以千计，深井以万计，有费至三四万而不能见功者"②。投资周期长，开凿费用高，采取合伙方式也就是顺理成章的事了。

生产需要也导致合伙组织由单个生产单位的合伙走向几个生产单位的合伙经营。如京西采煤业中出现了几个煤窑联合经营的形式。这是因为随着煤井采掘深入，煤层相通，"非伙不能生利"，投资者们只能顺应形势，"同出工本，伙做伙开"，收益或以投资者的投资量按日分分配，或以窑为单位，按"窑分"分配。③ 这是生产发展导致合伙形式的进一步演进。

不同的合伙形式也表明合伙者的内部关系从简单到复杂。在前两种形式中起重要作用的是家族因素、地域因素，而在后两种形式中，更重要的是资本因素。一些生产规模较大的合伙企业，采用雇佣劳动，投资者、经营者、劳动者以及地主，各类人员身份明确，具有典型的资本关系。由此又导致合伙组织的内部管理方法从简单到复杂。在一些资本合伙组织中，企业管理趋向制度化，对合伙人的职责权利有明确规定。管理体制也在演进，所有权与经营权由统一到趋向分离，股东逐渐退出生产，企业中出现了专职管理人员。企业发展对管理人员的素质要求逐渐提高，由委托亲属代管到委派

---

① 《矿业》上册，第49页。
② 李榕：《自流井记》，《十三峰书屋全集·文稿》。
③ 《矿业》下册，第419、420、427页。

专业技术人员从事管理，如井盐业中的承首人一般都是具有凿井技能的专门人才，铜矿业中要求"垅长必得善识垅内矿路……炉头当择其善于煎炼之人"①。合伙关系以资本因素代替家族、地域因素，企业所有权与经营权发生分离，体现了企业组织、企业管理由低级到高级的发展。

总之，不同的合伙形式是适应社会经济发展、资本集中对企业形式、企业管理的要求提高而出现的从低到高、从小到大的一种多层次发展。由于社会生产力是多层次的，对企业形式的需要是多层次的，因此这几种形式在时间上是继起的，在空间上是并存的。不同的合伙形式也体现了企业形式的演进过程。通常认为，近代股份企业是由合伙企业发展而来，在正常情况下，合伙企业形式的演进将引向近代股份企业的产生。不过，这一过程在清代并未完成。

从债务清偿方面看，合伙企业承担无限连带债务清偿责任。从历史上看，有限责任是随着近代公司制度产生而出现的。因此，笼统地讲，历史上的合伙组织承担的都是无限责任，尽管文献中还没有这一明确提法。清代一些契约中提到的"赚折均分均认"，规定投资者必须承担企业亏欠后的赔偿责任，这一规定同时意味着如果资不抵债，投资者必须倾其家产来赔偿，即前述所谓"家产多荡然"②。没有看到关于清代合伙企业清偿债务事例的直接史料，不过从一些相关事例中，也可看出当时的习惯做法。如湖南银矿业中，乾隆初有何植苕"采银大凑山，数载资荡尽……岁已尽，家无十日粮，矿丁坐食其家者，犹十许人。植苕计无所复之，除夕，杀所畜狗召众会食"③。何姓家产已尽，仍欠矿丁工资，只得将所养的狗杀食。甘肃铅矿中，乾隆时有铅商严御擢欠缴铅课，"监追数载，赤贫如洗"④。广东采煤业中，乾隆时，有商人彭奕才、曹仁兴、王昌盛、符觉伦

---

① 《矿业》上册，第268页。
② 《矿业》上册，第460页。
③ 《矿业》上册，第362页。
④ 《矿业》上册，第380页。

承开煤山，并认纳饷银，后因"资本亏折，饷项未清，拮据难办，旋即告退"，但官府并不因其亏本告退而罢休，仍然追缴未完饷银，"屡年勒追，奈已退之商均属病故穷苦，毫无措办"，彭奕才"已经病故，家产全倾，妻儿离散"，曹仁兴"家产全无，流丐无踪"，符觉伦"家产全无，久患癫狂病故"，并且三人"俱并无亲属"[①]。也就是说，如果企业亏欠，不仅本人倾家荡产，妻离子散；如果有亲属，还将连带亲属，由亲属继续承担偿还责任。债务清偿中的无限责任，是当时一种约定俗成的规则，合伙企业也不例外。有研究者认为，近代四川自贡井盐业中实行"井债井还"制度，是一种有限责任制度，这使自贡井盐业中的企业制度更接近于近代股份制。[②]

合伙制的作用，首先仍是一种集资手段。当生产发展到一定程度，生产规模扩大，资金需要量增加，个人难以独力承办某项工作时，合伙便会应运而生。合伙解决了单个投资者的资金限制，有利于资金集中，在更大范围内吸纳社会力量投入生产。

其次，合伙制的作用是减少投资风险。凡投资必有风险，对于风险与其独力承担不如众人分担，这是合伙者的共同想法。在一些契约中明确定有有关条文。如前述四川巴县采煤业中，嘉庆七年任国祥等7人合伙挖窑，约定"所获利息七人除本均分，倘若折本，七人亦同共认"。道光四年，陈敏中等5人合伙约定，"获息均照成股分摊……至于折本不虞等事，亦照股摊赔"。冶铁业中，嘉庆十八年况国桢等4人合伙开立铁厂约定，"所赚银两四人均分，倘有不敷，四人均认，不得推诿"。道光二十九年陈隆泰等人开设铁厂，"议明赚折均分均认"。[③] 合伙可以减少个人投资风险，在一定程度上扩大了个人投资机会，也不失为清代手工业发展的一个促进因素。

清代合伙制中，不管哪种形式，都带有非长期性的特点。这首先体现在企业收益分配中。各类合伙协议通常都规定，在收益中扣

---

① 《矿业》上册，第477页。
② 见前述彭久松、陈然文。
③ 《巴档》（上），第258、268、301、308页。

除工本、公费等项后，其余全部分完，不留企业积累。如四川采煤业，"议定兴工开挖，先归各出本利，然后获利照股均分"；冶铁业，"俟来岁炉火毕所卖铁价银，除所借外账本利还明，所买炭矿以及佃银山价、厂内亏项扫数揭清外，所赚银两四人均分"。京西采煤业，"言定煤出之日，除完工本，见利均分"。①

不留企业积累，即不提留再生产基金，企业再生产资金的获得靠合伙人在生产过程中陆续投入，而这种再生产通常仅是简单再生产。如上述嘉庆十八年况国桢等人的合伙，议明合伙结算期为一年，"上年尚有折耗银仍照上年三股平认，不在本年四股摊还之数，上年所制有动用什物，亦归三股，俟炉火毕算清□明。下季生意，倘有不愿做者，听其自便，并无逼"②。山西煤窑中合伙人每年定期缴纳窑费钱以为维持费用，如前述乾隆四十年姜万雨等人的合伙，"每年共应摊窑费钱四百文"。京西煤窑中做窑工本常为定数，超过者按借款例由合伙人公出，如乾隆四十四年徐友松等人合伙，"言明出工本钱八百吊正，如再工本不接，公同窑伙借办，按月三分行息"。乾隆四十七年，晋泰等人合伙，"公同议定，做窑工本清钱五百千正，如过额再用钱文照借例三分行息"。③ 四川井盐业中通常做法是，投资者先缴纳一定资金做底钱，以支付地基等费用。动工开凿后，由投资者定期（通常是按月）缴纳使费钱，作为凿井的日常维持费用。井见微水微火，其价缴井做开凿费用；井见大功后，扣除工本，余有红息照股份分派。分红息后，盐井的维持费用由股东与地主共同定期缴纳。如果继续下锉开凿，由股东与地主共同定期缴纳开凿费用。如前述嘉庆元年刘坤伦等人合伙，"议定每半口当出底钱陆千文正；吊凿之日，每半口每月出使费钱捌佰文，壹月壹齐……井出微水微火，以帮做井费用，地主不得分班；……至大水、大火，停工住凿起推，贰拾肆口各出使费"。嘉庆二十年胡思元等人合伙，"有

---

① 《巴档》（上），第 270、301 页；《矿业》下册，第 415 页。
② 《巴档》（上），第 301 页。
③ 《矿业》下册，第 422 页。

开锅拾捌口，开户每月出工本捣凿"。同治七年颜璜溪等人合伙，议明"倘以后下锉，水价不敷缴井，应照二十四口锅份均派，各人按月照数逗出，不得推诿"。集资—分利—再集资—再分利，构成清代合伙企业的资金运行方式。这种资金运行方式周期短、不稳定，企业难以获得维持长期经营及扩大生产的资金。一旦投资短缺，生产也就难以为继。如颜璜溪等人约定按月派逗工本，但后来有些出工本者往往不按时缴钱，以至影响生产，"往往有一二不逗工本者，遂阻全井不能锉捣"，承办人不得不邀集众合伙人照厂规重新强调，并制定惩罚办法，"庶不致有碍众伙"。① 事实上，相当多的企业长期维持在原有规模的生产，如京西煤窑有的数十年规模不变。② 除封建剥削的因素外，恐怕也存在合伙制本身的制度因素。清后期四川井盐业中有的盐井已有在收益中预留再生产费用的情况，这是合伙企业在分配方法上的进步。

非长期性的又一表现为合伙关系变动频繁。清代手工业中固然不乏大商人资本投资，其合伙关系会相对稳定。更多情况下，合伙者为小本经营者，有能力时投资，无能力时退伙，很难有长期经营的打算。如四川巴县采煤业中，嘉庆十五年正月，刘长发与僧通祥立约合伙挖煤，该年八月，僧通祥因"无人力照管"，将自己名下的一半股份出顶给陈德扬，又到十二月，刘长发"因别贸易，自不愿挖"，也将自己的一半股份出顶给陈。原合伙关系维持不到一年。又如道光七年五月，曾唯然承顶陈姓伙内炭山煤窑，而陈姓也是先年从黄姓伙内承顶下来的。一年后，道光八年七月，曾姓因顶价不敷，邀夏、袁等5人入伙。不到一年即道光九年四月，曾、夏又将自己名下的股份出顶给王栋等3人。伙开一年有余，因"盘路拢干乏费缴厂"而停工。到道光十八年二月又议捐本再挖，王因无力再捐而将自己名下股份出顶给萧姓，同月，该伙内李、张、邓等都将自己的股份出顶给萧。然而不到一月，到道光十八年三月，萧因故欲回

---

① 《盐业契约》，第333、347、349页。

② 见前述邓拓文。

老家，又将刚刚承顶的股份全部出顶给袁姓。短短几年，伙内人员屡次变动。再如道光十二年，陈大明兄弟3人承顶陈富美等人煤厂，道光十九年，陈姓兄弟又将煤厂出顶给程、张二人。[①] 股份顶替频繁，投资者经营时间都不长。至于一些季节性加工业，生产期间不长，合伙本身自带有短暂性。就单个企业来说，投资者的短期行为不能不影响其生产，更谈不上扩大生产。

在欧洲中世纪及近代资本主义发展过程中，也出现过合伙制。最早出现于商业组织中，以后又出现于工业部门，尤其在采矿业、冶金业、造船业这些需要大量投资的行业中。据研究，在1500—1700年，欧洲成立了许多矿业公司，其中有大贵族、乡绅独力经营的，而更为常见的是商人、收税人、律师、贵族、政府官员等合伙投资。在采矿、冶金业中合伙形式起着主导作用。造船业是欧洲近代初期发展最为迅速的部门之一，合伙形式为促进资本流入该行业发挥了决定性作用。欧洲经济史学家认为，这种合伙形式的企业是近代股份企业的前身，不论在商业组织还是在工业组织中。在欧洲近代股份企业中，一部分为初创时即是大的合伙企业，还有一部分则是由手工业者的合作组织演化而来。如在德国与匈牙利的矿业中，一些合资采矿公司最初是由矿工与熔铸工组成的采矿手工业者的合作组织，这些公司定期分配利润，如遭受损失或扩大经营则共同承担增资义务。以后由于资金原因，商人资本开始侵入，掌握了大部分股权，并逐渐将其改造为近代股份企业。[②]

与欧洲相比，中国传统手工业中的合伙制存在更为普遍，发展程度并不算低，在手工业发展中曾起到一定积极作用。但作为企业形式，其演进速度相对较慢。这恐怕与当时中国社会经济本身发展程度有关。在今天来看，社会生产力仍显示出多层次发展的特点。合伙制与现代企业制度并存，仍具有其历史作用。在当今乡村工业

---

① 《巴档》（上），第261—276页。

② 卡洛·M.奇波拉：《欧洲经济史》第二卷，商务印书馆1988年版；汉斯·豪斯赫尔：《近代经济史》，商务印书馆1987年版。

发展中，在多种乡镇企业组织形式中，其中如联户形式、股份合作制等，即带有一定合伙性质。城镇工商业中也开始正式承认、采用合伙制，显示出多种形式的合伙制仍具有一定生命力。研究历史上的合伙制也就具有了一定现实意义。

（原载《中国经济史研究》1995 年第 4 期）

20世纪50年代农村的国家粮食市场

1953年开始实行的粮食统购统销政策,对农村粮食市场和农民经济发生了重要影响。粮食统购统销改变了传统经济下农民的购销习惯和粮食市场体系,一度引起整个农村市场的萧条。为此,国家试图建立一种新型的由国家控制的、排除了私商参加的国家粮食市场,以活跃农村经济。本文概述这种国家粮食市场从建立、发展直到关闭的整个过程,并就其关闭的原因略作分析。

一 国家粮食市场的建立

中国传统农民家庭经济已经与市场建立了比较密切的联系,农民通过市场出售自己生产的农产品、手工业品,换回所需要的各种生产资料和生活资料,其中粮食在市场上占有主要份额。各级粮食市场承担着调剂农民生产、生活需求,供应城镇需要,调节各地丰歉,补充粮食储备等各项功能。新中国成立后直到农业合作化之前,农村仍是个体经济为主。随着新中国成立初期农村经济的恢复发展,政府各项促进商业发展与城乡交流措施的实施,农村市场包括各级粮食市场也逐渐恢复。据22个省区市的初步统计,到1953年粮食统购统销前,已恢复的农村粮食自由市场(包括县市市场与集镇市场)16797个。[①] 新中国成立后的头三年实行粮食自由贸易制度,粮食市场在沟通农民与农民、农民与国家之间关系方面发挥着重要作

[①] 1954年6月,粮食部《粮食统购统销工作情况简报》(以下简称《简报》)。

用。国家除向农民征收粮食实物税,其余粮食就通过市场收购。据统计,市场收购与公粮征收的比例,1951—1952粮食年度为39∶61,1952—1953粮食年度为44∶56。①

粮食统购统销后,农民必须按照规定的统购数量将粮食一次全部卖给国家。统购统销在切断私商与粮食市场联系的同时,也在一定程度上切断了农民家庭经济与市场的联系。同时,原有的粮食市场体系遭到破坏。从1953年年底至1954年年初,各地原已恢复的粮食自由市场基本停顿,以致引起整个农村初级市场呈现死滞状态。据当时各地的报告,粮食统购统销后,县城及集镇粮食自由市场几乎全部停止,农民手里的余粮失去了销售和交换渠道,影响了农民之间的粮食调剂和互通有无;农村粮食借贷陷入隐蔽,出现了变相高利贷和粮食黑市交易;由于农村用粮副业受到限制,副食品减少,引起群众不满,同时,城市中所需要的农副产品特别是副食品难以收购上来,工业品下乡开始减少,不少地区出现了城乡交流阻塞、城乡关系比较紧张的状况。如华北财经委1954年3月在给华北局的报告中说,实行粮食统购以来,初级市场陷于停顿,绝大部分地区异常死滞,引起了一系列问题:粮食的社会调剂停顿,农民争相向国家购粮,增加了国家的供应任务;副业原料无处购买,大批副食作坊歇业,河北省歇业的粉坊、豆腐坊达60000多户,直接影响了农民的生产和生活;由于粉坊、豆腐坊大批歇业,饲料不足,猪源大大减少,造成城市副食品供应的紧张局面;农村资金回笼不来,商业资金周转不灵,不能按照计划加工订货,影响了城市的工业生产;随着销售计划的下降,税收也有显著的减少;城乡间的商贩多数停止活动,土特产、副食品收不上来,以致城市经营土产和副食的私人行业,有的很难维持,有的已经停业;肉类等减产而出口减少,影响工业原材料、设备进口计划的完成,工业减产的现象出现。华北财经委员会认为,这种情况如果继续发展下去,将会造成城乡

---

① 薄一波:《若干重大决策与事件的回顾》,中共中央党校出版社1991年版,第258页。

经济严重脱节，甚至打乱国民经济计划，影响整个国家建设。[①] 华北财经委员会所反映的情况带有一定普遍性。

　　1953年11月，在《政务院关于实行粮食的计划收购和计划供应的命令》（简称《命令》）中，对于粮食统购后农民手中的余粮调剂和交易，城市居民中国家供应粮食的剩余或不足的处理以及设立国家粮食市场的问题都有原则性的规定。《命令》规定：农民在缴纳公粮和计划收购粮以外的余粮，可以自由存储和自由使用，可以继续售给国家粮食部门或合作社，或在国家设立的粮食市场进行交易，并可在农村间进行少量的互通有无的交易。城市居民购得国家计划供应的粮食，如有剩余或不足，或由于消费习惯关系，须作粮种间的调换时，可到指定的国家商店、合作社卖出，或到国家设立的粮食市场进行相互间的调剂。《命令》附有《粮食市场管理暂行办法》（简称《办法》），《办法》除强调了上述农民和城市居民的粮食调剂方法，还规定了集镇旅店、熟食业所需粮食可视具体情况，由国家粮食部门予以调剂供应，或准其到指定的国家粮食市场进行采购。关于国家粮食市场的设立与管理，《办法》规定：城市和集镇中的粮食交易场所，得视需要，改为国家粮食市场，在当地政府统一领导下，以工商行政部门为主会同粮食部门共同管理之。凡进行粮食交易者，均须入场交易，严禁场外成交。说明当时国家对于统购统销后的粮食市场问题已有所考虑。

　　但是，1953年年底到1954年年初，由于人们的主要注意力都集中在宣传、落实粮食统购统销方面，还没有顾及建立粮食市场问题。一部分人认为粮食统购统销后，粮食市场已失去存在的必要，因而没有把建立粮食市场问题放在日程上。在客观上，当时对国家粮食市场的建立和管理也没有可遵循的经验。因此，在一个时期中，粮食市场问题没有受到重视。

　　1954年年初，各地农村市场陷入萧条，城乡关系紧张的情况开

[①] 中共中央办公厅：《计划收购和计划供应文件汇集》（以下简称《汇集》）。后文所用资料除注明者外，均出自该《汇集》。

始显露并日益突出，引起一些地方政府的注意。1954年1月，华东局首先作出《中共中央华东局关于加强粮食统销工作的紧急指示》，要求各地在加强粮食计划供应工作的同时，设置初级市场的粮食交易所，组织农村余粮调剂，有效地取缔黑市交易，同时指出，组织粮食交易所的工作，目前还缺乏经验，希望各地进行典型试办，以取得经验加以推广。同年2月6日，中共中央批转了华东局的紧急指示，要求各地加强农村、集镇的粮食计划供应和组织粮食交易所的工作，并总结经验随时报告中央。1954年3月9日，中财委在《对当前城乡物资交流的意见》中提出，活跃初级市场，应注意粮食统购后的初级市场规律突变，陷于死滞，副业停顿，城乡关系紧张的状态，组织农村余粮户与缺粮户间和粮食品种间的相互调剂，是目前一个重要的工作。这以后，各地先后加紧了试办粮食交易所的工作。1954年3—6月，中共中央连续批转了河北、山西、浙江、湖北等地组织国家粮食市场的经验，同时，各大区也组织并介绍了一些地方的经验。应该指出的是，这时在一些文件、文章中，粮食交易所、粮食市场、国家粮食市场、粮食自由市场、初级市场等提法同时混用，实际指的是一个事情，即后来所说的国家粮食市场。

1954年3月22日，中共中央批转了河北邯郸地委关于建立国家粮食市场的经验的报告。在河北粮食产区，统购后市场紧张状况比较突出，邯郸地区是较早开始试办国家粮食市场的地方。从1953年12月起，经过一个多月的工作，建立了72个国家粮食市场，每个市场粮食上市量一般在1000斤到3000斤，多的到7000斤，上市粮种有芝麻、小麦、玉米、红粮、黍稷等。由于国家粮食市场的建立，油坊能在这些市场上买到芝麻，春节时计划供应食油的数量比原计划减少了12万斤；有的地方除解决了群众相互调剂和粮食复制业的原料外，国家还从市场上收购了一部分粮食，占上市量的30%—50%。1954年2月24日，河北省委在转发邯郸地委的报告中，提出"建立由国家控制的没有私商参加的粮食市场"，这是关于"国家粮食市场"含义最早的提法。这一提法在后来的中共中央文件中得到肯定并沿用。

1954年4月8日，中共中央在批转山西省委关于积极组织农村初级粮食市场的批示中提出："在较大范围内，举办由国家领导而无私商参加的粮食交易集市，以解决农民之间的互换和交易。这种措施，正合时宜，各地均应参照仿行。"除了华北地区，在这一时期中，中南、华东、东北等地区也先后试办并介绍了一些地区国家粮食市场的经验，如河南省浚县、扶沟县，江苏省靖江县，浙江省金华县、萧山县，松江省（今属黑龙江省）五常县、富锦县等。各地反映，这些初办的国家粮食市场尽管存在这样那样的问题，但对于弥补国家计划供应的不足，帮助农民之间的调换和交易，扭转农村副业停顿、市场呆滞的局面都起了积极的作用。这一时期，由于对限制私商方面抓得较紧，私商在粮食市场中尽管也有活动，但还不那么厉害。

在试办粮食市场的基础上，为了加快这一步伐，迅速在全国各地推行，中共中央于1954年5月27日发出《关于限期建立国家粮食市场的指示》。指出：自中央发出建立国家控制的区乡集镇粮食交易市场的指示后，各地已先后举办了一批。初步的经验证明，只要举办，就比不办好，即使初办时不很成功，但只要抓紧领导，改进工作方法，就可慢慢走向成功。目前举办国家市场的工作尚未引起各级党委普遍注意，大多停留在以县为单位进行试办阶段，不再前进；既已举办起来的，领导不及时不具体，遇到困难，就丧失信心，转回来起用一些错误的强制办法去解决粮食供应问题。这一缺点是必须纠正的。为此，请各地注意以下几点：

（1）要限期在1954年6月内，把应建立的初级粮食市场普遍建立起来，不必过久地搞试点工作，以免失掉时效。

（2）国家领导的初级粮食交易市场，农民直接进行交易，在开始时期，粮食交换限额、价格、手续等方面必须有所限制，但又不可限制得太严太死，否则不易打开僵持局面。

（3）国营粮食机构和合作社粮食部，必须大力配合粮食初级市场的工作，除了派遣干部协助外，粮食市场因品种调换发生困难时，也应帮助解决。

（4）必须仔细地进行组织工作，耐心地贯彻思想教育工作，决不可因工作开始不见起色，即采取简单急躁等强迫的办法，去命令余粮户拿粮食到市场去交易，或迫使余粮户对缺粮户分片包干供应，造成群众间的对立，将事情越弄越坏。

指示一经发出，一时间成为粮食统购结束后农村工作的重要任务。各地迅速开展建立国家粮食市场的工作。据报告，1954年6月初全国已建立的粮食市场的数量为14346个，其中，22个省区市建立的有6384个，占原恢复的粮食自由市场数的38%。以后市场数量不断增加，7月初为19744个，7月底为22342个，9月中为29130个，9月底为30361个。到1955年4月，全国已建立国家粮食市场30760处。①

二 国家粮食市场的组织领导与管理形式

粮食统购统销后建立的国家粮食市场在性质、作用上都不同于以往的粮食自由市场。在政务院《关于实行粮食的计划收购和计划供应的命令》和《粮食市场管理暂行办法》中规定，这种粮食市场由国家设立，并由当地政府统一领导，由国家工商行政部门和粮食部门等有关机构进行管理，不允许私商参加，农户、农村副业用粮在这种市场中按国家规定的价格直接进行交换。因此，尽管这种国家粮食市场是适应粮食市场规律变化而设立的，但其设立从一开始就带有一定的行政行为。国家粮食市场在实际运作中尽管也受到市场规律的影响，但在运作方式上并不是完全的市场行为。

---

① 数据据《汇集》；1954年6月，粮食部《简报》；1954年7月13日，中财委二办粮食组：《粮食五年计划及当前几个主要问题的研究提纲》（以下简称《研究提纲》）；《粮食部关于加强国家粮食市场工作的指示》，1955年4月2日，见国务院法制局编《中华人民共和国法规汇编（1954年9月—1955年6月）》，法律出版社1956年版。

1955年4月以后，多数地区的国家粮食市场进入实际运作阶段。在具体运作过程中，各地的国家粮食市场在领导机构、组织形式、管理方式等方面并不一致。①

国家粮食市场的领导机构，大部分地区县以上的市场是由工商行政部门为主、会同粮食部门共同领导。县以下的农村初级市场一般由当地区乡政府领导，由供销社或粮食购销点负责日常业务管理，如山西、陕西、广东、福建的一些地方，少数地区是由粮食部门领导，如热河、宁夏、青海、江苏等地。个别地区如福建上杭是由税务局领导。

各地的国家粮食市场的组织形式大体有以下几种：

（1）主要集镇的专业粮食市场，这是一种有固定场所、单独设立的粮食市场。市场设置专职干部，长期负责市场工作，雇用交易员管理交易业务，交易员有的是留用原来交易所人员，有的是临时吸收社会力量如歇业商贩进行管理。

（2）与其他农产品交易联合组成的混合性交易所附设的粮食市场，由交易所统一管理。

（3）由供销社或粮食购销店附设的粮食市场，由供销社或当地粮食部门派人兼管，或由粮库兼办。以上三种都是长期粮食市场。

（4）每逢集市组织的定时定点的粮食交易市场，由乡村财粮干部或委托农村积极分子管理（集开上市，集散回家）。国家粮食市场的地点一般是选择接近国家粮食供应点及有旧粮食市场基础的集市，但在当时的情况下，有的地方为了完成任务，在一些非习惯性的交易地点或较为偏僻的地方强行设立粮食市场，使粮食市场流于形式，不能发挥作用。

国家粮食市场的交易方式有品种互换、有无调剂及国家收购三种，其中小麦杂粮区以品种互换为多，南方稻米地区以有无调剂较多。新粮上市前，上市粮食中非主食粮种较多，主食粮种较少。上

---

① 关于各地的国家粮食市场的管理办法是根据这一时期粮食部简报、中财委简报、粮食部《工作通讯》《汇集》中的有关内容综合归纳的。

市数量以每日上市500斤左右及500—1000斤的市场较多。据安徽、湖南、内蒙古、河南、山西、河北1954年7月粗略统计，1520个市场中，上市500斤以下的有632个，占41.58%，上市500—1000斤的有569个，占37.43%，上市1000—5000斤的有275个，占18.09%，上市5000斤以上的有44个，占2.9%。

由于各地国家粮食市场都是初办，具体情况不同，有的地方组织管理比较混乱。针对存在的一些问题，1955年4月粮食部要求进一步加强对国家粮食市场的领导，指定专职人员负责并改进市场业务工作，在便利群众成交和国家管理的原则下，对国家粮食市场的组织进行整顿。必须单独设立的应单独设立；当地有混合市场的，可以附设在混合市场内；需要新建立的应迅速建立。固定的专责人员或兼职人员，不应随意抽调做其他工作，以专司其职。市场交易员的配备，可根据交易情况，确定专职交易员或半脱产交易员。一般农村集市较短又不是天天有集的初级市场，可用不脱产交易员，并根据情况给予一定报酬。

国家粮食市场的成交管理办法，对行业（食品、副食业）在市场购粮，一般规定需凭证明。对群众之间的交易大致有下列各种办法：

（1）对买卖双方均不加限制，成交价格由交易员评定，河北、江苏部分地区采用这种办法。

（2）对卖方不加限制，买方需凭证明（购粮证或介绍信）购粮，采用这种办法的地区较多。

（3）买粮不要证明，但限制购粮数量。

（4）买粮不加任何限制。

（5）限制双方交易数量，一次交易量不得超过限额。

（6）对买粮者登记购粮人数，按粮食上市量分配，四川一些地方采用这种办法。交易的实际过程，有的是以市场管理机构为中介，即将粮食卖给市场管理机构，再从市场管理机构买回所需粮种；有的是在规定的价格浮动范围内双方自由议价成交。河北、北京规定卖粮后给予证明，以后可以再凭证购买。

新粮上市到统购结束这一期间的市场安排，总的有三种类型：

（1）允许统购粮种入场成交，按统购价掌握，但对出售统购粮种是否抵统购任务又有三种不同规定：第一种规定在市场不论卖给国家或卖给群众都抵统购任务，开给证明，如河南；第二种规定在市场出售都不抵统购任务，只有到合作社或指定的粮食收购站出售才抵统购任务，如山西、河北；第三种规定在市场卖给群众不抵统购任务，卖给国家可以抵统购任务，如山东、广东、陕西、内蒙古、辽宁、吉林、贵州。

（2）允许统购粮种入场成交，但对卖粮的予以限制，如浙江、福建、江西规定入场卖粮必须持有乡以上人民政府完成公粮预送任务的证明，在市场出售的粮食可抵统购任务。这两类允许入场成交的地区，均规定购粮者需凭证购粮，抵统销数量。

（3）统购粮种一律卖给国家，不准入场成交，如江苏、安徽、湖北、湖南、四川、广西、云南。从执行情况看，在这一期间，第一种类型的地区，除山西、河北外，多数市场上粮较多，市场活跃，国家收购占上市量的90%以上，市场收购量占统购任务的比重也大。第二、第三种类型的地区，市场上粮种很少，大部分市场陷于停顿，或变为国家收购点。据浙江、福建、湖北反映，这一期间不起作用或作用不大的市场占一半以上。

在新粮上市及粮食统购期间，农民之间仍然需要进行有无及品种调剂，针对各地的不同做法，1955年4月粮食部作出指示，市场的成交管理，在新粮上市及统购期间，农民因生产和生活上的需要，必须出售部分统购粮食，应教育农民到国家收购点出售，不得在市场成交；如出售完征收和统购任务以外的余粮，市场可不加限制；但在市场调剂出售的粮食，一律不得抵统购任务。统购正式结束以后，对在市场出售粮食或调换粮种的农民，应不加任何限制；不必要的查问登记，必须一律取消。农村缺粮户、城镇居民及私营行业在市场购买统购统销粮种应持有一定证明，农村周转户亦须持售粮凭证，以防投机者套购。市场上市粮食原则上应以满足群众调剂需要为主，多余粮食由国家或合作社收购。统购工作已经结束，但统购任务尚未完成的地区，如计划从市场收购一部分以顶任务，也须适当照顾到群众的调剂需要。接壤地区的国家粮食市场，应不受行政区划的限制，听凭群众按照习惯，参加市场交易。

粮食市场的成交价格，1954年上半年全国各大区财委副主任会上做了原则规定，卖出价格可高于统购价2%—3%，买进价加上税金和手续费可不低于统销价。新粮上市后的价格，在不影响统购的原则下，可视当地情况具体掌握。但实际上各地对成交价格的掌握也不一样。有按统购价掌握的，有按统销价掌握的，有按统购统销之间价掌握的。如河南一些地方规定出售价可高于收购牌价1.5%，收手续费2%—2.5%，购粮价格低于统销牌价，特缺的粮种可高于牌价10%。山西规定交易所的粮食价格，按国家统购价加1.5%作为相互调剂价。河北规定，凡国家能充分供应的粮种，应使市价与牌价相平；国家不能充分供应或国家没有掌握的粮种，允许市价稍高于牌价，但不能高于牌价10%。实际执行的结果，据1954年7月中财委的报告，按统购价掌握的，一般卖粮者嫌价低，不愿卖；按统销价掌握的，卖粮的愿意，但统购中出卖粮食的对统购价有意见；卖粮按统购价、买粮按统销价掌握的，由于中间差价全部由市场作为手续费，买卖均不愿入场成交；按统购统销之间价掌握的，各地反映较好。实际上多数地区是按照统购统销之间价掌握的，对非主食粮种一般允许稍高于统销价。一些地方由于管理较松，有市价高于牌价的现象。如河北邢台专区29个市场统计，小麦市价高于牌价20%—50%的有23个，高于50%—100%的有6个。1955年4月粮食部作出规定，统购粮种在市场上的成交价格，在新粮上市和统购期间与统购牌价拉平，在统购结束后，一般地区掌握在统购和统销牌价之间，都是适宜的。

市场税收和手续费管理方面，各地均规定收取一定的成交手续费，费率不一，高的在4%—5%，低的在3%—5‰，一般在1%—

2%。手续费一般都规定由买方负担，有的地方规定由买卖双方负担。东北市场均不收手续费。市场经费一般在手续费中解决，但有的地方由于市场粮食交易量较少，手续费收入也少，市场经费不足。市场税收，少数地区规定100—200斤按2%缴纳货物税，如广东、山西一些地方，货物税由买主负担。有的地方免税，如河南、湖北、湖南等省。

经过一年多的实践，在总结各地做法的基础上，1955年8月国务院在《农村粮食统购统销暂行办法》中对国家粮食市场及管理做了原则规定：余粮户完成交售任务后剩余的粮食，自足户因增产节约多余的粮食，都有权自由处理；可以自由存贮，可以自由使用，可以继续卖给国家和合作社，可以在国家粮食市场进行交易，可以在农户间互通有无，都不加干涉。但禁止任何人以粮食进行投机。在新粮收获后至粮食统购工作结束前，统购粮种只能卖给国家，不准卖给私人；对非统购粮种，允许随时进入国家粮食市场进行交易，不加限制。粮食统购任务完成后，县级人民委员会应正式宣布粮食统购工作结束，开展国家粮食市场工作，允许统购粮种进入国家粮食市场。在国家粮食市场进行交易的买方、卖方都不需任何凭证，但对粮食投机者必须严加取缔。

1956年下半年，在农业和资本主义工商业的社会主义改造已经基本完成的情况下，对国家粮食市场的一些管理政策提出了进一步改进的要求，如统购粮种在统购期间是否允许入市交易，国营、合作社营、公私合营熟食业、副食业、作坊是否允许上市购买或参加调剂，市场之间是否允许互相调剂等。粮食部的意见是，在已合作化并且以社为单位平衡粮食余缺的地区，完成统购任务已有保证，国家粮食市场的管理有必要放宽，统购期间可以允许统购粮种上市参加调剂，但上市粮食不顶统购任务。在满足群众调剂为主的原则下，可以允许国营、合作社营、公私合营熟食业、副食业上市购买或参加调剂。毗邻地区的市场，如果上市粮食品种和数量极不平衡时，在国家不赔累的原则下，经过批准可以进行调剂。

三 国家粮食市场的作用

粮食统购统销后,大部分商品粮食退出了自由市场。统购后农民手中还有一部分余粮,而能够上市的粮食只是余粮中的一小部分。这部分可上市粮食的数量,据粗略估计占余粮总数的10%,全年为40亿—60亿斤。[①] 即国家粮食市场对于调节农民需求的作用是在这一限度之内,它的建立仅是作为粮食统销工作的补充,其功能是便利群众调剂品种、互通有无、辅助解决国家粮食供应的不足。对于粮食生产来说,这种国家粮食市场基本起不到调节资源配置的作用。比起传统的粮食自由市场,国家粮食市场的作用范围大为缩小,在农村经济生活中的地位下降。尽管如此,在当时向计划经济转变的大背景下,正如中共中央指示中所说,只要举办就比不办好。国家粮食市场的存在可以在一定程度上解决群众困难,活跃市场,缓和由于粮食统购统销所带来的群众的疑虑和紧张情绪。因此,国家对于这种粮食市场寄予了较大希望,把它作为扭转当时初级市场萧条、副业停顿、城乡关系紧张的一个重要措施,作为粮食计划供应的一种不可缺少的辅助形式。

1954年夏,不少地区的国家粮食市场已经建立。由于地区特点、管理方法等不同,实际作用大小也不一样。据1954年6月的调查,山西1085个市场起作用的有603个,河南1448个市场起作用的有623个。粮食上市量很不平衡,上市少甚至不上市的市场比重大,上市多的市场比重小。山西、河北、河南部分地区,上市多的达万斤,上市粮除满足调剂有无外,国家还可收购一部分,山西1—4月共收购6822万斤,河南4月29天共收购2490万斤。河南浚县兰庄村通过调剂解决了325亩田地的种子问题。山西原平魏家庄原报需要买粮58335斤,市场建立后得到调剂,只买21790斤就够了,减少了

---

① 1954年7月13日,中财委二办粮食组《研究提纲》。

国家供应量。

1954年7月中财委的报告认为，只要是发展正常的市场，都显示出良好的作用。这些作用表现在：（1）便利了农民在统购后出售余粮。市场建立后，粮食上市量都有增加，这一方面使农村缺粮户在市场上得到必需的调剂，农村饲料及以粮食为原料的手工作坊原料来源增加，各地不同程度地减少了国家粮食供应数量；另一方面，国家在市场收购的粮食也有不同程度的增加。这一点在产粮区表现特别显著，如河南、湖北、山东、黑龙江、广西、湖南、广东、江西、福建、山西、陕西、江苏等地。（2）便利了群众在粮食品种间的调换，解决了部分群众缺乏种子的困难，支持了农业生产，如陕西、河南、山东、山西、东北、浙江、江苏、湖北等地。在山东的成交量中，交换粮种的一般占70%—80%。（3）缓和了农民紧张心理，减少了农村缺粮虚假性。由于死粮变成活粮，农民购买生产、生活资料的数量增加，扩大了工业品的销售，安定了生产情绪。（4）随着粮食上市，带动了其他农产品上市，活跃了农村经济，并使某些副食品价格下降。（5）打击了粮食投机及黑市交易，黑市价格下降，使粮价进一步得到稳定，在河南、江苏、湖南、江西、浙江、山西、贵州、四川等地都有反映。

由于各地市场建立发展较快，发展状况不平衡，还有不少市场所起作用很小或不起作用。对此，中财委和粮食部都提出，由于粮食已实行统购，国家粮食市场的上市量要恢复到统购以前自由市场那样的程度是不可能的，也是不应该的，但绝不应漠视普遍搞好国家粮食市场（哪怕是少量的成交）对活跃农村经济所起的巨大作用，要求各地对已建立的粮食市场加以提高和巩固，逐步提高成为稳定、常规化的新型市场。

到1955年上半年，各地国家粮食市场已普遍恢复，其中大部分都有粮食上市，有的地方搞得比较活跃。江西省自市场恢复以来到2月初统计，上市粮食566万多斤；湖南省市场恢复后一个月左右时间，上市粮食450万多斤；据广东省一个多月内的不完全统计，上市粮食348万多斤；浙江省1月份20天时间内，市场成交粮食92万多斤。山东省寿张县12个国家粮食市场，1955年12月1日至20日，上市粮食63.5万斤，其中每集上市数量2000—5000斤的有6个，5000—10000斤的有2个，10000—20000斤的有3个，20000斤以上的有1个。成交情况是：群众相互交易的占53.8%，品种调换的占23.7%，国家收购的占3.0%，未成交的占19.5%。[①] 从市场开放时间上看，有的是全年开放，如四川、云南、河北、山东部分地区；有的统购期不开放，统购结束后开放，大多数地区属于这种情况。

在国家粮食市场建立和运作的初期也存在不少问题。有的市场管理放松，国家粮食市场还原为自由市场，自由议价，市价高于牌价，浙江粮食市场价格有的高出牌价30%—70%，有的市场大麦、小麦成交价格超过牌价一倍以上。交易对象没有限制，存在私商入场交易和场外成交现象。有的地区场外黑市严重，浙江兰溪县游埠黑市玉米种子每斤5000元（旧币），超过收购牌价7倍。[②] 有的市场则是相反，全部由国家包下来，成为国家粮食收购点，失去了粮食市场的作用。有的市场系人为建立，地点偏僻，不是习惯上的市场，因而基本没有交易。从地区上看，主要集镇的市场由于组织健全、管理得当，上市量多、成交活跃、价格稳定，而农村初级市场则较差；产粮区的市场上粮多、市场活跃，缺粮区、经济作物区市场上粮少或无粮上市。有些市场组织制度不健全，管理时松时紧，上市量忽多忽少，市场交易不正常或处于半停顿状态，有相当一部分市场没有发挥作用。从材料上看，在以后的三年中直到粮食市场被关闭，这些问题仍然存在。

四 国家粮食市场从"管得松一点"到"关闭"

1955年夏秋，农村实行粮食"三定"，这一年又逢粮食丰收，农

---

① 《粮食部关于加强国家粮食市场工作的指示》，1955年4月2日，见《中华人民共和国法规汇编（1954年9月—1955年6月）》；1956年1月，国务院五办《粮食简报》。
② 粮食部《工作通讯》1954年第17期；粮食部《统销、粮价情况简报》1954年8月。

民手里余粮增加，中央提出必须十分重视开展国家粮食市场的工作，活跃农村经济，便利农民自由处理余粮，并适当增加国家在市场的收购数量。在1956年2月的全国粮食厅局长会议上，粮食部领导在1956年工作要点中提出，过去对国家粮食市场只有管得紧的经验，由于上年粮食丰收，农民留粮和余粮多些，又实行"三定"，只要继续做好农村统销，主流支住了，今后粮食市场管得松一点有好处，请各地注意总结管得松一点的经验。会议提出1956年的任务之一是认真办好农村粮食市场，大力组织群众性的粮食调剂。

在"管得松一点"的方针下，1956年国家粮食市场的发展基本正常。各地仍然存在这样那样的问题，但在已建立市场的地区，在粮食统购工作完成后一般都及时开放了粮食市场，在产粮区一部分市场比较活跃。据9月的市场报告，河南8月16—20日的5天里，不完全统计共上市粮食1511万斤，市场代国家收购1404万斤；山东新泰县有粮食市场32处，经常有粮上市的有29处，其中每集上市5000—10000斤的有9处，2000—5000斤的有10处，500—2000斤的有10处。12月市场报告，湖北荆州、孝感等4个专区902个市场，11月1日至12月10日，共上市粮食2795万斤，其中群众交易140万斤，其余为国家收购，占95%。①

1956年，又开放了农副产品的自由市场，是政策较为宽松的一年。粮食市场管理的放松与农村自由市场的开放，有利于活跃农村经济，但也不可避免地导致"投机"活动产生。在粮食方面，粮商套购贩运粮食，哄抬粮价，扰乱市场。这些现象在1956年下半年已有显露，因此一些地方主张对粮食市场仍应加强管理。由于1956年部分地区受灾严重，粮食形势又趋偏紧，到1957年上半年，市场情况趋于严重，各地普遍反映黑市交易活跃，市场粮价混乱，黑市粮价高出国家牌价好几倍。山东新泰县自由市场上小麦、谷子、地瓜干价格均高出国家出售牌价1倍左右，且继续上涨，高粱、玉米出

---

① 粮食部《农村粮食统购、统销、市场情况简报》，1956年9月、12月。

高价也买不到。河南、山东1斤小麦黑市价格为4角，而国家牌价是1角。福建黑市价格高出国家牌价1倍。投机分子在国家粮食市场上套购抢购。农民将统购粮高价卖出，又反过来要求国家供应，造成农村粮食供应紧张。有的有余粮不愿卖给国家，留下自由交易，影响了统购统销。

1957年7月在全国粮食会议上，针对这一时期粮食黑市投机问题，各地对于是否保留粮食市场意见不一，有的认为应该关闭，有的认为作用较好，应继续保留，加强管理。会议最后决定，对于国家领导下的粮食市场，由于各地作用不一，愿关愿存，不作统一规定。会后，有的地区先行关闭了粮食市场，如辽宁、安徽、山东、陕西等。有的地区规定统购期间禁止粮食交易和粮食调剂，统购结束后允许开放粮食市场，但禁止粮食投机。

1957年9月，再次召开全国粮食会议，在这次会议上，虽然仍有部分地区主张继续保留粮食市场，但会议决定，国家领导下的粮食市场，原则上应当关闭，个别省准备统购以后部分开放的，也应该谨慎进行。[1]

针对粮食市场和农副产品自由市场存在的问题，国务院于1957年8月9日发布了《关于由国家计划收购（统购）和统一收购的农产品和其他物资不准进入自由市场的规定》。根据文件精神，粮食部拟定并经全国粮食会议讨论通过了关于粮食、油料市场管理的规定：凡粮食、油料供不应求的地区，一律停止开放国家粮食、油料市场，农业社、农户需要出售余粮、买卖周转粮和进行品种调剂，利用粮食、油料进行副业生产，必须通过国家粮食、油料购销站，按照国家规定的牌价进行买卖，在粮食、油料供求情况比较缓和的地区，也可以继续开放国家领导下的粮食、油料市场，但必须经省人民委员会的批准，始可开放。这一规定实际上是关闭了粮食交易市场。

1957年10月11日，国务院发布《关于粮食统购统销的补充规

---

[1] 《全国粮食会议简报》，1957年7月、9月。

定》，其中关于国家粮食市场规定：在农村粮食统购任务完成以后，过去为了农民相互间的粮食调剂，开放了国家领导下的粮食市场。今后为了加强粮食管理，此种粮食市场应该关闭。关闭以后，由国家粮食机构在可能范围内，帮助农业社和农民进行粮食品种的调剂。① 这一规定宣告国家粮食市场最终被取消。

国家粮食市场从1953年年底开始建立到1957年10月关闭，共存在4年。不过，这以后粮食自由市场历经了反复开闭的过程，粮食黑市实际上也仍然存在。有的地区特别是产粮区的一些地方继续保留了统购结束后季节性开放的国家粮食市场。应该说，国家粮食市场是20世纪50年代在把农业纳入计划经济轨道的大政方针下，国家试图把计划与市场结合起来建立一种新的农村粮食流通秩序的尝试。由于种种原因，这一尝试最终被中断了。

国家粮食市场从"管得松一点"到最终关闭，原因是多方面的。从根本上说，在当时为了加快经济建设，在粮食供给不足的情况下，国家要对粮食资源进行控制，而粮食市场的存在无疑会干扰国家计划目标的实现，会增加国家的管理成本。为了将有限的力量集中于主要目标，并维持一个较为稳定的环境，关闭粮食市场恐怕是一个不得已的选择。

（原载《当代农史研究》1998年第2期）

---

① 中国社会科学院法学研究所：《中华人民共和国经济法规选编》（下），中国财政经济出版社1980年版。

一个村庄50年的城市化变迁[①]

——保定市颉庄乡薛刘营村调查

农村城市化可以有两种类型，或者说有两条道路，一种是通过农村工业化实现农业劳动力向非农产业的转移，向城市、城镇集中，以及随之而来的各项基础设施和商业、交通运输业等的建设和发展；另一种是城市郊区农村随着所依托的城市的发展而逐渐与农业分离，实现产业结构和农业劳动力的转移。前一种可以说是主动型的，后一种可以说是被动型的。本文所述村庄的变迁即属于后一种类型。这种类型的发展道路带有其自身的特点与问题，或许也带有一定普遍性。

一

薛刘营村位于旧保定市的西北角城墙外，紧贴护城河，原属保定市郊农村。保定市城墙是20世纪60年代末拆除的。随着保定市区不断向西拓展，目前薛刘营村已被纳入保定市区范围，已相当接近市中心。十年前，有人曾以"夹在城市与农村之间"来描述薛刘营村，而十年后，薛刘营村在产业结构、劳动力就业等方面已进一步与城市结合。实际上薛刘营村的城市化变迁始于新中国成立初期，近年来步伐加快。

1948年薛刘营村随保定市一起解放。1949年由原薛村、刘庄等

---

① 本文写作参考并利用了1987年无保调查薛刘营村调查报告中的有关资料。

4个村合并成为薛刘营村。薛刘营村共有土地3000多亩，土地改革时的分田标准是人均2亩。生产以农业种植业为主，主要种植麦子、玉米、棉花。当时小麦、玉米产量都很低，小麦平均亩产五六十斤，玉米亩产七八十斤，最高产量小麦每亩100来斤，玉米120斤。一个壮劳力一年可种地15亩。在互助组和初级社时期，注重了积肥，搞了科学种田，亩产有所提高。这时期棉花亩产由籽棉一二百斤提高到籽棉400斤，小麦产量提高到400斤。全村原有20眼井，1954年一年打了40多眼井。水浇地原来只占全部耕地的20%，到1956年成立高级社时，全村基本上没有旱地了，全部改为水浇地。

村里原来很少种菜，从高级社起，土地统一耕种，也由于保定市的供应需要，开始安排种菜，当时粮、菜约各占50%。蔬菜由国家收购，国家按收购的蔬菜数量折粮供应村民口粮。到1975年，耕地面积减少，大部分耕地都改为种菜了，只在不好浇水的地方种些粮食。1978年，全部耕地都改为种植蔬菜，不再种粮食了。村民口粮全部靠国家供应。

由于地近保定市区，从1952年起，国家就开始征用薛刘营村的土地，修建工厂、机关、服务设施、职工宿舍等。到1982年土地承包时，全村只有水浇地161亩，加上一些边角零地，共约287.3亩，90%的耕地已经没有了。1985年按人口数承包的土地是人均2分地。据该村历年年末统计，1987年有耕地161亩，这也就是1982年承包时的正式土地面积。1990年为129亩，1992年为103亩，直到1996年，报表上仍是103亩。实际上，这期间耕地进一步减少，其中有外单位买地盖职工宿舍，有因人口增加、农户分家盖房批为宅基地，有村里为发展三产修路盖房搬迁农户而批为宅基地，等等。到1997年年底，全村的可耕地实际只剩村西北角的一小片菜地，有20多亩。

从1987年到1997年，种植业收入，即蔬菜种植收入呈下降趋势。1987年种植业收入为44.2万元，占当年该村全部农村经济收入的14.9%。1990年为79.9万元，占11.8%；1992年为81万元，占

9%；1995 年为 45 万元，占 1%；1997 年为 23 万元，占 0.3%。

农用机械动力同样呈减少趋势。20 世纪 50 年代村内共有旧井、新井 60 多眼，到 1987 年减少到机井 11 眼，1990—1992 年还有 10 眼，1995—1996 年只剩 5 眼。1987 年村里还有小型农用拖拉机 7 台，1990 年只剩 2 台。农用载重汽车，1987 年有 10 辆，1990 年只有 6 辆。排灌机械，1987 年有 11 台，1990 年有 10 台。到 1992 年以后，小型拖拉机、载重汽车、排灌机械这几项全部没有了，因为没有用，所以都卖掉了。

与农业比重下降相对照的是，1987—1997 年，其他农村经济收入，包括工业、建筑业、运输业、商业、饮食业、服务业等行业收入，比重呈上升趋势，特别是工业、商业收入增加明显。从 1987 年、1990 年、1992 年、1995 年、1997 年 5 年的收入来看，工业收入分别为 50.6 万元、119.1 万元、285 万元、1095 万元、1702 万元；建筑业收入分别为 7.7 万元、14 万元、15 万元、396 万元、129 万元；运输业收入分别为 8 万元、35.1 万元、39 万元、200 万元、170 万元；商业、饮食业收入分别为 156.5 万元、413 万元、474 万元、2550 万元、5102 万元。服务业收入 1987 年为 4.5 万元、1990 年为 8 万元、1995 年为 25 万元。在这 5 个年份里，工业收入占当年农村经济总收入的比重分别为 17.1%、17.5%、31.9%、25.4%、23.9%；建筑、运输业收入占总收入的比重分别为 5.3%、7.2%、6%、13.8%、4.2%；商业、饮食业收入占总收入的比重分别为 52.8%、60.8%、53%、59.1%、71.6%。这几项合计，1987 年占 75.2%、1990 年占 85.5%、1992 年占 90.9%、1995 年占 98.3%、1997 年占 99.7%。

二

产业结构变化、非农产业比重上升的主要原因，一是近几年村办工业发展较稳较快，几个村办企业经过创业阶段，开始摸索到了自己的路子，有了定型产品，打开了一定销路，几个企业都开始有了盈利；二是随着耕地减少，失去了从土地上谋生的条件，人们不得不将力量转向非农产业，从村集体经济，直到农户个体经济，都发生了这一重心转移。

薛刘营村的村办工业是20世纪60年代开始建立的。1963年建有一个木材加工厂，是最早的村办企业。据说以后陆续办过许多工厂，但每次都由于经营不善或产品方向不对路而赔本关闭。1987年时名义上有村办企业5个，以后又有关闭、有新建，到1997年，村里实际有村办及联营企业3家。这3家企业，其中1家是村办集体企业，2家是本村和外单位的联营企业。

1家村办集体企业是由村里投资创建的。1985年起实行集体承包经营，职工都是本村人，当时有六七个人。1987年起工厂与北京一家设计院联手搞一种制药机械，一开始是搞外加工，到1990年可以独立生产了。1990—1993年，经过试用、改进，形成了自己的定型产品，目前产品销售到全国各大药厂。经过十几年的艰苦创业，现在企业开始盈利，管理走向正规化。企业现有职工27人，1985年注册资金18万元，到1997年有固定资产30多万元，流动资金10多万元。1985—1997年，除了纳税，共给村里上交60多万元。

两家联营企业都是1990年以后该村同河北省或保定市的科技单位联合创办的。由村里出地皮、出资金，对方出设备、出技术人员。协议税后利润双方按一定比例分成。经过几年的产品试制、攻关，两家企业的产品都已定型，有的通过了国家鉴定。目前产品销路较好，企业都开始盈利，企业资产和人员都有增加。几年来，两家企业累计纳税100余万元，给村里上交近百万元。目前企业正在修盖厂房，准备扩大规模。两家企业的联营是比较成功的，其成功主要有三个方面的原因，一是利用了城市郊区的地理优势和城市中的科技优势，与科技单位实行联营，有钱出钱，有地出地，有技术出技术，双方互利；二是抓住机遇，找到了比较有发展前景的产品，其产品都是具有较高科技含量的；三是企业管理逐步正规，内部分工明确，没有闲杂人员，企业用人以对生产有利为原则，联营也起到了互相牵制的作用。

近几年，薛刘营村利用本村地理位置的优势，发展起商业、房地产业。经过修建道路，搬迁农户，新建了一条商业街。商业街两旁由村里集体出资，修建了几座小楼，盖了一些市场门脸房和商业亭子，房屋、亭子供招商出租。市场总投资500多万元，占地26亩。目前这些房屋、亭子已全部出租出去，经营项目有饭馆、美容理发店、冷饮店、土产店、医药店、礼品店、歌厅、家具城，等等，每年租赁费100余万元。此外，在市场商业街与居民住宅区之间的空地，还建起一些个体摊棚，也供出租。承租这些门脸房、亭子、棚子的，有一些是外来人口，也有相当一部分是本村村民。

薛刘营村目前土地出租共20多亩，分别开办有煤厂、汽车修理厂、冷饮厂、浴池等，承租者有本村人，也有本村以外的保定市人。此外，在村里的一些街道上，还有一些出租的摊棚、门脸，基本上是村民承租的，办有饭馆、杂货铺、菜摊、水果摊等。除了商业街的收入外，每年出租土地、房屋、摊棚的租赁费有三四十万元。

目前薛刘营村还有几个正在进行的项目，都是房地产方面的，有由村里独资修建的商业楼，有与外省市合作修建的写字楼，有与房地产商合作修建的住宅楼。这些项目建成后，或以招商出租的方式经营，或出售。

三

1949年前后，薛刘营村以农业为主，村民大多务农。尽管靠近保定市，但村民极少离家，更不用说出门务工。由于人均耕地较少，还有一些人家有做小生意的，估计约有5%，但也并未完全脱离农业。

20世纪60年代开始以生产队为单位搞些工副业。直到1982年承包以前，村集体经营的工副业主要有饭馆、修车铺、面坊、磨面场、队办企业等共23个。这些单位的规模都不大，一般只有几个人。所以当时在村里从事工副业的人充其量只有百十来人，占当时全部劳动力的10%左右。还有一部分村民由于国家征地而由村统一安排进入国营企业当了长期合同工，这部分人中有一些后来由于国营企业经营状况不佳而又回到农村。

从1982年实行土地承包经营，直到1990年，每家还有一小片菜地，每年还可以从种菜中取得收入，解决部分口粮。一些人家的富余劳动力开始外出打工，一般也就是在保定市范围内，标志着农业劳动力转移的开始。还有一些人家申请了工商执照，做起小生意，成为个体工商户。到1987年全村共有150多户个体工商户。

由于土地不断被占用，全村人均耕地越来越少，已不足以养活本村人口，1987年9月，国家将全村居民全部农转非，转为城市户口，从统计意义上说是实现了人口的城市化。但由于仍存在一部分耕地，所以统计报表中仍有农业劳动力。从统计中看，这一年全村共有劳动力1127人，其中农业劳动力402人，约占36%，即非农业劳动力约占全部劳动力的64%。1990—1996年，农业劳动力进一步减少。1990年有335人，1992年有240人，1995年有198人，1996年有195人。1996年农业劳动力占全部劳动力的28.7%，即非农劳力占71.3%。实际上这些数字在很大程度上是因循上报的。因为实际上至少从1995年起，土地已基本没有了，更没有专门从事农业劳动的人口了。

随着耕地减少，越来越多的人家已经全部没有了土地。目前仍保留的20多亩菜地，只属于少部分人家。那些拥有一二分菜地的人家，通常只是妇女、老人利用空闲时间去照应照应，种点菜以满足自家需要，稍有富余也拿去卖点钱，既不作为主业，也不仰仗这个收入维生。也有一些菜地荒着，长满野草，无人耕种，主人都从事其他工作去了。

耕地减少以后，薛刘营村农户经济的转移方向主要是就地从事个体工商业。目前村里共有个体工商户、个体运输户200多户，比十年前数量增加了，约占目前全村总户数的1/3。在所调查的190户中，个体工商户、个体运输户有 40 户，占 21.1%，个体劳动者 70 人，占劳动力数的 13.3%。这些个体工商户有的是租用村里的场地，有的是利用自家的房屋、场院。

有少数经营较好的个体户逐渐发展起来，成为具有一定规模的私营企业。如有一家冷饮食品厂，建立于 1983 年，当时只是借资 2 万元，一家子六七人干活。经过十几年的发展，现有固定资产 20 多万元，1997 年经营收入 80 多万元，有雇工 30 人。

还有相当一部分村民，由于文化低，素质差，没有其他谋生手段，只得外出打零工、干临时工。这部分人占有相当大的比重。在所调查的 190 户中，共有劳动力（包括已到法定退休年龄仍在受雇工作的）526 人，其中打零工、当临时工的有 159 人，占 30.2%。这部分人没有固定职业，流动性较大，有时干活，有时空闲。

目前，村里仍有一些人无业在家，这些人有劳动能力，除个别懒汉外，一部分是家庭妇女，不愿或无法出去工作。还有一些男劳力，一时找不到活儿干赋闲在家。村中闲散人员较多，年轻无事可干者大有人在。在抽查的 190 户 526 个劳力中，无业者有 49 人，占 9.3%。

薛刘营村村民实际上直到现在也没有完全改变不远游的传统。打工者大多是在保定市范围内，极少有出远门的。有的一时找不到合适的工作，宁可在家赋闲，也不愿离家外出。不愿外出的原因一方面是从未出过门有胆怯心理，更主要的是认为出门打工太辛苦，挣的钱也不比在家找个临时工挣的钱多多少。对到城市打工的态度大多是无所谓或不愿去。

四

近年来，薛刘营村的基础设施建设，包括道路交通、邮电通信、水利电力、生活能源等方面都有较快发展，有的方面如水利电力建设已与保定市的城市建设融合。村内道路四通八达，主要道路都是柏油路面。这些道路是历年不断修建起来的。20世纪90年代以前，主要通信手段是通信和电报，只有村委会有一部电话，村民家里没有电话。这些年村民外出做生意，与外界交往增多，很多人家都安了电话，目前安电话的人家占总户数的将近50%。还有不少人持有手机、寻呼机。村内各街道、胡同里每隔数十米就有一部公用电话，都是国内长途直拨电话，与外界联系非常方便。村民的生活用水、用电已纳入保定市的管理范围。村民生活用水由自来水公司对各户装水表，生活用电由供电局对各户安装电表，按月由自来水公司、供电局向各户收费。村民生活用燃料主要是煤和液化气。煤主要用来取暖。多数人家包括饭馆做饭都用罐装液化气。换液化气很方便，街上有不少液化气站，都是村民私人开办的。

薛刘营村由于地近保定市区，村民历来受市民习惯、意识影响较大。但在1987年以前，村民还是农民身份，还有一部分农业生产，人们还是以农民自居。从1987年全部人口农转非，到现在已有十多年，身份变了，土地没有了，生产结构也发生了巨大变化，村民的农民身份意识已经淡薄，完全是以市民身份自居，意识上习惯上也发生了较明显的变化。

现在村民对极少的土地已不那么看重，谋生手段多样化。有的仍保有小片菜地的，既不出租，也不自种，宁可让菜地荒芜，自己出去挣钱。年轻人对土地基本持无所谓的态度。但也有一些没有土地的人仍希望能有一小片地，种点粮食、蔬菜什么的自家吃。

村民的工作、生活已与城市密切结合。由于很多人是在外边打工，或在工厂、机关工作，这些人包括他们的家人作息时间都是以城市的工作时间为准，早出晚归。村里饭馆、食摊较多，很多人，包括有工作的和没有工作的，喜欢到外边吃饭，有的在街上买回熟食、咸菜、馒头之类，回家再简单做一点就行了。家庭妇女、老人主要是照管家务。年轻妇女在照管家务之余也时常出去逛街。

1987—1997年，全村人口呈持续下降趋势。1987年全村总户数为648户，人口1856人；1990年为702户，1823人；1992年为702

户，1633 人；1995 年为 708 户，1623 人；1996 年为 708 户，1603 人；1997 年年末人口为 1597 人。1994—1997 年，人口自然增长率分别为 -6.15‰、-1.85‰、-9.92‰、-3.75‰。人口持续下降的原因之一是生存条件变化导致人们的生育观念发生了变化。由于人们已经不以农业为生，摆脱了农业生产条件下的繁重劳动，在外打工挣钱，有的女的不比男的挣得少，不少家庭女方挣钱比男方多，有的甚至男方赋闲在家，靠女方做生意养家。这种在基本生存条件方面对男性的依赖的变化，使人们改变了传统的重男轻女观念，认为生男生女都一样，有利于计划生育国策的落实。

五

薛刘营村几十年来的城市化进程与它的地理位置有关，是与保定市的建设发展相伴随的。作为农村城市化道路的一种类型，即城郊农村的城市化，与通过农村工业化发展实现农业劳动力向非农产业转移，进而走上城市化道路不同，这种城市化道路带有被动性，是随着它所依托的城市的扩展而逐渐脱离农业，由于土地被占用而导致生产结构向非农产业转化，由于户口农转非而导致人口城市化。它的优势是可以直接利用城市现有的产业、交通、科技等便利条件，与本地条件相结合，为自己找到发展的立足点，转变产业结构，如几个村办企业的成功联营，商业与房地产业的发展。

但其存在的问题也很明显，即土地减少，村民从农民直接转变为市民，人员的整体素质较差，难以找到新的工作，给村民就业带来困难。在所调查的人口中，18 岁以上（不包括在校学生）614 人，其中文盲、半文盲占 9.9%，小学、初中程度的占 72%。几个村办企业由于都是科技型企业，职工多数都是外来人口，仅有的几个本村人也仅是打打杂。村民中无业人口较多，一些人对失去土地不满，经常有人到外边告状，成为一种社会不稳定因素。这种状况说明，尽管产业结构变化了，农业劳动力的转移仍是一个较长期的过程。

人口脱离了农业并不是说已转移到非农产业，相当一部分人处于失业、半失业状态。尽管存在新兴产业的劳动力需求，但这部分人由于自身素质而难以被吸纳。在实现农业劳动力的转移中，劳动力自身素质的提高无疑也是重要的方面。此外，加速农村资本积累，增加社会就业机会，也是实现转移的重要条件。

（原载《中国经济史研究》1998 年第 3 期）

20世纪50年代农村商品市场变化述略

从新中国成立到20世纪50年代后期，中国农村市场经过一系列变革，发生了深刻变化。这种变化表现在许多方面。这一时期所形成的农村市场基本格局奠定了新中国农村市场关系的基础。在继续深入进行流通体制改革的今天，更多地了解它的形成过程，是十分必要的。本文仅从农村商品市场的市场主体即商业组织和商人、市场客体即商品量与商品结构以及商品流通渠道几个方面，概述这种变化过程。

一

20世纪50年代前期，农村商品市场上存在多种市场主体，即通常所说的多种经济成分，包括国营商业、供销合作社商业、私营商业及个体摊贩、私商的合作化商业、农业合作社商业以及农民家庭贸易。为了活跃城乡市场、迅速恢复和发展生产，国家允许多种经济成分存在，并随时协调各方面的关系，以发挥各种商业组织和商人以及各种生产组织在活跃市场方面的积极作用。1953年以后，随着经济建设计划的实施，国家逐步加强了对农村商品市场的控制。同时经过对私营商业的改造，改变了农村商品市场的主体结构，供销合作社商业与国营商业取得农村市场的主导地位。这种改变经历了一个不断调整与变革的过程。

（一）国营商业与供销合作社商业

1950年3月统一全国国营贸易，标志着统一的国营商业的正式建立。新中国成立初期，面对长期通货膨胀、商品流通阻滞、市场萧条的局面，国营商业担负着领导国内市场、稳定物价、活跃城乡物资交流的主要任务。为了确立国营经济的领导地位，国营商业在短时期里得到较快发展。在批发业务方面，国营商业很快掌握了市场主要份额。在零售业务方面，国营商业除在城市中重点发展外，在农村，也将经营机构直线下伸，从县镇到乡村，普遍设立零售店、代销店，有的地方甚至上集赶会、摆摊子、游乡入户、收购农产品、推销工业品。由于没有明确划分国营商业的经营地区和经营范围，在农村零售市场上国营商业就与私营商业和供销合作社发生竞争与矛盾。

国营商业发展初期主要是与私营商业的矛盾。国营商业的迅速发展使私商受到排挤，难以经营。为了协调双方关系，使私营商业能够维持，在1950年6月第一次调整工商业时，决定国营商业在农村的经营范围只限于主要农产品和外销物资的收购，不再经营土产，给私营商业让出一部分市场，鼓励私商下乡收购。这是调整国营商业在农村市场上的经营范围的开始。

1951年上半年，由于调整工商业的结果，公私之间的矛盾略见缓和，私营商业有所恢复和发展。在这种情况下，国营贸易的发展问题再次提上日程。1951年9月的全国贸易会议提出，国营贸易商业网建设采取巩固与发展并重的方针，着重发展基层商店与直接业务机构，在中小城市和大的农村集镇上，主要发展流动小组、收购站、推销站和基层百货商店。这样，国营商业在农村普遍建立商业网，有的地方形成盲目发展以致网点过多，有的省仅粮食购销点就有2000多个，有的公司在基层不适当地设立了很多固定的、流动的小组、站、处、所等机构。其结果是，国营商业在资金使用、经营管理、基建投资等方面造成很大问题，同时也与私商和供销合作社经营发生冲突。因此，中央贸易部于1951年12月12日发出通知，决定立即暂时停止10万人以下所有城镇、乡村国营商业网的发展（不包括西藏及西南少数民族地区）。这是调整国营商业经营地区的开始。

到1952年上半年，经过"三反""五反"运动，私营商业再次萎缩，国营商业再次快速发展，经营比重上升，经营机构增加。在农村，有的县城和小集镇上，国营商店组织流动推销组深入乡村，排挤了中小私商的经营。为此，1952年11月在《中共中央关于调整商业的指示》中提出，在国营经济和合作社已经巩固了主要阵地的前提下，农村中"县镇的国营商店由省委掌握，要适当地但是坚决地收缩零售业务，多作批发；某些地区下乡的零售推销小组应停止活动"[1]。这样，在国民经济恢复时期，国营商业在调整同私营商业关系的过程中，适当收缩了在农村市场上的经营范围和经营地区。

在国营商业同供销合作社的关系方面，双方从一开始就不大协调。从发展方向上说，按照当时的理论，国营商业是社会主义经济，供销合作社商业是半社会主义经济，二者都是要大力发展的商业组织。但由于没有明确分工，双方同时在城乡市场上开展经营活动，既搞批发，也搞零售，经常发生矛盾。1951年4月，中财委对国营贸易与合作社的关系作出了一些具体规定，并指出，国、合今后必须遇事协商，一致行动，不得互相排挤，抵消力量。1952年12月，中财委进一步指出，国营商业与合作社商业之间存在的问题，主要是经营商品范围和地区范围问题，当时对一些主要商品的经营做了暂时规定，同时指出，将来必须考虑城乡分工问题，目前国营商业在小市集镇和乡村应逐步收缩，合作社在大中城市一般不再扩展门面。从1953年到1955年，国营商业与合作社商业进行了3次分工调整。

1953年12月，中财委批转商业部和全国合作总社《关于划分国营商业与合作社商业对工业品、手工业品经营范围的共同决定》，这是按商品经营范围进行分工。1954年7月，中财委发出《关于国营商业与合作社商业城乡初步分工的决定》，这是按地区范围进行分工。城乡分工总的原则是，国营商业负责领导城市市场，供销合作社负责领导农村市场。按照这个原则，城市工矿区的消费合作社和供销合作社全部移交国营商业，国营商业的农村采购机构除粮食采

---

[1] 中国社会科学院、中央档案馆编：《1949—1952中华人民共和国经济档案资料选编·商业卷》，中国物资出版社1995年版，第395页。

购外，全部移交供销合作社。以上城乡分工产生的新问题是，工业品与农副产品的购销脱节，批发与零售脱节，造成城乡之间商品流通不畅。1955年4—5月，商业部与供销合作总社同时分别召开会议，研究了国营商业与合作社商业在批发业务上的分工结合问题，确定了按商品分工与地区分工相结合的原则，主要内容是：国营专业公司中，百货、花纱布、专卖公司设到大多数县，不设的县由供销社经营；五金、交电、化工、医药等公司一般不再设县级机构；国营商业经营工业品的县以下机构原则上均移交供销社；中药材、陶瓷器、土纸、干鲜果菜等划归供销社经营；国营商业的农产品收购机构在重点产区大部分下伸到县，小部分下伸到区乡。经过几次调整，初步形成了国营商业与供销合作社的分工经营格局。

1956年3月，国务院曾下达《关于国营商业工业品经营机构下伸的决定》，决定国营专业公司的批发机构，下伸到县和县以下重要集镇，县级机构可经营零售，目的在于加强国营商业与供销合作社在工业品经营方面的结合，改进农村工业品的供应工作。但很快就暴露出问题，主要是机构设置过多，增加了商品流转环节，费用增加，效率下降，同时加剧了同供销社之间的矛盾。1957年2月的全国商业厅（局）长会议决定，国营商业机构不再下伸，已经下伸但设置不妥的应适当调整。[①]

总之，国营商业在与私营商业、供销合作社商业的协调过程中，从初建时的普遍撒网，到20世纪50年代后期基本退出了农村初级市场。供销合作社转向农村发展，确立了对农村商业的领导与经营主渠道地位。这种经营格局在一个时期里对于改进和协调商品供销曾起到一定作用，但其长远结果是造成了城乡分割、地区分割，阻塞了商品按照经济规律进行流通的渠道，不利于商品市场的发展。在计划经济的思想指导下，国家要掌握城乡市场及大部分商品的计划供应，为了照应各方面的关系和利益，其结果

[①] 商业部商业经济研究所编著：《新中国商业史稿（1949—1982）》，中国财政经济出版社1984年版，第50—51页。

也只能如此。[1]

(二) 私营商业与私商合作化商业

私营商业曾在农村市场占有主要地位，经营主体主要是农村零售商和小商小贩，还有少数批发商。新中国成立后，国营与合作社商业向农村地区深入发展，首先排挤了农村大批发商。1953 年起，随着主要农产品的统购统销，以及随之进行的对私营商业的社会主义改造，农村私商数量趋于减少。据统计，1953 年年底，全国农村私营商业（含饮食业）共有 450 万人。到 1954 年年底，被排挤或迫使转业的农村私商有 100 万人，另有 20 万人已纳入各种社会主义改造形式，真正的私商还有 330 万人，其中 95% 以上是小商小贩。从 1955 年下半年到 1956 年上半年，在全国对私改造形成高潮的情况下，对农村私商的改造步伐也加快了。1955 年年底，共有农村私商 266 万人，已改造 89 万人。1956 年 1 月，农村私商总人数为 254.5 万人，其中已改造人数 140 万人。到 1956 年 6 月，共有农村私商 226 万人，其中已改造 178.3 万人，占私商总数的 78.9%。[2] 其余数十万人分散在各地乡村，有的是季节性的小商贩，有的只经营一些国营及合作社不经营的零星小商品。在这个过程中，还有一些私商被安排转业，去务农或务工。农村私营商业已基本被取代了。

纳入改造的私商，除一部分被吸收为供销合作社职工外，其他私商有的采取代购代销的形式，有的组成合作商店或合作小组，有的采取私私合营或公私合营形式。这些合作化形式的商业成为当时农村市场新的主体。[3]

---

[1] 国营商业与供销合作社的关系在 1958 年到 1976 年发生了多次变动。其间供销合作社与国营商业几次合并（供销合作社的名称一直保留），但均不久即恢复独立。在供销合作社与国营商业合并期间，其原有经营系统仍主要负责农村市场，相互之间的矛盾仍然存在。本文即是从这个意义上谈国营商业与供销合作社的城乡分工的。

[2] 《中国供销合作社大事记与发展概况》（1949—1985），中国财政经济出版社 1988 年版，第 301 页。

[3] 同样，合作商店（小组）在 1958 年到 1976 年也历经曲折，其间时而恢复时而取消。1976 年以后开始落实对合作商店（小组）的政策。1978 年以后，合作商店（小组）作为集体商业受到政策扶持，逐步发展起来。

(三) 农业合作社商业

农村土地改革后，在互助合作的基础上，1951年首先从山西开始试办农业合作社，以后各地农业初级社纷纷建立，很快又转为高级社，到1956年基本完成了农业合作化。1956年4月有初、高级农业合作社100.8万多个。① 国家允许农业社开展多种经营，以增加农民收入。一些农业社在县城集镇上开设铺坊，加工、推销自产的农产品和副业产品，有的农业社还经营农副产品、牲畜的贩运。农业社也成为农村市场上新的主体。但是，从1953年开始的对主要农副产品实行的统购统销、统派购，使农业社可出售的只是国家收购后的剩余农产品和一部分土产及副业产品。一些以粮食为原料的副业（这在一些地方是主要农村副业）陷于停顿。这样，农业合作社作为市场主体的作用就受到极大限制。②

(四) 农民家庭贸易③

农民家庭贸易是具有悠久历史的传统贸易形式。农民家庭贸易主要是指农户自产自销的商业行为，也包括在农闲季节的游走贩卖（其中一部分即上述被归入未改造的私商中的季节性小商贩）。经营者有个体农民、农业社社员。④ 个体农民在市场上出售自己生产的农副产品，购买生产资料和生活资料；农业社社员到市场上调剂品种，交换有无。这些商业行为都是出于生产、生活需要，因此，国家不禁止农民家庭贸易，而是采取加强管理和疏导的政策。对于农民家庭贸易的范围有所限制，一方面仅允许在当地集市上销售自产自销或自用有余的产品，不允许四方游走贩卖；另

---

① 中国社会科学院、中央档案馆编：《1953—1957中华人民共和国经济档案资料选编·农业卷》，中国物价出版社1998年版，第203页。

② 1958年人民公社化以后，基层供销社下放到人民公社，在大公社时期成为单一的农村商业组织。1961年下半年贯彻"农业六十条"，实行"三级所有，队为基础"，以生产队为基本生产单位。生产队可以经营副业，在完成国家的收购任务以后，可以出售自产的农副产品。生产队作为市场主体的作用与前农业合作社相似。

③ 即通常所称的个体农民贸易，这里讲"农民家庭"贸易是为了与当时未加入农业合作社的"个体农民"相区分。

④ 1961年以后是生产队社员。

一方面鼓励农民将农副产品卖给供销合作社，以"割断农民同资本主义的联系"。1956年在放宽对农村市场管理的同时，通过有组织的市场形式如"国家领导下的自由市场"，将农民家庭贸易纳入管理轨道。同样，1953年以后，对主要农产品的统购统销，以及对一些重要农副产品的统一收购，大大缩小了农民家庭贸易的范围。[①]

总之，经过一系列调整和变革，到20世纪50年代后期，原有的农村市场主体格局发生了根本变化。各种商业成分中，有的基本退出了农村初级市场，如国营商业；有的被消灭了，如私营商业；又有新生的商业，如合作化商业、农业合作社商业。各种成分的比重也显著改变，供销合作社成为农村商业的主要经营者和领导力量，农民贸易（包括农业社集体贸易和农民家庭贸易）的范围及它们作为市场主体的作用受到极大限制。

二

这一时期，农村市场客体即农村市场商品量与商品结构的变化尤为显著。主要农产品实行统购统销，陆续退出市场流通，导致整个国内市场发生根本性变化。农业合作化后，农村市场上的工业品需求结构也发生改变，引起某些工业品传统流向的变化。

新中国成立初期实行的是自由市场制度。农产品、农副产品中，除农民自用自食的部分，其余基本上都进入流通。国家需要的粮食（除了粮食税外）、工业原料以及出口的农副产品都是通过市场收购。1952年7月1日至1953年6月30日粮食年度内，全国粮食上市量348亿斤，如以1952年全国粮食总产量3278亿斤计，则粮食商品率

---

① 没有找到单纯的农民家庭贸易统计数字。仅以非农业居民向农民购买（即农民向非农业居民销售，其中一部分可能是农业合作社的销售数字）的农副产品量看，1952—1957年，这一数字均在10亿—13亿元。见农业部编《中国农村经济统计大全（1949—1986）》，农业出版社1989年版，第420页。实际上更大量的是农民之间的交换，尚未包括进去。1958年以后，农民贸易经历了几次骤增骤降。1978年以后，呈现明显上升趋势。

约为10.6%。1951—1952粮食年度及1952—1953粮食年度内，国家通过市场收购的粮食与征收公粮的比例分别为39∶61、44∶56。1952年，国家收购棉花109.7万吨，占产量比重为84.1%。①

1953年，国家进入大规模工业化建设时期，物资严重紧缺。粮食、棉花、油料油脂、肉类等主要农副产品供不应求，其他农产品、特别是作为工业原料的农产品面临同样局势。为了保证国家掌握稳定的物资来源，保证工业化建设的顺利进行，国家决定对主要农产品实行统购统销，对主要农副产品实行统一收购。1953年11月起实行粮食和油料油脂的统购统销，1954年9月起对棉花实行统购，对棉布实行统购统销。② 粮、棉、油是农村市场的主要商品，它们退出市场流通大大减少了农村市场商品量。

按照规定，实行统购统销的粮食、油料、棉花不能进入自由市场。在完成国家统购任务后的剩余粮食必须首先卖给国家，农民留作自食部分可在国家粮食市场上调剂有无。据估计，完成统购任务后农民手中余粮的可上市部分占余粮的10%左右，全年有40亿—60亿斤。③ 这部分上市粮仅占1952—1953粮食年度粮食上市量的11.5%—17.2%，即统购统销后的粮食上市率为原粮食上市率的10%—20%。1953年粮食总产量3337亿斤，这部分可上市的粮食占总产量的1.2%—1.8%。也就是说，统购统销后农村市场上的粮食上市率为粮食产量的1%—2%。④ 油料、棉花都是商品率较高的产品。在完成国家统购任务后，按规定，由国家收购全部商品棉、油。农民自己留用的油料、棉花允许在国家领导的市场上出售。这一

---

① 薄一波：《若干重大决策与事件的回顾》上卷，中共中央党校出版社1991年版，第256、258页；《中国农村经济统计大全》(1949—1986)，农业出版社1989年版，第412页。

② 农产品统购属于国家垄断收购，从农业生产角度讲，这部分物资仍属于商品。本文所说的商品量仅指可上市流通的农副产品。

③ 1954年7月13日，中财委二办粮食组：《粮食五年计划及当前几个主要问题的研究提纲》。

④ 国家统计局：《中国统计年鉴1983》，中国统计出版社1983年版，第158页。根据后来的一些资料，这部分可上市粮食的绝对数看来变化不大，但粮食总产量有所增加，即粮食上市率是在降低。

时期，国家对油料、棉花的统购量占产量的比重均在70%—90%。也就是说，除了留给农民自用自食部分，也没有什么剩余可供上市了。

在对主要农产品实行统购统销后，国家又陆续对一些重要农副产品实行统一收购和预购。1956年10月，强调烤烟、黄麻、苎麻、大麻、甘蔗、茶叶、家蚕茧、生猪、羊毛、牛皮、土糖、土纸、废铜、废锡、废铅、若干种中药材、供应出口的苹果及柑橘、若干水产品由国营商业或委托供销合作社统一收购，凡属供不应求的物资，除少数品种外，一般的都不应开放自由市场。1957年8月，针对开放小土产自由市场后一些统一收购的产品也进入自由市场，国家再次强调，烤烟、黄洋麻、苎麻、大麻、甘蔗、家蚕茧（包括土丝）、茶叶、生猪、羊毛（包括羊绒）、牛皮及其他重要皮张、土糖、土纸、桐油、楠竹、棕片、生漆、核桃仁、杏仁、黑瓜子、白瓜子、栗子、集中产区的重要木材、38种重要中药材、供应出口的苹果及柑橘、若干水产品、废铜、废锡、废铅、废钢，这些统一收购的物资不准进入自由市场。农民自己留用的部分如要出卖，必须卖给国家收购商店，不准在市场上出售。1958年11月，国家对商品实行分类分级管理，将农产品也分为三类，其中一、二类属于国家统购或统一收购的物资，所列品种又较前增多。据部分统计资料计算，1952年到1959年的8年中，国家收购量占产量的比重，烤烟为96.8%，黄洋麻为42.1%，苎麻为71.1%，甘蔗为54.2%，甜菜为65.2%，茶叶为91.8%，桑蚕茧为76.7%。① 也就是说，除了农民自己留用部分，重要土副产品中能够进入市场流通的数量也相当有限。

能够不受限制地进入自由市场的只是小土产中的一部分，即供求正常或供过于求的小土产。这部分小土产的商品值1956年约为40亿元，约占该年农村商品零售额234亿元的17.1%，占该年农副产

---

① 《中国农村经济统计大全（1949—1986）》，农业出版社1989年版，第203—226、400、402、404页。

品收购额192.2亿元的20.8%。①

与农产品市场商品量缩小相比，这一时期农村工业品市场则有所扩大。农业合作化推动农村市场的工业品需求结构发生了深刻变化。以往农村市场上对工业品的需求只限于少数生活必需品，如煤油、火柴、食盐、食糖、铁器制品等，且使用也不普遍，农业生产资料几乎没有。农业互助合作尤其是农业合作化以后，农民组织起来，改变了传统农民的生产方式和生活方式，出现了集体需求，特别是农业生产资料和文化用品的需求明显扩大。在生产资料方面，农业社打井、修水利、搞科学种田，农村对水利工具、新式农具、运输工具、化肥、农药和农药器械、大牲畜等的需求突破了常规量。在日用工业品及文化用品方面，农业社计时、记工记账、组织体育活动、开展扫盲运动等，使得闹钟、挂钟、高音喇叭、算盘、钢笔、铅笔、尺子、记工簿、账簿、墨水、油印机、油墨、复写纸、球类等商品的需要量不断增加。仅据部分销往农村的工业品统计，供应农业的生产资料，化肥1952年为37万吨，1959年为252.6万吨；农药1952年为1万吨，1959年为34.8万吨；农业生产资料零售额1952年为14.1亿元，1959年为81.5亿元。文化用品：机制纸1952年为5.8万吨，1957年为9.0万吨；墨水1952年为162万打，1957年为614万打；金笔1952年为7.5万打，1957年为17万打；钢笔1952年为37万打，1957年为100万打；铅笔1952年为1172.2万打，1957年为2033万打；收音机1954年为420架，1957年为2000架。② 农业合作化带动了农村生产资料市场和文化用品市场的扩大。

随着农民生活水平提高，农民个人需求也在增加，很多工业品由不用到用，由少用到多用。农民阴雨天出工需要的球鞋、胶鞋、雨伞、雨帽等，日常生活用的毛巾、围巾、棉布、搪瓷脸盆、手

---

① 《陈云文选》（1956—1985），人民出版社1986年版，第11页；《中国农村经济统计大全》（1949—1986），农业出版社1989年版，第420、396页。
② 国家统计局：《中国统计年鉴1983》，第367、397页；国家统计局编：《商业统计资料汇编提要》（1950—1957），1958年，第170页。

电筒等，妇女需要的儿童玩具、缝纫机等的需求量都迅速增加。诸如肥皂、热水瓶、卫生衫裤、毛线、自行车、矿石收音机等当时比较高档的商品，以及药品也有了市场。一些原来不销往农村的商品成了畅销货。这种需求结构的变化之快，使得商业部门措手不及，以致许多商品一时脱销。据统计，供应农村的其他工业品，食糖1952年为6.4万吨，1956年为25万吨；棉布1952年为89293万米，1956年为256828万米；煤炭1952年为380.4万吨，1956年为579.6万吨；煤油1952年为8.9万吨，1956年为27.6万吨。供应农村的工业品零售额，1952年为96.5亿元，1957年为147.5亿元，1959年为226.3亿元。①

农村工业品需求的增长扩大了工业品的市场，也反映了随着农业生产的恢复和发展，农民、农村对工业品、对城市的依赖性在增强，城乡交流与城乡关系较以往密切了。

三

新中国的农村商品流通经历了一个恢复旧渠道、建立新渠道的过程，在50年代前期曾形成了多条流通渠道。这种流通格局的建立为恢复和发展农业生产起了促进作用。到50年代后期，由于农村经济逐渐被纳入计划管理轨道，农村商品流通渠道减少。

（一）物资交流大会

新中国成立初期，旧的商业网和商业渠道遭到破坏尚未完全恢复，新的商业网正待建立，加上国际上帝国主义对我国实行封锁禁运，一些农产品出口困难，这些因素造成国内市场物资流通阻滞，城乡交流不畅，影响工农业生产的恢复和发展。从1950年起，党和政府多次发出指示，要求各地积极开展大规模物资交流，大量收购农产品，推销工业品，活跃城乡经济。在恢复旧的商业渠道和商业

---

① 《中国供销合作社大事记与发展概况（1949—1985）》，第462页；国家统计局编：《国民经济主要比例关系研究资料汇编（1952—1962）》，1963年，第12页。

网，组织私商下乡收购，建立国营和合作社商业网的同时，召开各级城乡物资交流大会是当时所创造出来的一种重要形式。城乡物资交流大会首先在大区间召开，以后逐步扩展到省、专区、县，以至乡镇级召开，即所说的高、中、初级物资交流大会。在物资交流大会上，允许各种商业组织和商人参加交易活动，产销直接见面，交流的物资从各种工业品到农副产品。据不完全统计，1951年，全国各大行政区、各省区市举行的物资交流会、物资展览会、土产交流会约31起，其中21个展览会的观众达1070万人，23个展览会成交的货物达5.22万亿元（旧币）。1952年各地召开的高、中、初级物资交流大会共7789处（次），成交总值33.9万亿余元（旧币）。① 物资交流大会使旧的商业关系得到恢复，新的贸易关系开始建立，同时摸清了土产产销规律，扩大了工农业产品的销路，在活跃城乡经济中发挥了重要作用。不过，物资交流大会是在新中国成立初期交通阻滞、商品流通不畅情况下的一种临时性（特殊）措施。其具体操作是运用行政手段，以行政组织牵头，结合运用市场机制来进行的，具有非常年性、非正式性。虽然建立了一些贸易关系，但没有形成固定的商品流通渠道。随着交通运输的逐步通畅，随着各级商业网的建立，以及农村初级市场的恢复，正常的商品流通渠道开始运行，土产销售问题已基本解决。1953年9月，商业部土产会议决定，今后不再召开高、中级交流会，应根据群众需要和习惯，召开乡区间小型的集镇等的交流会。② 物资交流会的形式逐渐被正常的商业渠道所取代。

（二）国营商业商业网

新中国成立初期，国营商业的商业网点一度下伸过多，一方面分散了自身力量，另一方面也造成各方面的矛盾冲突。经过同供销合作社的几次分工，最终形成国营商业同供销合作社的城乡分工，

---

① 《中华人民共和国商业大事记（1949—1957）》，中国商业出版社1989年版，第102、124页。

② 《中华人民共和国商业大事记（1949—1957）》，第208页。

国营商业基本退出农村初级市场。以后，几经反复，仍保留了少数农产品收购机构，如食品公司的生猪收购机构、油脂公司的油脂油料收购机构、粮食公司的粮食收购机构、药材公司的中药材收购机构等。这些机构中，基层收购点一般设在县镇，也有一些设于集中产区的乡村，基层收购点以上又有各级收购机构，形成国营商业的农产品收购网。这些收购机构并不承担全部收购任务，因为还有一部分是委托供销合作社收购的。

（三）供销合作社商业网

供销合作社从一开始就是在乡村中发展起来的。在与国营商业分工的过程中，供销合作社逐步将重心转向农村，形成大规模的农村商业机构和商业网，成为沟通城乡交流的主要渠道。1951年，供销合作社将供给和推销业务分开，分别设立供给部门和推销部门。供给部门的任务主要是推销并供给生产者及消费者工业品。推销部门的任务主要为组织收购并推销地方土特产品，完成国营商业委托收购农产品。1952年在整顿基层供销社的过程中，要求基层社根据业务范围，适当设置分销店、收购站、流动供销组。1956年，在私营商业社会主义改造基本完成后，供销社结合农村商业网的调整，在供应网方面，把零售机构逐步下伸到农业合作社或乡以下的居民点，在较大村庄、集镇、城市设立分销店、代销店、流动供销组、批发站等，建立起系统的零售网和批发网；在收购网方面，适应采购业务分散的特点，在乡、镇设立采购点、流动采购组等。据统计，到1957年年底，供销合作社有零售门市部57060个，分销店120463个，代购代销店36668个，批发门市部6281个，农副产品收购门市部40070个。到1959年，供销合作社农副产品收购额111.7亿元，占社会收购总额的40%，占商业部门收购额的41.1%；供销合作社商品零售额205.1亿元，占社会商品零售额的32.1%，占乡村商品零售额的65.1%。[①] 不过，这种层层设置的商业网，一方面是增加

[①] 《中国供销合作社大事记与发展概况（1949—1985）》，第446、450、453页。

了网点,另一方面,从管理上讲,也在实际上增加了商品流转环节。一些按行政区划设置的商业网,改变了自然传统的商品流转路线,造成商品迂回运输,加大了运输成本。

贸易货栈是供销合作社设在市镇中的居间性商业组织。随着农业生产恢复发展,农副产品增多,供销合作社和农民都需要到城市中出售产品。为了解决农民进城的商品销售及食宿问题,在解放较早的华北地区,供销合作社首先在城市中建立了贸易货栈。贸易货栈以服务为目的,主要业务有为农民、社员和供销合作社采购所需物品,推销农副产品,沟通各地供销合作社的业务联系,与国营商业、私营商业、工厂建立购销关系,开展信托贸易,办理代购、代销、代存、代运、贷款等业务,同时还设有食宿接待。1952年,各地的贸易货栈曾发展到约800个。[①] 1953年以后,由于农产品购销政策的变化,自由市场缩小,贸易货栈逐渐停办。1956年下半年开放小土产自由市场以后,各地又恢复建立了一批贸易货栈。贸易货栈在疏通农产品流通渠道,沟通城乡、地区间的物资交流等方面起到积极作用。1958年以后,贸易货栈再次停办。

(四) 私营商业及合作化商业组织

新中国成立初期,在广大农村地区,私营商业在收购土产品、推销日用品方面还发挥着一定作用。在国营商业控制了商品批发环节的条件下,私营商业只能经营零售业务。私营商业从国营公司和供销合作社批发商品,向农村地区运销,或者下乡替国营商业、合作社商业代收农副产品,成为国营商业、合作社商业领导下的一个商业环节。据统计,到1955年8月底,农村有私商137万人,其中零售商为132万人,这部分零售商1954年销售额为16.7亿元,这一年全国农村地区商品零售额为202.5亿元,私营零售商经营额占农村地区商品零售额的8.2%。[②]

[①] 《中国供销合作社大事记与发展概况(1949—1985)》,第412页。
[②] 国家统计局编:《1955年全国私营商业及饮食业普查资料汇编提要》,1956年。

在农村私营商业的社会主义改造中，农村私商有的转业，有的合并组成合作商店或合作小组，到1956年下半年，大部分私营商业已改造完毕。1957年年底，农村地区共有合作商店54089个，合作小组67908个，此外还有个体商贩（包括代销商）网点301415个。[①] 后者在整个农村商业经营中已微不足道。

（五）集市贸易

一般来说，集市贸易是各种农村初级市场的统称。农村初级市场包括集镇和小县城的定期或不定期集市、庙会、骡马大会等形式，主要承担着农民之间调剂有无的职能。但实际上，当时所说的集市贸易也包括了一些较大集镇、县城的集散市场、专业市场。新中国成立初期，为了活跃市场，在恢复旧商业渠道和商业网的过程中，旧的集市也得到恢复。据不完全统计，到1952年，已恢复的集市有16700多个。

1953年主要农副产品实行统购统销和统一收购以后，国家加强了对农村市场的管理，农村集市贸易一度萧条，有的被迫取消。1954年，针对农村市场出现的呆滞现象，国家首先开放了粮食市场，即由国家领导的没有私商参加的国家粮食市场。规定在完成国家粮食统购任务后，允许农民、农业社将自留部分在国家粮食市场上调剂品种，互换有无。到1955年4月，已建立的国家粮食市场有30760个。[②] 粮食市场在一定程度上缓和了农村粮食紧张的矛盾。1957年9月，针对粮食又趋紧张的局势，国家决定关闭粮食市场。少数省份保留了季节性的粮食市场，农民在完成统购任务后，可在粮食市场上调剂有无，但禁止贩卖。

1955年，全国有集市36000多个。[③] 集市上的交易主体，有国

---

① 《中国供销合作社大事记与发展概况（1949—1985）》，第447页。由于各资料统计口径不同，这里所引农村私商数字与前引数字不完全一致。

② 《粮食部关于加强国家粮食市场工作的指示》，1955年4月2日，见国务院法制局编《中华人民共和国法规汇编》（1954年9月—1955年6月），法律出版社1956年版。

③ 阎顾行（时任供销合作总社副主任）：《中国农村的农民贸易》，《大公报》1955年6月3日。

营商业和供销合作社的购销店，有私营行栈，还有农民、手工业者，主要商品有工业品、手工业品、国家收购后的剩余农产品、农村副业产品等。1956年下半年，针对一些非统一收购的土特产品销路阻滞，生产下降，决定开放农村小土产市场，实际放宽了集市贸易的商品范围。在集市上，各种交易主体相互进行商品交换，其中供销合作社和国营商业承担着主要的收购、批发业务。这样，在私营商业被消灭后，农村集市通过供销合作社商业网、国营商业网与更高一级市场相联系，构成农村商业渠道的基础环节之一。作为农村初级市场，这时的集市贸易在商品经营种类、交易方式等方面都受到一定政策限制，在促进商品流通方面比起传统集市贸易的作用是降低了。①

在集市贸易中，有一些已是专业市场，如耕畜市场（如河南漯河的牲畜市场）、药材市场（如河北安国、江西樟树的中药材市场）、粮食市场（如湖南长沙、安徽芜湖的米市）等，这是历史上长期形成的。专业市场一般出现在商品集中产地或交通要道。新中国成立初期集市贸易的恢复也包括这些专业市场。以后，随着国家对农产品的控制，专业市场中有的被取消了，如粮食市场；有的受到限制，如药材市场，1956年规定重要药材在完成国家收购任务后准许出售，1957年规定38种中药材由国家统一收购，不准上市，其他品种可以自由购销。

耕畜市场一直是存在的，这是因为耕畜是活商品，农民对耕畜的需求又是各种各样的，不便于完全统一管理。据税务部门统计，1953年全国牲畜交易量2469万头，其中农民直接交易的占90%。②1955年6月在国务院批转供销合作总社关于耕畜工作座谈会报告的批语中，要求供销合作社领导耕畜市场工作，对牲畜牙纪、畜贩、牛行等进行社会主义改造，有计划地经营部分耕畜，并广泛组织农

---

① 农村集市贸易于1958年到1961年间被关闭，1962年恢复。以后虽屡经曲折，但一直存在，改革开放以后发展迅速。

② 数字据阎顾行文。

民直接交流。同年12月,中共中央在有关指示中要求供销合作社在耕牛集散地点,建立牲畜交易服务所。1957年3月,中共中央、国务院在《关于耕畜问题的指示》中提出,为了使牲畜畅流,调剂耕畜余缺,要积极开展耕畜的贩运调剂工作,取消某些地方的地区封锁办法,允许畜贩自由贩运,积极恢复并进一步活跃国家领导下的耕畜交易市场;在耕畜不足地区,供销社应组织协调农业社到产区购买耕畜,组织畜贩到产区贩运牲口。农村的大部分耕畜需求一直是通过耕畜市场,由农民、农业社之间直接调剂解决的。

综上可见,20世纪50年代农村商品市场的市场主体、市场客体以及流通渠道的变化过程,实际上也反映出这一时期农村商品市场从恢复、建立到缩小,以及农村市场的改组过程。其特点是,国家对农村市场的控制加强,商品市场缩小,但不可能完全关死。[1] 以后尽管经历许多曲折,但每次调整的结果,都不出这一时期所建立的基本格局。改革开放以后,农村市场的放开搞活首先是从这几个方面开始的,即"三多一少":多种经济成分、多种经营方式、多条流通渠道、减少流通环节,农村商品市场成为流通体制改革的突破口。

(原载《中国经济史研究》2000年第1期)

---

[1] 还有黑市,实际也是流通渠道的一种。黑市也一直存在。

社会主义流通经济理论与实践的探索

——近年来新中国商业与市场史研究回顾

随着我国社会主义市场经济体制改革目标的确立及其在实践中的发展，相关研究日益深入，其中新中国商业与市场史的研究也是热点之一。近年来，各种专著、文章及资料书大量出版，专题讨论会纷纷举办，所论涉及方方面面，各种观点异彩纷呈，在理论和实践的探索上都有新的进展或突破。这里仅就几个主要方面做一简要回顾。

一 资料整理与专题研究

作为研究基础的资料整理工作逐渐受到重视。近年来陆续整理出版了一些商业档案、经济资料，为学术研究提供了第一手素材。其中主要有：中国社会科学院经济研究所、中央档案馆合编《中华人民共和国经济档案资料选编·商业卷》（其中 1949—1952 年卷，中国物资出版社 1995 年版；1953—1957 年卷，中国物价出版社 2000 年版），《当代中国商业》编辑部编《中华人民共和国商业大事记》三卷本（中国商业出版社 1989—1990 年版）；关于物价方面有商业部编各年《物价文件汇编》（内部发行），专题组编《新中国若干物价专题史料》（湖南人民出版社 1986 年版）；供销合作社方面的有全国供销合作总社编《中国供销合作社史料选编》三辑（中国财经出版社 1986 年版），《中国供销合作社大事记与发展概况（1949—1985）》（中国财经出版社 1988 年版）；所有制变化方面的有商业部编《集体和个体商业文件选编 1950 年 8 月—1981 年 8 月》（中国商业出版社 1981 年版),《私营商业社会主义改造文件选编 1948.2—1981.11》(中国商业出版社 1982 年版),《中国资本主义工商业的社会主义改造》(中共党史出版社 1993 年版)。此外,许多有关新中国的经济资料编选中都收有商业方面的资料。

在新中国商业与市场史方面,相关的研究探讨并不少。但从历史研究的角度看,专门考察历史状况的研究相对较少,许多是在讨论当前改革问题时对历史形成过程的追溯,其中当然不乏真知灼见。就专题史的研究看,近年出版的著作主要有:商业部商业经济研究所编著《新中国商业史稿(1949—1982)》(中国财经出版社 1984 年版),赵玉芝、李健勋主编《中华人民共和国商业史》(黑龙江教育出版社 1991 年版),苏志平主编《中国商业发展报告 1997》(中国财政经济出版社 1997 年版),万典武主编《当代中国商业简史》(中国商业出版社 1998 年版);价格方面的较多,如严瑞珍等著《中国工农业产品价格剪刀差》(中国人民大学出版社 1988 年版),李子超等著《当代中国价格简史》(中国商业出版社 1990 年版),叶善蓬编著《新中国价格简史(1949—1978)》(中国物价出版社 1993 年版),成致平主编《中国物价五十年》(中国物价出版社 1998 年版);农村供销社史有迟孝先著《中国供销合作社史》(中国商业出版社 1988 年版),杨德寿主编《中国供销合作社发展史》(中国财政经济出版社 1998 年版)。此外还有当代中国丛书中的《当代中国商业》《当代中国的粮食工作》《当代中国的物价》《当代中国的供销合作事业》《当代中国的工商行政管理》等各卷(中国社会科学出版社,当代中国出版社 1988—1997 年版)。近年出版了数种版本的《中华人民共和国经济史》,其中都有关于商业的章节。有关商业和市场史的专题论文不少。总体上看,专就新中国商业和市场史的研究还显薄弱,有待更多的研究,并进一步拓展深入。

二　流通理论的发展和突破

近年研究的一个突出进展表现在流通理论方面的发展。改革前中国商业和市场建立的理论基础是传统政治经济学中的商品流通理论。改革开放后，随着改革步伐的深入，人们思想逐步解放，对于传统理论的认识不断深化，在探索建立适合中国市场经济下的流通理论的过程中，相关理论有所发展并有所突破。从认识的发展阶段上看，可以分为三个阶段：20世纪80年代初期到后半期，这一时期思想刚刚解放，不能完全突破传统理论的束缚，开始承认社会主义经济中存在流通，但流通理论还是计划经济理论的一部分；20世纪80年代后期到20世纪90年代上半期，这一时期流通理论成为一个独立的学术领域，流通与生产的关系逐渐明确，开始提出流通决定生产论；20世纪90年代中期以后，确立了以市场为导向的目标模式，提出以流通产业为先导性行业，建立流通经济学，等等。

（1）关于流通概念，以及社会主义经济中流通的地位和作用：学界首先从马克思流通理论到苏联、到新中国的理论与实践的演变历程，探讨了什么是流通，社会主义经济中是否存在流通，以及如何实践等问题。

马克思对资本主义条件下的生产与流通进行了精辟阐述。一般认为，马克思设想未来社会主义社会是不存在商品和货币的社会，因而不存在商品流通，只有产品的分配，生产资料的有计划按比例分配，生活资料的按需分配，分配过程就是流通过程。在苏联的社会主义实践中，对于商品货币关系的认识经历了一个过程。杨承训、余大章在对列宁新经济政策的研究中认为，新经济政策肯定了社会主义社会还存在商品货币关系，"列宁是社会主义商品经济理论的奠基人"，"新经济政策的理论，标志着列宁对社会主义与商品货币关系的认识发生了重大转折，也是马克思主义认识史上的重大转折"。[1]不过，列宁将社会主义下商品货币关系的存在仅看作暂时的。斯大林《苏联社会主义经济问题》一书提出了社会主义下商品货币关系存在的必然性，但将其存在的原因解释为存在全民所有制和集体所

---

[1] 杨承训、余大章：《新经济政策理论体系》，河南人民出版社1985年版，第61页。

有制两种公有制形式，存在国营经济之间的物资调拨，集体经济之间的商品交换，以及消费者同国营商业之间的交换关系。以苏联《政治经济学教科书》为基础的传统政治经济学理论不承认社会主义经济中存在流通，至多存在消费品的商品交换，把交换等同于流通。苏联的经济理论对新中国商品流通关系和商业体制的建立产生了很大影响。

新中国商业的计划管理实际可从国民经济恢复时期算起。1953年以后，受斯大林理论和苏联商业体制的影响，逐步确立了新中国社会主义计划商业体制。孙全认为，苏联消费品商业的整个体制就不是商品流通体制而是分配调拨体制，与生产资料的分配调拨体制之间，只有集中程度的差异，没有实质性区别。夏春玉、郑文全认为，新中国的流通理论和商业体制基本上是以《苏维埃贸易经济》一书为理论基础建立起来的。50年代根据苏联理论并结合中国实际编写的《贸易经济学讲义》《商业政策》等书，基本上是政策解释学，颠倒了理论和政策的关系，这种学术传统在改革后的很长时间里还在产生影响，阻碍了我国流通理论研究的更快发展。[①]

实际上，我国从计划经济体制（包括商业体制）建立之初就伴随着对它的改革和批判。1956年在中共八大上，陈云提出计划与市场相结合、改变工商关系的体制设想。从1957年下半年到1958年上半年，中央先后作出了改进工业、商业、财政、物资分配等管理体制的规定。从20世纪50年代下半期到60年代初，我国学术界展开了几次关于社会主义条件下商品生产与价值规律问题的大讨论。[②]讨论中批判了传统政治经济学否定社会主义流通过程的"自然经济观"和"无流通论"。孙冶方提出，马克思关于流通的论述排除其

[①] 孙全：《再论清除无流通论对商业的影响》，载中国社科院财贸所、河南社科院经济所《社会主义流通理论问题》，中国展望出版社1986年版；夏春玉、郑文全：《流通经济学的贫困与构建设想》，《当代经济科学》2000年第1期。

[②] 参阅《经济研究》编辑部编《建国以来社会主义经济理论问题争鸣（1949—1984）》（上），中国财政经济出版社1985年版。

资本主义属性，也适用于社会主义经济。① 一些理论禁区如生产资料、劳动力的商品属性问题、国营经济之间的交换关系、工商购销关系等也都纳入讨论。② 但当时的讨论仅限于学术探讨，在计划经济的主流理论支配下，讨论也局限在商品生产、价值规律等问题，关于商品经济、市场经济等则被视为理论禁区，一些先知学者如孙冶方、顾准等还遭到了批判。

1978年以后，在改革开放的新的基础上，学术界解放思想，继续展开了讨论。1984年、1985年连续两年召开了孙冶方社会主义流通理论讨论会、第二次全国社会主义流通理论讨论会。会上就马克思的流通理论、社会主义经济中的流通、流通体制改革等问题展开了广泛讨论。张卓元在为会议论文集所写的"序言"以及会议开幕词中说，长期以来，由于对社会主义经济本质的片面认识，以及自然经济论、"无流通论"和产品经济论的深重影响，致使社会主义流通理论这块园地，显得既荒芜又贫乏，即使有一些，也多局限于对生活资料或广大消费品流通的研究，把它的范围局限在狭义的商业部门的活动和商品流通方面，他提出应当从社会分工和社会化大生产出发来考察流通过程的必然性和重要性，提出对市场范围的新认识，不仅包括物质产品市场，也包括资金、劳动力、技术、信息、外汇市场等。③ 董辅礽在为《社会主义流通过程研究》一书所写的"序言"中说，社会主义流通问题，在几年以前还是一片未开垦的"处女地"，因为那时根本不承认社会主义经济中存在流通，以往把社会主义经济看作一种自然经济，整个经济就是一个"大工厂"。80年代后期关于社会主义流通理论的研究增多，但在当时，这些研究还受到有计划的商品经济理论的局限。④

---

① 孙冶方：《社会主义经济的若干理论问题》，人民出版社1979年版。
② 参见《经济研究》、《经济学动态》编辑部编《建国以来政治经济学重要问题争论（1949—1980）》，中国财政经济出版社1983年版。
③ 《财贸经济》编辑部编：《社会主义流通理论探索》，中国展望出版社1985年版；中国社科院财贸所、河南社科院经济所编：《社会主义流通理论问题》。
④ 高涤陈等：《社会主义流通过程研究》，上海人民出版社1988年版。

20世纪90年代以后,确立了市场经济的改革目标,随着计划经济、特别是流通领域计划体制改革的深入,从实际工作部门到理论界都在探讨流通问题,流通理论有了很大进展,社会主义经济中流通的地位和作用进一步明确。80年代改革初期提出的只是解决"三多一少"(即多种经济成分、多条流通渠道、多种经营方式、减少流通环节)问题,到90年代前期提出了"大商业、大流通、大市场"的概念。"大商业"包括生活资料、生产资料、不动产等,"大流通"包括商流、物流、劳务流、资金流、信息流等,"大市场"包括国内城乡市场、国际市场等。人们认为,对现代市场经济条件下流通的认识,应当比马克思对工业化初期的生产和流通的认识更进一步。胡平认为:"无论从马克思流通的理论,还是从我国经济建设的现实出发,都迫切需要重新评价流通的地位和作用,真正把流通作为一项产业,像重视抓生产那样重视抓流通。"[1] 柳随年提出:"我们对流通的作用应当比马克思所处的时代有一个更新的认识,实践越来越清楚地表明,流通作为一个独立的产业部门,对经济质量的提高和经济的发展,在某些方面、某个阶段起着决定性的作用。"[2] 刘国光提出:"要认真研究经济全球化条件下,中国转向市场经济体制后的流通理论……传统的政治经济学把社会再生产分为生产、分配、交换、消费四个阶段,流通被比较狭窄地看作是交换,把流通过程和生产过程看成是两个截然独立的过程,认为流通过程不创造价值、剩余价值,而且直到目前我们对流通问题的研究一直还没有完全冲破传统的'苏联范式'的政治经济学的思路,我们需要大胆地探索和创新",要下功夫研究社会化、国际化、信息化的大流通理论,逐步形成一个完整的理论体系。[3] 陈文玲等通过对我国近20年来消费变化、商业在GDP中所占比重、商业对就业的作用等方面

---

[1] 《经济参考报》1992年1月28日。
[2] 《人民日报》1992年4月13日。
[3] 刘国光:《推进流通改革,加快流通业从末端行业向先导性行业转化》,《商业经济研究》1999年第1期。

的数量统计分析说明,我国商业在国民经济中的作用正在加强,同时通过与发达国家同类指标的比较分析表明,由于历史因素,我国商业在国民经济中的整体地位偏低,商业发展仍然滞后,应该继续加强和发挥商业作为启动市场的助推器作用。①

(2) 流通与生产的关系:与流通的地位作用问题密切相关的是流通与生产的关系。

传统的商品流通理论在流通与生产的关系方面是重生产轻流通。胡平认为:"'重生产轻流通'的一个重要思想原因,是不少同志认为流通不创造价值,从而忽视流通产业的重要性。"② 20 世纪 80 年代后期关于生产和流通关系的讨论较为热烈,但认识上还存在较大分歧。1986 年召开的全国首届中青年流通经济理论讨论会上,关于流通与生产的关系提出了几种不同看法,主要有:"生产流通相互决定论",认为二者在社会再生产过程中既相互对立,又相互依存、相互决定、互为前提;"生产流通相互转化论",认为不同社会发展阶段,生产和流通的决定地位是互相转化的,在商品经济初级阶段是生产处于决定地位,到商品经济发达阶段,流通将成为发展的决定因素。此外还有"生产流通并重论""流通中心论"。③ 当时多数人持生产决定流通,流通反作用于生产,在一定条件下决定生产的传统观点。但也有人提出了"流通决定论"。冒天启认为,流通在一定条件下决定生产的说法含混不清,就流通在社会再生产中的重要地位说,如果用"流通决定论"来加以概括,也没有什么错误。④ 陈

---

① 陈文玲:《重新认识中国商业的地位和作用》,《管理世界》1999 年第 3 期。有关讨论还有:洪奕谋等:《必须十分重视流通在再生产过程中的特殊职能》,《福建论坛》(经社版) 1995 年第 8 期;周village昌:《谈谈流通产业在市场经济条件下的地位和作用》,《财贸经济》1998 年第 1 期;童年成:《商品流通功能新说》,《中国流通经济》1998 年第 6 期;赵国柱:《新时期商品流通业对我国经济增长的作用》,《商业经济与管理》1999 年第 5 期;谢洁萍:《浅论我国商业对市场经济的促进作用》,《经济与管理研究》1999 年第 4 期。

② 《经济参考报》1992 年 1 月 28 日。

③ 见会议综述,载《中南财经大学学报》1987 年第 3 期、《安徽财贸学院学报》1987 年第 1 期。

④ 冒天启:《经济改革的政治经济学问题探讨》,中国社会科学出版社 1982 年版。

学工也提出了"流通决定生产论"。①

在关于生产与流通关系的讨论中,吴承明的《试论交换经济史》从经济发展史的更广阔的视角,论述了交换(也可以说是流通)作为前提对生产的促进和决定作用。他指出,在传统政治经济学里,常是重生产而轻交换,或把交换从属于生产;恩格斯在《反杜林论》中提出,生产和交换是两种不同的职能,这两种社会职能都有自己的特殊的规律,但另一方面,这两种职能在每一瞬间都互相制约、互相影响,以至它们可以叫做经济曲线的横坐标和纵坐标;中国在经济改革中出现的一些流通方面的问题,使人们感到,以往对恩格斯的见解研究不够,还应当扩大视野,不仅研究商品交换,还应研究劳动交换、"智能"交换,及其相互关系,即从广义上来研究交换这个"坐标"对发展国民经济的作用,并结合中国经济发展史的实际,找到一两个交换的"自己的特殊的规律"。②

20世纪90年代以后,流通与生产的关系的讨论仍在进行。但随着市场经济的发展,流通的地位作用继续提高,"流通决定生产"的理论得到充实,并进一步提出了流通产业理论,提出了把流通业从末端行业转向先导行业的观点。蔡宁林提出:"流通对生产、分配、消费不仅起被动的'联结作用',更重要的是起能动的'调节作用'","传统的社会主义政治经济学把流通看作是联结生产与消费的桥梁和纽带。现在看来,这个认识已经很不够了……流通作为独立的产业是经济发展的一大进步","需要把流通作为一个先导性、主导性、支柱性的产业,并需要使流通产业超前发展"。③ 贾履让等提出,在社会主义市场经济条件下,"市场开始作为配置社会经济资源的主要手段,流通在社会经济生活中越来越显示出具有决定性的作用","作为一个产业存在,流通作用的基本性质在一定程度上发生了极大的变化,已经不是单纯地去适应生产与消费,而是成了现

---

① 《商业经济文荟》1989年第1期。
② 《中国经济史研究》1987年第1期。
③ 《经济日报》1992年5月26日。

代社会经济运行的重要前提"。①刘国光提出，目前我国商业在国民生产总值中的份额还不到10%，商业劳动力份额在整体劳动力中只占7%左右，这些指标不仅落后于发达国家，也落后于一些发展中国家和新兴工业国家，说明我国经济商品化、货币化、市场化程度还很低，"面对这种情况，我们要进一步认识流通业的地位和作用。必须深刻认识到流通是反映一个国家经济发展和社会繁荣程度的窗口，是观察一个国家综合国力和人民生活水平的晴雨表，是不断启动市场、促进需求和消费不断升位的一个助推器"，随着改革的深入，消费者主权地位的确立，"商业作为启动市场经济运行的起点，将会转化为周而复始的经济增长的新起点……商品流通业将从计划经济体制下的一个末端行业，升位为社会主义市场经济体制下的一个先导行业"。②

"物流"是近年来引入的一个新概念，主要是指商品流通过程中的储运、保管、处置等许多环节的相关活动所形成的集成的、一体化的系统。"物流"的组织状况影响流通费用，对于生产的作用表现在它可以降低企业生产成本、增加盈利，在一些国家被称为利润的"第三源泉"。我国以往由于对流通本身的不重视，也就谈不上对于"物流"的研究。近年来已开始受到关注，越来越多的研究正在进行，建立物流产业的问题已经提出。③

为了进一步从理论上确立流通在经济中的地位作用，自20世纪80年代中期即已提出，需要探索、重建新的社会主义流通理论体系。贾履让等认为，我国长期实行的计划经济体制在现实中的行业分割

---

① 贾履让等：《中国流通产业及其运行》，中国物资出版社1998年版。
② 刘国光：《推进流通改革，加快流通业从末端行业向先导性行业转化》，《商业经济研究》1999年第1期。有关讨论还可参见杨昌俊《社会主义商品经济条件下的生产和流通》，《商业经济文荟》1987年第3期；肖灼基《充分发挥流通对生产和消费的引导作用》，《商业经济研究资料》1988年第15期；梁世锡《应明确提出流通决定生产的理论观点》，《广西商业经济》1997年第1期；丁俊发《商品流通热点探索》，中国物资出版社1998年版；郭冬乐等《中国商业理论前沿》，社会科学文献出版社2000年版；张光忠《21世纪——复合商业时代》，《商业经济研究》2000年第2期。
③ 有关研究如王之泰《构筑中国的物流平台》，《中国经济时报》2000年1月26日。

导致了流通经济理论的浓厚的部门色彩，如商业经济理论、物资经济理论、粮食经济理论、供销合作理论、外贸经济理论，造成了对流通行为研究的人为分割，这种狭隘的思维方式反过来又强化了实践中流通行为的分割。[1] 王小平认为，21 世纪将是商业社会，商业的基础产业地位今后将愈发显著，商业调动社会资源优化配置的作用越来越明显，文章对商业经济学理论框架进行了创新设计，提出要在成熟的商业经济学基础上创建"新重商主义"理论。[2] 目前已有不同版本的《流通经济学》出版，初步提出了该学科的理论构架。

传统的流通理论对以往经济史的研究也产生了影响。表现在分析问题时不敢强调流通的决定作用，总是要加上一句"在一定条件下"，不能从历史发展阶段的实际出发作出评价。流通经济理论的发展与突破为研究新中国商业和市场史（包括经济史）提供了新的理论框架和基础，有助于推进相关研究，开创经济史研究的新局面。

三　关于新中国商业史的分期

问题的提出一般存在于新中国商业史的著作中，在新中国经济史专著，或是在关于经济史分期问题的讨论文章中也可推测作者关于商业史分期的见解。《新中国商业史稿（1949—1982）》按照传统的历史分期，将这一时期的商业史分为 1949—1952 年（国民经济恢复时期）、1953—1957 年（"一五"时期）、1958—1960 年（"大跃进"时期）、1961—1965 年（调整时期）、1966—1976 年（"文化大革命"时期）、1976—1982 年（粉碎"四人帮"以后的时期）六个时期。《中国商业发展报告 1997》将 1949—1997 年的商业史分为三个大的时期，即 1949—1978 年（改革前时期）、1978—1990 年（突破旧体制的改革时期）、1991 年以后（建立新体制的改革时期）。《当代中国商业简史》将 1949—1996 年的商业史分为 1949—1952 年

---

[1] 贾履让等：《中国流通产业及其运行》，中国物资出版社 1998 年版。
[2] 王小平：《从商业经济学到"新重商主义"》，《河北经贸大学学报》1998 年第 1 期。

（国民经济恢复时期）、1953—1977 年（计划经济时期的曲折发展）、1978—1996 年（改革开放时期）三个大的时期。在上述大的时期中各又分为几个小阶段。关于新中国经济史的分期，各个作者的见解并不一致。一般也是在大的时期中划分几个小阶段，有关商业史的分期自然也就包括在其中了。①

上述各种分期方法尽管大的时期划分不同，但在小阶段的划分上基本相仿，只是个别年份的前置或后移不同。

四　关于新中国商业和商品流通体制的建立与改革

在关于新中国商业史的著作中都较为详细地叙述了新中国成立初期商业体制的建立及其逐渐被纳入严格的计划管理的过程。一般认为，改革前新中国的商品流通体制基本上是仿照苏联商业模式，在对私营商业进行改造的基础上建立起来的。这种流通体制的特点是单一国营经济和集体经济的公有制，商业机构按照行政系统层层设置，将市场人为地进行部门、地区分割，商品流通和价格受国家指令性计划控制，商品经营是一、二、三级批发加零售的固定的纵向进销渠道，按计划层层分配调拨，财政分配上"统收统支"等，既影响商业工作效率，也违反商品流通客观规律。从 20 世纪 70 年代末起，关于商业体制改革的讨论与争论即不断在进行。1979 年贸易经济学会讨论商业体制改革问题的会议指出当时商业体制在商品流通管理上存在的 6 个方面的问题和改革的建议措施。1981 年年底在物资经济学会召开的年会上就生产资料流通中的理论与实践问题展开了讨论。② 以后每年都有流通问题的专题讨论会召开。

关于新中国成立 50 年来商品流通体制的演变历程，李家祥等从

---

①　除了新中国经济史专著外，关于分期问题的讨论文章还有周军的《中华人民共和国经济史的线索和分期》，《学术研究》1992 年第 4 期；葛仁均的《论新中国的历史分期》，《当代中国史研究》1996 年第 4 期；陈勇勤等的《从一个新角度对共和国经济史进行分期》，《河北师院学报》（哲学社会科学版）1997 年第 3 期。

②　见会议综述，载《经济学动态》1979 年第 11 期、1982 年第 4 期。

商品流通体制改革措施的出台及其背景变化角度将50年来商品流通体制的沿革分为四个阶段：1949—1977年为旧流通体制形成中的探索阶段；1978—1984年为新流通体制的产生阶段；1984年年末至1991年为建立有计划商品经济体制下的流通体制改革阶段；1992年至今为建立社会主义市场经济体制下的流通体制改革阶段。文章阐述了各阶段商品流通体制的状况与改革情况。[①]

关于对改革前商品流通体制的评价，以往多是在承认其问题的同时，也给予一定肯定。肯定意见从新中国成立初期及后来的物资匮乏角度，认为这种计划供应的商品流通体制的建立有其必然性，保证了新中国工业化建设的需要和人民的基本生活需求；以后又进行了一些调整和充实，与当时的经济形势是相适应的。

近年来对改革前的商品流通体制的基本评价没有更大的变化，但对以往较为模糊或涉及不深的一些问题开始提出了一些不同看法。关于1956年完成对私营商业改造以后的单一公有制问题，万典武认为：1956年全行业公私合营是错误的开始，中国在1956年放弃"公私兼顾"政策而迅速取消资本主义商业进而基本取消个体商业，是违背了历史的阶段性和经济规律。因为当时和1956年以前的几年以及以后的一二十年，中国基本上还是"一穷二白"，工农业生产水平很低，正需要执行"公私兼顾"政策以调动各方面的积极性来发展经济，以手工劳动为主的商业，尤其要执行这一政策，充分利用资本主义商业和个体商业来扩大商品流通，活跃城乡物资交流。关于"一五"时期的商业政策，万典武认为，一般的说法是说"一五"时期是中国经济状况最好的时期之一，这是正确的，但全面评价"一五"时期商业政策的历史功过，应同时说两句话：这是中国商业最好的时期之一；也是一些"左"的重大政策的开端，单就商业说，

---

① 李家祥等：《建国50年来商品流通体制的沿革与启示》，《天津师范大学学报》1999年第4期。相关研究还有肖怡《建国以来流通领域变革的成因与深化思路》，《商业经济文荟》1999年第5期。

"左"的错误的源头是从"一五"时期开始的。①

国有商业的地位、作用是商品流通体制改革的重要问题。对于新中国国营商业的建立及其在新中国成立初期稳定市场、保证商品供应方面的作用，一般持肯定意见。谢洁萍考察了1953—1997年国有商业的效益问题，以1980年商品流通体制改革为标志，分为两个阶段：1953—1979年，国有商业企业市场占有率达97%以上，纯销售增长，劳动效率提高，流通费用下降，但利润率呈下降趋势；1980—1997年，市场占有率大幅下降，纯销售增长缓慢，劳动效率降低，利润率大幅下降，亏损增加，国有商业企业总体效益下降的原因主要在于体制问题。② 关于国有商业的改革，理论界经历了一个思想不断解放的过程。关于是否坚持"国有商业的主渠道作用"的争论一直延续到20世纪90年代。直到党的十五大以后到90年代末期，关于国有商业的改革形成了新的理论和政策思路，商业所有制结构得到市场化调整，商品流通体制的总体改革也正在深化。③

五 关于市场问题

对于新中国成立以来市场问题的研究也引人注目。有的是研究改革开放前的市场问题，有的则贯通至今。从新中国成立到20世纪60年代上半期，是国民经济向计划管理体制转变及建立时期，其间也经历了计划体制与市场关系的改革。近年来关于这一时期的研究主要关注了市场与市场管理的变化。龚建文针对90年代初的市场疲软问题，从总结历史经验的角度回顾了新中国成立初期，迅速制止通货膨胀后出现的市场疲软及其解决措施。陈廷煊考察了国民经济

---

① 万典武：《当代中国商业简史》，中国商业出版社1998年版。
② 谢洁萍：《关于国有商业45年经济效益的基本评价》，《经济与管理研究》1998年第3期。
③ 参见《国有商业深化改革的途径研讨会观点综述》，《商业经济研究》1998年第12期；《1998年中国商业研究领域的新进展》，《财贸经济》1999年第4期；《"羊城杯"深化商品流通体制改革研讨会观点综述》，《财金贸易》1999年第7期。

恢复时期城乡物资交流、物价政策与市场管理等。董志凯认为，"一五"时期国家既有抑制市场作用的方面，也有利用市场机制解决物资供求、稳定物价的方面，那种认为这一时期形成了既没有市场也没有企业的社会的认识是对历史的误解。赵学军探讨新中国成立初期金融市场，利用档案资料考察投资公司的兴办过程、经营情况、停办原因，分析历史经验教训。①

20世纪50年代又是市场逐渐被取消、关闭的时期，学界就市场消亡问题进行了分析研究。赵凌云认为1949—1956年是市场因素消亡、计划经济体制初步建立的时期，他从经济体制史的角度剖析了这一转变过程，提出市场消亡的根本原因是在理论和实践上将市场与计划对立起来了。武力通过分析当时中国的国内外经济形势，认为50年代由计划与市场并重转向以行政管理为特征的计划经济，与其说是推行苏联理论模式的结果，不如说是当时中国经济基础、发展要求和国际环境造成的，其后果是快速建立起独立的工业体系，高积累下社会基本稳定，但经济运行成本增加。②

六 关于粮食流通体制问题

许多研究关注了农产品流通问题，其中以粮食流通体制问题最为集中，持续不断。从历史考察看，所论涉及粮食购销政策、粮食流通、粮食市场等方面。一些研究突破了以往单纯的批判方式，从

---

① 龚建文：《1950年市场疲软的历史回顾与思考》，《中国经济史研究》1991年第4期；陈廷煊：《国民经济恢复时期的商品市场与物价管理》，《中国经济史研究》1995年第2期；董志凯：《论"一五"工业建设中市场的作用》，《中国经济史研究》1997年第4期；赵学军：《建国初期的投资公司初探》，《中国经济史研究》1998年第1期。

② 赵凌云：《1949—1956年间中国经济体制中市场因素消亡过程的历史考察与启示》，《中国经济史研究》1994年第2期；武力：《论50年代市场式微的原因和后果》，《社会科学战线》1997年第1期。关于市场史的研究还有：吴育频：《50年代党对商品经济与市场的初步探索》，《党史研究与教学》1994年第5期；陈清林：《论建国以来党的市场改革与市场建设》，《党史研究与教学》1995年第2期；陈乐一等：《中国市场周期波动的实证研究1953—1990》，《湖南商学院学报》1995年第3期。

实证分析出发提出了新的观点和决策建议。崔晓黎通过分析，对以往认为实行粮食统购统销使资金从农业流向工业，这是工业化初期为积累资金所采取的必要手段的看法提出质疑，认为中国的统购统销政策不同于苏联的义务交售制，不存在以牺牲农业保工业的决策意图，中国明确认为工农业必须并举，在工业化过程中始终兼顾农业，中国的统购统销没有实现为工业积累超额资金的目的，在1953—1984年从农业积累的资金通过各种渠道绝大部分又返还到农村，真正从农业积累并用于工业建设的资金十分有限，在此分析基础上，从工农产品交换关系、城乡市场演变等方面研究了新中国的城乡关系问题。[①] 当代农业史研究室深入研究了1949年以来南北两个区域粮食流向流量的变化，分析了从南粮北调向北粮南运演变的阶段划分、历史成因、转变特点和启示，粮食流通政策的演变与绩效等问题，并在此基础上提出了改进粮食区域间流动的对策建议。苏志平等将1949—1997年粮食流通体制变化分为四个阶段：1949—1952年粮食自由购销阶段；1953—1984年粮食统购统销阶段；1985—1993年粮食从计划体制向市场体制转变阶段；1994年以后，宏观调控下粮食市场流通阶段，并分别考察了各个阶段特点，提出了经验性结论。[②]

七 关于工农业产品价格"剪刀差"问题

价格理论和价格改革也是一个热点问题。其中关于新中国物价史的研究涉及了方方面面的问题，有关论著众多。这里略述关于工农业产品价格"剪刀差"问题的研究。"剪刀差"问题之争产生于苏联，我国关于"剪刀差"问题的研究讨论也有很久了。近年在关

---

① 崔晓黎：《统购统销与工业积累》，《中国经济史研究》1988年第4期；崔晓黎：《新中国城乡关系的经济基础与城市化问题研究》，《中国经济史研究》1997年第4期。

② 农业部农村经济研究中心当代农业史研究室编：《当代中国农业变革与发展研究》，中国农业出版社1998年版；苏志平主编：《中国商业发展报告1997》，中国财经出版社1997年版。

于价格问题的讨论中，有关工农业产品价格"剪刀差"问题争论较大，涉及"剪刀差"概念、问题的由来，"剪刀差"的变动趋势，"剪刀差"政策的后果，"剪刀差"的消灭，等等。

关于"剪刀差"概念，历来有比价"剪刀差"、比值"剪刀差"、价格与价值背离形成"剪刀差"几种认识，这一争论一直在延续。至于"剪刀差"问题的由来，一种看法认为，"剪刀差"的形成是人为的，是长期主观失误的结果，"剪刀差"不是促进工业化的最合乎理性的手段。持相同看法的还认为，"剪刀差"源于"超额税"，是苏联政府的一项经济政策，是通过政府的行政强制压低或抬高工农产品价格而产生的，目的是为工业化积累资金，在没有政府行政定价的情况下，不可能出现"剪刀差"，我国的"剪刀差"问题存在于1953—1985年，新中国成立前及1949—1952年不存在"剪刀差"问题。[①] 另一种看法认为，无论何时何地，"剪刀差"总是一个价格现象，不能脱离工农产品价格水平及其比价关系去认识"剪刀差"，不存在完全的自由市场经济，因而"剪刀差"不是传统计划经济的陪葬品。[②] 从研究情况看，多数研究是建立在后一种观点基础上的。

关于我国1949年以后的"剪刀差"及其变动趋势问题。李子超等认为，新中国的"剪刀差"是旧中国遗留下来的，是历史上的三大差别在工农业产品交换价格上的表现形式，新中国成立初期为了迅速恢复工业生产，适当保留"剪刀差"是必要的，"剪刀差"是农民参加社会主义经济建设的一种形式，这个问题需要经过长期的社会主义建设才能逐步解决。从比价关系看，"一五"时期"剪刀差"是在缩小。关于新中国"剪刀差"的变动趋势，李炳坤从价格价值关系方面看1952—1977年的"剪刀差"变动情况，认为这一时期从价格变动关系看是缩小了，从价值变动关系看则扩大了，"剪刀

[①] 胡逢祥：《剪刀差理论与价格改革》，《中国农村经济》1991年第5期；王忠海：《走出"剪刀差"的误区》，《经济研究》1993年第1期。

[②] 张西营等：《新时期的剪刀差及剪刀差研究的新时期》，《经济研究》1993年第5期。

差"扩大的结果是对农业生产发展和农民生活水平提高造成不利影响。严瑞珍等从"剪刀差"的概念及形成、计算方法、1952—1986年的动态变化、国外发达国家"剪刀差"的变动情况等方面较为系统地进行了分析研究,并提出解决"剪刀差"问题的对策;该研究认为"剪刀差"现象存在于工农业产品交换的一定阶段,从历史上看,是在大工业产生以后逐渐形成的,并随着农业现代化的实现而逐渐趋于消灭;1952—1985年,1979年以前从工农产品综合比价比值指数看,"剪刀差"是在逐年扩大(其中"一五"时期仅是比价"剪刀差"缩小,比值"剪刀差"实际扩大),1979年以后在逐步缩小;从理论与实践的总结上看,"剪刀差"政策直接损害农业,间接损害工业,不是上策。刘素阁研究了1949—1956年工农业产品价格"剪刀差"的演变情况,认为这一时期的工农产品价格"剪刀差"总的呈缩小趋势,其存在是为了从农业提取工业化的建设资金,其结果对农业造成不利影响。[①] 成致平主编的《中国物价五十年》一书认为,新中国缩小工农业产品交换价格"剪刀差"实际从国民经济恢复时期已经开始,"一五"时期显著改善,以后到1978年前又多有反复,1978年以后改革不合理的价格体系,到1998年,主要农产品的收购价格已接近市场水平,农村工业品零售价格的提高大大低于农产品收购价格的提高幅度,工农业产品交换比价有很大缩小。[②] 看来,由于对"剪刀差"概念本身的不同认识,导致在"剪刀差"变动趋势认识上的差异。

关于新中国商业和市场史的研究总的看是在走向深入。综观近年来的研究(不仅是商业和市场史,也包括中华人民共和国经济史),比较一致的认识是,50年的经济发展历程是我国探索走出一

[①] 李子超等:《当代中国价格简史》,中国商业出版社1990年版;李炳坤:《工农业产品价格剪刀差问题》,农业出版社1981年版;严瑞珍等:《中国工农业产品价格剪刀差》,中国人民大学出版社1988年版;刘素阁:《过渡时期工农业产品价格剪刀差的演变情况与历史启示》,《中国经济史研究》1992年第4期。

[②] 有关研究还有:梁无瑕:《评新剪刀差论》,《财政研究》1982年第3期;黄道霞:《论剪刀差》,《中州学刊》1988年第5期。

条适应中国情况的建设道路、建立有中国特色的社会主义经济体制的曲折历程，贯穿始终的是理论和实践的"探索"。看来这应该成为我们研究的主要线索。我国尽管学习和借鉴了苏联的理论和经济模式，但并不是完全照搬和采用。从新民主主义社会到社会主义社会，从计划与市场并存到计划经济再到改革开放后的商品经济、市场经济，经历了长期探索和曲折前进的路程，积累了丰富的经验和教训。这个探索和尝试过程还没有最终完成。更好地总结过去，从理论与实践上进一步探讨和开创适合中国的社会主义现代化建设的道路，将是史学界和理论界的长期使命。

（原载《中国经济史研究》2001年第1期）

新中国前期的农村商业中介组织与城乡交流*

居间性的商业中介组织是商品经济的必然产物，有其存在的必要性。商业中介组织为交易各方提供信息、买卖、定价、仓储、食宿、信贷等项服务，可以减少商品生产者和经营者的市场风险，降低交易费用，在扩大商品流通方面具有重要作用。新中国成立后在农村，这类商业中介组织主要有牙行（牙人）、货栈、过载行、委托商行等。

新中国成立后，党和政府以扩大市场流通为先导，以流通推动生产，采取各种政策措施，利用各种组织形式，发挥多种经济成分在扩大商品流通方面的作用，有效地推动了城乡物资交流，促进了工农业生产的迅速恢复和发展。其中在农村恢复和建立多种居间性的商业组织，对媒介城乡间工农业产品的交流，沟通各地经济联系，扩大农村商品市场，增加农民收入，保证物资供求，都发挥了积极作用。从20世纪50年代中期到60年代前期，随着经济体制的变革，以及农产品流通政策的变化，农村商业中介组织也经历了反复变化的过程。本文通过回顾这一变化过程，从一个方面来反思中国农村经济所走过的曲折道路。

一 牙行业的短暂恢复及其衰落

牙行业是一种古老的居间性商业组织。牙行、牙人是旧时乡村

---

* 本文所说新中国前期是指从1949年中华人民共和国成立到1966年。

集市、中小城镇中为买卖双方提供信息、场地、撮合成交并从中提取佣金的组织或个人。在村庄里也有许多非正式经营性的个体牙纪，一般称之为"经纪"。这些人具有某方面的专业经验，专门撮合某类商品的成交，如"牛经纪""驴马经纪"等。牙行、牙人媒介的双方通常是农民、小生产者之间或他们同商人之间的买卖。对于小商品生产条件下的农民来说，在商业信息交流封闭、信息不对称和商品流通渠道不畅的情况下，为了实现交易、减低市场不确定性的负面影响，一般均通过牙行、牙纪来进行。牙行、牙纪在传统农村商品流通中具有不可替代的作用。

新中国成立后的国民经济恢复时期，这类旧式的牙行、牙人在各地农村市场上仍广泛存在。但是，牙行在中介经营中，除了正常的交易，也存在欺诈哄骗、钻营渔利、收取高额佣金、损害交易双方利益的行为。在新中国成立前后的市场波动中，牙行的投机行为也起到了推波助澜的作用，这更加重了人们对旧式经营作风的痛恨。因此，在新中国成立后的商业行业改组与重组中，牙行（特别是城镇牙行）与奢侈性消费行业、私营大批发商一道，成为首当其冲的被取缔对象。

新中国成立初期，私营商业经历了一个艰难的恢复时期。党和政府对不同的私商行业采取了区别对待政策。对于那些从事城乡物资交流的行业、经营大众消费品的行业，如农副产品贩运业、日用品业、药材业、文化用品业、食品业、饮食服务业等，国家通过调整各种差价、税收、经营范围等政策，保证私商的合理利润，促使其经营好转，引导其向有利于恢复工农业生产的方向发展。在1950年年初、1952年年初两次商业萧条时期，这些行业在多数地区是开业多于歇业。相反，对于经营高档消费品的行业及迷信品贩卖业，由于超出当时的大众需求，经营日益惨淡，已经歇业和准备歇业者多。对此，只要业主申请歇业，一般均准其停业，并引导这些资本转向工业、手工业生产，或是转向国家鼓励的从事物资交流的行商。

一些中间商如牙行等，凡要求歇业的一般也准许其停业。对于仍勉强维持的牙行，国家采取了排挤取代政策，通过建立公营或公私合营的交易所、农民服务所来逐步代替牙行、牙人，迫使其停业、转业。据 1950 年 5 月武汉市的报告，自各公营交易所成立后，牙行中停业的很多。1951 年 4 月，江西省新淦县在改造旧交易市场的过程中，取消了牙人及佣金，同时利用其积极的一面，选择旧牙人中作风正派者继续担任市场交易员。又据 1952 年 11 月浙江省的报告，经过整顿，棉布、百货等行业得到发展，封建牙行大都倒闭了。①

1952 年 4 月 5 日，中央贸易部发出通知，严格取缔城市行商及个体牙纪。② 这样，在国民经济恢复时期，在商业行业结构性重组中，城镇牙行业已基本被淘汰，衰落下去。

但在农村集镇上，牙行、牙纪仍继续存在了一个时期，在一些地区的集市贸易中还发挥着比较重要的作用。据 1955 年 1 月湖北孝感县白沙镇集市贸易的调查，除了已由国家控制的粮食交易所外，旧式"行"（即牙行）是农民交易的主要形式之一。白沙镇从历史上形成了五种"行"：猪行、牛行、菜行、鱼行、柴行。其中猪行、牛行的交易额在农民贸易中占了大部分比重。1954 年，该镇全年农民贸易交易总额为 24.7 万余元（新币，下同），约占整个市场社会零售总额的 29.3%；其中猪行的成交额为 7.51 万元，占农民贸易交易总额的 30.4%，牛行的成交额为 5.86 万元，占农民贸易交易总额的 23.7%；猪行和牛行的成交额约占整个市场社会零售总额的 15.9%。菜行、鱼行、柴行的交易量也比较大。此外，该镇还有旧家具、旧服装两个委托代销店，办理农民的委托业务。1955 年，该镇猪行已经进行了初步改造，成为合作社领导的生猪交易所。其他各行仍在继续经营。③

在 1956 年下半年恢复农产品自由市场的过程中，一些地区集镇的

---

① 中国社会科学院、中央档案馆编：《1949—1952 中华人民共和国经济档案资料选编·商业卷》，中国物资出版社 1995 年版，第 356、377、887 页。以下简称《商业卷》。
② 《当代中国商业》编辑部编：《中华人民共和国商业大事记（1949—1957）》，中国商业出版社 1989 年版，第 122 页。
③ 《中央合作通讯》1955 年第 6 号。

牙行、牙纪曾有恢复，但很快随着1957年自由市场的被关闭，以及1958年人民公社化以后农民贸易的被取消，牙行业最终衰落下去。①

二 私营行栈、交易所的恢复

各类私营委托商行、贸易货栈、过载行、商品交易所也是居间性的商业组织，旧时多设立于农村大中集镇及城市中。各类行栈、交易所不仅从事提供信息、代客买卖的中介业务，有的也从事自营购销业务。为了配合购销经营，也同时经营仓储、旅店、运输、信贷等业务。这类组织一般以进行大宗的批发交易为主，在媒介商品流通中，发挥着比较重要的作用。

新中国成立初期，特别是在农村市场上，国营及合作社商业还没有占据领导地位，从事物资交流的主要是各类私营行栈。但是，旧时的私营行栈、交易所在经营过程中也同样存在哄骗委托人，或收取高额手续费，获取高额利益的行为，即人们所痛恨的"高利中间剥削"。正如1951年3月中共中央指示中所指出的："解放前，私人货栈和过载行对农民和商人的剥削都是很重的，但离开了它们就不能进行经常的和大宗的交易。"② 特别在国民经济恢复时期，在新的公营商业网尚未占据主导地位的情况下，恢复和利用私营商业中介组织对于迅速打开滞销商品销路是一项积极措施。

因此，新中国成立后，在积极建立公营或公私合营的交易所、货栈的同时，本着"公私兼顾"的原则，对于原有这类组织采取了利用、改造的政策。按照政策规定，对各类私营交易所、行栈，由各地根据具体情况酌情对待，对确实便利商品成交、调剂供求的，经批准可以恢复经营，但不得进行操纵投机活动，并须接受有关部

---

① 改革开放以后，农村非正式的"经纪人"（即牙纪）有一定恢复，农产品流通中有一些交易通过各类"经纪"来进行，证明了其存在的必然性。2003年8月，国家劳动和社会保障部将农产品经纪人正式列入国家职业分类大典（《北京晚报》2004年4月1日第7版）。

② 《中共中央关于召开土产会议推销土产的指示》，1951年3月22日，见《商业卷》，第436页。

门的领导和政府委托的业务。为了加强市场管理，1950年10月20日，中央财经委员会在《关于防止物价波动问题的指示》中要求，对于纱布、棉花、粮食等重要商品，在凡有交易所的地方，都必须集中成交，宣布场外成交为违法。1951年3月22日，中共中央在《关于召开土产会议推销土产的指示》中进一步指出："货栈和过载行是远方商人的落脚点，是工农业产品的吞吐站和成交的媒介，对城乡物资交流作用甚大。因此，应推动国家贸易公司、合作社和私商选择经济要点，开办货栈和过载行……在鼓励私商成立货栈和过载行时，其手续费不应限制过严，稍高些是允许的，应给私商经营的货栈、过载行以合理的利润。"同年4月21日，东北局在《关于加强土产产销工作的指示》中指出："土产公司、信托公司、合作社可根据需要在土产产销集散地设立真正企业化的土产货栈与合作货栈，同时鼓励私人设立山货庄。"①

在上述政策指导下，在一段时期中，私营的交易所、行栈在促进商品流通、扩大城乡交流中发挥了一定的积极作用。如1950年，天津市复兴贸易行等多家出口商和货栈到山西采购桃仁或下乡采购瓜子等土产。河北省在扩大远程采购工作中，石家庄市的宏兴茶庄、华中委托商行等商号远赴苏杭采购物资。1954年春，广州市鼓励并按行业组织私营土产商下乡收购土产，其中鲜果业采购组在梧州、中山县等产地购进柚子、香蕉3万多斤，咸杂业采购组在东莞县购进冲菜等2万余斤，国药业采购组在阳山县采购药材，共成交现货3500余元，期货5万余元。② 但是，随着对私营商业改造的深化，城市私营居间组织日益难以维持经营，恢复时期结束后不久即被公营组织所取代了。

在乡村集镇，私营行栈仍在发挥作用，承担着联结城乡农产品流通的功能。阎顾行（时任供销合作总社副主任）在一篇文章中说：

---

① 《商业卷》，第848、435、437页。
② 《商业卷》，第449页；《中国贸易》第1卷第12期，1950年12月25日；《工商界》1954年第6号。

"必须对私营行栈和牙纪根据党对农村社会主义改造的方针和具体办法加以改造，使之为农民贸易服务。有些人想硬性地取缔私营行栈和牙纪，这样做是不对的。"① 但是，随着主要农产品计划购销管理的加强，农村私营行栈的业务也日益萎缩，一些行栈不得不关闭。还有的则被改造为公营或公私合营组织。

1956年下半年，在开放农产品自由市场、活跃城乡市场的政策下，为了扩大农村小土产、农副产品的交流，政府再次提倡建立公营和民营的过载行、货栈。1956年11月11日，陈云在一次讲话中提出，要改变过去利用、限制、改造资本主义工商业的那一套办法，要搞过载行、交易所，帮助农民和小商贩之间的交易和贩运。② 这一时期，一些地方恢复和建立起公私合营或民营的、私人的货栈或农民服务所，开展灵活多样的服务，有的经营还比较活跃。如江苏省江都县嘶马镇于1956年11月将原来经营行栈业务的11个商贩组织成为农民服务所，经营水产、编织、蛋品、柴草等土产品。服务所属于民办性质，收取适当手续费，自负盈亏。服务所成立后，几个月里与原被割断联系的60多个行商接上关系，与20多个新行商建立了联系，在地区上与周围初级市场和城市市场如上海、扬州、泰州、镇江等地恢复和建立了联系。服务所采取上门联系、信函托办、预付价款等方式，积极扩展购销业务，为农民服务，对活跃农村市场、促进农副业生产发展起到了积极作用。如与大桥镇行商联系，采购绿肥草籽8000多斤；在大桥镇物资交流会上，推销芋头7000多斤；与其他镇农民服务所联系，一次就推销萝卜8万多斤。③

但民营行栈存在的时间并不长。1958年人民公社化以后，农村各类私营、民营商业组织都被取消了。1961年以后，直到改革开放之前，尽管恢复了农村集市贸易，但民营商业中介组织却未得恢复。

---

① 阎顾行：《中国农村的农民贸易》，《大公报》1955年6月3日。
② 《陈云文选》第三卷，人民出版社1995年版，第26页。
③ 《中央合作通讯》1957年5月号。

三 贸易货栈的建立及经营

供销合作社经营的贸易货栈是公营商业中介组织的主要形式，货栈业务是供销合作社工作的一个组成部分。贸易货栈是得到政策支持需要大力发展的公营服务性经济组织。但其发展并不顺利，新中国成立后几经起落，直到改革开放以后才走上持续发展的道路。

随着农业生产的恢复和发展，农副产品增多，供销合作社和农民都需要到城镇中出售产品。为了减少中间环节，帮助农民解决进城的商品购销和食宿问题，在解放较早的华北地区，供销合作社首先在城市中建立了贸易货栈。1949年3月，石家庄市供销合作社最早建立了"农民服务所"，相当于后来的贸易货栈。同年8月，华北供销合作总社在天津建立了华北合作货栈，这是全国合作社系统建立的第一个贸易货栈。它不是以盈利为目的，而主要是为农村、为农民服务，经营业务包括为农民、社员和供销合作社采购所需要的物品，大力推销农副产品，沟通各地供销合作社之间的业务联系，与国营商业、私营商业、工厂建立购销关系，开展信托贸易，办理代购、代销、代存、代运、存贷款等业务，同时还设有食宿接待。供销合作社的农民服务所和贸易货栈在代理购销经营中价格公平，并积极为客户创造储运条件，为农民提供便宜的食宿，受到农民和基层供销社的欢迎，业务日渐扩大。在国民经济恢复时期，贸易货栈在疏通商品流通渠道，沟通城乡、地区间的物资交流，密切国营商业、合作社商业联系等方面发挥了重要作用。这个时期的贸易货栈发展到约800个，都有规模较大的业务机构，同时还利用一部分私营货栈做代理机构。华北合作货栈从1949年5月开业到年底，7个月经营总额208.6万元。华北合作货栈开业4个月间与83个供销合作社建立了信贷关系，共吸收存款198万元，放款188万元。①

---

① 《中国供销合作社大事记与发展概况（1949—1985）》，中国财政经济出版社1988年版，第412、417、418页。

1953年以后，由于主要农产品实行计划购销，贸易货栈经营范围缩小，业务活动呈现萎缩局面，一些货栈逐渐停办。

1956年下半年开放小土产自由市场以后，在国家政策鼓励下，各地又恢复建立了一批贸易货栈。据1957年2月8日《人民日报》报道，湖北、河南、河北、山东等10多个省市普遍恢复和建立了贸易货栈，仅湖北、河南二省即有1200多个；浙江余姚县阳明镇货栈，发动小商贩向外地推销西瓜150多万斤。又据调查，自1956年下半年开放自由市场以后，各地相继恢复与新建了一批行栈和交易所，到1957年上半年，据河南、湖北、湖南、江苏、河北等地222个县市的不完全统计，已有3539个行栈、农民服务部和交易所。[①] 这一时期成立的行栈和交易所不完全是公营性质的，也有民营和公私合营的，但其中主要是供销合作社经营的合作货栈。由于粮食、棉花、油料等主要农产品已退出流通，这个时期贸易货栈的经营范围主要是国家实行开放的农村土副产品、农民完成国家统购任务后的剩余产品。贸易货栈在疏通农产品流通渠道、扩大土产购销、满足城乡需求等方面起了积极作用，使这个时期的城乡市场趋向活跃。但1958年人民公社化以后，城乡自由市场被关闭，农民家庭副业被取消，贸易货栈和农民服务所失去了存在的理由，无法继续经营而再次停办。

由于此后三年的天灾人祸给国民经济造成的严重困难，从1961年起开始对国民经济进行调整。为尽快恢复国民经济，这一时期采取了一些有利于活跃城乡市场的政策。在商业组织方面，1961年8月商业部召开的北方各省市区商业厅（局）长会议提出，要解决三类农产品进城和三类工业品下乡的问题，要恢复有历史传统的贸易货栈，作为城乡、地区之间的三类商品的流通渠道，使城乡物资交流活跃起来。商业部制定的《关于改进商业工作的若干规定（试行草案）》中提出："对于品种繁多，零星分散的农副产品和手工业产

[①] 《中央合作通讯》1957年5月号。

品，应当恢复过去有效的物资交流会、庙会、合作货栈、骡马大会等传统的商品流通形式。"商业厅（局）长会议后，各地陆续恢复和建立合作货栈，到 1962 年 8 月，县以上恢复和建立的合作货栈有 627 个。① 1962 年 9 月，中共中央在《关于商业工作问题的决定》中提出："供销合作社应该在城市中建立货栈，组织农副产品进城，同时，收购一部分工业品下乡。"② 在此方针下，各地贸易货栈恢复和发展起来。这个时期恢复的贸易货栈基本是供销社系统的合作货栈。但是，自 1963 年起，由于城乡集市贸易中出现了一些混乱现象，国家采取的是缩小、取代政策。1964 年，商品计划管理进一步加强，议购议销范围缩小。这些都导致合作货栈业务范围减少、收缩。因此，到 1965 年 3 月，供销合作总社决定撤销各级供销合作社贸易货栈，停止业务活动。③ 自此，贸易货栈再次被取消，直到改革开放以后才得以恢复。

总之，商业中介组织是商品市场和流通中不可缺少的组织形式。新中国成立后的 50 年来，我国农村商业中介组织经历了曲折发展的历程。20 世纪 50 年代，党和政府较为注意发挥各类商业中介组织在促进城乡物资交流、扩大商品流通、活跃城乡市场方面的重要作用，推动了经济的恢复和发展。以后几经起落，直到改革开放以后，随着农村经济向市场化的进展，商业中介组织的地位才得以确立，并走上持续发展的道路。各类农村商业中介组织恢复建立，其组织形式也适应现代商品流通的需要而不断进步，如有的贸易货栈进一步发展为贸易中心、批发交易市场等，各种经纪人也日益活跃。这些进一步说明了中介组织的必要性和不可替代性。

（原载农业部农研中心《农业要事研究报告》第三集，2001 年）

---

① 《中国供销合作社大事记与发展概况（1949—1985）》，第 413 页。
② 中共中央文献研究室：《建国以来重要文献选编》第 15 册，中央文献出版社 1997 年版，第 590 页。
③ 《中华人民共和国商业大事记（1958—1978）》，中国商业出版社 1990 年版，第 538 页；《中国供销合作社大事记与发展概况（1949—1985）》，第 413—414 页。

建国前期的市价与牌价[*]

——从价格机制到统购统销

在关于建国前期市场与商业史的研究中,有一个问题还没有得到充分解释,即:一方面人们承认这一时期国家在稳定市场、迅速恢复和发展生产方面所取得的成绩,其中有效地利用了市场机制也是一个重要原因,而另一方面,市场却在实际上趋于萎缩,直至主要商品市场被大部分关闭。那么问题是,既然利用市场对于经济建设是有成效的,为什么又很快取消了?已有的解释是多方面的,如计划经济的理论和目标体制,"一五"计划的实行,工农业生产发展不平衡与供求矛盾,等等。这些解释当然都是对的。但何以走到必须缩小或关闭市场,其中的机制是什么,还无法从中得出一个清晰的轮廓。

本文拟从市场运行及其成本的层面上,探讨这一时期国内商品市场的变迁。市场对于资源配置的作用,具体地说,是通过价格机制的变动来实现的。建国前期国内市场上存在两种性质的价格,即市价与牌价。市价与牌价的相互关系及其变动是这一时期市场机制运行的一个特殊形式。在这个时期,国家利用市场机制,即利用牌市价的变动,以牌价指导市价,以达到掌握市场供求、稳定物价、调控生产的宏观目的。但市场是一把"双刃剑"。有效地利用市场促进了这一时期经济的恢复和发展,而最终导致市场萎缩关闭的,除

---

[*] 这里的建国前期指的是从 1949 年到 1958 年,从阶段上说包括国民经济恢复时期和"一五"时期。文中讨论的市场仅指商品市场。从价格变动来说,主要是指 1950 年 3 月全国物价基本稳定以后的市场价格变动。

了其他种种因素之外,也还有市场本身的因素,而且在某种程度上说,可能是更为直接的、决定性的因素。本文仅以粮食和花纱布两类商品为典型,考察市价与牌价两种价格的变动关系,及其对这一时期经济制度变迁的影响。本文只是对问题的一个方面的探讨,尚待学界评论。

一 建国前期的两种价格——市价与牌价

建国初期实行的是自由市场制度。以后随着国家计划的制订和计划指导的加强又产生了以国营商业为代表、在国家计划指导下的计划市场。在一个时期中,这两种市场并存,并由此决定了两种性质的价格——市价与牌价的并存。

市价是自由市场的成交价格,是由市场供求变动形成的。私营商业(包括其他非公营商业)就是通过市价这个晴雨表来判断市场动态,并推测国营商业的政策变化趋向,从而决定自己的市场行为。在私营商业仍占有较大市场份额的情况下,市价是左右市场的一个重要力量,特别是在农村市场上。与牌价相比,市价对于市场变动的反应更敏锐、更灵活,因而也更能反映市场的实际状况(排除投机因素)。

牌价是国营商业执行的、用挂牌方式公布的国家计划价格。牌价最初是在解放区的公营商业中产生的,当时挂牌的目的是制约解放区的私营商业,控制解放区的物价形势。建国后,在原解放区公营商业及没收官僚资本商业的基础上形成了统一的国营商业。国营商业继续通过牌价的制定与调整,来领导市价,掌握和引导变幻不定的市场形势。关于是否有必要制定国营商业的牌价,当时曾有不同意见,有人曾提出不要牌价的建议,[①] 但这种意见遭到了批评。可以说,在当时,牌价是一个武器,国家正是通过制定牌价来贯彻一

---

① 见姚依林在 1950 年 6 月召开的第一次全国物价工作会议上的总结报告,载《历次全国物价工作会议主要文件汇编》,1957 年,第 5 页。

定时期的政策,通过牌价变动来达到一定的整顿和治理目标,调整各市场主体之间的关系。因而从实质上说,牌价是各个时期国家价格政策的体现。

建国前期国家价格政策的基本原则是照顾生产者、贩运者、消费者三方面的利益,促进生产和流通。通过物价变动,一方面调整国营商业、合作社商业与私营商业的关系;另一方面,根据国家计划目标,调整社会生产结构,调节各种产品的供求。牌价包括工农业产品收购和销售牌价,销售牌价又有批发牌价、零售牌价等,并在此基础上确定了各种差价和比价,主要有批零差价、地区差价、季节差价、进销差价、农产品交换比价、工农业产品交换比价等。

鉴于牌价的领导市场的作用,牌价的制定就非常重要。如何确定牌价,这是一个复杂的理论和实际问题。起初,牌价只是根据市场形势,按照一定的政策目标,在市价的基础上进行调整。但是,仅仅根据市价变动来调整牌价显然是被动的,而且也不能达到实现既定政策目标的目的。在具体执行中,上上下下各方面产生了很多意见。

为了寻求制定牌价的合理基础,从 1950 年 6 月第一次全国物价工作会议起,在以后一年一次的全国物价工作会议上,每次都具体讨论了牌价和市价问题。物价会议从一开始就强调,建国后物价工作的基本任务是加强调查研究与核算工作,了解与掌握各种主要商品的市价、差价、比价,研究计算生产、进销与进出口成本,根据政策与实际情况及时修正各种差价中的有关费率,及时了解各市场主要商品的产销、流转、供求、价格及商人动态、金融货币等情况,搜集、统计、积累和研究各种有关物价的资料。其中在第二次物价会议上(1951 年 4 月召开)提出了确定牌价的七条根据:财政收支与货币发行情况;生产情况和购买力情况;国家控制物资力量的大小;正确的成本核算;因季节和其他重大情况的变化而引起的市场变化;保持各种商品间的合理比价;照顾生产者、贩运者、消费者三者利益。以后在确定牌价方面,基本都不出这些原则。根据这些原则，在以后的各次物价会议上，进一步讨论、确定和修正了各种牌价和差价的理论公式。1953年和1955年，经中央财经委员会和国务院批准，中央商业部对农产品和工业品的差价、比价及价格水平进行了两次较大范围的调整。

历次物价会议上还规定了牌价确定程序、掌握的权限与分工。按照规定，中央贸易部（1952年8月改为中央商业部）负责掌握全国主要市场和主要商品的牌价。1952年年底，中央商业部掌握的牌价达到48个主要城市市场的157种商品。到1955年6月第五次全国物价工作会议时，中央商业部及各专业总公司掌握的购销牌价已扩大到76个主要产销市场，掌握的商品种类达到500种。① 由于各地方情况不同，为了使牌价能够更及时地反映和指导各地方的市价，还规定对一些次要商品，各地方可以有一定的掌握牌价的机动权，机动范围为按照中央规定的比例，上下各机动一定的百分数，一般规定浮动范围在正负5%。

决定市价与牌价变动关系的因素很多，如货币发行量、交通运输条件、治安状况等，但最根本的是市场供求。一般来说，市价对于供求关系变化的反应更为灵敏，更为及时，因而市价时时处于变动之中。而牌价需要通过层层审批制定，相对于市场变化和市价变动来说，牌价的调整往往具有滞后性。供求关系的变动使得同一商品在同一市场上的两种价格变动不定，造成牌市价差，市价与牌价经常脱节。市价不论是高于还是低于牌价，都会影响国家在特定时期价格政策的贯彻，并给商业投机提供了机会，造成市场波动。为了更好地发挥牌价的作用，国家一方面要使价格制定趋于合理，另一方面则需要根据供求变化，适时调整牌价，以牌价指导市价，即使市价与牌价保持在一定浮动限度内，不使之过低，也不使之过高。

---

① 中国社会科学院、中央档案馆编：《1949—1952中华人民共和国经济档案资料选编·商业卷》，中国物资出版社1995年版，第882页；商业部编：《物价文件汇编（综合部分）》，1981年，第1041—1048页。

牌价对于市价的领导关系，如果从时间上看，建国前期大致可以分为两个阶段：1956年以前为第一阶段，以后是第二阶段。在第一阶段，国营商业与合作社商业正处于发展壮大时期，牌价对于市价的领导作用突出体现在调整公私商业的关系方面。国营商业、合作社商业与私营商业都要占领市场，掌握市场的主动权，表现在价格上，市价与牌价你追我赶，显示了两种势力的较量。在这个时期，牌价在农业生产结构调整方面也发挥了较大作用，这是通过制定主要农产品比价如棉粮比价、麻粮比价、烟粮比价等来实现的。在第二阶段，国家对私营工商业的改造已经基本完成，国营商业与合作社商业已经在城乡市场占据领导地位。粮、棉、油、棉纱、棉布等主要农产品和工业品已经实行统购统销。这个阶段仍保留了自由市场，但能够在自由市场上销售的产品范围已经受到了很大限制。在这个阶段，牌价的指导作用更多地转向了通过制定差价和比价来调整工农业生产结构，对一部分可以在自由市场上出售的农产品，通过收购牌价来调节其供求。

价格调整是一件相当复杂的事。从牌价与市价的变动关系上看，至少可以作如下区分：收购牌价、收购市价、销售牌价、销售市价，每种价格都有上升与下降两个变动方向。任何一种价格的变动都会引起其他三种价格的相应反应。即便都是按照同一方向变动，从理论上说，也至少会产生24种不同反应，且不说还会有反方向的变动情况，以及各种差价、比价的不一致的反应和变化情况。也就是说，排除许许多多不确定因素，牌市价的调整本身就是一件高成本的事。在市场这个舞台上，两种价格按照各自所扮演的角色，相互作用，相互较量。

二 粮食类商品市价与牌价的变动

从1950年3月物价基本稳定，到1953年11月全国粮食统购统销，其间，粮食的供求主要靠价格变动来调节，即通过制定农产品比价来调整农业生产结构，利用牌价与市价的变动来调节市场供求。从市场供求来说，这个时期，随着供需形势的变化，粮食市价波动较大，牌价与市价经常脱节。为此，国家对粮食价格不断进行调整，其结果不仅维持了一定的牌市价关系，也奠定了粮食统购统销的价格基础，并在一定程度上决定了粮食统购统销的制度性变迁。在粮食统购统销以后，由于在一定范围保留了粮食市场，粮食的市价仍对粮食市场生产一定程度的影响，这种影响最终决定了粮食市场的被取消。

笔者所看到的 1950 年 3 月到 1953 年 11 月粮食统购统销之前，带有全局性的粮食牌市价调整至少有 15 次。① 其中根据不同情况，有时是调整收购价格，有时是调整销售价格。不论哪种情况，最终都会带动整个粮食价格的相应变动。从这些变动中可以看到：

首先，这个时期，粮食价格调整的总趋势是先降后升，这是粮食市价与牌价的相互作用及调整变动的结果。粮食价格的下降可以分为两个阶段。1950 年 4 月到 6 月可为第一个阶段。经过建国前后几次剧烈的物价涨风，到 1950 年 3 月物价基本稳定的时候，在各类商品中，粮食价格的涨幅最大。② 但自 1950 年 4 月以后，粮食价格上涨幅度超过其他商品的局势发生了根本转变。在 4 月到 6 月的全国物价低落时期，许多商品市价下跌，普遍跌落到牌价以下，其中包括粮食。为制止物价不断下落，并使市价与牌价相接近，中央贸易部在第一次调整工商业中，在调整全国物价的同时，于 4 月和 5 月连续两个月降低了主要粮食品种的牌价，以有利于国营商业购销经营，刺激私营商业并减小其投机空间。

---

① 受篇幅所限，调价的具体情况不能详细列出，可参阅《商业卷》，第 586—670 页；《当代中国商业》编辑部编《中华人民共和国商业大事记（1949—1957）》，中国商业出版社 1989 年版。

② 天津、上海两大城市粮食类商品批发物价指数与其他商品批发物价指数变动情况，参见孔敏主编《南开经济指数资料汇编》，中国社会科学出版社 1988 年版，第 23 页；中国科学院上海经济研究所、上海社会科学院经济研究所编《上海解放前后物价资料汇编（1921—1957）》，上海人民出版社 1958 年版，第 448—450 页。

但是，6月以后，随着经济建设开始恢复，特别是朝鲜战争爆发以后，国内市场上棉纱、棉布及其他工业品价格迅速上涨。而同时，1950年夏秋两季粮食都获得丰收，由于国家收购不力，私商也刚刚恢复元气而裹足不前，粮食价格反而下降，许多粮食产区的粮食市价低于牌价。如武汉，大米牌价840元（旧币，下同）一斤，而市价只有752元。长沙大米市价到8月中旬跌至533元，此时的牌价为700元。石家庄小米8月末市价620元，牌价720元。[①] 粮食市价低于牌价的结果，一方面为私商提供了可乘之机，有的私商按照市价大量买进，又按照牌价卖给国营商业；另一方面，农民坚决要求国家按照牌价收购粮食。这些都会增加国家收购资金的支出。1950年9月，中财委曾提出，粮食价格要维持一定水平，防止下落，适当提高（即提高到牌价水平），拟大量收购粮食，准备囤积50亿斤。但由于国家收购资金有限，有的地方不得不停购或少购，并没有扭转市价低于牌价的总形势。

在这个时期，为了尽快恢复和发展工业生产，为了增加国家积累，平衡财政收支，国家在工农业产品价格上采取的是适当提高工业品价格，稳定粮食和土产价格的政策。这是价格调整的一个基本点。因此，在这种粮食牌市价脱节、国家控制市场的财力物力不足，而对粮食形势的估计一时又较为乐观的情况下，据上述调价时间表，1950年8月到1951年8月，先后5次不同程度地调低了各种粮食的购销牌价。其间由于粮食市价过低，扩大了同工业品的比价，打乱了商品交换关系，也引起农民不满，曾于1950年10月，将粮食牌价调高。但其结果是农民秋后收入增加，购买力提高，一方面减少了粮食出售量，另一方面冲击了工业品市场，国家不得不在1951年1月以后，在调整棉纱、棉布及其他工业品价格的同时，又连续降低粮食牌价。这期间，城市消费水平在恢复，面粉消费量增加，市价上升高于牌价，所以在降低粗粮价格的同时，也两次提高了面粉和

---

① 《商业卷》，第568、591—593页。

小麦的价格。但从总体上说，粮食价格水平是在下降。

然而，连续降低粮食牌价的结果，是打乱了粮食同其他农产品和工业品的比价关系。比价不合理，粮食价格偏低，就影响了粮食的生产。同时，由于粮食价格过低，农民更乐于出售棉花、土产，购粮储粮，或者存粮自己消费，这就加大了粮食的城乡消费量和民间储存量，粮食市场很快开始呈现紧张局势。从1951年秋季起，许多地区出现了粮食市价高于牌价、场外价高于场内价的情况，国营公司难于收购。如广东各地粮食市价普遍超过牌价8%—12%；济南面粉场内价为69000元/袋，场外价为72500元/袋；青岛面粉场内价为72500元/袋，场外价为75000元/袋。大部分地区粗粮市价高于牌价5%左右。① 这也成为此后粮食市场的基本形势。在这种形势下，国家不得不于1951年11月起，又开始逐步调高主要粮食品种的价格。从上列调价时间表上看，自1951年11月到1953年6月的7次调价中，6次是调升，1次是调低新稻收购价，为的是减少国家收购资金，但仍高于前一年的收购价。

其次，粮食价格调整不是孤立的行为，而是在同其他农产品、特别是作为工业原料的棉、麻、烟、油料等经济作物价格，以及工业品价格的相对变动中进行调整的。百业待兴之际，为了保证棉、麻、烟、油料等作物的种植，保证工业原料的供给，从1950年到1952年，棉粮比价、麻粮比价、烟粮比价都趋于提高，这固然有利于经济作物产量的增长，但是相对降低了粮食的比价。② 棉花、麻、烟比价提高，粮食比价日益降低，农民更乐于选择种植和出售棉、麻、烟，购买和储存粮食，形成群众性的存储、囤积。如1952年12月22日的粮价调整方案中提到，山东棉农反映，去年因为存棉把一头牛都存跑了；河南一农民家庭，一家4口人购粮15000斤。这也是后来粮食市场上市价高于牌价的原因之一。另外，从资料中还可以看到，在以上历次降低或提升粮食价格的过程中，许多时候也同

---

① 《商业卷》，第553、619、621页。
② 《商业卷》，第638—672页。

时提高了棉纱、棉布及其他工业品的牌价。在粮食同工业品的比价走势上，粮食价格明显走低。① 因此，尽管这个时期粮食价格调整的总趋势是先降后升，但粮价的总水平与1950年3月物价基本稳定的时候相比，不论是绝对水平，还是相对水平，都有所下降。天津、上海二市两类商品批发价格指数与批发物价总指数见表1。②

表1　天津、上海两类商品批发价格指数与批发物价总指数比较

时间	天津			上海		
	食品类	纺织品	总指数	粮食类	纱布类	总指数
1950年3月	100.00	100.00	100.00	100.00	100.00	100.00
1950年	5.55	83.52	82.61	82.36	86.85	97.17
1951年	78.07	101.72	100.08	76.41	104.44	128.18
1952年	83.29（1—3月）	105.69（1—3月）	106.98（1—3月）	79.60	107.07	129.46
1953年	—	—	—	82.36	105.13	127.50
1954年	—	—	—	83.08	104.00	128.01
1955年	—	—	—	83.05	104.00	128.46
1956年	—	—	—	83.05	104.00	128.11
1957年	—	—	—	83.05	104.00	128.69

资料来源：天津市批发物价总指数根据孔敏主编《南开经济指数资料汇编》第23页各月数据调整编制而成。据该统计资料的说明，食品类中包括粮食类和副食品类共44项，其中粮食类占24项。上海市批发物价总指数数据中国科学院上海经济研究所、上海社会科学院经济研究所编《上海解放前后物价资料汇编（1921—1957）》第448—450页数据调整编制而成。

表1显示，其一，粮食价格的总水平低于物价稳定时的基础水平。这里，一方面是物价基本稳定后，从通货膨胀时期的较高水平的正常下降；另一方面是市场供求变动时，牌市价相互作用的结果。1950年3月的物价水平较高。如果以1950年全年为基期，则天津到

---

① 《国内物价》1953年第38期。
② 为保持著者行文原貌，文中涉及的图表样式、数据除有考证外均不修改。下同。（编者注）

1952年3月为上升趋势，上海是先降后升，但上升幅度不大。从上海的绝对价格来看，其中存在结构性差别：到1957年，面粉价格上升，小麦价格下降，粳米先降后升，籼米下降，豆类下降。其二，尽管以1950年全年为基期，以后几年的粮食价格趋势是在上升，但其上升幅度仍低于物价总指数的上升幅度。到1953年以后，粮食价格就维持不动了。

如果以1930—1936年的价格指数为100，1950年到1957年全国八大城市粮食类、花纱布类商品批发价格指数与批发物价总指数见表2。

表2　　全国八大城市粮食、花纱布类商品批发价格指数与批发物价总指数比较

年份	粮食类	花纱布类	总指数
1950	189.5	270.3	264.2
1951	196.5	320.3	312.5
1952	206.6	324.1	310.4
1953	223.6	310.0	305.9
1954	226.8	307.1	308.6
1955	227.2	307.1	310.4
1956	227.8	306.8	308.8
1957	228.7	308.7	314.1

资料来源：国家统计局编：《商业统计资料汇编提要（1950—1957）》，1958年。

从表2可见，全国物价总体水平都在上升，但粮食类商品的上升幅度也是低于物价总指数。这里有国家对粮食这类重要物资的价格进行控制的原因，也有对工农业产品比价的规定上，为了迅速发展工业生产，有意在一定时期内扩大"剪刀差"的原因。

粮食价格的相对下降（以及某些时期、某些粮种价格的绝对下降）对后来的粮食生产和流通产生了重要影响。以后的粮食统购统销价格实际上是建立在这种走低的价格水平上的。尽管在粮食实行统购统销时，统购价和统销价的定价是以当时的市价为基准，而这

时的市价，经过几次牌价调整已经被拉高，但从市价本身来说，还基本上是在牌价的制约下变动的。牌价的高低在一定程度上也决定了市价的高低。在牌价呈总的相对（或绝对）下降趋势下，市价不可能挣脱其限制，而完全由市场供求来决定。

再次，这几年尽管粮食是在增产，但国家在粮食市场上始终颇为踌躇。既要保证供给，维持市场稳定，又要按照国家计划目标，将粮价维持在一定水平上（从上述可见，这实际是一个较低水平），不使过低，也不能过高。这就需要国家有一大笔固定的财力投入，必要时进行吞吐，稳定市场粮价。但对于当时经济力量不足而又需要应付千头万绪工作的政府来说，这是最困难的。当粮食市价低于牌价，可以（也需要）大量收购时，由于拿不出足够的资金收购粮食，来提升粮食市价，只得采取压低牌价（以免赔本经营）的做法，即有粮无钱。这也是上述国家在市价已经较低的情况下仍不得不一再降低牌价的原因。而当粮食市价高于牌价时，国家既收不到粮食，又没有足够的粮食储备用来抛售，以平抑市价，即有钱无粮。此外，提高粮价使农民购买力提高，在日用工业品、农业生产资料以及不同换购粮种供应不足的情况下，也会引起农民的不满，并引起市场囤积力量在各种供不应求商品之间的无序游动。1952 年 9 月，秋粮大量上市，由于国营公司收购不力，河南市场上粮食市价低于牌价，私商趁机压价收购，然后又转售给国营公司。1953 年由于提高小麦收购价格，对于传统上习惯以细粮换粗粮的农民来说，更愿意出售小麦换购玉米、小米等，但由于国营公司大米、大豆、红粮、玉米等供应不足，致使有的农民将已运到市场的小麦又运回去。[①] 所以，以此时有限的财力物力，这种市场管理的高成本不容许国家在粮食市场上有大作为。

而在市场上，除了国营商业和合作社商业的力量之外，还有两大势力在与之抗衡，即个体农民与私营商业。对于后者来说，作为

[①] 《国内物价》1953 年第 42 期。

独立的利益群体，以追求最大利润或收益为选择无疑是理性的市场行为。但这在某种情况下必然会与国家计划目标发生冲突。无论粮食的牌价和市价如何变化，他们都会根据对自己有利的原则作出选择，与国家竞争。从个体农民来说，在种粮、储粮与售粮之间，农民往往会根据市场状况进行选择。粮食价格过低，他们会选择以经济作物交换粮食，或扩大自己消费，或存储待价；而如果市价高于牌价，显然农民会选择出售给私商，有利于私商收购囤积。如1951年秋季，由于山东红粮价格偏低，每斤仅500余元，而马草每斤就要300元，农民情愿以粗粮喂养牲畜，不愿出售。① 又如下边将提到的，在棉粮比价的调整中，棉价调高、粮价调低时，农民会采取售棉储粮的策略。1953年麦收时节，由于小麦与面粉比价麦低粉高，对面粉加工业有利，所以农村合法与非法土磨户大量抬价抢购，使小麦市价高于牌价，影响了国营商业的收购，有的地区国营公司的收购量只占上市量的30%—50%。②

对于私营粮商来说，只要牌市价不相吻合，无论孰高孰低，他们都可以利用这种牌市价差，在农民与国家（及消费者）之间两头游动，低进高出，从中获利。正常的经营是受到保护的。但这种牌市价差显然给他们提供了投机空间，差额越大，投机空间也越大。私商小贩或深入产区，向农民低价收购再高价卖给国家或市民，或当市价高于牌价时从国营商业套购转手，或看涨市价大量囤积，或将资金投向国营商业暂不经营的品种，利用地区价差逐利。1953年春，河北、山西、山东、安徽、陕西部分地区受灾，农民争购粮食，小麦、小米、玉米、红粮等市价猛升，市价高于牌价在20%—100%，有的地方出现粮价乡村高于城市的现象。在这种情况下，有的粮商利用无业游民等到国营公司抢购，然后贩运到乡下出售，谋取暴利。西安粮商每百斤小麦可赚40000元。当年小麦上市季节，私营厂商到各产麦区，以委托包收、抬价、预购、拦截等方式争购，小麦市价

---

① 《商业卷》，第621页。
② 《国内物价》1953年第38期。

高出牌价8%—60%，5月私商汇集到芜湖市的收购资金达到百亿元。①6月，国家为了大量收购小麦，不得不提高小麦收购价格。

从总体上说，在粮食紧缺的环境下，人们总是会有一种不安全感，一有风吹草动，就会从购销两方面冲击粮食市场。如1953年4月1日调高粮食季节差价后，引起了人们的看涨预期，形成抢购。各地粮食销售量普遍比提价前增加。有的地方国营公司由于力量不足，只得采取限购办法，人们排队等候，夜不归宿，有的粮种脱销，各地粮食牌市价严重脱节。又如同年4、5月间，由于部分地区夏粮受灾，造成恐慌心理，一方面粮食上市量减少，另一方面农民大量抢购，有的甚至出卖耕畜、农具、大车换购粮食。挤购者少者数千人，多者达到20000多人，有的地方不得不采取购粮证的办法。粮食市价大幅上升。②

由于这种种因素的存在，国家必须紧盯市场动态，频繁调整粮价，稍有疏忽，就会引起市场波动。尽管为了调动、开挖粮食上市潜力，均衡粮食供求，从1951年11月以后逐步调高粮食价格，但市价继续走高，普遍高于牌价。即如1952年12月，在新粮大量上市季节，仍表现为市价高于牌价。江西大米市价高于牌价7%—9%，湖南大米市价高于牌价6.48%，河南玉米市价高于牌价10%—15%，河北玉米市价高于牌价20%—23%，平原省一般粮种均市价高于牌价5%—10%，陕西玉米市价高于牌价8.3%。为了保证国营商业的收购，这一年年底，国家不得不提高粗粮和大米的购销价格。③

这样，在牌市价严重脱节、牌价控制市价困难增大、国家粮食购销严重不平衡的情况下，为了保证粮食的基本供应，保证"一五"计划顺利实施，对粮食实行计划购销，尽管不是最合理的，但可能是交易成本较低、更为简单易行的选择。"一五"建设所引起的农村

---

① 《国内物价》1953年第29、32期。
② 《国内物价》1953年第25—29期。
③ 《商业卷》，第667页。

劳动力向城市的转移,所涉及的更多的是粮食的市场购销问题(即把原来在农村消费掉的粮食动员到市场上来),而与粮食的总生产量和总消费量相关性较小。1953 年的粮食统购统销,尽管有生产发展赶不上需求的问题,但市场控制的高成本或许是更直接的原因。

最后,粮食统购统销以后,直到 1957 年年底以前,国家曾一度保留了粮食市场,目的在于使农民在完成统购任务后,能够利用粮食市场调剂余缺,互通有无。这个时期的粮食市场称为"国家粮食市场"①,在性质上与粮食自由市场有所区别。在国家粮食市场上,仍存在牌价与市价,市场规律仍在一定程度上发挥着作用,市价随着供求关系变化经常在变动。但由于这时能够上市的粮食量已经大大减少,粮食大批发商已经被取缔,粮食市价又受到牌价的制约,价格对于供求的调节作用也相应降低。

但是,在国家粮食市场的运作过程中也存在不少问题。有的市场管理较松,使国家粮食市场还原为自由市场。有的场外交易活跃,自发形成了粮食市场。交易中买卖双方自由议价,市价经常高于牌价。浙江粮食市场价格有的高出牌价 30%—70%,有的市场大麦、小麦成交价格超过牌价 1 倍以上。有的地方场外交易严重,1954 年春夏时,浙江兰溪县游埠场外交易玉米种子每斤 5000 元,超过收购牌价 7 倍。从 1956 年到 1957 年上半年,部分地区受灾,粮食形势又趋于紧张。而 1956 年下半年小土产自由市场的开放,又为投机活动提供了机会。在粮食方面,粮商套购贩运粮食,哄抬粮价,各地粮食自由市场交易活跃,市场粮价混乱,市价高出牌价好几倍。山东新泰县自由市场上,小麦、谷子、地瓜干价格均高出国家出售牌价 1 倍左右,且继续上涨,高粱、玉米出高价也买不到。河南、山东麦子黑市价格每斤 4 角(新币),而国家牌价是每斤 1 角。福建粮食黑市价格高出国家牌价一倍。农民将统购粮高价卖出,又反过来要求

---

① 国家粮食市场的情况参见《1953—1957 中华人民共和国经济档案资料选编·商业卷》,中国物价出版社 2000 年版,第 182—196 页;徐建青《50 年代农村国家粮食市场的建立和取消》,《当代农史研究》1998 年第 2 期。

国家供应统销粮，有的有余粮也不愿卖给国家，留下自由交易，影响了粮食的统购统销。[①]

这时的粮食牌价作为计划价格的性质更为加强，而且取消了季节差价，全国粮食统购价与统销价在长时期中变动不大。从表1、表2中可见，1953年到1957年，粮食的价格基本稳定在1953年的水平上，没有大的变化，这是指国家粮食牌价。在市价变动活跃而牌价调整僵硬的情况下，很难克服牌市价的脱节，牌价也失去了调控市价的能力。在这种情况下，为了维护牌价的权威地位，1957年9月的全国粮食工作会议作出了关闭粮食市场的决定。

对于粮食生产来说，1951年以后粮食市价的上涨趋势本应是刺激生产发展的机制。但同时，工业也要发展，对其他经济作物、特别是作为工业原料的经济作物的需求也在增长。一方面，在当时的生产力水平下，要想几方面兼顾，就不能任由粮食生产单方面发展；另一方面，农民是一个太大的群体，这个群体购买力水平的任何一点提高，都会带动消费市场特别是工业品市场，对有限的资源形成冲击力。应该说，实行统购统销，关闭粮食市场，或许并不是唯一可能的选择。但是，不论国家作出怎样的选择，在当时恐怕都是各有利弊得失。[②] 制度变迁的预期收益大于成本，可能是国家作出如此选择的根据。当然，其前提还是以实现国家计划为目标。

三 花纱布类商品市价与牌价的变动

棉花、棉纱、棉布是这个时期与粮食并列的几种最重要物资，其价格变动是决定市场是否稳定的主要因素之一，是市场稳定的指示器。在建国前后的几次物价涨风中，花纱布类商品都首当其冲，

[①] 粮食部《工作通讯》1954年第17期；1954年8月粮食部《统销、粮价情况简报》；1957年7月全国粮食会议简报。

[②] 粮食统购统销在实行之初曾引起巨大社会震动，党内也发生了激烈争论。关于粮食统购统销的决策过程可参阅《陈云文选》（1949—1956），人民出版社1984年版，第202—216页。

成为投机商人的主要投机对象，也成为国家重点掌握的物资。在花纱布统购统销之前（1951年1月对棉纱实行统购，1954年9月对棉花实行统购，对棉布实行统购统销），国内市场上花纱布商品的主要趋势是供不应求，特别是棉纱，既易于囤积，又是需求量大的生产原料，在各主要市场上，其市价经常高于牌价。因此，利用牌价与市价的相互作用及调整来稳定物价，调节市场供求，也是国家控制花纱布市场的主要手段之一。而在花纱布的价格政策上，也体现了这一时期国家产业政策的取向。

与粮食价格政策相比，影响花纱布价格变动和价格政策的因素更多，问题也更为复杂。概括地说，这一时期，与花纱布价格密切相关的因素主要有：

（1）公私关系。国营商业、合作社商业和私营商业都在争购这些物资。由于市价与牌价经常脱节，为商业投机提供了机会。私营商业利用牌市价差，趁机提价或压价，扰乱了国营商业、合作社商业的购销。如何灵活运用牌价领导市价，体现了这个时期的公私关系政策。

（2）工业和农业的关系及城乡关系。棉花是农产品，棉纱、棉布是工业品，三者的比价是否合理，不仅影响着工农业生产结构、工业生产结构（棉纱、棉布生产之间），也影响着工农业产品的交换和城乡关系。在统购统销前的自由市场制度下，花纱布的比价关系正是通过牌价与市价之间变动信号的指引来调整的。

（3）城市现代工业与农村传统手工业的关系，即土洋关系。建国初期，广大农村，特别是棉产区，还普遍存在手工纺纱织布，即土纱土布，这也是农民的生计来源之一，在当时也是需要照顾到的。农民会根据花纱布之间的比价，在售棉与自纺自织之间，以对自己有利为原则进行选择。如果比价不合理，会直接影响城市棉纺织工业的生产。既照顾农民的利益，又保证工厂生产，也是这个时期花纱布牌价和比价经常变动的一个原因。

（4）地区关系。与粮食生产不同，棉花产区和棉纱、棉布产地是有地区性的，地区之间的市价受各种因素影响，经常处于变动、不平衡之中，私营商业正是根据这些信息，调整自己的运销流向，以获取地差利润，这就形成了产品在地区之间的无序流动（相对于计划调拨来说），影响了市场供求和工业生产。因此，必须以合理的花纱布牌价和地区差价，来调节各地的市价，平衡产销。这些就是影响建国前期花纱布市场及其价格变动的主要因素，也是国家在制定花纱布价格政策上所要考虑的基本方面。其中迅速恢复工业生产、以工业化为中心的建设目标是决定性的因素。实际上，也正是这些商品价格变动中各种经济关系的难以协调，牌价与市价之间难以克服的矛盾，最终决定了花纱布统购统销政策的实施。

从1950年3月到1954年9月，棉花、棉布统购统销，带有全局性的花纱布价格调整至少有21次。[①] 从中可以看到，这个时期花纱布价格的变动频繁。而在这个变动的背后，起作用的是生动而无情的市场活动。

第一，1950年3月全国物价基本稳定后，棉纱、棉布价格一时平稳，但到了4月，由于囤积者争相抛售前一时期抢购的库存棉纱、棉布，使棉纱、棉布市价迅速下降到牌价以下。棉纱、棉布牌价高于市价的比例天津分别为8.7%和5.6%，西安分别为36.2%和7.7%，石家庄分别为15.7%和26.8%。各主要市场于4月、5月两个月连续挂低棉纱、棉布牌价。为了制止物价下跌局势，5月又在较低市价的基础上提高牌价，到5月底纱布牌市差价缩小，6月停止下落并略有回升。

从1950年8月起，特别是10月以后，由于关内外地区差价大，棉纱贩运有利可图，流往东北的棉纱交易量增加，影响了关内的生产。同时由于朝鲜战争对国内市场的影响，造成棉纱市价节节上涨，

[①] 受篇幅所限，花纱布价格的具体调整情况不能详细列出，可参阅《商业卷》，第586—629页；国家物价局编《物价文件汇编》（综合部分），1981年，第567—608页；《中华人民共和国商业大事记（1949—1957）》；相关时期的《国内物价》。

高于牌价，牌市价差扩大，几个主要市场牌市差率在30%—50%，商人趁机抢购囤积。因此，这几个月里，连续4次提高了棉纱牌价。同时由于粮价在下降，为了调节粮食、棉布交换比例，照顾农民利益，又4次降低了棉布价格。1951年1月4日国家决定对棉纱实行统购，同时调高棉纱、棉布销售牌价，以平衡产销。几个主要市场上20支标准纱价调高幅度为3.9%—6.5%，十二磅白细布价调高幅度为6.4%—8.0%。棉纱统购和调价措施实施后，牌市差价逐渐缩小，到2月1日，棉纱、棉布市价均已低于牌价。

1951年4月1日，由于棉粮比价调整后，棉花价格提高，同时开征了棉纱流通税（税率6%），关内外币制也将统一，为了避免各地物价受到过猛冲击，再次调高棉纱、棉布牌价，纱价平均调高15.2%。同时为了调整棉纱、棉布交换比价，布价提高幅度低于纱价。自同年5月起，由于棉花供不应求，纱厂开始减产，棉纱供应紧张，市价呈上涨趋势。到了8月，在制止物价上涨、调整全国物价的同时，为了压缩棉纱、棉布消费，为销售旺季作储备，自8月6日起，再对棉纱、棉布价格做了调整，纱价平均调高5%—10%，布价平均调高3%—7%。但是，以下将会看到，这几次较大幅度提高棉纱、棉布价格，以及随之所产生的花纱布价格内部结构的变化，其结果是扩大了工农业产品的交换比价，农产品价格相对下降，也对农村土纺土织起到了一定的刺激作用，所以，自1951年11月起，又开始连续调低棉纱、棉布价格。

第二，从1950年到1954年棉花、棉布统购统销之前，棉花价格总的变动趋势是走高，棉纱价格的变动趋势是先升后降，棉布价格升升降降，总的是在上升。1950年花纱布价格有一个短暂的下落时期，从1951年起，超过了1950年3月的物价水平。1952年达到最高，1953年以后开始下落。直到1954年棉花、棉布统购统销前，尽管物资一直紧张，但由于牌价的制约，市价的上扬受到限制，与物价总指数相比，天津持平，上海较低。1954年以后一直维持不变。

从表 2 可见，花纱布价格总水平提高幅度与全国水平大体相当，1953 年以前略高于全国物价总水平，1954 年以后低于全国水平。花纱布价格指数，1953 年以前是上升趋势，1954 年以后开始下降，直到 1957 年维持基本稳定。与粮食价格相比，花纱布价格水平相对较高。但与其他商品比较，花纱布价格水平相对较低。① 这是国家对花纱布类商品的价格控制较严的结果。

但是，就棉花、棉纱、棉布三种商品分别来看，其价格变动是不一致的。尽管三种价格的变化趋势都是在上升，但按照上升幅度排列的次序是：棉纱、棉布、棉花。从上列调价时间表中看：多数时候是调高纱价；棉花调价的次数少于棉纱、棉布，尽管多数时候是调高价格，但幅度并不大；棉布价格有升有降，从次数上看，调低的次数超过调高的次数。

以上海、天津两大城市为例的花纱布价格变动情况见表 3、表 4。

表 3　　　　　　　　上海市花纱布价格变动指数

时间	棉花	棉纱	棉布
1950 年 3 月	100.00	100.00	100.00
1950 年	92.06（100.00）	87.86（100.00）	86.37（100.00）
1951 年	101.26（109.99）	115.32（131.25）	99.92（115.69）
1952 年	101.46（110.21）	120.05（137.89）	101.78（117.84）
1953 年	98.24（106.71）	117.94（134.24）	100.04（115.83）
1954 年	99.23（107.79）	118.49（134.86）	98.38（113.91）
1955 年	96.85（105.20）	118.49（134.86）	98.38（113.91）
1956 年	96.85（105.20）	118.49（134.86）	98.38（113.91）
1957 年	96.85（105.20）	118.49（134.86）	98.38（113.91）

资料来源：据《上海解放前后物价资料汇编（1921—1957）》第 490—497、560—561 页主要商品价格数据整理计算编制而成。

---

① 见《南开经济指数资料汇编》，第 23 页；《上海解放前后物价资料汇编（1921—1957）》，第 448—450 页；国家统计局《商业统计资料汇编提要》（1950—1957），1958 年。

表4　　　　　　　　　　天津市花纱布价格变动指数

时间	棉花	棉纱	棉布
1950年3月	100.00	100.00	100.00
1950年	80.28（100.00）	84.82（100.00）	81.95（100.00）
1951年	88.78（110.59）	97.85（115.36）	96.62（117.90）
1952年（1—4月）	89.74（111.78）	115.17（135.78）	97.25（118.67）

资料来源：据《南开经济指数资料汇编》第129—137页主要商品价格数据计算整理而成。

从表3、表4可见，两大城市三种商品的价格变动趋势基本一致。以1950年3月为基准，两大城市的棉纱价格都是超过了基准；天津的棉花、棉布价格均未超过基准，而上海的棉花、棉布价格是从1953年、1954年起降到这个基准之下的。如果以1950年全年为基数，则两大城市的棉纱价格一直在上升，且幅度最高；两大城市的棉花、棉布价格，1952年以前也在上升，上海从1953年起开始下降，以后一直保持在1954年的水平上，这与表2中全国的趋势也基本一致。两大城市三种商品的价格变动幅度从大到小是棉纱、棉布、棉花。

应该说，这种内部结构变化体现了这一时期国家价格政策的取向。然而，这样做固然有利于城市工厂恢复和发展生产，但排除其他因素不谈，正是花纱布价格变动的这种内部结构差别对花纱布市场产生了重要影响，也成为花纱布走向统购统销的原因之一。

第三，从以上调价情况可以看到，自1950年6月到1951年10月，棉纱、棉布价格多次调升，而棉花价格提高较少，其中1950年8月还将棉花价格调低，造成棉花与棉纱、棉布交换比价不合理。提高棉花价格既会影响纱厂布厂的生产，也会增加国家收购资金，提高农民购买力，对工业品市场造成冲击，国家对提高棉花价格一直持谨慎态度。但棉花价偏低，其结果是纺纱织布比售棉有利，促成了农村土纺土织的发展。农民存棉或购棉纺纱织布，棉花市价高于牌价，私商小贩抢购棉花，棉花流向农村，上市量减少，国家难以收购。为此，国家曾于1950年10月7日、1951年1月29日和3月22日几次调高棉花牌价或收购比价。不过这几次调高的幅度并不大，整体上棉花与棉纱、棉布的比价仍然偏低。棉花上市时，商贩高价到产地收购棉花，造成价格波动。1951年7月下旬，国家每天棉花收购量不足计划的50%。1951年9月底开始的全国普遍性的棉花价格上涨，既猛且速。这也是上述棉花供不应求、纱厂开工不足、棉纱供应紧张、国家连续调高棉纱价格的一个原因。

但是，机制棉纱价格调高也带动了土纱价格的提升，其结果适得其反，反而更加刺激了土纺土织。各地土纱土布的生产、贩运转盛。而且土布价格无论如何仍低于洋布，因而销售旺盛，影响洋布在农村市场的销售。1952年10月，全国棉布实际销量低于计划销量，而土布则供不应求，江苏、江西、山西、内蒙古等地区土布脱销，市价上扬。① 为此，国家在大量收购棉花、恢复纱厂布厂生产的情况下，为了限制土纺土织，削低对棉花价格看高惜售的倾向，并考虑照顾农民的购买力，扩大机制棉布的农村市场，不得不从1951年11月起，又连续将棉纱、棉布牌价调低。1951年11月底，纱价平均调低2.84%，布价平均调低1.76%。根据上列调价时间表，从1952年2月到1953年12月近两年的时间里，三次调低棉纱价格，四次调低棉布价格，三次调高棉花价格。

第四，1954年9月的棉花统购和棉布统购统销，固然有生产供不应求的问题，但更大程度上是市场上多种矛盾难以调和的结果。这些问题主要有：（1）1953年11月粮食统购统销之后，农民的用粮受到了限制，棉产区农民的粮食也纳入了计划供应范围。棉产区农民的传统习惯是售棉购粮。由于粮食的计划供应，不能满足产棉区农民的购粮需求，因而部分棉农待售而不急于出手；在棉粮交植地区，农民售粮后手中有了钱，也不急于出售棉花，待价而沽。这样，在棉花上市季节，国家的购棉计划大受影响。1953年11月，关

---

① 数字据《商业卷》，第549页；《商情日报》1952年第29期。

内五大区花纱布公司接收合作社代购的棉花量,仅为月计划的76.98%,有的地区收购量甚至低于10月。河南、河北、陕西、湖南、安徽、四川等地棉花市价高于牌价一般在100—600元,湖南私商收购价有的高于牌价1600元,浙江有的地方市价高于牌价50%以上。尽管11月、12月两次提高棉花的季节差价,但情况并没有好转。国家棉花总收购量逐年减少,1952年为108.7万吨,1953年为103.2万吨,1954年为87.1万吨。① 1954年3月3日,中财委发布《关于1954年粮棉比价的指示》,决定适当提高棉花收购价格,以此刺激棉花种植,并扩大国营公司的收购。(2)产粮区农民的传统做法是,在秋后卖出一部分粮食,换回急需的生产和生活资料,剩余粮食则留待以后适当时机,分散出售。粮食统购统销之后,粮食产区的农民将粮食一次性卖给国家,一方面自己留存可供储备的粮食少了,另一方面手中有钱了,于是大量购买棉布,售粮存布从而保值。农民购买力转向棉布,对棉布市场形成冲击。1953年12月棉布销量急剧增加,有的地方出现供应紧张的局面。山东文登县在机织白布脱销后,农民到市场上抢购土织白布,使土织白布的市价每匹上升了10000元。② (3)尽管国家利用价格机制,通过调整花纱布比价和各种差价来协调各方面关系,但是,正如在粮食问题上一样,各个利益群体如私营商业、农民,总是以对自己有利为原则进行选择。不管如何规定价格,他们都会从中找到获利机会,与国营商业进行竞争。例如,1951年11月以后,伴随着棉纱、棉布价格调低过程,仍然存在土洋之争、公私之争。从1951年11月到1953年4月的几次调价,调低幅度是棉纱大于棉布,也就是说,棉纱、棉布比价对棉布有利。其结果一方面是刺激了城市厂商购纱织布的积极性,棉纱销量大于棉布,另一方面是促使农村土纺土织、洋纺土织发展。山东一些地方农民买纱织布,一捆洋纱织成布后可获利5万元。江

---

① 《国内物价》1953年第12、80期;《中国农村经济统计大全(1949—1986)》,农业出版社1989年版,第400页。

② 《国内物价》1953年第38期。

苏省土布利润一般在每匹 3 万—5 万元，农村土布织布机大量增加。仅据江阴县统计，1953 年比 1952 年增加织布机 3000 台以上，甚至有出卖耕牛、土地买织布机，苏州女工不辞而别回家织布的现象。棉花商在市场上抢购棉花，湖南岳阳县棉花市价高出牌价 3 万元，桃源县棉花市价高出牌价 19 万元。① 这就是 1953 年 10 月调高棉纱价格、调低棉布价格的原因，其用意在限制洋纱消费，扩大洋布的农村市场。

与在粮食问题上所采取的行动一样，各利益群体的这种追求利润的行为，对他们来说，正是市场经济下的理性选择。但是，他们的选择与国家计划目标在某些情况下是矛盾的，市价与牌价这种价格调节机制使他们有了可以利用的获利空间。只要存在这些利益群体，国家就不得不付出更大的管理成本和交易成本。尽管这几年棉花和棉布产量不断增加，但是，多个利益群体的存在，分散了稀缺的物资资源，占用了国家更多的资金。为了集中人力物力，保证国家经济建设的顺利进行，对花纱布实行统购统销，可能也是当时成本较低、较为立竿见影的选择。

总之，通过观察粮食和花纱布两类商品市价与牌价的变动及其影响，可以看到：

（1）建国前期，国家运用市场机制来调节资源配置，调节市场供求，协调各种经济关系，从而保证了这个时期经济的快速恢复和增长，应该说这种运用是有成效的。从牌市价的变动关系上看，尽管牌价调整具有一定滞后性，但基本上发挥了指导市价的作用，保证了这一时期物价的基本稳定，引导了资源的流动方向。市场机制也在一定程度上约束了不合理的价格结构，否则就不会有这一时期粮食、棉花价格的调高和棉纱、棉布价格的调低。

（2）市价与牌价并行这种价格运行机制本身就是一种高成本的机制。而这个时期各个利益群体的存在及其市场行为与国家计划目

---

① 《国内物价》1953 年 4 月号；1953 年第 55 期。

标之间的矛盾，更增加了国家在市场管理与市场交易中的成本。这也是主要农产品迅速走向计划购销的原因之一，或许这是更为直接的原因。扩大点说，实际上，除了上述两大类商品，这一时期整个商品市场都是受市价与牌价的变动关系所调节的。尽管国家勉力控制市场，也取得了成效，但以市场为导向的经济与当时的国家计划安排经常相悖。以市价为代表的自由市场所带来的诸多问题令管理者常有按下葫芦浮起瓢之感，大伤脑筋，左右为难。制度变迁的预期成本低于预期收益，或许用这一点可以部分解释建国前期国家的选择和市场变迁问题。

（3）价格政策的规定是受客观规律所决定的，不是主观愿望所能支配的。市价的变动在一定程度上是市场供求关系变动的客观反映，也应在一定程度上是牌价调整的依据。单纯强调牌价对于市价的领导作用，或者价格政策目标不符合客观经济规律，必然会影响价格信号的指引，破坏生产结构的客观比例。建国前期受到资源约束，为了迅速恢复和发展工业生产，为了国家计划的实施，在价格上一厢情愿地规定了一些不合理的工农业产品比价和商品物价，而在市场的作用下，很快就产生了严重后果。最终的选择只能是，要么以改变国家计划目标为代价，顺应市场，理顺价格关系；要么缩小或关闭市场，按既定目标走下去。前者显然不是当时众望所归的选择。最根本的恐怕还是计划与市场的关系，这已经超出了本文的范围，不拟多说。

（原载《中国经济史研究》2002 年第 2 期）

我国的商品检验市场和检验事业

进出口商品检验是国家外贸管理的一个方面。商品检验和鉴定也是国际贸易活动中的一项经济业务,是一种经营行为,有其供求市场。随着中国加入世界贸易组织,对外开放向广度和深度扩展,必将促进对外贸易迅速扩大,商品检验业务将显著增加,市场前景广阔。

进出口商品检验是随着国际贸易的发展、适应进出口贸易的需要而产生和发展起来的一项事业。我国对外贸易历史悠久,但追溯正式的商品检验机构的设立,至今不过百年的历史。进出口商品检验与国家主权和利益密切相关。我国百年来的商品检验史历经曲折发展,从一个方面透视了中国对外关系的变化。值此检验市场即将开放之际,回顾我国商品检验市场和商检事业的变化历程不无意义。

一 新中国成立前的商品检验管理与商检机构

进出口商品的检验和鉴定是对外贸易中的一个重要程序。商检的目的是对法定或委托检验的进出口商品出具客观、公正的检验和鉴定结果,维护社会公共利益和贸易有关各方的合法权益,促进对外经济贸易关系的顺利发展。进出口商品检验还直接影响生产,特别是出口商品检验,起着对内改进和指导生产、对外巩固和拓展国际市场的作用。

中国历史上对外贸易相当繁荣,但是否有正式的商品检验,目前还未见相关的专门研究。中国政府的商检管理正式算起来应始于

1928年。在这之前，为了进出口商品检验的需要，自清末起，也有政府、中国商人团体、中外商人联合以及纯外商设立机构，进行出口商品的质量检验。所检验的商品多为当时大宗出口的农产品、畜产品，如棉花、茶叶、蚕丝、皮革、油类、蛋类、肉类等。这些机构中比较重要的，如天津毛革肉类出口检查所、上海牲肠出口检查所、上海出口肉类检查所、天津棉花烤潮所、宁波棉花检验所、上海棉花查验所、上海万国生丝检验所。这些机构一般各自为政，没有统一的政策和管理，有的时设时撤，形同虚设；有的则被外商所把持，利用在华垄断特权，往往作出不利于中国出口商品的检测。据称1901年在上海周围建立的棉花检验机构有38处。[1] 以上海棉花查验所为例。1901年5月，应当时外国纱厂和棉花出口商人要求，上海道设立了"棉花水气检查局"，对出口棉花、棉纱的含水量标准进行检测。但由于该机构的苛索，不久即被农民捣毁。1902年8月，由花业公所申请自办，成立华商的"上海棉花检查局"。以后，自1916年起，又先后有外商联合或华洋商人联合，组织起"支那棉花水气检查所"或"上海棉花查验所"。这些机构屡撤屡办，华商亦陆续退出，最终检验主权全为外商所控制。直至1929年国民政府上海商品检验局成立，收回外商棉花查验所，设立商检局棉花检验处。又如天津棉花烤潮所。天津是华北地区棉花的集散市场。1912年，天津外商联络华商组织起"棉花禁止搀合会"，成立"棉花烤潮所"，规定凡没有经过烤验的棉花，不予保险。所中事务完全由外商操纵，它们垄断市价，重索强征，华商拒绝前去报验。但因外商保险公司对未经烤验的棉花不予保险，仓库也不存贮，华商不得不屈服。直至1928年，国民政府天津商品检验局成立，设立棉花检验处，并由工商部咨文财政部，令税务司转饬天津常关协助，停止烤潮所的活动。[2]

国民政府的商检管理是中国政府对进出口商品检验统一实行管

---

[1] 《当代中国对外贸易》（上），当代中国出版社1992年版，第227页。
[2] 沈国瑾编：《我国商品检验的史实》，实业部商业研究室印，1934年，第12—21页。

理的开始。1928 年国民政府工商部成立后，为了发展对外贸易，保证出口商品的质量，挽回当时日渐衰落的国际市场，决定加强出口商品检验。工商部首先将原各自为政的官办和商办的各类检验机构接办或收回，统一行政管理。1928 年 12 月 31 日，工商部公布了《商品出口检验暂行规则》，由工商部设立商品出口检验局，同时在主要通商口岸设立商品出口检验局，对出口商品实施检验。施检商品分为生丝、棉麻、茶叶、米麦杂粮、油、豆、牲畜毛革及附属品、其他贸易商品共八大类。1929 年 6 月 10 日，工商部公布《修正商品出口检验局暂行章程》，规定设立商品出口检验局的地方有：上海商品检验局，下设宁波、南京分处；汉口商品检验局，下设沙市、万县分处；青岛商品检验局，下设济南分处；天津商品检验局；广州商品检验局，下设梧州、福州、厦门、江门、汕头分处及香港办事处。其中南京、梧州、福州、厦门几处不久即停止工作。[①] 这是中国政府正式设立机构，制定章程，对商品进行检验的开始。当时所检验的只是出口商品，目的只为防止劣质商品出口，影响国产品的声誉，影响商品输出。1930 年 4 月，国民政府公布了《商品检验暂行条例》。1932 年 6 月经第二次全国商品检验会议修订为《商品检验法》，于 1932 年 12 月 14 日公布实施，同时公布的还有《实业部商品检验局组织条例》。《商品检验法》规定："各种商品之合格标准由实业部定之"，"应施检验之商品非经检验领有证书不得输出或输入"。[②] 这时的《商品检验法》增加了进口商品应行检验的规定。但同时规定，进口外国商品如持有出产国政府的检验证书可以免检。在当时商检实权被洋商所操纵的情况下，对进口商品实施真正的检验只是空想，真正能够落实的仍只是出口商品检验，主要为农副土特产品共 10 余种。

国民政府起初对商品检验实行统制，只有政府设立的商检机构

[①] 沈国瑾编：《我国商品检验的史实》，第 21—36 页。
[②] 孙凤鸣等编著：《外向型企业商品检验实务》，科学出版社 1989 年版，第 4 页；沈国瑾编：《我国商品检验的史实》，第 43—44、89 页。

有权施检。虽然，中国的海关多，但是，设立商检机构的海关却不普遍，并不能对所有应检出口商品进行检验。而且一些未设海关的通海城市也可直接进出口商品。因而当时有人建议，检验主体可不限于政府，也可由各地商会或同业团体，不论中商还是外商，遵照中央检政的法令规定，接受政府检验机构的监督，自行组织检验机构，进行出口商品检验。这是1934年的事。[1] 这一建议是否被采纳实施不得而知。但不久之后抗战全面爆发，很可能不了了之。而在随后10余年的抗战与内战中，出于需要，由中外商人设立了一些商检机构，特别是外商的检验机构，在对中国出口商品的检验中发挥着重要作用，且排挤了政府检验机构。

能否公正地实施商品检验，维护本国利益，并得到国内外商户承认，与国家主权密切相关。国民政府的商检机构和商检法规尽管发挥了一些作用，但在旧中国，商品检验在很大程度上受到外商垄断控制，当时在沿海口岸和内陆商埠开设了许多外国检验机构，如化验所、公证行等。外国资本利用在华特权，不接受中国政府的管理，对外商和华商不平等对待，袒护外商，进行不公正、不负责任的鉴定和公证。国民政府的商检机构和检验结果则很难得到国外商户承认。

二 新中国商检工作的创立和初步发展（1949—1978年）

（一）旧检验市场的关闭

新中国成立后，按照《中国人民政治协商会议共同纲领》和1949年2月16日中共中央《关于对外贸易的决定》，中华人民共和国实行国家对对外贸易的统制。这包括两个方面：对外，强调对外贸易关系中的尊重主权和平等互利，使国与国之间在独立自主的基础上，不受垄断、不受限制、不受歧视地建立起正常的贸易关系。

---

[1] 沈国瑾编：《我国商品检验的史实》，第83页。

为达此目的，中华人民共和国政府在建立自己的独立自主的对外贸易管理体系的同时，逐渐取消外国资本对华贸易中的各种垄断特权，其中包括商品检验特权；对内，逐渐取消私营商业的进出口经营权，进出口业务由国营外贸公司单一对外经营。

1. 取消外商的商品检验垄断特权，停止外商检验机构的活动

新中国成立初期，天津、上海、青岛等地仍有外资商检机构存在，进行出口商品的鉴定、验残、衡量、公证、保险等业务。如天津的英商保禄洋行，做干果、油料油类的化验，及货物衡量业务；瑞商礼惠两合公司，专做出口果品、油类、蛋类的化验业务，等等。上海经营衡量公证业务的多数是外商。这些外商机构拥有一定设备和检测手段，接受商户委托，受到外商信任，有的商户在接受出口货物时指定要求某外商检验机构的检测鉴定。但是，长期以来的特权地位，使这些外商机构一贯藐视中国法律法规，不接受中国政府监督管理，在新中国成立后仍无视中国政府的权威，不遵守新中国的法令，甚至偏袒外商，做出不利于华商的鉴定和公证。如保禄洋行，新中国成立以后不向天津市有关管理部门登记，拒绝人民政府管理部门的调查。1949年12月，湖北轮在大沽口失火，火险验残由保禄作公证，当时有华商永安行装运的火腿受熏烤变质，而保禄硬说无变质不算损失，后永安行不服，委托天津市商检局再行鉴定为变质受损，永安行凭此鉴定与外商船行交涉，得到承认和赔偿。[①]

外商检验机构的存在对中国政府造成的另一问题是，它们在检验时收取较高的费用，一般比华商的收费高出数倍，而且要以外汇支付，并存往境外银行，这就影响了中国政府对外汇的统一管理。在当时外汇紧张的情况下，这也是政府要实行商检管制的一个重要原因。

从1950年起，中国政府陆续停止了各地外商检验机构的活动，由中国政府商检局接办其业务。1950年年初，天津政府首先明令停

[①] 中国社会科学院、中央档案馆编：《1949—1952中华人民共和国经济档案资料选编·对外贸易卷》，经济管理出版社1994年版，第842—845页。

止外商化验所、公证行的活动。同年3月，全国商品检验会议决定，逐渐减少上海外商公证行的业务，直至以政令停止其工作。12月，中央财经委员会批准青岛、上海商检局成立衡量处，与交通部航政局分工接办中外商人的衡量公证、海损鉴定等工作。

2. 替代华商的商品检验经营权

华商的商品检验机构在旧中国受到外商排挤，力量不强，未能建立牢固的国外信誉。新中国成立初期，一些华商检验机构经批准复业或开业经营衡量、理货业务，如天津海务鉴定事务所、海运衡量理货服务社公司等。这是因为政府商检机构尚未设立或尚未做好接办的准备工作。这些华商检验机构名称听起来很像样，实际上规模都很小，设备简单，每月只做一两千吨货物的检验。这些华商检验机构经营的时间都不长。天津、上海、青岛等地华商的商品检验工作基本上是同外商一道被停止的。到1952年年底，大连、广州、上海、青岛、天津等口岸的中外私营公证行都已经当地政府公告不得进行公证活动。这些机构所属化验室、衡量处的一些设备，由政府商检局接收，其雇用的中籍职员，一般予以留用，人数过多的帮助其转业。① 我国的商检市场在国民经济恢复时期已经完全被关闭。

（二）新中国商检事业的开创

新中国成立后，政府即着手建立我国独立自主的商检机构。1949年10月，在中央贸易部国外贸易司内设立商品检验处，并在天津、上海、武汉、青岛、广州、重庆等口岸设立商品检验局。1952年对外贸易部成立后，下设商品检验总局，统一领导和管理全国的进出口商检机构和商检工作。商检部门作为国家统一监督管理进出口商品检验工作的主管机关和独立的对外贸易鉴定机构，对进出口商品实施检验，统一办理对外贸易鉴定业务。到1953年年底，全国商检机构及派出的非常设机构已达51个，商检工作人员也由1950年的559人发展为3708人。②

---

① 《1949—1952中华人民共和国经济档案资料选编·对外贸易卷》，第840—848页。
② 《当代中国对外贸易》（上），第228页。

与此同时，政府开始制定统一的商检政策、管理法规和工作制度。1950年3月，中央贸易部召开第一次全国商检会议，制定了《商品检验暂行条例》，统一了全国进出口商品检验的规章制度、商品检验范围。1950年规定的施检商品，计出口检验27类217种，进口检验6类29种。1951年11月，政务院财政经济委员会公布了经过修改的《商品检验暂行条例》。1951年规定的施检商品，计出口检验36类272种，进口检验7类71种，进出口检验2类15种。① 列入施检的商品，不经商检机构检验并领取证书，不得输出或输入。1954年1月政务院又公布了《输出输入商品检验暂行条例》，通过国家法规将进出口商品检验工作纳入国家行政管理的轨道。1954年的条例一直实施了30年，直到1984年才重新修订。

由于商检人员认真执行商品检验制度，积极改善检验设施环境，提高检验能力和技术水平，中国的商检信誉逐步建立并提高。国内外进行贸易的关系人、航运公司、保险公司开始接受中国商检机构的检验鉴定、公证鉴定，接受以中国的商检证书作为进行交易和解决争议的依据和凭证。1950年，全国商检局共检验进出口商品4.88万批。自1951年建立公证鉴定工作，到1952年的两年中，商检局对西方国家发出的索赔证书得到国外承认赔付的达到85%以上。②

1954年以后，随着外贸领域对私改造的完成，社会主义建设事业的开展以及国际形势缓和，对外贸易逐渐扩大，商检工作逐步加强，国家对进出口商品检验的管理逐渐强化，施检商品的范围也在逐渐扩大。

1958年10月，对外贸易部发布《出进口商品检验工作细则》，规定国家商检工作的范围还应包括进出口商品的残损和短缺检验、重量鉴定、装载出口商品的船舱检验等。

1972年，针对"文化大革命"初期商检事业遭到干扰和破坏的状况，外贸部发出通知，并召开全国商检工作会议，要求把好出口

---

① 《1949—1952中华人民共和国经济档案资料选编·对外贸易卷》，第851、835页。
② 《当代中国对外贸易》（上），第232页。

商品质量关，强调必须加强检验和监督管理工作。通过一系列整顿工作，进出口商品检验和鉴定工作逐步有所恢复。1973年，中共中央和国家计委在有关指示中又特别提出，要加强进口物资的检验。1974年，外贸部调整发布《现行实施检验商品种类表》，又将部分大宗进口商品列入法定检验范围。1978年9月，国家建委和外贸部联合召开全国进口成套设备检验工作会议，总结了1973年以来进口成套设备的检验工作，制定了《进口成套设备检验工作的试行规定》，要求抓好进口成套设备检验工作。

应该说，新中国真正开创了我国独立自主的商检事业。旧中国政府管理的商检实际只有出口商品检验，对进口的洋商品则毫无阻碍地敞开大门。新中国改变了过去的不平等地位，可以对进口商品说不，维护了国家利益。在改革开放前的近30年里，我国的进出口商品检验工作得到了初步发展。检验机构逐步建立健全，全国各省市区、主要港口和主要进出口商品集散地都成立了商检局及其分支机构。检验设备和技术日益先进，培养了一批受过高等教育的技术人员和专家。这些为日后商检事业的进一步发展奠定了基础。

三 改革开放后商品检验的市场化进程（1979年至今）

改革开放为中国商检事业的发展开创了新的局面。为了适应对外开放的形势，加强商检工作，提高商检的地位，并使商品检验逐步适应扩大对外开放和市场化进程，我国对商检工作进行了一系列改革。

（一）改革商品检验管理体制

1949年商检部门建立时隶属于中央贸易部国际贸易司，1952年对外贸易部成立后即隶属于外贸部。1980年2月，国务院作出改革进出口商品检验管理体制的决定，将原隶属对外贸易部的商品检验管理局改为直属国务院的中华人民共和国进出口商品检验总局（国家商检总局），负责统一组织管理全国进出口商品的检验工作和国内外委托检验业务。1980年7月，决定成立中国进出口商品检验总公司，商检公司为国家商检局指定的检验机构。1982年10月，在机构改革和精简中将国家进出口商品检验总局改为国家进出口商品检验局（国家商检局）。随着商检管理体制的改革，为适应商检工作和对外贸易发展的需要，在各省、自治区、直辖市及深圳、厦门经济特区陆续设立了商检局。到1988年，国家在各海运、陆运、空运口岸和主要出口商品产地及商品集散地所设的商检机构共150个。①

1998年3月，为适应市场经济发展和对外开放的扩大，在第四次国务院机构改革中，对原"三检"分立的检验检疫系统进行了改革，即将原国家进出口商品检验局、农业部动植物检疫局和卫生部卫生检疫局合并组建为国家出入境检验检疫局。商检、卫检、动植检"三检"合一实现了我国出入境检验检疫工作"一口对外"，为建立适应社会主义市场经济和国际通行规则的出入境检验检疫管理体制提供了组织保障。1999年6月，国务院批准《全国各地出入境检验检疫机构组建方案》，开始进一步改革地方出入境检验检疫系统。截至1999年11月底，完成了35个直属出入境检验检疫局与295个分支机构的组建工作。这次以"三检"合一、"一口对外"为主要内容的出入境检验检疫系统的机构改革，是我国口岸管理体制的一次重要改革。

与此同时，进行了检验检疫业务改革。在借鉴国际通行做法的基础上，制定了新的出入境检验检疫制度，自2000年1月1日起实施。新的制度从加强执法、提高通关效率出发，与海关建立了新的通关协调机制，实行了"先报检，后报关"的查验制度；以信息化管理为基础，重点推行了一次报验、一次取（采）样、一次检验检疫、一次卫生除害处理、一次计（收）费、一次颁证放行的"六个一次"和"检验检疫一口对外"的监管模式。

新的出入境检验检疫机制的启动，标志着我国通关查验制度在

---

① 《当代中国对外贸易》（上），第239页。

与国际惯例接轨方面迈出了重大步伐,这对于减少环节、提高效率,促进对外贸易和对外开放的发展起到推动作用。2000 年 1—11 月,全国检验检疫系统共检验检疫进出境货物 648 万批次,货值约 2046 亿美元,查出不合格进出口商品货值 12.4 亿美元。2001 年 1—11 月,全国检验检疫机构共检验检疫出入境货物 620 万批,货值 2317 亿美元,共发现不合格货物 3.6 万批,货值 23.45 亿美元。[①]

2001 年 4 月,为了进一步适应建立和完善市场经济体制的要求,加强质量监督和检验检疫执法,国务院决定,将国家质量技术监督局和中华人民共和国国家出入境检验检疫局合并,成立中华人民共和国国家质量监督检验检疫总局。国家质量监督检验检疫总局的成立,为实现政府职能转变,适应社会主义市场经济体制,并为应对加入 WTO 和与国际惯例接轨创造了组织条件。

(二) 制定和完善商品检验法规

把商检纳入法制管理的轨道,是转变政府职能、适应市场经济和对外经济贸易发展的需要。如上所述,我国的《输出输入商品检验暂行条例》自 1954 年 1 月发布实施,沿用了 30 年。随着改革开放的深入,以及国家经济建设的发展,原有的《输出输入商品检验暂行条例》已不能适应对外开放和经济贸易发展的形势,有必要制定和完善进出口商品检验方面的法律法规,以改进和加强新形势下的进出口商品检验工作。

1984 年 1 月,国务院发布了《中华人民共和国进出口商品检验条例》(以下简称《商检条例》)。《商检条例》规定,国家商检局为统一监督管理全国进出口商品检验工作的主管机关,各地商检局及其分支机构负责监督管理本地区的进出口商品检验工作。商检工作的任务是:对规定的进出口商品进行强制性法定检验;对进出口商品和有关单位的检验工作实行监督管理;以第三方的独立地位,凭对外贸易关系人的申请,办理对外贸易公证鉴定业务。实际上,这

[①] 数字据国家质量监督检验检疫总局网,http://www.aqsiq.gov.cn。

次《商检条例》还没有完全摆脱原有规章的框框。并没有对法定检验和委托检验的主体加以区分，规定法定检验和委托检验业务一律由国家检验机构实施检验。《商检条例》还特别规定，在中国境内不得设立外国检验机构。

1987年4月，国务院将制定商检法的工作纳入了国家立法计划。《中华人民共和国进出口商品检验法》（简称1989年《商检法》）于1989年2月21日经第七届全国人大第六次常务委员会通过，于1989年8月1日起施行。这是中华人民共和国成立后的第一部商品检验法。首次以立法的形式确定了商检工作的主体、宗旨、范围等。明确由国家进出口商品检验部门主管全国进出口商品检验工作，对全国商检部门实行集中统一的领导体制；商检工作的目的是保证进出口商品质量，维护对外贸易有关各方的合法权益，促进对外经济贸易关系发展；各地商检机构负责对规定的商品实施强制性检验。1989年《商检法》的颁布实施，标志着中国进出口商品检验和监督管理进入了法制管理的新阶段。

1989年《商检法》是根据当时的经济发展和要求制定的，随着我国市场经济的逐步深入和扩大，国家进出口商品检验管理体制几经改革和调整，特别是扩大对外开放和加入世贸组织的要求，原有《商检法》中的一些管理规定已不适应新形势、新情况。2001年，根据我国入世进程，国家适时地组织了对《商检法》及与WTO相关的法律、规章及规范性文件的清理，修改、废止和停止执行了一批不符合WTO规则的法律和规章。2002年4月28日第九届全国人大常委会第二十七次会议审议通过了《商检法》修正案（简称新《商检法》），于2002年10月1日起正式施行。这是我国入世后修订的第一部法律修正案，是我国履行对外有关承诺的具体体现。

与以往的《商检条例》和《商检法》比较，新《商检法》在适应市场化改革和入世要求方面做了重要修改：

（1）对商品检验目的的规定既符合世贸规则，又符合我国实情。《商检条例》和1989年《商检法》强调立法目的在于加强商品检验工作，保证进出口商品的质量，维护对外贸易有关各方的合法权益和国家信誉，促进生产和对外贸易的发展，为国家经济建设服务。新《商检法》增加了"规范进出口商品检验行为""维护社会公共利益"的规定。

（2）确认多种检验主体的合法性。新中国成立初期检验市场被关闭，商检工作即由国家商检部门统一管理，法定检验和委托检验鉴定均由国家商检机构或国家商检部门指定的检验机构实行，商检工作只是国家行政管理的一部分。在对外方面，《商检条例》还特别规定，中国境内不允许设立外国检验机构。

1989年《商检法》取消了中国境内不允许设立外国检验机构的条款，同时还规定，国家商检部门和商检机构根据需要，通过考核，认可符合条件的国内外检验机构承担委托的进出口商品检验工作，即已经不把商品检验鉴定仅仅视为国家的行政管理行为，放松了民间资本的商检市场准入资格。新《商检法》进一步明确规定，列入国家规定的进出口商品检验目录的商品，由商检机构实施检验；商检机构和经国家商检部门许可的检验机构，依法对进出口商品实施检验；经国家商检部门许可的检验机构，可以接受对外贸易关系人或者外国检验机构的委托，办理进出口商品检验鉴定业务。即新《商检法》进一步明确了对从事进出口商品检验鉴定经营活动的民事行为的检验资格准入，明确界定了行政执法性质的鉴定工作与民事行为的检验鉴定业务，取消了国家执法机关（各地商检机构）接受委托检验鉴定业务的规定，把作为民事行为属性的委托检验鉴定活动彻底分离出来，按照市场规则运作。这些条款为检验市场的开放提供了法律基础和保障。

（3）对法定检验内容、检验依据标准、商检监管等的规定和表述更符合国际通行规则。如新《商检法》增加了保护人类健康和安全、保护环境、防止欺诈行为、维护国家安全等条款，修改了一些容易引起争议的带有商业性的条款。

《商检法》的修订和完善使我国的商检工作更好地适应新形势的

要求，符合世贸组织的相关规则，也进一步推动了商检工作的改革，使之更好地为国家经济建设和对外贸易的发展服务。对推进我国的对外开放，进一步与国际接轨，走向国际市场，将发挥重要作用。

（三）近年来我国商品检验市场的建立和发展

进出口商品检验和鉴定分为法定检验和委托检验。按照现行法律规定，法定检验属于国家行政管理和执法行为。法定检验的进出口商品目录由国家商检部门制定，并由国家执法机构即各地商检机构实施检验。而对外贸易关系人对进出口商品要求进行的委托检验，在商检市场开放前也被纳入行政管理，只有国家商检机构和由国家商检部门指定的检验机构才能接受当事人的委托实施检验。1980年7月成立的中国进出口商品检验总公司实际上只是国家商检局指定的检验机构。委托商品检验鉴定业务的经营性质一直未被承认。

如上所述，1989年《商检法》在取消中国境内不允许设立外国检验机构的条款的同时，也放松了民间资本的市场准入资格，意味着商检市场的合法开放。经国家商检部门和商检机构考核认可的国内外检验机构均可以承担委托的进出口商品检验业务。尽管如此，由于历史原因，商检市场上真正有实力的，可以说是占据垄断地位的还是国家商检机构，即中国进出口商品检验总公司（CCIC），以及各地商检部门下属的商检公司。

中国进出口商品检验总公司成立于1980年7月。[①] CCIC主要根据客户的委托，从事进出口商品检验、进出口商品鉴定业务及其他服务业务。同时也根据国家质检局的指定，进行国家法律规定的进出口商品检验。从规则上说，CCIC是按国际惯例建立和运作的，其地位是独立的，与贸易各方没有利益上的联系，可以客观、公正地维护对外贸易有关各方的正当权益。经过20多年的经营，到2002年，CCIC已在全国31个省、直辖市、自治区及厦门、深圳等地设

---

① 以下资料和数据来自国家质量监督检验检疫总局网，http：//www.aqsiq.gov.cn。

有36家分（子）公司。CCIC还积极开拓国外市场，开展国外检验业务和承担外国检验机构委托的检验工作，目前已在美国、德国、荷兰、法国等10多个国家设立了海外公司或代表处，同日本、美国、法国、英国、德国等10多个国家和地区的100多家客户建立了业务关系。

此外，各地商检公司也在积极开拓国内外检验市场。随着对外贸易的发展，随着外商投资的扩大，检验业务也随之增加。各地商检公司抓住机遇，创造条件，承揽委托检验鉴定业务，检验市场也在扩大。

2001年10月，由中国质量检验协会牵头，由覆盖华北、华东、华南、西北、西南、东北等地区的10家产品质量监督检验所联合组建成立了全国第一家跨地域、具有综合检验职能的质量技术服务机构——中国质检联盟（CTA）。CTA各成员单位打破地域限制，统一运作，互利合作，得到消费者和企业的认可。成立一年多签约客户即由初始的40多家，发展到300余家。业内人士指出，组建有中国特色的质检联盟，是中国检验市场走向成熟的标志，也是中国检验事业发展壮大、增强抵御风浪能力的必由之路。

近年来，随着我国市场经济体制的逐步建立，特别是入世以后，根据我国的有关承诺，中外合资、外商独资及中资各种形式的检验鉴定机构相继成立，国内进出口商品检验领域将进一步开放，一些知名外国检验机构将大举进入中国市场，中国检验机构面临前所未有的复杂的竞争局面。原有的国家商检体制已不适应市场化的要求。原有体制关系下形成的中国商检总公司，以及各地的商检公司，表现出许多体制上的不适应，迫切需要改革原有体制关系，转变政府职能，实行政企分开。

从2002年至今，国家质检总局对商检公司进行了与行政彻底脱钩的机构改革。改革的目的是按照市场经济体制要求，组建符合现代企业制度的中国检验集团，创造中国检验业名牌机构，参与国内外市场竞争，力求生存并占有一席之地。2002年10月和12月分别召开的全国商检公司体制改革座谈会和商检公司体制改革工作会议决定，商检公司要抓住机遇，通过改革，全面建立现代企业制度。改革要有利于政企分开，行政管理部门不能直接参与经营管理，商检公司在人、财、物上与行政机关彻底脱钩；要转变观念，借鉴国际知名检验机构的先进管理经验和现代管理手段，重组国内检验鉴定、认证、检测业务，创造具有竞争力的中国检验集团。

我国的检验事业正在经历一场深刻的变革。新中国的成立为发展中国独立自主的商检事业创造了条件。但在改革开放前，更多的是从国家主权方面来认识问题，在统制对外贸易的政策下，单纯强调国家统一管理和监督，将商检（以及其他检验检测业务）单纯纳入国家的行政管理，包括其具有经营性质的一部分业务。同时关闭检验市场，不允许民间经营，不论是中商还是外商。改革开放后，由于涉及对外关系，检验领域的市场化进程较其他领域的步伐为慢。我国加入世贸组织推动了检验领域的改革，促进了检验市场的开放步伐。随着检验市场的全方位开放，我国的检验事业必将走向全面发展的新阶段。

（原载《当代中国史研究》2004年第1期）

老字号商业企业的经营管理

我国历史上的私营商业、特别是一些老字号企业在长期经营中形成了许多好的、适合企业发展的经营管理制度。这些经营管理制度是我国商业企业经营管理方面的优秀历史遗产，也是商业营销中不受历史时间限制的通用原则。在改革开放、搞活市场和流通的今天，大量私营、个体商业重新涌现。在新的形势下，这些企业尤其需要加强自身的经营管理，降低成本，提高效益，在激烈的竞争中求得生存和发展。因此，整理和研究历史上老字号商业企业成功的经营管理经验，有其现实借鉴意义。[①]

本文所述内容来自新中国成立初期对一些老字号商业企业的调查访问材料。其经营管理制度包括许多内容，这里只谈零售企业的进货、销货和加工制度。这些制度完整而又复杂，适应不同行业、甚至不同商店的特点，各有特色。但多数都没有详细的文字记录，而是通过世代相传，师徒传授，一代一代流传和保留下来，并不断有所改进。因此，把它们加以归纳整理就更显示出其必要性。

一 老字号商业企业的经营类型

从经营类型上看，老字号商业企业可以分为两类：一类是单纯

[①] 本文写作参考资料有《北京市七家公私合营商店经营制度的调查和初步意见》《南昌市小商店进货的历史情况调查》《从天津劝业场看今天进货中的几个问题》《上海市公私合营商店在私营期间的一些经营特点》，分别载商业部编《商业工作》1956年第19、25、33、34期；商业部《小商品座谈会纪要》1961年5月27日。

从事购销业务，即购进商品然后售出，如经营土特产、百货、日用小商品、绸布等商品的企业，这类企业在管理上有进货制度、销货制度；另一类是带有加工的，有的有自己的加工作坊，即通常所说的前店后厂式的经营，如一些酱菜、腌腊制品、茶叶、糕点企业，这类企业在管理上有进货制度、销货制度以及加工制度。老字号企业很多都是后一类企业。

二 老字号商业企业的经营管理制度

按照现代企业管理制度，企业的进、销货和加工，属于业务管理。而从财务管理上说，都属于成本管理范畴。即以较低的购进成本，购入商品或原料，进行有效率的加工，并以较快速度、较好的服务将商品销售出去，达到降低成本和费用，加速资金周转，提高企业经营效益的目的。企业资金是有限的，特别是一些中小企业，必须勤进快销，最大限度地避免商品和资金的占压。为达到这一目的，需要一系列的制度保证。历史上的老字号企业在这方面留下了很多值得借鉴的经验。

（一）进货

一般正规的商业企业，特别是老字号企业，都有一套广泛的信息网络和严格的进货制度。目的是保证所销商品能够紧跟时尚潮流，适销对路，在质量、花式、品种、价格等方面，都能赢得消费者的信誉，从而迅速销售出去，回笼资金。

其一，广泛多样的商业信息网。老字号企业，以及一些大企业，在长期经营中都建立了广泛多样的商业信息网。这些信息网能够保证企业在第一时间了解最新市场行情，掌握商情动态。

（1）外埠坐庄。一些较大的企业都派有专人，常驻外地产地或大城市，叫做"坐庄"（相当于现在的采购员）。小商号一般是几家联合派人"坐庄"。这些人负责了解当地及附近地区的产品信息，如最新产品、流行花色式样、原料市场供需情况、价格变化等，根据行情直接从产地进货。有的小商号没有能力派出人员，就通过大企业的"坐庄"了解行情。直接从产地进货，既能做到及时，又可减少商品周转环节，从而减少流通费用。

（2）通过"跑街"（即工厂或批发商的推销员），与工厂或批发商加强沟通。"跑街"，顾名思义，是一类经常在市面上串商店、了解行情、通报信息、做宣传的人。商店通过"跑街"与工厂建立联系或协作关系，一方面了解工厂的最新产品情况，及时推向市场；另一方面向工厂反映商店的销售行情或要求，提供给工厂作为调整生产、改进产品、翻新花样的参考。通过这种渠道，企业进货可以达到快、新、省（省时、省力、省资金）。

（3）与产地工厂或批发商建立关系，及时通信采购。工厂或各地的代理商会经常向零售商来信来函，通报行情，商店认为价格合适就去进货。

其二，为了组织好进货，老字号企业有一套严格、慎重而又灵活的采购制度。

（1）专人采购。进货是商店业务的重要环节，一般都由富有经验、认真负责的人来担任。在制订采购计划时，首先由"报柜的"（即业务负责人）、售货员和采购员分别提出进货意见，由经理根据大家意见作出决定。主管采购的人员，根据情况变化，对采购商品的品种、数量等有采购决定权。这种灵活的制度可以避免由于计划赶不上变化而造成亏损。

（2）选择产地或定点定购。为了保证进货质量，老字号企业都很注重选择所购商品的产地，一定要从那些著名的、产品质量优良的产地进货。有些特殊需要的农产品原料和加工品，如海产品、干果等，则组织农民和加工户专门生产，以保证本商店特殊需要的质量。有的固定产品，商店会同产地农民建立起经常联系，对产品质量提出要求，定购并进行质量验收（这些类似于现在的公司加农户的模式）。如上海的邵万生南货店，经营的紫菜是选择佘山出产的灯塔菜，质松而鲜，无泥沙；制作甜酱瓜的原料都是直接向苏州采购的童子瓜；真藕粉的采购，要求产地农民将产品剔除芜杂，由商店选样订购，并对质量进行验收。

（3）看货和试销。对新商品或有各种不同牌号、规格的商品，商店不了解销售情况的，采取先看样、少进试销的方式，然后根据销售情况决定多进或不进。这就避免了盲目进货而造成商品积压，影响资金周转。

（4）批量采购和零星采购结合。大众性的、好销的商品实行批量进货，有些价值较高或销量较小的商品，则零星进货。这样既防止资金占压，又不致商品不全。老字号，以及一些著名商店，为了维护商店声誉，特别注重花色品种的齐全，总是收购各档商品，备足花色、式样、规格，以满足消费者的各种不同需要。上海南洋袜衫百货公司，经营的各种袜子有680多种，针棉织品650多种。福源百货商店以经营缝纫用品著名，所经营的各色花边、滚条、丝线、纽扣、缝纫机零件等有680多种。培丽土产商店专门经营全国各地的著名土产品，最多时有六七百种。北京东安市场的稻香村，经常保持七八百个品种的商品。商品齐全，容易吸引顾客，客流量大，商品和资金流通就快。

（5）采购方式多样化。根据商品情况分别采用不同的采购方式，如定期收货、电话要货、函购等。一些手工业制品，是由商店自行设计花样，交工厂或作坊生产后进货。时令商品或某些商品将发生脱销时，商店会立即与厂方联系，设法赶产，以赶上供应。季节性商品提前做好准备，先收先运，赶早上市，保证时鲜，特别是那些经营土产、南货等商品的企业，像上海的邵万生、三阳等南货店，尤其注重进货的时效，很少造成商品积压。

（6）严格验收，加强储存保管。对于所进货物都由业务负责人严格执行验收制度。验收后交给专人保管。各商店都很重视货物保管，保管员要忠厚、可靠、勤劳。既要保证库存货物的安全，又要防止变质。保管得当，就可以大大减少商品损耗，节约资金。

其三，购物实行优质优价原则：采购的商品和原料，特别是特殊需要的原料和商品，实行优质优价选购，以保证本店产品或商品的独特品质。

（二）销货和服务

销售是商店经营的中心环节。企业经营的最终目的就是把商品尽快顺利销售出去，加速商品和资金的周转，实现企业经营效益。为了扩大推销自己的商品，各个老字号企业都创造了一系列灵活多样、服务周到的销售方式。

其一，广泛宣传，加强与客户的联系。及时周到的宣传可以缩短顾客了解信息、选购商品的时间，从而提高经营效率，节省企业的运营成本。

（1）老字号、大商店都有专人分片负责，与机关团体等客户保持经常的联系，将本店的商品情况，特别是新产品，及时介绍给客户。

（2）"门票"宣传。老字号一般都有"门票"。"门票"上印有对本店商品的宣传介绍，相当于现在的广告。在出售商品时，将"门票"盖在外包装上。顾客购买了商品，也将商品信息带了回去，扩大了宣传效应。

（3）橱窗宣传。橱窗布置是一门学问。一般零售商店，特别是著名老字号商店，非常重视商店陈列和橱窗布置。如上海开开百货商店经常组织工作人员共同研究商品陈列方式。根据季节变化迅速变换橱窗布置，根据商品的色彩形态，美观而醒目地加以排列，有的还加以文字介绍。富丽绸布店将畅销的和滞销的花色，巧妙、协调地布置在一起，加以衬托，造成联系效应，引起顾客对滞销花色的注意，产生购买愿望。南洋袜衫百货公司指派专人负责，规定每月定期调换橱窗商品的次数，使新产品和需要推销的商品能够及时陈列与顾客见面。

其二，扩大推销，方式多样、灵活。

（1）除了在店堂销售外，商店推销员还持货上门推销，也可以电话订货。

（2）赊销。

（3）食品可以先尝后买，物品可以随意拣选。

（4）适应不同顾客的不同需求，拆整为零或凑零为整销售。也可以根据顾客的特殊要求，接受零星的加工订货。

（5）很多大型商店都有定额礼券（相当于现在的购物卡），顾客可以买来馈赠亲友，实际相当于增加了订货。

其三，按质论等，分价出售。对购进商品除原有包装好的以外，一般都要再经过整理、挑选、分类，把商品分级论等按不同价格出售，优质优价，低质低价。邵万生南货店规定，对经营的各色商品"不经整理不出门"。其经营的红枣要选"特特王"，经多次日晒，直到干透。

其四，注重包装。不同的商品有不同包装法，售货员按照一定方法包装，包出来美观牢固。有的商品（如糕点、酱菜等）是有固定包装的，如盒装、罐装、瓶装，这些包装也都注重精美、新颖、灵巧、结实，能够吸引顾客，也可减少商品损耗。

其五，以优质的服务吸引客户。服务质量的好坏直接影响商品流通额的大小，影响企业的经营效益，甚至生存。因此，老字号企业都特别重视服务质量，在服务方面创造了许多好的经验和制度。

（1）代买商品、代客送货。顾客需要的商品本店没有的，商店可以从其他处代买。顾客要求送货的，不受远近限制，不受购物量限制。

（2）售出的商品可以退换，手续方便。很多商店采取"包退包换"的方式来抓住顾客，扩大销售。

（3）提高售货员的服务素质，这是提高服务质量的保证。企业都订立售货守则，对售货员进行约束。如售货时不许抽烟打闹，不许和顾客吵架，服装必须整洁，对顾客要热情、有礼貌等。要求营业员熟悉业务，掌握所经营商品的各项知识，熟练基本功，充分了解顾客心理和需要，针对不同年龄、性别、职业的顾客能凭经验介绍不同的商品。

（4）搞好店容店貌，创造舒适的购物环境。如门市设座位，供顾客休息之用；代存物品，使顾客轻松购物等。被顾客挑选乱的货物随时整理，保持店铺整洁，并方便下次销售。较大型的商店（如大的绸布店）一般设有专职理货员，在营业时间随时将每次交易后堆放散乱的布匹归位。不专设理货员的，则由工作人员抽暇帮助整理。

（5）加强售货监督。商店有"报柜的"，经常在店内巡视，监督售货员的服务，防止顾客拿走商品，解决争端，并了解消费者需求情况，以便改进业务。这种做法有些相当于现在的"值班经理制"。

（三）加工生产

糕点、酱菜、腌腊、中药等都需要加工。原料采购进货以后，进入加工环节。许多老字号商店都是工商兼营，有的有自己的加工作坊，自产自销；有的是与独立工场保持固定的协作关系。每一著名产品都有独特的做法和秘诀。为了保证本店产品的独特风味和上乘的质量，维护本店信誉，每个商店都有适应本店产品的一套严格的加工制度。

其一，选料与配料。为保证质量和特殊风味，各店都有一套严格的选料办法。原料必须经过精选，符合一定质量和规格，不符合要求的不准使用。如邵万生南货店经营的糟鲥鱼，一定要选肚身结实，每条四五斤。配料（或配方）由老师傅亲自严格掌握。

其二，做法考究，严守工序。每种产品都有严格的操作工序，不能随意减省、取巧或打乱。有的原料（如海产品）保鲜期较短，一般在产地预先按质量要求，组织农民挑选整理或初步加工，经验收后再运到店铺加工。邵万生南货店经营的糟黄泥螺，一向从沈家门认母渡采购，拣选粒壮无泥的，就地组织农民清腌整理，经过三次筛选，使颗粒均匀，再运沪加工。

其三，划分工种，明确分工。传统的加工制作全靠经验。经验多，才能技术熟练，保证质量。所以，加工时必须有所分工，不同工种的人不能乱插手，严格分工。

其四，验收。老字号商店都有产品的检验标准，要求严格遵守，以保持本店信誉。

以上进货、销货、加工制度都是在长期实践中通过不断总结经验教训而逐渐建立起来的，对于保证企业经营的低成本、高质量、高效益发挥了积极作用。老字号企业一般都是经过数十年、上百年的经营发展起来的，其管理制度许多是合理的，有的至今仍在发挥作用。当然其中也有一些陈规陋习，有一些不合理、保守的部分，如已经形成的制度不能轻易改变，妨碍了产品的改进。这些陈旧的内容已经被今天新形势下的企业摒弃了。在当今开放搞活的形势下，对于企业经营来说，特别是中小企业来说，更重要的是总结和吸收历史优秀遗产，为现实服务，即利用其中合理、有益的成分，与现代化管理相结合，使企业不断发展壮大。

（原载《新理财》2004年第9期；收于中国商业史学会会刊《货殖》第四辑，黄山书社2008年版，文字有修订）

"一五"时期的投资与制度变革

1953年开始的第一个五年计划，标志着我国高速度、大规模经济建设的开始。相应于此，首先就是大规模的国家基本建设投资。我国以速度为中心、靠投资拉动的经济增长方式自"一五"时期开始形成。投资增加意味着资源需求增加。在当时物质资料的生产赶不上投资需求的情况下，资源紧缺状况很快凸显。自"一五"时期起，我国长期性资源短缺形势开始形成。"一五"时期又是我国计划经济体制初步建立的时期。在这个时期，我国基本完成了对农业、手工业和资本主义工商业的社会主义改造，对整个国民经济的计划管理迅速加强，主要工农业产品开始实行计划购销，商品市场逐渐萎缩。"一五"时期，我国的经济体制与制度发生了重大变革。

上述变化，归根结底是资源供求状况及其配置方式的变化。在这两者之间存在着必然的联系。在以往关于"一五"计划的研究中，存在两点不足：

其一，对于这个时期的经济建设和发展，对于这个时期的制度变革，都分别有不少研究，但对这两者之间的联系研究不够；

其二，对于"一五"计划的成就说得较多，而对这一时期的失误和教训，及其对长期后果的影响说得不够。为此，本文拟对"一五"时期的投资与制度变革的关系略作探讨。

一 "一五"时期的投资是个连续大起大落的过程

在"一五"计划编制过程中，对于增长速度的安排，原是本着稳步发展的指导思想来制定的。李富春在1953年9月15日全国政协常务扩大会议上所做的报告中,提出编制第一个五年计划应注意的两个问题,首先就是要贯彻"重点建设、稳步前进"的方针:稳步前进,就是既要反对冒进,又要克服保守;在确定"一五"计划的发展速度时,必须建立在客观可靠的基础上,反之,只凭主观愿望,实际办不到的事情硬要去办,就是冒进;不能贪多、贪快,但要克勤克俭,努力向前。①

但是,"一五"计划的指标实际到1955年年中才最终确定下来,这时"一五"计划的时间已经过半。关于稳步前进原则,在1953年的实际投资中已经被突破(见表1),投资需求大大超过了各项物资的供给能力。也就是说,"一五"计划的实施从一开始就出现投资"过热"。后来把1953年称为"小冒进"(实际从投资增速上说,这一年是新中国成立后所有年份中增速最高的一年,恐怕不能称之为"小"冒进)。而且由于这一年的冒进,为以后几年的计划安排和建设带来一系列问题,1954年、1955年两年不得不压缩基本建设投资,降低发展速度,这也为1956年的又一次冒进提供了"理由"。

表1　　　"一五"时期基本建设投资额及环比增长速度

年份	计划投资 投资额（亿元）	计划投资 比上年实际投资额增长（%）	实际投资 投资额（亿元）	实际投资 比上年增长（%）	实际与计划之比（%）
1953	74.3	70.57	80.01	83.68	107.69
1954	78.3	-2.14	90.62	13.26	115.73
1955	97.9（91.7）	8.03（1.19）	93.02	2.65	95.02（101.44）
1956	147.35（140）	58.41（50.51）	148.02	59.13	100.45
1957	111.0	-25.01	138.29	-6.57	124.59

---

① 中国社会科学院、中央档案馆编:《1953—1957中华人民共和国经济档案资料选编·综合卷》,中国物价出版社2000年版,第396—397页。

续表

年份	计划投资 投资额（亿元）	计划投资 比上年实际投资额增长（%）	实际投资 投资额（亿元）	实际投资 比上年增长（%）	实际与计划之比（%）
国民经济恢复时期合计	—	—	78.36	—	—
"一五"时期合计	427.4	—	549.96	—	128.68

注：1955年、1956年的计划数字，其中括号中的为年底或年中修改计划后的数字。

资料来源：中国社会科学院、中央档案馆编：《1953—1957中华人民共和国经济档案资料选编·固定资产投资和建筑业卷》，中国物价出版社1998年版，第266页；《当代中国的计划工作》办公室编：《中华人民共和国国民经济和社会发展计划大事辑要1949—1985》，红旗出版社1987年版。增长速度百分比系根据表中数字计算得出。

1982年，国家对基本建设投资的统计范围有所改变。为与历年数字可比，国家统计局对1981年以前的基建投资数字做了调整。按照调整后的数字，"一五"时期的国家基本建设投资额及增长速度见表2：

表2 1982年调整后的"一五"时期基本建设投资额及增长速度

年份	基本建设投资额（亿元）	比上年增长（%）
1953	90.44	107.6
1954	99.07	9.5
1955	100.36	1.3
1956	155.28	54.7
1957	143.32	-7.7

资料来源：国家统计局编：《中国统计年鉴1983》，中国统计出版社1983年版，第323页。增长速度百分比也是根据表中数字计算得出。

从以上两表可见，我国的基本建设投资规模，五年当中，除了1957年的投资额比上年略有缩减外，其他年份都是呈上升趋势。"一五"时期的五年比国民经济恢复时期的三年增加了471.6亿元，增长6.02倍。1953年一年的投资额比恢复时期的三年总计还要多。

1953年、1956年两年的投资规模大幅度增长,均远高于同期工农业总产值(分别为14.4%和16.5%)和国民收入(分别为14%和14.1%)的增长速度。

而从增长速度看,五年中则呈现出两个大起大落的过程。1953年投资规模计划增长70.57%,实际增长83.68%(按照1982年调整后的数字为107.6%)。1954年压缩基本建设规模,计划指标比上年实际投资指标减少,即为负增长,而实际投资增速为13.26%,也比1953年大大降低。1955年年初计划增长8.03%,年底修改为1.19%,实际增长2.65%,比1954年继续下落。1956年是第二个"冒进"年。即使按照年中"反冒进"修改下调后的数字也是不低的。这一年的实际增长率为59.13%(按照1982年调整后的数字为54.7%),与年初计划指标大体相当,高于年中下调后的指标,而远高于上一年的增速。以往把1953年称为"小冒进"(投资总额比上年增加36.45亿元),把1956年称为"大冒进"(投资总额比上年增加55亿元),这是从投资的绝对数额来说的;如果从增长速度来看,则1953年要远高于1956年。1957年,计划指标与实际增速同上年相比,都是负增长。计划为-25.01%,下降幅度较大,实际为-6.57%(按照1982年调整后的数字为-7.7%)。

如果按照1982年调整后的数字来看,这几年的波动幅度就更大了。从统计资料上看,在新中国成立以后的历次五年计划执行情况中,投资增长率波动起伏最大的,除了"二五"时期外,就是"一五"时期了(见图1)。在大规模经济建设开始的初期,投资大幅度增加本是必然的。但投资增长速度在五年当中,两次大起大落,对经济的平稳、快速、协调发展是不利的,也违背了"一五"计划制订时的初衷。

二 投资增长对生产资料和消费品供求的影响

国民经济恢复时期的基本建设投资以恢复、改建旧有企业为主,

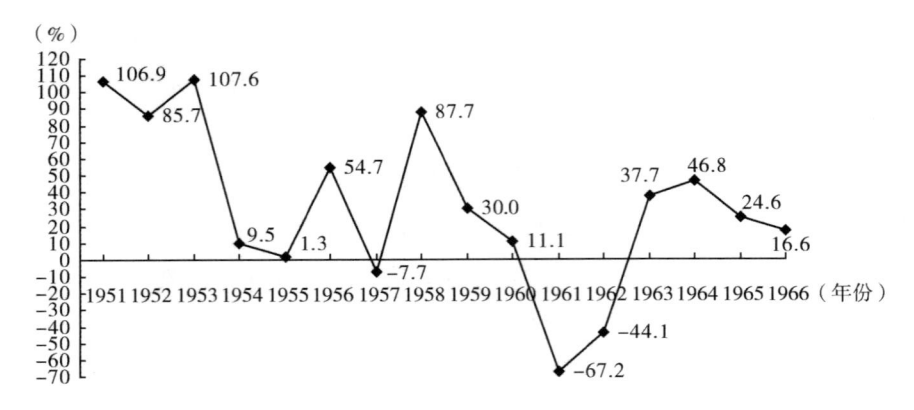

图1　1951—1966年基本建设投资环比增长速度

且投资规模总量要小得多，因而尽管这个时期的投资增长速度较快，但物质资源供求的矛盾还不突出。进入"一五"时期，基建投资的性质转变为以新建为主，建设对象都是一些规模巨大的工程，这就意味着对建筑材料、机械设备、工具器具仪器以及消费品等需求的增长。而1953年、1956年的两次投资"过热"，使需求在短时期内剧增，超过了物质资源的可供量，供求严重失衡，引起物资全面紧缺，物价上涨，人心浮动。这两年，以及由这两年而引起的以后年份的资源紧张、经济波动，是导致后来各项国家计划调节措施陆续出台的重要原因之一。

我国计划经济下的物质资源是通过两条渠道进行分配的。一条渠道是，大部分生产资料由国家直接掌握，并由计划和物资部门按计划分配给生产单位，这部分生产资料被称为"物资"，这种分配方式称为"物资调拨"；另一条渠道是，每年按照计划安排，将一部分生产资料以及全部消费品分配给市场，由商业部门供给生产单位（轻工业、手工业、农业）和消费者的需求，这部分生产资料和消费品称为"商品"，这一分配方式称为"市场供应"。"一五"时期是计划经济体制逐步确立的时期。从经济运行上说，在这个时期，物资供应的计划调节开始加强，通过国家直接调拨的物资比重加大，但市场供应也还占有不小的份额。

国家统计局根据 1955 年和 1956 年两年的资料，估算了当时由基建投资所产生的对社会物质产品（包括生产资料和消费品）的需求比例，以及其中通过市场购买的比重。① 由此可以推知"一五"时期基本建设投资规模的扩大与物资供求的关系，以及对商品市场的影响。

根据估算，这两年实际完成投资总额 226.17 亿元，其中直接或间接用于取得生产资料和消费品的约占 87.9%，即 198.71 亿元，用于取得生产资料（建筑材料、机械设备、工具器具仪器）的数额为 158.92 亿元，约占 70.3%，通过工资或其他基建费用等形式用于消费品的数额为 39.79 亿元，约占 17.6%。

这些需求的实现，大部分是由国家计划调拨的。还有一部分是通过市场实现的，包括从各种经济类型的商业机构购买的一部分生产资料和几乎全部消费品。据估算，这两年，投资总额中通过市场购买的数额为 70.2 亿元，约占 31%，如果加上居民从事运输建筑材料等工作取得的劳务收入，则通过市场实现的比重在 1/3 左右。1955 年、1956 年是"一五"计划的第 3、第 4 年，物资的计划分配比重已经加大。此前，通过市场分配的比重还会更大。

基建投资规模扩大的结果，从生产资料供给方面来说，首先就是国家直接掌握分配的物资不足，供应紧张。其次，在物资供不应求的情况下，就会压缩对商品市场的生产资料供应量，造成市场上生产资料供应紧张。就消费品来说，1955 年、1956 年两年，由基本建设投资转化的社会购买力（工资和其他基本建设费用等转化的消费品支出）约占全国社会购买力总额的 4.6%。1956 年，由于基建投资增加而增加的社会购买力约占全国社会购买力增加总额的 14%。社会购买力增速较快的直接结果即是消费品的供不应求。造成"一五"时期物质资料供应紧张的原因是多方面的，但基本建设投资的迅速扩大，增速过快，应是其主要原因。

---

① 国家统计局：《经济研究资料》1957 年 7 月 29 日。由于资料来源不同，这里的数字与上述基本建设投资额的数字略有出入。

也正是 1953 年和 1956 年的两次大起、增速失控、需求增长速度超过生产增长速度所造成的物资供求严重不平衡，导致随后年份的大落，以及在计划安排方面的被动与不断修正调整。

从当时的许多资料来看，物资供应紧张状况正是从 1953 年开始出现的。① 建筑材料、原材料、燃料、日用工业品、农副产品全面紧缺，是这个时期物资供求关系的新特点。

（一）生产资料供应不足

由于对煤炭、木材、水泥等生产物资的需求增大，主要物资由国家直接分配的范围逐步扩大，同时每年分配给商业部门供应市场的数量和比重逐年降低（见表3）。

表 3　　　　　1953—1956 年分配给商业部门的物资
占当年总分配量的比重　　　　单位：%

项目＼年份	1953	1954	1955	1956
煤炭	43.5	42.6	43.9	40.9
木材	13.8	31.1	32.8	31.0
水泥	13.2	13.1	9.6	8.6
生铁	7.7	8.4	1.6	0.2
钢材	28.6	24.5	9.7	2.8
有色金属	9.0	5.3	4.5	0.8
烧碱	32.4	27.4	6.7	0.4
纯碱	42.2	38.0	32.0	16.4
柴油机	45.4	30.6	6.8	0.8
发电机	4.8	28.9	0.7	2.3
机床	17.4	16.9	1.6	0.1
变压器	13.3	2.8	0.2	0.5

资料来源：中国社会科学院、中央档案馆编：《1953—1957 中华人民共和国经济档案资料选编·综合卷》，第 1088 页。

---

①　参见中国社会科学院、中央档案馆编《1953—1957 中华人民共和国经济档案资料选编·商业卷》，中国物价出版社 2000 年版，第 9—15 页。

表3各项物资中，煤炭数量变化较小，木材数量1954—1956年是在增加，这两项是由于供应民用的数量在增加。其他各项都在下降，有的已经基本不供应市场需要。物资的供需缺口很大。而一些基建单位和生产单位，由于国家按计划供应的物资不足，也再转向市场争购本是供应民用、农用、轻工业用和手工业用的物资，从而加剧了市场供应的紧张局势。

从市场方面说，首先是工业生产和基本建设所需的生产资料市场供应不足。据上海市五金公司1956年3月的报告，1月以来，市场出现了大量商品脱销和供不应求情况，个别工厂由于原料供应不上已发生停工现象，且情况渐趋严重。又据商业部1957年1月报告，1956年国家分配给市场供应的钢材和生铁分别仅占市场需要量的20.84%和3.75%。商业部把几年积蓄的库存全部拿出来，加上多方设法组织资源，也只能满足钢材82.48%、生铁72.56%的市场需要量。人民生活必需品的生产原材料严重缺乏，许多钢铁制品经常脱销，严重影响人民生活的稳定。废旧钢铁出现黑市，价格猛涨，商人投机获取暴利。有的地方甚至发生盗窃、哄抢等事件。1957年1月的一份调查材料显示，上海市工业原料和市场物资严重缺乏，已到了"五空"的程度，"五空"即工厂库存空、工业部门供销机构存货空、商业部门库存空、社会存货空和成品空。春节前有5万工人陷于停工半停工状态。第一季度已过不去，上海市计委认为必须采取措施紧急安排。①

其次是农业生产资料供应不足。尽管这几年农业生产资料的供应量是在增长，但随着农业合作化的进展和农业生产的发展，中小农具、零配件、铁管、钢丝、化肥、农药及药械等，在数量和品种等方面都远远不能满足需要。根据中国五金机械公司1956年1月的报告，上海供应站库存打稻机用轴承共4万只，而仅四川省就订购23万只。②

---

① 中国社会科学院、中央档案馆编：《1953—1957中华人民共和国经济档案资料选编·商业卷》，第972—973、952—953页；《综合卷》，第1168页。
② 中国五金机械公司：《农业合作化运动中农村五金市场的新情况》，1956年1月7日。

由于生产单位原材料供应不足，造成生产能力闲置，设备利用率低，甚至停工停产。据 1955 年 6 月对全国轻工业的一个调查报告，1954 年油脂工业的设备利用率约为 40%，面粉约为 54%，卷烟约为 30%，火柴约为 25%，皮革约为 60%。1955 年上半年，由于原料不足，造成一些产品生产下降，棉纱、棉布、麻袋、卷烟、食油等产量都比上年减少。许多工厂开工不足。1955 年纺织工业生产比 1954 年每周减少三班左右，单独织布厂每月需停工七八天，印染厂每季约需停工一个月。[①] 又据 1957 年 1 月对上海、江苏、山东等地工厂生产情况的调查，由于国家分配材料不足，市场供应紧张，吃不饱的现象很严重。江苏省机械工业 1957 年的工时安排比 1956 年的实有工时将富余 875 万个，占 1956 年全部工时的 23.6%，平均将有 3—4 个月的不同程度的停工。部分产品 1957 年的任务安排占实际生产能力的百分比，柴油机和煤气机为 65.8%，车床为 40%，电动机为 60%，水泵为 21%，空气压缩机为 16.7%，中耕机为 8.5%。山东省 40 种主要轻重工业产品中，任务安排满足现有生产能力的只有 2 种，满足生产能力 20% 以下的有 2 种，满足生产能力 20%—50% 的有 5 种。[②]

（二）生活消费品供应不足

由于基本建设快速、全面展开，城市劳动力和人口增加过快，1953—1957 年城乡购买力显著增长，表现出购买力增长的速度超过了消费品生产增长的速度。1957 年与 1952 年比较，城镇人口增加了 2786 万人，增长 38.9%；全国职工人数（包括全民所有制单位和城镇集体所有制单位）增加 1498 万人，增长 93.4%；全民所有制单位职工工资总额增加 88 亿元，增长 129.4%，职工平均工资增长 42.8%；全国居民年均消费水平增长 22.9%，其中非农业居民

[①] 中共中央文献研究室：《建国以来重要文献选编》第 7 册，中央文献出版社 1993 年版，第 91—92 页。

[②] 中国社会科学院、中央档案馆编：《1953—1957 中华人民共和国经济档案资料选编·综合卷》，第 1054—1055 页。

年均消费水平增长26.3%。如果分年份来看，以上数字中，增长速度最快的正是1953年和1956年这两年。而五年中，工农业总产值增长67.8%，其中农业总产值增长24.8%，工业总产值增长128.6%，在工业总产值中，轻工业增长83.2%，重工业增长210.7%。[①]

居民购买力增长超过生产增长速度的市场表现，就是迅速出现许多商品供不应求的状况。从1953年上半年开始，日用百货、棉布、粮食、食油、食糖、副食品、煤油等商品脱销或供不应求的情况逐步严重，各地纷纷告急。由于货源不足、商人争购，国营商业与供销社的收购更加困难。市场供应紧张使商品物价上涨，特别是油肉蛋菜等副食品价格上涨幅度较大，直接影响了人民生活。据1953年8月（粮油统购统销前）的统计，全国十大城市工人生活费指数全面上涨（见表4）。

表4　　　　1953年8月全国十大城市工人生活费指数　　　　单位：%

	天津	北京	太原	上海	青岛	武汉	广州	重庆	西安	沈阳
与1952年12月比较	105.4	106.1	103.6	107.0	108.5	105.9	109.9	104.0	104.0	103.5
与上月比较	101.7	101.4	99.4	105.4	104.3	101.3	102.7	102.7	100.5	101.4

资料来源："1953年8月份市场物价概况"，商业部。

其中，与1952年12月比较的8个月的物价上涨幅度，最低的是沈阳，为3.5%，最高的是广州，为9.9%；与上个月比较的物价上涨幅度，最低的是太原，为-0.6%，最高的是上海，为5.4%。就当时来说，首先，人民的收入和生活水平本来就很低，这种上涨幅度已经超出了当时人民实际购买力的承受能力；其次，国家和人民刚刚从新中国成立初期的物价飞涨状况下稳定下来，物价的重又上涨，如果持续下去，必然引起恐慌心理，影响社会稳定。因而问题是严重的。

[①] 国家统计局：《中国统计年鉴1983》，中国统计出版社1983年版，第103、104、123、489、490、484、17页。

这种消费品供不应求的局面由于1956年的"冒进"而进一步加剧。1956年商品供求关系的突出特点是商业部门销大于购，库存逐季下降。当年国营商业与供销合作社商品购进总额相当于销售总额的68.8%（其中未扣除购销差价20%—25%），由于购少销多，商业部门不得不挖了库存，国营商业、合作社商业库存由年初的249.2亿元下降至年底的218.0亿元，减少31.2亿元。国营商业供应市场的70种主要商品，年底库存量较年初库存量减少的有48种，其中突出的是：元钉，年底库存量仅为年初库存量的16.7%，玻璃为24.5%，自行车为30.1%，缝纫机为33.4%，水泥为46.7%。17种主要商品的年末库存可供量，不足以供应一个月的有猪肉、鲜蛋、水泥、自行车、元钉，不足以供应两个月的有卷烟、酒、缝纫机、钢笔、玻璃，不足以供应一个季度的有棉布、收音机，可供一个季度以上的有衬衣、胶鞋、暖水瓶、呢绒、木材。①

这个时期物资供求的总的趋势是供不应求。但是，由于投资的大起大落，忽高忽低，对于计划安排造成许多盲目性。在现有生产能力的利用上，或是不足，或是富余；在物资的分配上，或是打得过紧，摊子铺得过宽，不能保证把有限的资源有效地用在重点建设上，或是计划过于谨慎，在物资不足的情况下，反而还有剩余。1955年是投资涨幅较低的一年。由于较多地压缩了基本建设投资规模，削减了一些基建项目，结果到年底，金属材料、水泥、木材等反而出现剩余，按最低调拨价格计算超储14.4亿元。② 不管怎样，都是资源利用上的浪费和无效。

三 投资过热与制度变革

建立社会主义计划经济体制，对重要物资逐步转由国家控制，

---

① 国家统计局：《国民经济统计报告》，1957年3月21日。
② 中国社会科学院、中央档案馆编：《1953—1957中华人民共和国经济档案资料选编·综合卷》，中国物价出版社2000年版，第1090页。

统一经营，这些本是新中国建设预期之中的事，与投资本身似乎没有必然联系。但1953年大规模建设的开始，投资增速过快，连续大起大落，及其所引起的物资全面紧缺，物价上涨，物资控制上的混乱无序，市场机制的无计划性与市场管理的高成本，以及社会生活的不稳定，人民的不满情绪，所有这些已经实际上影响了经济的正常、有序运行，也就为重要物资的国家垄断经营提供了契机。其结果，就是国家控制的迅速加强。党和政府一方面紧缩财政和信贷，压缩基本建设规模，开展增产节约、增收节支等运动，督促加快工农业生产的发展；另一方面是加快了经济体制从市场向计划的变革步伐，把原本要通过"一个相当长的时期"（过渡时期的总路线）和缓、稳步实行的进程大为加快并提前了。

首先，国家迅速控制了工农业产品的大部分货源。对主要物资实行计划收购和计划供应，加强计划管理，这是这一时期物资购销与流通领域发生的重大变化。对工业品，扩大了加工订货和收购包销的比例，掌握了大部分工业品的货源。到1955年，钢材、烧碱、水泥、胶鞋、棉纱、棉布、火柴、卷烟、面粉、热水瓶等主要建设材料和人民生活的重要日用品已经全部为国家所掌握，其他如纸、生铁、电动机、金属切削机床等也控制了私营工业全部销售量的百分之七八十。与此同时，私营工业使用的煤、铁、钢材、铜、硫酸、烧碱、橡胶、棉纱等主要原料也完全由国家供应了。[①] 1953年11月，对粮食、油料实行统购统销。1954年9月，对棉花实行统购、棉布实行统购统销。同时，扩大了对其他重要农副产品的国家收购、预购、派购范围。

其次，生产资料由国家统一分配的种类和范围增加速度加快，计划分配逐步制度化。由国家统一分配的物资种类逐年增加。1952年，全国分配的物资有28种，1953年增至96种，1954年增至134种，1955年增至163种，1956年增至235种。主要物资由国家直接

---

① 中国社会科学院、中央档案馆编：《1953—1957中华人民共和国经济档案资料选编·工业卷》，中国物价出版社1998年版，第333—334页。

分配的范围逐步扩大。1954年仅限于财经、文教各部及各大区、省（市）和重点省辖市所属企业和事业单位。1955年以后，除包括中央各部门外，地方单位扩大到专区、县所属企业。据不完全统计，1956年计划申请单位比1954年增加了8600个。[①]

再次，对农业、手工业和资本主义工商业的社会主义改造速度加快。1954年6月，国家计委在关于1954年的计划工作向中央的报告中，从计划安排的角度，提到计划工作与多种经济成分的关系：与生产赶不上需要问题相联系的，我们在编制1954年计划草案的过程中，又感到对国民经济中非社会主义经济成分的改造有更大的迫切性和重要性。计委提出，1954年应将对私营工业的公私合营工作、对小农经济和手工业的合作化运动都适当地更推进一步，将它们初步纳入计划的轨道，以利用其生产潜力，满足社会需要，而如果利用、限制、改造得不好，则不仅不能发挥其生产潜力，而且会影响国家计划的实施。[②]

1955年4月12日，中共中央在《关于第二次全国省市计划会议总结报告的批示》中进一步指出：国民经济计划应该是一个全面计划，既要包括经济和文化的各个部门（如工业、农业、商业、交通、文教等），又要包括各种经济成分（如社会主义的、半社会主义的、国家资本主义的、资本主义的、个体的经济）；既要包括大型的、集中的、现代化的经济，又要包括小型的、分散的、落后的经济。这是为了把各种经济逐步地纳入计划轨道，加以安排，并经过改造，把非社会主义经济逐步转变为社会主义经济。因此，计划中有直接计划的部分（如国营经济），有间接计划的部分（如私营工业经济），以至有带估算性的间接计划（如个体经济）。只管直接计划不管间接计划，都是错误的。由于对私营工业扩大了加工订货和统购

[①] 中国社会科学院、中央档案馆编：《1953—1957 中华人民共和国经济档案资料选编·综合卷》，中国物价出版社2000年版，第1083、1088页。

[②] 中国社会科学院、中央档案馆编：《1953—1957 中华人民共和国经济档案资料选编·综合卷》，中国物价出版社2000年版，第499页。

包销，因此，已经逐渐增加了对这部分间接计划实行计划管理的可能。我们应该在巩固和提高国营经济直接计划的基础上，采取多种多样的方式，把其他各种经济逐步地纳入计划。①

同年4月25日，国家计委在关于1954年计划执行情况和1955年计划安排的几个问题的报告中，就1954年计划执行中所出现问题的原因指出，除了客观原因外，主要在于对各种经济类型和各部门、各地区计划的全面综合平衡不够，对经济发展情况的预见性较差。国家计委提出，为保证1955年计划的完成，要求国家工作人员、国营企业部门，以及合作社营和公私合营企业，都要如同对待法律一样来执行国家计划。这就意味着要把多种类型的经济成分都纳入国家的计划管理。②

将各种类型的经济都纳入直接计划和间接计划管理，是1955年国民经济计划的一个新特点。在这种背景下，到1956年年底，在全国大部分地区提前完成了三大改造的任务，并超速完成了"一五"计划对三大改造进度指标的规定。③"一五"期间，我国基本完成了三大改造的任务。

最后，严格对市场和物价的管理，收缩城乡自由市场。本来，在1953年对粮、棉、油等农产品实行统购统销后，为了活跃市场，便利农民之间交换有无，调剂余缺，以及促进城乡之间的商品交流，曾于1954年试办国家粮食市场，允许农民完成征购任务以外的余粮进入市场交易。1956年下半年，为了取消市场管理中那些原来在对私改造中为了限制资本主义工商业投机活动而规定的办法，改变初级市场存在的管理过严过死的偏向，曾经放宽对农村市场的管理，允许一部分农副土特产品自由贩运。但是，在物资紧缺的情况下，

---

① 中国社会科学院、中央档案馆编：《1953—1957中华人民共和国经济档案资料选编·综合卷》，中国物价出版社2000年版，第374页。
② 《当代中国的计划工作》办公室：《中华人民共和国国民经济和社会发展计划大事辑要1949—1985》，红旗出版社1987年版，第69页。
③ 各项指标数字见中国社会科学院、中央档案馆编《1953—1957中华人民共和国经济档案资料选编》，《综合卷》，第1148页；《工业卷》，第799页；《商业卷》，第1140页。

开放自由市场，不可避免地出现各方面高价争购、国家对物资掌握失控的情况。许多属于国家计划收购的农产品和其他物资在国家收购任务完成之前就无限制地进入了自由市场，从而影响了国家收购。在采取了一些管理办法而效果不明显的情况下，国家不得不于1957年作出由国家计划收购的农产品和其他物资不准进入自由市场的规定，同时完全关闭了粮、棉、油自由市场。对不属于计划收购的物资，允许进入国家领导的自由市场，但必须按照规定的价格进行交易，同时要求当地人民政府对市场实行必要的管理。

四　建设规模要和国情国力相适应

不容否认，"一五"时期的经济建设取得了巨大成就，但是也有教训。一个重要的教训就是投资规模过大，增长速度过快，超过了国力的许可，同时投资增长速度不平稳，连续大起大落。一部分人（特别是一些部门和地方领导）存在急躁、求快的思想，只从主观愿望出发，热心于大规模工程，不分轻重缓急，大上基本建设项目，大铺摊子，尽管中央三令五申，一再要求加强重点建设，压缩非重点建设，压缩投资规模，一些领导仍在部门和地方利益驱使下，对中央指示执行不力，或是由于投资惯性，欲下不能。同时也存在对计划工作缺少经验，对国情国力还没有摸清摸透，对资源配置与利用效率心中无数等问题。计划安排的本意是要更有效地集中利用资源，而实际上，一方面是经济的快速增长，另一方面则是资源利用上的低效和浪费。

对于这些问题，实际从一开始就有所警觉。1953年《人民日报》元旦社论指出，为了保证国家建设的投资，就必须有重点地使用资金，反对百废俱兴，反对要在短期内把一切"好事"都办完的观点。1953年《人民日报》4月28日社论《必须量力而行》更加明确指出："盲目建设的思想，不只表现在那种企图处处大规模、样样大规模的想法和做法上，而且还表现在有些部门和有些同志，在制订计划时缺乏实事求是的精神，不量力而行。"不仅在制订1953

年的计划中有不量力而行的思想,"而且过去两年来的事实也说明,在我们的基本建设中,由于有些计划不切合实际,每年都有大量应该完工的工程不能完工……这样不仅积压了国家大量的资金,而且影响到其他重要工程的进行和其他部门的正常生产。为了避免错误,必须使我们的建设计划和每一项工程的建设,从需要和可能相结合的观点上去考虑。"遗憾的是,这些思想和做法并没有一贯到底。

1957年1月,陈云在总结前几年特别是1956年经济建设中的教训(实际也是对"一五"计划执行情况的总结)时,就已经提出了著名的"建设规模要和国力相适应"的论点。这个论点至今仍有现实意义。这种由投资扩张冲动引起的物资供求不平衡、物价上涨和经济周期性波动的状况,直到今天仍未得到根本解决,尽管经济运行的基础不同了。

由投资过热而引发的长期性的物资短缺,与追求高增长速度和外延、粗放型的增长方式有关,而归根结底是经济体制的问题。这种体制缺陷从一开始就已经显示出来,但在当时还没有被充分认识(在计划经济理论的框架下,也不可能被充分认识),只认为是计划不周、生产不足的暂时现象。当时对付冒进的措施,采取的是严厉的行政手段,压缩国家投资,降低增长速度,加强对工农业产品的国家控制,取消市场等,加速了计划经济体制建立和完善的步伐。总之,投资增长的大起大落,不仅不利于经济快速、平稳、协调发展,也不利于积极、稳妥、适时地进行制度变革。保持稳定的经济发展,同时也有制度建设上的意义。

从经济增长方式上说,尽管从"六五"计划开始已经提出从速度型向效益型转变,但在经济建设中铺摊子、贪多求快的状况至今并未得到根本扭转,而国家进行宏观调控的方式和措施很多也仍然似曾相识。改革过程中的制度建设也曲折反复,很多关系至今仍没有理顺。这其中必然存在着带有根本性的原因,还需究其根源,深入探讨。

(原载《当代中国史研究》2005年第6期)

制度变革与手工棉纺织业:1954—1965

——兼及统购统销制度下国家与农民的关系

历史上,我国的手工棉纺织业①在社会经济中占有重要地位。在新中国成立前后的一段时间里,手工棉纺织业一度恢复和发展。1954年开始的棉花统购与棉布统购统销,中断了手工棉纺织业、特别是农村手工纺织业的正常发展。改革开放以后,农村手工棉纺织业从地下转到地上,得到合法发展,在新的历史条件和经济基础上重又蓬勃兴旺,成为一些地区的重要产业,有的还向外拓展,成为外向型经济的重要组成部分,显示了我国手工棉纺织业所具有的顽强生命力和新的活力。

在以往的研究中,对于古代和近代的手工棉纺织业已有大量研究成果,在近年关于改革开放以后农村经济的研究中,也有不少涉及当代手工棉纺织业在农民家庭经营,或是区域经济发展中的地位和作用。但是,对于这两个时期之间——即1949年以后,特别是1954年棉花统购和棉布统购统销以后直到改革开放之前——手工棉纺织业状况的研究却相对较少,这使我们对上述前后两个时期手工棉纺织业的演变过程难以衔接。也有一些个案研究认为,这一时期在棉花和棉布集中产区,还保留有少数作为农村集体副业生产的土布业,而作为农民家庭经营的土布生产基本上消失了。②但这种说法也难以解释何以改革后农村的手工棉纺织业能够大量涌现,并迅速

---

① 本文所讨论的手工棉纺织业,仅指纺纱织布,不包括针织业,如毛巾业、织袜业等。
② 《人民日报》1984年5月9日:"(十一届)三中全会以前,高阳的土纺土织几乎绝迹。"

发展起来。此外，在以往关于统购统销的研究中，对于粮食问题的研究较多，而对于棉花和棉布的研究相对较少，而实际上，后者对于农村经济、农民生活的影响，并不亚于前者。本文拟从历史连续性的角度，对计划经济时期——主要是1954年至1965年——在国家统购统销制度严格管控下的手工棉纺织业的生存状况作一考察，并通过这个侧面，来观察改革前在实施工业化战略下国家与农民的关系。

一

耕织结合、农业与工副业结合的农民家庭经营结构，是传统社会生产力条件下资源配置和利用的最合理的结合方式。以棉纺织业为代表的各种农民家庭工副业是农民家庭收入的重要来源之一。明清以后，在一些棉纺织业比较发达的地区，纺织已经成为农民家庭收入的主要来源。在城镇，还有一些个体纺织户，更以纺纱织布为生。近代以来，在机器棉纺织业产生之后，农民家庭在传统生产的基础上，利用改良织机，采用机纱织布，将传统家庭工业与现代机器工业联系起来，二者在新的条件下相互依存、共同发展，显示了中国传统产业与农民家庭经济所具有的灵活适应性与生存能力，对维持农村就业和经济社会的稳定做出了贡献。有的学者将这种情况称为中国特有的三元经济结构。① 这种三元经济结构在以往以及当前的经济改革中发挥过并仍在起着重要的路径指引作用。

抗战胜利后，在解放区，在人民政府为恢复和发展经济而采取的多种鼓励和帮扶政策下，手工棉纺织业曾有所发展。尤其是在土地改革过程中，有的地方结合土改开展纺织运动，提出通过纺织在灾区进行生产自救和在非灾区发家致富的口号，要求做到把非纺织区变成纺织区，纺织救灾，纺织翻身，纺织自给。② 这里值得注意的

---

① 林刚：《长江三角洲近代经济三元结构的产生与发展》，《中国经济史研究》1997年第4期。
② 《太行各地开展春季纺织运动》，《人民日报》1948年4月29日。

是，把开展纺织作为号召农民发家致富的途径，显示了纺织业的地位，也极大地鼓舞了土改后农民的生产信心，刺激了棉纺织业的发展。

1949年年初平津解放，同时随着解放战争的进展，全国大中城市也将陆续解放，党的工作重心开始转向城市。城市中的机器棉纺织业需要恢复，如何处理城乡关系，如何对待农村的手工棉纺织业，在一些领导者的认识上曾发生过争议。有的人认为，我们接收的机器纺织厂，有能力供应大部分的军需民用，应该重点恢复与发展大城市的洋纱洋布，首先满足现代化机器工业生产原料的需要；农村小手工业的纺织应该有计划有步骤地让位于进步的现代化的机器纺织工业，要在二三年的时间里，使农村以手工纺织业维生的人逐步转业。① 这种看法，在对当时机器生产能力的判断上，以及在对农村手工业与城市机器工业的长远关系的认识上，都是不准确的，在实践中很快就发生了问题。首先，棉花大量流入城市，市场上棉花价格上涨，导致纺纱织布利润下降，织布户停工，市场上棉布供应立显紧张。② 其次，广大农村生产刚刚恢复，正处于发展势头上，突然要求收缩并停止发展纺织生产，农民难以接受，有的地方农民拒绝扩大棉田种植。再次，纺织业历来是农民家庭的重要收入来源，要求农民放弃纺织，转而去从事自己不具优势的其他工副业，更是不切实际的。针对这些情况，《人民日报》文章指出："必须反对那种以为有了洋布土布便可立即取消的论调，必须有步骤地先从提高土布质量、推广销路入手，依据机器工业发展的情况与市场供求的变化，逐步转业。"③ 这里尽管仍然提出转业问题，但至少在此后的一

---

① 《纺织与植棉》，《人民日报》1949年4月14日。
② 即使在战前正常生产情况下，机织布与手织布的产量比例也在1∶2.4（见林刚《1927—1937年间中国手工棉纺织业新探》，《中国经济史研究》2002年第2期），手工业产品在市场上占有大部分份额，所以，当时即使城市工厂全部开工，仅靠机器工业产品，也还是供不应求。
③ 《对郭庄土布业的意见》，《人民日报》1949年5月3日；《目前农村中急待解决的三个问题》，《人民日报》1949年5月10日。

段时间里，为手工棉纺织业提供了生存、维持和发展的空间。

在国民经济恢复时期的三年里，在对传统手工业行业进行的重组中，[①] 城乡手工棉纺织业被列为需要维持的行业。这是因为：一方面，城市中的机器工业产品供应不足，还需要手工产品来满足市场需求。另一方面，作为当时一个重要行业，其从业人数众多，如果快速压缩手工纺织业，这些人的吃饭就业将是一大问题。因此，尽管按照当时的观点，手工棉纺织从长远来说是要被机器工业取代的，但为了增加目前的生产，保证市场供应，维持就业和社会稳定，政府在政策上还是给予了一些支持，如在棉纱供应上照顾个体纺织户，促进城乡物资交流，帮助农民推销土布产品等，使得这几年里，手工棉纺织生产得以维持，在一些主要产棉区和棉布产区，甚至有一定发展（包括城乡个体纺织户和农民家庭手工业），织机数和产量都有增加。不过，从总体上说，即使是发展，也是恢复性的发展，除个别地区外，多数地区没有达到历史最高水平。[②]

1953年，开始进入大规模建设的第一个五年计划时期。国家的大政方针是实施工业化发展战略，在农轻重的关系上，优先发展重工业；在轻工业内部，在机器工业和手工业的关系上，优先发展机器工业。对于手工棉纺织业来说，面临着新的情况：第一，从国家政策上说，目标是发展机器工业（长远目标是发展国营机器工业），手工业显然处于不利地位。在当时，对于手工棉纺织业的一般认识是，其技术落后，生产效率低，原料利用率低，产品质量差，成本高，生产规模小，与大工业的发展是相抵触的。因此，除了偏远地区，为了照顾当地生产和生活的需要，还允许保留一些手工纺织外，在大部分地区，特别是接近纺织工业城市的地区，随着国营机器生产的发展，手工织机势必要被淘汰或缩小生产范围，其从业人员将

---

① 国民经济恢复时期，对传统手工业进行了行业重组，按照对满足人民实际生产和生活需要的不同作用，将各种手工业行业划分为需要发展、继续维持和加以淘汰几种类型。

② 中国科学院经济研究所：《手工业资料汇编1950—1953》，1954年11月。

进行转业。① 第二，从生产运行上说，高速推进的工业化生产和建设造成资源供需不平衡的矛盾，其中棉花首当其冲。棉花是仅次于粮食的重要生产和生活物资。尽管新中国成立初期的几年棉花产量有很大增长，但在当时生产力没有很大提高的情况下，为了保证粮田和棉田的种植比例，不可能无限制地扩大棉田面积。在棉花生产供不应求的情况下，为了保证城市纺织工厂的开工率，必然是首先满足机器生产的原料需求。由于国营商业和供销合作社大量收购棉花，手工纺织的原料来源，从数量和供应渠道上都受到很大限制（1951年1月，已经对棉纱实行了统购统销），直接影响了手工棉纺织业特别是农村手工棉纺织业的生产。

在当时市场机制仍在发挥主要作用的情况下，棉花、棉纱、棉布以及粮食价格的相互变动决定着农民家庭、个体纺织户以及私商的选择，这些经济成分与国营商业和供销合作社，围绕着棉花、棉纱等原料以及棉布产品在市场上激烈竞争。

在棉花市场上，当棉花上市之时，私商趁新棉上市低价收购棉花，囤积不卖，到来年棉花价高、麦子价低的时候，则卖出棉花囤积麦子，到秋粮收获时，又卖出麦子囤积豆子。② 1953年10月国家对粮食、油料实行了统购统销，在控制了粮食市场的同时，却加剧了棉花市场的竞争。私商无法倒腾粮食，就转而囤积棉花和布匹，以高于国营公司牌价的价格大量抢购，转手又加价卖给国营公司。而在为买而卖的农民方面，在非产棉区，农民卖出了粮食，手里有了钱，就不急于出售棉花；在产棉区，农民由于卖出棉花却买不到粮食，也就不急于出售，待价而沽。国营花纱布公司及供销合作社棉花收购困难，任务难以完成。

在棉布生产方面，市场价格的变动，推动着农民家庭和个体纺织户在售棉（买棉）与纺纱织布之间进行对自己有利的选择。为了平衡花纱布的供求关系，这几年里，国家对棉花、棉纱、棉布（机

---

① 《中央纺织工业部部署今后工作》，《人民日报》1953年12月23日。
② 《保证实现国家的棉花统购计划》，《人民日报》1954年9月20日。

织布）的牌价多次进行调整，但总的比价关系，棉花最低。花价偏低，其结果是纺纱、织布更为有利，这就促成了农民家庭（留棉自用）和个体纺织户（买棉、买纱）自纺自织的发展。同时，土布价格低于机织布价格，也影响了机织布在农村市场的销售。1952年10月，全国机织布实际销量低于计划销量，而土布则供不应求，江苏、江西、山西、内蒙古等地区土布脱销，市价上扬。1953年，山东一些地方，农民买纱织布，一捆洋纱织成布后可获利5万元（旧币，下同）。江苏省土布利润一般在每匹3万—5万元，农村织布机大量增加。江阴县1953年比1952年增加织布机3000台以上，有的农民甚至出卖耕牛、土地买回织布机织布，已经进城的苏州女工也不辞而别回家织布。① 江阴县周庄镇，7家铁业铺1953年1—8月赶制铁木机800部，价格从80万元、90万元涨到120万元、130万元，据说一部织机织二三盘（五六十匹）布后，劈柴烧也合算了。② 土布业巨大的利润吸引了原料、资金和人力流向农村，与国家的政策目标背道而驰。城乡手工棉纺织的发展，占用了大量棉花、棉纱，减少了本来就不足的原料市场资源，对城市纺织厂的开工生产造成影响，也对国家正在进行的扩大机器纺织能力的计划安排构成威胁。

为了保证纺织工业用棉和人民生活必需的棉花、棉布供应，最重要的是，保证国家工业化战略的顺利实施，在实行粮油统购统销的第二年，1954年秋，又对棉花实行了统购，对棉布实行了统购统销。

以上即为棉花和棉布统购统销前手工棉纺织业的基本状况。统购统销政策的实施，中断了受市场机制调节下的手工棉纺织业的正常恢复和发展进程。在计划管理体制下，手工棉纺织业受到严格管控，以一种扭曲的生存状态，吸引着决策者的注意力，提示着人们经常去思考其存在的合理合法性问题。

---

① 《国内物价》1953年4月号。
② 中国科学院经济研究所：《手工业资料汇编1950—1953》。

二

根据不同的原材料，手工棉纺织可以分为几种类型：机纱手织，机纱手纺纱混合手织，手纺手织，以及单独的手工纺纱，一般将后三者通称为土纺土织。这种划分对于统购统销中的政策制定、区别对待具有实际意义。

手工织机有三种类型：投梭木机、铁木机（拉梭机）、铁轮机。后两者主要是近代以后在一些集中产区的城镇中推广使用，在生产效率、产品质量等方面都优于传统的投梭木机，而在广大农村地区，广泛使用的还是传统木机，也就是后来政策取向上所要淘汰的生产方式。

从生产组织上讲，从事手工棉纺织业的，有农民家庭兼业和城乡个体纺织户，在城市中还有一些小型手工织布工场。从国民经济恢复时期，直到1956年之前，在对经济进行全面社会主义改造的过程中，手工行业也纳入其中。城市（主要是大中城市）中的一些个体织布户组织成了棉纺织生产小组、棉纺织生产合作社、棉纺织供销合作社。但这个时期的生产小组、生产合作社，主要采取的是联购联销，各负盈亏，也就是说，合作社（组）只负责原材料供应和产品销售，在生产上还是分散的个体形式。1956年上半年，在合作化的高潮中，将此前的多种合作形式，一概转为生产合作社，纺织机具折价入股，人员实行按劳取酬，成为集体经济。不过，这种高级的合作化形式多发生在大中城市，在乡镇，特别是广大农村，此时仍是以农户兼业及个体专业户为主要生产形式。1958年人民公社化以后，农民的家庭棉纺织业也被组织为专业生产组，转为生产队的集体生产。但是，城乡个体生产（不论是采取合作形式还是真正的个体户，也不论是合法的还是非法的）从未完全消失，个体织布户的提法一直存在。在广大农村，没有被纳入集体生产的、作为农民家庭副业的棉纺织也一直存在着。这些实际存在的手工棉纺织生产，在国家的计划管理中一直是一个不能不给予注意的因素。

棉花统购和棉布统购统销对手工棉纺织业产生了重大影响。对于不同的生产类型，根据原料和产品供需情况，在政策规定上是不同的。在1954年9月14日政务院《关于实行棉布计划收购和计划供应的命令》中，对于不同生产组织的不同产品，规定如下：

（1）所有国营、合作社、公私合营和私营织布厂、印染厂和手工业生产的机纱棉布和机纱手纺纱交织棉布，一律由国营花纱布公司统购、统销，不得自行出售。（2）完全用手纺纱织成的棉布，由花纱布公司通过供销合作社进行收购，逐步纳入计划收购和计划供应的范围。在一定地区范围内，可允许手纺纱织布户和消费者直接进行少量的交换。（3）除边远地区外，所有列入商业部计划供应范围的棉布及棉布复制品，不论花色、品种和质量，一律采取分区、定量、凭证供应的办法，实行计划供应。

在生产上，为了控制纺织户的棉花原料来源，在上述同日政务院《关于实行棉花计划收购的命令》中规定：

（1）凡生产棉花的农民，应按照国家规定的收购价格，将所产棉花，除缴纳农业税和必要的自用部分外，全部卖给国家。（2）国营花纱布公司和供销合作社应及时供应人民需用的絮棉和手工纺织用棉，为了保证纺织工业按计划进行生产……手工纺织一般应维持现有产量，不宜发展。

从上述规定可以看出，为了贯彻国家的大政方针，同时也考虑到原有从业人员的就业问题，此时关于手工棉纺织业的基本政策是"维持现状、停止发展、适当压缩"。在具体操作上，是通过控制棉纱原料（1951年1月实行统购统销），来限制机纱手织业和机纱手纺纱混织业的发展；通过控制棉花原料来限制手纺纱织布业的发展；通过掌握棉布产品货源来切断手工织布业的销售渠道；通过加强市场管理，严禁私商贩运，来防止刺激土纺织的无计划发展。同时，由于在政策实行初期，还不能全部控制住原料与产品的进销渠道，所以在规定上还留有余地。对于容易控制的使用机纱的手工棉布产品（机纱布、机纱手纺纱交织布）全部实行统购，而对尚不摸底且不易控制的（原料棉花在农民手里）手纺纱棉布则未作统一规定，对集中产区的手纺纱棉布，规定除织户自用外，其商品部分由国家收购，逐步纳入统购统销范围；在一定地区范围内，允许手纺纱织户和消费者直接进行少量交换；对分散产区的零星手纺纱织布，国家暂时还不能全部收购者，逐步加强收购工作。

1956年3月，在纺织工业部向中央汇报工作时，提出发展棉纺织工业并逐步淘汰土纺土织的问题，得到支持。① 同年10月，农产品采购部在关于棉花收购工作电话会议上，关于土纺土织问题提出，国家为了照顾农民自纺自织自用的习惯，曾经规定对土纺土织采取适当压缩的方针，但是，农村副业生产的门路是很多的，应该说服教育农民不要再扩大土纺土织的副业生产。无论在灾区或非灾区，对土纺土织的原料供应，都必须有计划地控制，不能盲目发展。② 这些提法上的变化意味着，此后，除了个别地区（偏远山区、少数民族地区）外，土纺土织将受到抑制，并逐步被淘汰，其生产的发展以及商品土布的自由流通都将是非法的。在以后的关于发展农村工副业生产的官方文件中，手工棉纺织都榜上无名，被排除在农村工副业之外。

但是，在实际运作中，在棉花购销上，农民是有一定操控力的；而机纱供应，由于某些政策规定（如批零界限的规定，一定数量以下可以零售），或通过非法渠道，也都可以流入个体纺织户和农民手中。管理上那些留有余地的规定，也成为手工纺织业存在的政策缝隙。这些都为手工棉纺织业的生存，甚至是无计划发展留下了空间。尽管后来国家三令五申，严格管理制度，但手工棉纺织业的存在，及其在棉花原料以及棉布产品市场方面与机器工业的争夺，一直是花纱布计划管理中的极大难题。

对棉花和棉布实行统购统销是继粮油统购统销之后的又一次重

---

① 《当代中国的纺织工业》，中国社会科学出版社1984年版，第47页。
② 《农产品采购部召开加强棉花收购工作的电话会议》，《人民日报》1956年11月2日。

大制度变革。从手工棉纺织业的角度来说，首先，衣、食是人类生存最基本的两大需求，在农民家庭农业与工副业结合的经营结构中，棉纺织是最重要行业之一，手工棉纺织业是传统农村经济中的最大产业，商品性强，是农民家庭货币收入的最主要来源。把这一块拿掉，在当时的社会经济条件下，任何其他工副业都无法替代，亦即其机会成本几乎为零，农民失去一大利源。1953年的粮食、油料统购统销，从农业方面限制了农民家庭经济的发展，紧接着的棉花和棉布统购统销，又从工副业方面加以限制，这就从制度上彻底打破了传统的有机结合的农民家庭经营结构，极大地限制了农民的自主经营以及收入来源。

其次，在经济运行上，是继粮油统购统销后，再一次打破了农产品的交换规律。农产品流通具有很强的季节性，农民何时出售，购买什么，也有其交换规律。实行统购统销，强制农民在短时间里出售大部分产品，对于购买者——国家来说是重大考验（如能否按计划收购到，资金短时间里大量投放所带来的问题，工业品供应等），对于农民来说，则面临能否适应、是否配合的问题和选择（如如何改变传统习惯，何时出售、卖给谁更为有利，出售后能否买到需要的物品等）。这些问题在以后的实践中一直令管理者头疼，构成国家与农民之间博弈关系的一部分。

再次，在流通方面，不允许私营商业经营棉花、棉布，对棉花、棉布实行定区、定量的计划分配，也就改变了花纱布市场原有的商业网格局和商品流通路线。由供销合作社独家替代私营商业经营棉花的购销，为国营商业代理经营农村棉布销售，由于商业网点设置、人力、资金、进销货渠道等方面的制约，其经营效果和效率常常遭到来自官方和农民两个方面的批评。

最后，手工棉纺织业是中国最大的传统产业，在国民经济中历来占有重要地位，棉布在出口产品中位列前茅。近代以来，在同民族机器工业相互适应、相互补充的过程中，已经形成了一条传统产业与机器工业发挥各自优势、相互依存、共同发展的独特的中国工业化道路。在新中国成立后至统购统销前的一段时间里，也仍在沿着这条路径发展。但是，在传统手工产业与机器工业是相互冲突关系的思想指导下，通过统购统销，强制性地抑制和淘汰手工棉纺织业，特别是农民家庭的手工纺织业，这就切断了长期以来已经形成的产业结构关系和城乡关系，改变了原有在市场机制调节下已经形成的、行之有效的经济发展方向。①

三

在棉花、棉布统购统销时期，手工棉纺织生产在制度上受到严格管控，但在现实中，手工棉纺织生产，特别是处于淘汰政策下的土纺土织，并没有因此而中断。相反，由于机纱供应受到限制，一些原来已使用机纱织布的纺织户，又改为利用自植棉花或买棉，自纺自织，反而刺激了手纺手织布的发展，产品充斥土布市场。

（一）统购统销后棉花、棉布生产与流通管理的政策变迁

《关于实行棉布计划收购和计划供应的命令》《关于实行棉花计划收购的命令》是统购统销政策关于手工棉纺织的基本原则。此后，在基本原则不变的情况下，根据经济形势变化，在政策上时紧时松，为手工棉纺织特别是土纺土织的存在留下了政策缺口。② 这一时期政策的大致趋势为：紧—松—紧。其间引人注意的是，中共中央于1960年2月7日发出《关于立即停止棉花的土纺土织的指示》（以下简称《指示》）。《指示》指出，1954年实行棉花统购和棉布统购统销政策以后，国家对土纺土织采取了停止发展、逐步压缩的方针。在"大跃进"和人民公社化以后，不少地方已经停止了土纺土织生产，但也有些地方，特别是产棉区，又发展了一批人民公社和社员个人的土纺土

---

① 改革开放后，一些地区的手工棉纺织业又重新恢复发展，其发展路径与传统路径极为相似。这些已是当前经济史学界的研究热点之一。

② 因篇幅所限，关于棉花、棉布统购统销及对手工棉纺织业的政策变迁过程，笔者将另文详述。

织生产。中央认为，棉花的土纺土织是一种落后的生产方法，不应当发展，特别是在目前棉花原料还不能充分满足机器纺织需要的情况下，更显然是对人力物力的一项重大浪费。《指示》要求各地党委向群众讲清道理，动员他们立即停止棉花的土纺土织，组织他们从事其他的生产事业。必要时，应当从经济上坚决采取措施，使土纺土织无利可图。在棉花供应方面，应当立即停止供应土纺用棉，并动员人民公社、生产队和社员把过去留下准备用于土纺的棉花卖给国家。

这个《指示》是在经济困难时期、棉花减产的情况下发出的，是要收紧土纺土织。但《指示》中也透露了一些信息，即：土纺土织一直存在，且有利可图；各地各级政府，以及人民公社、生产队等组织，在对待土纺土织上是网开一面的；农村土纺用棉一直得到正式供应。由中共中央发出指示，说明这个问题的严重性，引起了高度重视，也反映了农民与国家之间的矛盾冲突。但不论怎样，收紧政策的实际执行效果并不理想，土纺土织问题在中央及有关部门的历次相关指示中，始终占有一席之地。在1965年1月的《全国财贸工作座谈会纪要》（以下简称《纪要》）中，共讲了6个问题，第一是打击粮食投机，第二就是限制土纺土织，统一经营土纱土布，中共中央于同年3月批转了这个《纪要》。

（二）土布的民间市场流通

这里用"民间"的提法，是为了与国家允许的自由市场相区别。自由市场是具有合法地位的，只要上市产品符合政策规定。棉布统购统销后，土布的流通渠道有两条：合法的和非法的。关于土布的流通政策是：禁止商品性的土纺土织，允许生产者在自用有余的情况下与消费者在区乡范围内直接少量交换，互通有无，不允许私商插手经营；自用有余的土布应交由供销合作社收购，统一经营；供销社收购的土布，应该地产地销，其剩余部分统由国营公司负责调剂外区。[①] 但是实际操作起来，这是相当困难的事（如果农民不主动来卖的话，供

---

① 《中央合作通讯》1954年第10号；《工商行政通报》1957年第93期。

销社不可能一家一户地去收购),除非在收购价格上能使农民获利,而且其利润要高于在民间市场上的销售所得。但事实并非如此。在笔者所接触到的关于供销社经营情况的统计资料中,没有找到关于土纱土布收购量的数字。因此只能假设,这项业务在供销社的"合法"经营中并不重要,或者根本就是一纸空文。但在其违规经营中,有少量土布,即非法经营。

手工织布历来是商品性很强的产品,个体纺织户自不用说,农民家庭织布,除自用以外,主要还是为了出售,增加现金收入。由于国家严禁棉花及各类棉布产品的商品性流通,因而棉花、土布的民间自由流通就具有非法性质,也就是通常所说的"黑市"。以"黑市"为主要销售渠道的棉花、土布流通从统购统销施行之始就开始出现,对土纱土布的生产具有重大影响。

根据上述两《命令》发布一个月后的1954年10月的市场情况,从事棉花贩运的商贩,以高价进行抢购。陕西乾县二区供销社10月前后收购3万多斤皮棉,其中1万多斤是从不法商贩手中挡下来的,耀县有的商人一天即向棉农套购棉花300多斤。[1]

1956年下半年开放农村自由市场后,更有大量统购统销物资流入市场,其中包括棉花、土纱土布。不少小商小贩套购农民的棉花或土纱土布,进行黑市交易。[2] 供销合作社也加入其中。山西长治专区不少基层供销社,以零售价格到外地收买棉布,再以高价在本地市场上出售。黎城县一个供销社,以零售价到河北邢台市购回土布5993尺,然后以每尺高出牌价一分二厘出售。平顺县一个供销社,以零售价向小贩买回土布两捆,然后以高出牌价三分五厘的价格出售。[3] 上海市1957年6月、7月两个月,缴获投机走私者从崇明县偷运来的统购统销物资有线织手套1000多打、粮食2000多斤、土布2000多尺。[4]

---

[1] 《坚决完成国家棉花统购任务》,《人民日报》1954年10月17日;《今年统购棉花要注意些什么》,《人民日报》1955年10月4日。
[2] 《农产品采购部召开加强棉花收购工作的电话会议》,《人民日报》1956年11月2日。
[3] 《对棉布不可放松管理》,《人民日报》1956年12月27日。
[4] 《上海破获一个投机走私的集团》,《人民日报》1957年9月8日。

江苏、浙江、河北、陕西、河南等土布产区，私营商贩和农民贩运土布免票高价出售的情况也很活跃。

为此，商业部、中央工商行政管理局、全国供销合作总社于1957年6月联合发出加强土布市场管理的通知。① 同年8月9日，国务院发出《关于由国家计划收购（统购）和统一收购的农产品和其他物资不准进入自由市场的规定》，进一步明确并严格了统购统销物资的市场管理。不过，这些规定的实际执行效果大可质疑，因为各地棉花、土纱土布的黑市流通仍很活跃。仅举数例。据1963年7月，供销总社对60个重点集市调查，上市土布141100尺，四川三台县一个乡，每次集场倒卖棉花、土布的商贩有六七十人。② 1963年河北定县，私商买卖土布，在清风店北街口形成一个土布黑市，每日参加交易的不下三四十人，商贩收购土布后，运往晋北、内蒙古等地贩卖。③ 同年9—10月，河北清苑县武安镇，集市上可以自由成交棉花、土纱土布，且有"交易员"，每成交一匹土布，买卖双方各拿手续费0.25元，9月20日，计上市皮棉约200斤，籽棉1000斤，土纱150斤，土布100多匹。④ 1964年10月、11月，江苏、浙江、河南、安徽、山西、山东、湖南、湖北、四川等地，均有棉花、土纱、土布大量上市，形成公开市场，河南柘城县、安徽肥东县还出现了私人开设的棉花行。安徽一些县的供销社货栈，大量经营土布，远销至山东、吉林等地。⑤ 据国务院棉花工作组1965年10月的调查，新棉上市以后，棉花、土纱、土布不断进入集市贸易，湖北应城县与云梦县交界处有一个两不管的自由市场，上市人数一般在1000人以上，仅10月12日一天，上市的土布有300余匹，棉花90余斤，棉条80余斤，土纱180余斤。⑥

---

① 《工商行政通报》1957年第93期。
② 供销合作总社档案，1963年9月19日。
③ 商业部：《河北定县农村市场的一些情况》，1963年7月25日。
④ 《供销合作简报》1963年第38期。
⑤ 《供销合作简报》1964年第82期、1964年第93期。
⑥ 《工商行政通报》1965年第23期。

以上情况反映，土纱土布非法经营的市场主体，有私商小贩、社员个人、生产队以及供销合作社。黑市普遍存在，以棉花和土布的集中产区较为活跃。互通有无、地产地销的规定很难落实，土纱土布的长途商品运销从未停止，其流向，多年来还是遵循着传统的流通路线，基本没有变化。

（三）手工棉纺织业的生产

一方面是政策上的限制和禁止，而另一方面是真实的市场需求，以及黑市流通所带来的利益，所以尽管国家一再禁令，但从上述流通方面的情况可见，土纱土布的商品性生产仍然广泛存在。从事手工棉纺织的有城镇个体纺织户、农村生产队和农民家庭。完全使用机纱的城镇手织户，通过限制原料来源，比较容易控制，数量也较少。农村生产队集体副业，以棉花为原料（得不到机纱供应），作为合法的生产组织，也无法（或不敢）扩大生产。而作为农民家庭副业的手纺纱织布，则要视国家与农民之间在棉花方面的掌握（收购与自留）情况。故统购统销后，变数最大的，是存在于广大农村的、由农民家庭经营的手纺手织。

这里选取河北、山东、浙江、湖北四个集中产地的典型调查，来大略了解这些年里土纺土织的生产情况。

河北。1961年4月，曲周县安寨公社薛庄生产队有107户，其中70%左右搞土纺土织；安国县渔村公社北都生产队社员家家纺线织布。[1] 1963年9—10月的调查反映，正定县朱河公社三个大队有100户织土布，均为商品性生产。[2] 同年11月，商业部在给国务院财贸办的一个报告中称，河北邢台、保定等地区素来贩运土布到内蒙古呼和浩特、包头等城市，该年1—4月，呼和浩特上市的土布有51820尺，5月加强管理后上市量减少，9月以后又骤然增加，10月上市量达35509尺，全部成交。据供销总社统计，1964年，河北省有68个县生产土布，有织布机20万台，纺车120万辆，参加人数

---

[1]《商业工作简报》1961年第199期。
[2]《供销合作简报》1963年第38期。

104万人，年产土布1亿尺（市尺，下同）。① 同期河北省共有143个县（1964年数字），总人口4289万人（1965年数字），② 也就是说，有将近一半的县搞商品性土纺土织，涉及约2060万人，从业人数占总人口约5%。与新中国成立初期比较，这个数量和比例并不过分。根据重点产区的调查，1950—1954年，河北省产土布分别为2337万、2117万、1979万、1399万、1280万匹（自然匹），③ 各地一匹布的长度很不一样，如以每匹20尺计，1954年约为2.56亿尺。

山东。1964年9—10月，广饶县史口区有80%以上的生产队都搞商品性土纺土织，有三分之一的农户织土布。高密县、平度县土纺土织情况很严重，生产队长、党支部书记、民兵连长的家属都织土布。据统计，1964年，山东省有40多个县搞土纺土织，占当年104个县的40%左右，惠民专区一年生产土布5700万尺。④

浙江。1959年5月，浙江省委曾因没有完成棉花收购任务而发出《关于立即停止土纺生产的通知》，要求各地立即停止土纺生产，大抓棉花收购，并将已收购的棉花全部供应"洋纱厂"的需要（中共中央于同年5月18日向山东、河北、河南等14个省、直辖市批转了这个报告，要求各地仿照执行）。但到1964年，据典型调查，该省有十几个县的生产队搞土纺土织，并且和22个省有业务往来。黄岩县下梁公社有的农户不参加农业生产劳动，专搞土布，两三年获利1万元；有的农户要求全家退出劳动底分，专搞土纺土织，说

---

① 全国供销合作总社、中央工商行政管理局：《关于农村土纺土织和今后意见给国务院的报告》，1965年5月25日。普通木机的土布一般幅宽一尺左右，铁木机、铁轮机可宽至二尺，如不涉及棉花使用量，幅宽问题在这里意义不大。

② 内政部民政司：《中华人民共和国行政区划简册》，地图出版社1965年版，第6页；中国社科院人口研究中心：《中国人口年鉴1985》，中国社会科学出版社1986年版，第809、813页。

③ 中国社会科学院、中央档案馆编：《1953—1957中华人民共和国经济档案资料选编·商业卷》，中国物价出版社2000年版，第282页。

④ 《供销合作简报》1964年第93期；全国供销合作总社、中央工商行政管理局：《关于农村土纺土织和今后意见给国务院的报告》，1965年5月25日；内政部民政司：《中华人民共和国行政区划简册》，第33页。

是"有钱不怕没饭吃"。①

湖北。1961年4月，汉川县公路生产大队第六生产队有35户家庭，有24户自织土布，有一户人家有4台织机。1963年10月，监利县朱河镇桥南20余户中，搞土纺织的有10余户，木机20余台，织户买入棉花，出售土布，生产昼夜不停。1964年9—10月，浠水县巴河区和平公社搞土纺土织的有87户，分布在12个大队，28个生产队，其中一个生产队有80%的农户搞土纺土织，这87户中，有30户是常年生产，35户是季节性生产，22户是临时生产自纺自用的。②

1965年3月，全国供销合作总社和中央工商行政管理局联合召开有河北、山东、江苏等13个省、5个县的土纺土织座谈会，会上根据各地情况估算，1964年，全国生产土布约17亿尺，其中商品土布11亿尺，占64.7%；在商品土布中，农民用自留棉纺织的约5亿尺，手工业利用废旧原料生产的再生布4亿尺，用拨给灾区的次棉纺织的约2亿尺。③还有6亿尺的非商品土布，当为农民自织自用的，即该年农民用自留棉纺织的土布共约11亿尺。

又据该会议估计，每年约有80万担自留棉用于土纺土织，可产土布12亿尺，④其中进入市场的约5亿尺，即商品土布约占42%。1964年全国棉产量为3325.4万担，收购量为3042万担，⑤即自留棉为283.4万担，其中用于土纺织的棉花占自留棉的28.2%，占棉花总产量的2.4%。1964年全国农村人口为57549万人，⑥13亿

---

① 《供销合作简报》1964年第93期。

② 《商业工作简报》1961年第199期，1963年第82期；《供销合作简报》1964年第93期。

③ 全国供销合作总社、中央工商行政管理局：《关于农村土纺土织和今后意见给国务院的报告》，1965年5月25日。

④ 这里可能是按照窄幅土布计算的。80万担棉织12亿尺布，合1斤棉花可织布15尺。据1957年9月《中国共产党中央委员会、国务院关于本年度棉花统购工作的指示》："一斤棉用于土纺土织最多能织20平方尺布，而用机器织布能织30多平方尺"（《人民日报》1957年9月9日）。

⑤ 国家统计局编：《中国贸易物价统计资料 1952—1983》，中国统计出版社1984年版，第128页。

⑥ 中国社科院人口研究中心：《中国人口年鉴1985》，中国社会科学出版社1986年版，第811页。

尺（自留棉纺织 11 亿尺加上次棉纺织 2 亿尺）土布，人均 2 尺多布。

在这里，对棉花收购和机织布生产销售有直接影响的是农民用自留棉进行的纺织。这部分棉花占棉花总产量的比重并不大，如果用于机器纺织，80 万担棉花可织布约 4 亿米，① 当时全国布（各种布）产量最多一年为 75.7 亿米（1959 年），最少一年为 25.3 亿米（1962 年），多数年份在 30 亿—60 亿米，② 4 亿米看来也不为小数。从 1960 年以后，自留棉的留用比例和数量都显著下降。1965 年全国棉产量为 4195.5 万担，达到此前最高水平，而自留棉为 153.1 万担，为此前最低水平。③

经过十多年的统购统销，与新中国成立初期比较，可以看到，尽管在棉布生产中的比重在下降，但土布产量一直维持着一个基本水平。1936—1964 年全国棉布和土布产量见表 1、表 2。

表 1　　　　　1936—1964 年全国棉布和土布产量④　　单位：万米，%

年份 项目	1936	1949	1950	1951	1952	1953	1954	1955	1956	1957 年计划	1964
棉布（包括手工业）	278703	188873	252242	305819	382891	468540	525018	436129	580319	558310	438000
土布	67051	26241	27346	28498	32916	31650	31063	14949	7447	18990	56667

---

① 根据 1957 年 9 月《中国共产党中央委员会、国务院关于本年度棉花统购工作的指示》中"（一斤棉花）用机器织布能织 30 多平方尺"，以机织布平均幅宽 2 尺计算，一斤棉花可织布约 5 米。"幅宽 2 尺"为当时绸布的通用标准，如陈云 1957 年 9 月的一个讲话："……织成绸布（二尺幅面）……"（《陈云文集》第 3 卷，第 211 页）。

② 国家统计局编：《中国统计年鉴 1983》，中国统计出版社 1983 年版，第 242 页。

③ 国家统计局编：《中国贸易物价统计资料 1952—1983》，中国统计出版社 1984 年版，第 128 页。

④ 在对棉布计划管理的统计规定上，纳入统计的棉布产品包括：棉布、机纱布（白布、色布、花布）、半机纱布、土纱布。其中后三种即手工棉纺织产品。但在统计报表中，如果仅分为"棉布"和"土布"两类，则以是否使用机纱为标准，"棉布"一项包括前三者，即机织布、机纱手织布和半机纱布（机纱手纺纱混织布），而"土布"指的是土纱布（手纺手织布）。有时统计报表中只有"棉布"一项，则是包括了所有类型的棉布。见中国社会科学院、中央档案馆编《1953—1957 中华人民共和国经济档案资料选编·商业卷》，第 84、89 页。

续表

年份 项目	1936	1949	1950	1951	1952	1953	1954	1955	1956	1957年计划	1964
手织布合计		53779	69897	83579	103952	125048	139020				
土布占全部棉布比例		12.2	9.9	8.5	7.9	6.3	5.6	3.3	1.3	3.3	11.5

注：（1）1964 年的棉布产量数字据《中国纺织工业年鉴 1991》（纺织工业出版社 1992 年版，第 297 页），该年有两个数字，一个是"布，47.1 亿米"（第 296 页），一个是"纯棉布，43.8 亿米"，本文采用"纯棉布"的数字。土布数字为将文中的 17 亿市尺折算为米。

（2）表中"手织布"一项，是将棉布中的手工业织布与土布相加的总数。计算方法根据《当代中国的纺织工业》中"（新中国成立初期）手工棉布（包括土布）占全国棉布产量 25% 左右"（第 112 页）的比例估算。

（3）机织布、机纱手织布以及土布幅宽不同，表中土布占全部棉布的比例，仅表明一个趋势，不能代表用棉量也是同样比例。

资料来源：国家统计局编：《我国钢铁、电力、煤炭、机械、纺织、造纸工业的今昔》，中国统计出版社 1958 年版，第 155、166 页。其中"棉布"项目中的手工业包括机纱手织布和半机纱布（机纱手纺纱混织布），"土布"指土纱布（手纺手织布）。在近代的棉织业统计中，有"改良土布"与"土布"之分，前者即为使用机纱或半机纱的手织布，即表中"棉布"项目中的手工业部分。本文为避免概念含义上的交叉，没有使用"改良土布"的概念。

表 2　　　　　　　　1955 年、1956 年手工棉纺织产量

项目	1955 年	1956 年
棉布（机纱手织布）（万米）	87154	115781
土布（万米）	14949	7229
合计/占当年全部棉布产量的比例	102103/23.4%	123010/21.3%

资料来源：中央手工业管理局、中华全国手工业合作总社筹委会编：《全国手工业统计年报 1956 年》，1957 年 11 月，第 8—9 页。全部棉布产量据国家统计局编《中国统计年鉴 1983》（第 242 页），1955 年为 43.6 亿米，1956 年为 57.7 亿米。

根据表 1，1949 年至 1954 年，手工织布业呈现出发展的趋势，土布与包括土布在内的手织布产量都在增长。1955 年、1956 年土布产量陡然下降，显然是受统购统销的影响，但这两年包括机纱布在内的手织布产量与前几年基本持平，比重仍占到全部棉布产量的 20% 以上。1964 年的土布产量超过了统购统销前的水平。也就是说，在受到严格限制的统购统销时期，手纺手织业反而比前些年有所发

展,其原因当是一些原来使用机纱织布的织户,由于原料来源限制,而改为自纺自织了。

1966—1976年,棉花产量在增长,尽管收购比例很高,但同时农民自留棉数量也比此前有所增加。[1] 这一时期,国民经济比较混乱,管理放松,农村自由经济有所发展,土纺织业当也位列其中。[2] 这些现实存在的土纺土织业(织机、纺车、人力)无疑成为改革开放后农村手工棉纺织业得以迅速复兴的物质基础。

四

简言之,新中国成立后,国家采取了通过压缩和淘汰手工棉纺织业来保证城市机器纺织工业发展的政策方针,进一步说,是通过压缩和淘汰所有可能与机器工业有原料之争的农村工业(如磨坊业、榨油业等),来保证城市机器工业的发展,作为达到迅速实现国家工业化目标的手段之一。在统购统销制度严格管控、大力挤压下的农村手工棉纺织业,之所以能够长期生存并有一定发展,其中原因是多方面的,有合法的政策因素,而更重要的,是农民在国家政策与自身利益之间,在力所能及的条件下所作出的选择。统计数字所显示出来的农民自留棉的数量,是官方根据产量、收购量以及各地留棉量规定而计算出来的,农民手中存棉的实际数量,恐怕任何时候都难以估计。[3] 留下棉花发展土纺土织,是当时农民应对经济和生活

---

[1] 国家统计局:《中国贸易物价统计资料 1952—1983》,中国统计出版社 1984 年版,第 128 页。

[2] 江苏省江阴县为传统土布产区,20 世纪 70 年代,"作为农村副业的家庭纺织又趋活跃,周庄、华士、云亭等地农民购置纺机,自产自销"(《江阴市志》,上海人民出版社 1992 年版,第 364 页)。

[3] 很多资料表明,每年一到棉花收购季节,国务院或有关部门就会发出文件,要求各级政府和有关部门力争完成收购任务,从中可以看出棉花收购工作的艰难。而在农民方面,则会采取很多办法,如瞒产私分、多剩残花等,以尽量多留棉花自用,或是非法出售。根据典型调查,产棉区的棉农家里,家家的存棉都超过规定的留棉量。另外,一些非商品棉产区,农民往往也在计划外自种一些棉花,自纺自织,自用之外,多余的土布拿到集市上出售。这些棉花和棉布都属于计划外的自主生产,不纳入统计。

困难，增加收入的办法之一。尽管在全部棉布产量中比重不大，但对于农民来说很重要。另外，在计划定价机制下，土布比机织布具有价格优势，非棉产区、非织布户必然选择价格低廉的土布，尽管国家在农村大力推销机织布，但农民因贫困多数买不起，往往将布票非法出售。① 此外，农村棉纺织的原料来源，由已经部分使用机纱到全部使用自留棉，则是农户经济从开始走向市场（买纱或以棉易纱）退而走向自给化生产。总之，改革前我国手工棉纺织业的变化过程，以及这个过程中所体现出来的国家与农民之间的关系，值得深思。

（原载《中国经济史研究》2009 年第 4 期）

---

① 这也是工农业关系、城乡关系的例证之一。农民货币收入减少，也无法为城市工业品提供市场。

棉花统购、棉布统购统销政策与手工棉纺织业

1954年9月开始实行的棉花统购和棉布统购统销，对我国具有悠久历史的手工棉纺织业产生了重要而深远的影响。实现统购统销的目的，一是要保证城市机器纺织工业的棉花原料供应，这是实现国家工业化发展战略的需要；二是要在当时棉布供应紧张的情况下，保证城乡居民，主要是城市居民消费的基本需求。统购统销的实施，保证了当时生产、建设和人民生活的基本需求。但国家垄断购销的结果，也就根本改变了原有的生产组织制度，以及市场运行规则和习惯，特别是根本改变了原有农村经济结构，是对原有中国农村经济发展路径的重大冲击。统购统销实施的最终成效，应该说基本达到了国家的预期目的。但在实际运作过程中，在国家和农民之间，二者关系并非十分和谐，这种状况对统购统销政策实施必然造成影响。其实际成效，一方面取决于国家管理的松紧，另一方面取决于农民的接受程度。就本文所涉及的这个时期来说，一方面是国家的严格管控，另一方面是城乡手工棉纺织从业者在利益面前的选择。在这种博弈关系中，为了平衡各方面的关系，国家在基本原则不变的条件下，也不得不因时因地对政策进行一些调整。这个时期的手工棉纺织业就是在国家政策的严格管理和不断调整下生存下来，在改革开放以后得以复兴，在一些集中产地，重新成为当地的支柱产业，以及外向型经济的组成部分。

关于棉花统购与棉布统购统销问题，以往研究不多。[①] 本文考察

[①] 笔者另有《制度变革与手工棉纺织业：1954—1965》一文（见《中国经济史研究》2009年第4期）。但该文没有论述政策变迁的具体过程，本文是对该文的补充。同样，本文所说的棉纺织业仅指纺纱织布，不包括针织业。

1954—1965 年的棉花统购、棉布统购统销与手工棉纺织业生产与流通管理有关政策的变化过程，及其对行业生产特别是农村手工棉纺织生产的影响。

一

棉花统购和棉布统购统销是一场重大的制度变革。其中一项重要内容是，如何对待当时在城乡经济中仍占重要地位的手工棉纺织业。我国的手工棉纺织业历来是最大的传统产业之一。新中国成立初期，手工棉布（包括土布）仍占全国棉布产量的 25% 左右。[①] 据不完全统计，在城镇，约有铁木机 18 万余台（木机数量更多），每年可织布 2000 万匹以上。[②] 在广大农村，更是广泛分布着农民的家庭棉纺织业。在这种情况下实行统购统销，面临着一系列问题，主要有：

（1）城镇、乡村中原有个体纺织户的生产（就业）问题。

（2）广大农村中的农民兼业纺织生产，以及棉花收购中对棉农的留棉问题。

（3）私营棉花、棉布（土布）经销商（包括批发商和零售商）的转业问题。

（4）土布市场的管理问题。

其中，随着对私营商业的社会主义改造，私营经销商问题基本可以得到解决。城镇个体纺织户利用机纱生产，政府通过控制棉纱原料来源（1951 年 1 月已对棉纱实行统购统销），其生产也处于可控的范围内。最难以控制、不易解决的，是农村中的广大农民纺织（包括专业和兼业，集体生产和家庭生产），以及土布市场的管理问题。其原因：

（1）农民家庭手工棉纺织业是中国传统农村经济的重要组成部

[①] 《当代中国的纺织工业》，中国社会科学出版社 1984 年版，第 112 页。

[②] 《中央纺织工业部部署今后工作》，《人民日报》1953 年 12 月 23 日。

分，在当时的农户经济中仍占有重要地位，不会随着一纸命令而被轻易取消。

（2）在棉花统购中，在产量评估、何时出售、出售多少、自留棉的使用等方面，农民是具有一定操控力的，国营商业和合作社商业的动员力量不可能深入到每家每户、每个生产队组。在完成棉花统购任务后剩余棉花的处理上，农民更是具有很大的选择权。

（3）农村自由市场仍存在，尽管政策上严格禁止棉花、棉布上市流通，但对其的管理是一项成本很高的事情，工商管理部门不可能做到百分之百的严打严控。因而，从开始实行统购统销直到国民经济调整时期结束的十余年里，在原有利益格局被强制改变的过程中，国家与农民之间在手工棉纺织业的领域里进行博弈，这种关系决定着手工棉纺织业的生存状态，决定着其最终命运。其间，相关政策变化也更多的是针对农村的手工棉纺织业（土纺土织）。

1954年5月，中财委在关于实施棉布计划供应和棉花计划收购给中共中央的报告中提出：棉布计划供应是一件繁重复杂的新工作，我们又没有经验，各地必须充分做好一系列的准备工作。中央必须明令公布机织棉布、洋经洋纬及洋经土纬的手工织布全部由国家统购，不准私营厂商及织户自行出售（对土经土纬的手工织布，国家可不全部收购，得留一部分在农村小量交换，互通有无，以适应农民使用土布的习惯）；必须统购批发商的棉布，并对批发商及其职工负责安排；必须调查棉布零售商和摊贩情况，以便进行管理、利用和改造并提出安排办法。为了防止私商抢购与棉农惜售，保证机纺用棉和军用棉，在对棉花实行计划收购的同时，要适当压缩土纺土织；必须对土纺土织的手工业户分别进行登记，并适当加以管理，以便仅仅维持其生产，不让其发展。[①]

经1954年9月9日中央人民政府第224次会议通过，政务院于14日同时发布了《关于实行棉布计划收购和计划供应的命令》和

[①] 中国社会科学院、中央档案馆编：《1953—1957中华人民共和国经济档案资料选编·商业卷》，中国物价出版社2000年版，第245—247页。

《关于实行棉花计划收购的命令》,规定自发布之日起,在全国范围内实行棉布的计划收购(简称统购)和计划供应(简称统销),实行棉花的计划收购(简称统购)。上述两个《命令》指出,实行棉布统购统销是"为了保证棉布能够按照国家的计划进行生产和分配,进一步取缔市场投机,巩固物价稳定",实行棉花统购是"为了保证纺织工业用棉,保证人民生活所需棉花的供应"。①

两个《命令》中与手工棉纺织业有关的规定包括:

(1)所有国营、合作社、公私合营和私营织布厂、印染厂和手工业生产的机纱棉布和机纱手纺纱交织棉布,一律由国营花纱布公司统购统销,不得自行出售。

(2)所有织布业和棉布复制工业生产周转所需现存的棉布,由当地工商或商业行政部门进行登记,并加以管理。

(3)完全用手纺纱织成的棉布,由中国花纱布公司通过供销合作社进行收购,逐步纳入计划收购和计划供应的范围。在一定地区范围内,可允许手纺纱织布户和消费者直接进行少量的交换。

(4)所有列入计划供应范围的棉布及棉布复制品,不论花色、品种和质量,在全国范围内一律采取分区、定量、凭证供应的办法,实行计划供应。但人口特别稀少、交通不便的边远地区,经省、自治区人民政府批准,可暂缓实行。

(5)购布凭证,不准买卖投机。

(6)私营棉布批发商不得继续经营棉布的批发、贩运业务,所有私营零售商贩现在的棉布和属于计划供应范围的棉布复制品,应按照计划供应的规定出售。

(7)所有零售经营商店、商贩,应一律按照当地人民政府商业行政部门所规定的零售价格出售。

关于棉农生产的棉花和纺织户的棉花原料来源,《关于实行棉花计划收购的命令》规定:

---

① 中国社会科学院、中央档案馆编:《1953—1957 中华人民共和国经济档案资料选编·商业卷》,第 248—251 页。

（1）棉农应按照国家规定的收购价格，将所产棉花，除缴纳农业税和必要的自用部分外，全部卖给国家。国家的棉花收购工作由中国花纱布公司委托供销合作社代理收购业务。

（2）私营棉花商贩，一律不得经营籽棉、皮棉的收购和贩运业务。私营籽棉加工业，统由中国花纱布公司通过供销合作社委托加工，不得自购籽棉，加工自销。

（3）国家收购计划完成后，棉农留作自用有余的棉花，由供销合作社继续收购。

（4）中国花纱布公司和供销合作社应及时供应人民需用的絮棉和手工纺织用棉。为了保证纺织工业按计划进行生产……手工纺织一般应维持现有产量，不宜发展。

以上规定从生产和流通两个方面，对手工棉纺织生产的原料来源、生产规模、产品销售加以控制，排除了私营商业经营者，切断了生产者与市场的自主联系。从两个《命令》中可以看出：第一，在统购统销中，对不同类型的手工棉纺织业，采取了区别对待的政策。[①] 对使用机纱织布的城镇个体纺织户，通过控制原料供应来限制其发展，其产品全部统购，一律不得自行出售。对使用手纺纱织布的土纺土织，除织户自用者外，其商品布部分由国家收购，在掌握了产销情况后，逐步纳入统购统销范围。在受灾地区可以照顾农民生产自救的需要，适当供应一定数量的棉花进行纺织生产。第二，严格禁止棉花和土布的自由流通。所有计划内和农民自用有余的棉花都由国家统一收购。手纺纱纺织的商品土布由供销合作社统一收购，供销社收购的土布，应该地产地销，其剩余部分统由国营公司纳入计划，调拨调剂外区；禁止农村中商品性的土纺土织；在本乡本区范围内，在不准私商参加的条件下，允许生产者与消费者直接少量交换，互通有无；所有流通中的土布，应严格遵守国家的价格规定。[②]

[①] 手工棉纺织分为机纱手织、机纱手纺纱混合手织、手纺手织，以及单独的手工纺纱几种类型，一般将后三者通称为土纺土织，所织棉布通称为土布。

[②] 《中央合作通讯》1954年第10号；《工商行政通报》1957年第93期。

总之，在统购统销实行之初，考虑到原有从业人员的就业问题，及照顾农民自纺自织自用的传统习惯，对于手工棉纺织业采取了"维持现状，停止发展，适当压缩"的基本政策。不过细究起来，这一基本政策，更适应于城镇专业纺织户，而对于农村中广大的从业者（包括专业和兼业）来说，自纺自织的土布业原本是一个商品性很强的行业，是农民家庭生产的重要组成部分和收入来源，实行棉花统购和禁止商品性土纺土织，其结果就不仅仅是"适当压缩"（两年以后政策取向就从"压缩"变为"淘汰"），而是取消农村的商品性土布生产，这是对原有农村经济结构和农民家庭经营结构的根本性变革。

1956年3月，纺织工业部向毛泽东汇报"一五"计划的执行情况和基本经验，以及远景规划设想，其中就手工业的经济改组问题，提出"淘汰土纺土织"的方针，得到毛泽东的赞同，他说：轻纺工业经济效益好，"能为国家积累资金，很重要，能多搞，尽量多搞些。多搞轻工业就是多搞重工业"。① 同年10月，农产品采购部在关于棉花收购工作的电话会议上，进一步解释了"淘汰土纺土织"的方针，提出：农村副业生产的门路是很多的，应该说服教育农民不要再扩大土纺土织的副业生产；无论在灾区或非灾区，对土纺土织的原料供应，都必须有计划地控制，不能盲目发展；要取缔棉花和土纱土布的黑市交易。② 至此，在对待手工棉纺织业的问题上，最终确立了"维持现状，停止发展，逐步淘汰"土纺土织的方针政策。此后根据形势变化，尽管政策上略有调整，或松或紧，但都不出这个基本原则。

二

两个《命令》的同时发布立即引起市场的强烈反应。在棉布

---

① 《当代中国的纺织工业》，中国社会科学出版社1984年版，第47—48页。
② 《农产品采购部召开电话会议，要求各棉产区加强棉花收购工作，统购任务完成以前不允许自由交易》，《人民日报》1956年11月2日。

（包括土布）市场上，消费者争购，土布价格上涨，织户持布不售，私商小贩和纺织户与国营商业和供销合作社争夺货源。更为严重的是，这种市场变化反而有可能刺激手工纺织的发展，直接影响棉花统购、絮棉供应和国营商业对棉布（以及土布）货源的掌握。为此，商业部于两个《命令》发布半个月后，1954年9月27日电示，要求各地加强对土布市场的管理，指出：土纺织布牵涉广泛的小生产者，是统购统销工作中一项极为复杂的问题，我们对此必须有足够的认识。各地应该根据政务院命令，对于目前市场上发生私商小贩或土纺织户与合作社争购土布或套购絮花者，可以根据不同的情况加强管理，其情节严重性质恶劣者并可个别予以适当的处分以教育多数。同年11月10日，商业部和供销合作总社再次联合电示，要求各地加强手织布的购销管理。针对手纺纱织布收购不足、棉布供应紧张的情况提出几项措施，包括允许持土布票购买机织布，对机织布货源做必要的支持；在棉产区和手纺纱织布产区，充实机织布的供应；加强管理土布市场，除允许产销双方在一定地区内互通有无外，严禁黑市交易和私商收购贩运；进一步摸清手纺纱织布的产销数量、成本、利润、与机纱布的差价和纳税环节等情况，以便进一步研究并采取适当措施。[①] 在棉布统购统销中，关键问题是统购，其中更为困难的，又是土布统购。土布生产者是分散的小手工业者以及广大农民，其产销状况不易清楚地了解，其实际生产也是国家政策所难以管控的。即使在合作化、集体化以后，农民家庭的土纺土织生产与土布的市场流通（黑市）仍然合法或非法地存在，干扰着国家的计划管理。

在棉花统购方面的工作也不顺利。有的地区的棉农把自己手中的皮棉加工成絮棉留着自用；有的人认为棉花统购了，怕以后自己再用不方便，收下棉花抢着先用、快用，弹成棉絮存着；有的人摘了很多棉花不卖，等待观望等。自《关于实行棉花计划收购的命令》

[①] 中国社会科学院、中央档案馆编：《1953—1957中华人民共和国经济档案资料选编·商业卷》，第280—281页。

公布至 12 月中旬的三个月里，全国除四川、陕西两省外，其他地区均未按月完成收购计划，距国家要求甚远。① 对此，《人民日报》社论指出，这些情况说明，我们对棉花宣布统购后在农民群众中所可能引起的变化，事前研究分析得不够，必须充分认识完成棉花统购任务还必须进行艰巨的紧张的工作，应在各地党委和政府领导下，深入群众，了解情况，及时解决群众中的思想问题及工作中的问题，这是完成统购任务的关键。② 1954 年 11 月 10 日，商业部在关于棉布统购统销和棉花统购实施情况和存在问题给国务院的报告中也说，絮棉和手纺用棉是棉花统购中关键性的问题，也是有关改造小生产者的比较复杂的问题，在这方面要多做一些工作。③ 本着既要完成国家计划，又要照顾棉农产棉的实际情况，有关部门提出，对棉农自留部分不宜限制过严，在有手纺手织习惯的地区，应根据对手纺手织压缩或维持的方针，分别地对专业和副业、手纺和手织户的原料供应作妥善安排。手纺和手织都是农民原有的习惯和生活收入的一部分来源，但对这一问题的处理上应有所区别。手纺用棉与纱厂用棉有直接矛盾，但手织则仍可利用机纱。因此对手织户应照顾多些，主要是合理地解决这些织布户的棉纱供应问题。④ 在棉农已留自留棉的地区，一般不再供应絮棉及土纺用棉。⑤

  1956 年下半年放宽农村市场管理后，大量统购统销物资在统购工作没有结束前就在自由市场上出售，妨碍了国家统购任务的完成。其中棉花和土纱土布市场也很活跃。私商小贩深入集中产区套购农民的棉花或土纱土布，进行远途贩运，高价出售。有的地区供销社

---

  ① 《全国供销合作总社副主任邓辰西关于棉花统购工作的报告纪要》，1954 年 12 月 13 日，见中国社会科学院、中央档案馆编《1953—1957 中华人民共和国经济档案资料选编·商业卷》，第 253 页。
  ② 王越毅：《坚决完成国家棉花统购任务》，《人民日报》1954 年 10 月 17 日。
  ③ 商业部：《私营商业社会主义改造文件选编》下册，中国商业出版社 1982 年版，第 135 页。
  ④ 《必须努力完成棉花统购任务》，《人民日报》1954 年 12 月 7 日。
  ⑤ 《刘卓甫副部长在全国棉花统购工作会议上的总结（摘要）》1956 年 7 月 5 日，《采购工作》1956 年第 6 期。

也进行着非计划收购和贩运土布活动。为此，商业部、中央工商行政管理局、全国供销合作总社于1957年6月联合发出《关于严格禁止买卖布票和加强土布市场管理的通知》（以下简称《通知》）。《通知》指出，在江苏、浙江、河北、陕西、河南等土布产区，私营商贩和农民贩运土布免票高价出售的情况很活跃，各地还发现贩卖棉布及布制品不收布票的自由市场。《通知》要求严格土布市场的管理，上市土布除允许生产者与消费者小量互通有无外，其余部分应由当地国营公司或供销社负责收购，凭票供应市场。供销社收购的土布，除当地销售外，剩余部分统由国营公司负责调剂外区，禁止商贩贩运。① 同年8月9日，国务院发出《关于由国家计划收购（统购）和统一收购的农产品和其他物资不准进入自由市场的规定》，进一步明确并严格了统购统销物资的市场管理，规定，凡属国家规定计划收购的农产品一律不开放自由市场，全部由国家计划收购。国家计划收购任务完成以后，农民自己留用的部分，如果再出卖的时候，不准在市场上出售，必须卖给国家的收购商店。不是国家委托收购的商店和商贩，一律不准收购。其他不是由国家指定担任收购任务的企业、机关和团体，都不准进行收购。既不准派人到农村去收购，也不准在城市中收购私人贩运进城的计划收购和统一收购的物资。②

以上情况可以看出：

（1）在棉花、棉布统购统销政策实行之初，土纺织布在棉布供应中占有一定比例，补充着机织布的不足，而纺织户持布观望，私商小贩的竞争，导致国家收购不足，对棉布的计划供应造成影响。

（2）土布的非法市场流通，以及价格上涨，必将刺激手纺手织的无计划发展，不利于棉花收购，因而必须严格市场管理。

---

① 《工商行政通报》1957年第93期。
② 中国社会科学院、中央档案馆编：《1953—1957中华人民共和国经济档案资料选编·商业卷》，第762—763页。

（3）手纺和手织情况又有不同，对棉花收购有直接影响的是手纺，因而对手纺和手纺纱织布采取压缩和淘汰政策，而对机纱手织业暂时还网开一面，为了照顾纺织户的就业，在一定时期里仍维持其生产。

在这里，一个基本的问题，就是要妥善地处理同棉农的关系。手纺手织的问题，更多的也是同农民的关系问题——如何对待产棉区与非产棉区的农民纺织户问题。这也是后来统购统销工作中一直要着力解决的问题。

三

1958年的"大跃进"和人民公社化，以及其后几年的国民经济调整，为手纺手织业的发展提供了契机。

（一）在"大跃进"中，为了发展地方工业，在产棉区和传统的土布产区，各地利用本地方优势，发展起一批土纺织业。如四川，据报道，该省有一半的棉布要靠省外供应，可是省内的土机织布有很大潜力，把上海布样交给本省土机织布工人试织，织出的布并不比上海的逊色。由于土布生产灵活，可以随时翻新花样，结果土机织造的条布、格布、线呢，成为四川市场上最吃香的布匹。① 这里所说的土布，应该是包括了机纱手织布和手纺手织布。

1958年是棉花丰收年，在"大跃进"的形势下，有关部门对纺织工业生产形势的判断多少有些失误。这年11月召开的全国纺织工业厅局长会议认为，现有棉纺织的生产能力已远远不能满足原料迅速增长的需要，1959年棉花生产将有更大的跃进，这使纺织生产能力和原棉供应之间的矛盾更加突出。要实现1959年纺织工业更大跃进的根本措施，是要大搞群众运动，纺织工业也要用"大、洋、群"和"小、土、群"两条腿走路，单靠"大、洋、群"这条腿已远远

---

① 范眭：《四川地方工业生产适应当地人民消费习惯，地方产品在初夏市场占优势》，《人民日报》1958年5月20日。

不能满足高速度发展纺织工业的要求,而我国人民对于土纺土织有着丰富的经验,在农村实行人民公社化以后,发展"小、土、群"已经具备了许多有利的条件。会议确定,1959 年纺织工业要贯彻"土洋结合、大搞群众运动"的方针。① 这就为各地大力发展土纺土织提供了合法性和政策依据。

(二)人民公社化以后,发展农村社队工业,有的地方把土纺织业也作为一个行业发展起来,一些地区的土纺织业甚至出现盛期。如江苏省梅李镇,自 14 世纪到 20 世纪 60 年代,土纺土织一直是一项农村重要副业,农家几乎都有摇车、花车、锭子等纺纱工具,条件好一点的人家还有木制的手拉小布机,从棉花到成品布的各道工序都靠自家完成。20 世纪 50 年代末,梅李镇几乎每个大队都办起了小布厂,60 年代为最盛时期。② 浙江省宁波,1958 年在农村办起了一批以手工操作为主的小加工厂,从事一些小农具、小塑料、小五金、土纺土织之类的产品加工,形成社队企业,改革以后异军突起,发展为后来的乡镇企业。③

(三)扶持土纺土织历来是救灾措施之一,其结果造就了土纺织业的发展。如河北省高阳县,1954—1956 年连续遭受水灾,当地政府要求通过开展副业生产弥补缺粮问题,鼓励发展包括土纺土织在内的社员家庭副业生产,其中东留果庄村农业社为了激发社员的生产积极性,根据群众意见实行了"定额生产、超额奖励"的办法,更大大提高了群众的生产积极性,全社 98 台织布机,有 96 台做到早晚挂灯织布,其中还有 27 台双班机达到昼夜不停。产量和质量都有很大提高。④

---

① 《棉花大丰收,纺织巧安排,全国纺织工业会议制定高速度发展方针》,《人民日报》1958 年 11 月 11 日。
② 《梅李土纺土织》,《梅李通讯》2009 年第 86 期。见梅李在线,http://www.meilizhen.net/meili/ReadNews.asp?NewsID=2389。
③ 《乡镇企业"宁波经验"走向全国》,2009 年 6 月 6 日,中国宁波网,http://www.cnnb.com.cn。
④ 《高阳县农业副业结合的经验》,《人民日报》1957 年 12 月 30 日。

1956年的棉花收购工作中还规定，在受灾地区可以适当照顾农民生产自救的需要，供应他们一定数量的棉花，进行土纺土织。① 在灾区，有的地方政府一方面拨给棉花，作为土纺土织的原料；另一方面，帮助灾民打通土布运销渠道。如河北邢台、保定等地区，为农民签发土布自产自销证，使河北的土布大量运销内蒙古等地区。1963年11月，商业部特致函国务院财贸办公室，建议通知河北省工商行政管理局转知邢台、保定专区有关部门，"今后是否可以不从发展土纺土织来搞灾区的生产自救，是否可以不再签发土布自产自销证"②。

　　（四）"大跃进"后的调整时期，压缩城市人口，大批人口回到农村、市镇，这些人员的就业安置是个很大的问题，有的地方就将土纺土织作为下放人员安置的一种措施。1963年，湖北省监利县朱河镇搞土纺土织的人很活跃，这些人大部分是纺织厂下放的职工，他们买入棉花，自纺自织自染，织成土布出售，昼夜不停。镇政府怕取缔后这批人员不好安排，因此明知不符合政策，影响棉花收购，但也不坚决制止。③

　　（五）为了迅速调整国民经济，1960年11月3日《中共中央关于农村人民公社当前政策问题的紧急指示信》提出，要有领导有计划地恢复农村集市，活跃农村经济。④ 但土布黑市也随之活跃，刺激了土纺土织业的发展。土布市场的存在是土纺土织得以长期维持的一个重要条件。这几年里土布市场相当活跃。从事土布运销的，有个体农民、私商小贩，也有生产队集体组织和供销社。土布黑市价格远高于供销社收购牌价，织土布的收益也远高于农业收益，有的地方农民宁愿退出集体农业劳动，专搞个体的土纺土织。⑤

---

　　① 《农产品采购部召开电话会议，要求各棉产区加强棉花收购工作，统购任务完成以前不允许自由交易》，《人民日报》1956年11月2日。
　　② 商业部档案，1963年11月。
　　③ 《商业工作简报》1963年第82期。
　　④ 《建国以来重要文献选编》第13册，中央文献出版社1996年版，第672页。
　　⑤ 《供销合作简报》1964年第93期。

以上这些，都对土纺土织业的发展起到了作用。尽管其中一些是合法的，但毕竟对棉花收购有所影响，因而一直是处于政策夹缝中生存的状态。一旦有必要，就会受到政策的限制或禁止。

1959年5月，因为没有完成当年棉花收购任务，浙江省委发出《关于立即停止土纺生产的通知》，提出目前各地土纺仍在生产，占用了不少棉花，要求各地立即停止土纺生产，对土纺停止以后的工人，要妥善加以安排处理，其中原来是从公社来的农民，应当动员他们回到农村，参加农业生产。中共中央于同年5月18日向山东、河北、河南、湖北等14个省、直辖市批转了这个报告，要求各地仿照执行。

1960年2月7日，中共中央发出《关于立即停止棉花的土纺土织的指示》（以下简称《指示》）。《指示》指出，1954年实行棉花统购和棉布统购统销政策以后，国家对土纺土织采取了停止发展、逐步压缩的方针。在"大跃进"和人民公社化以后，不少地方由于统一调配劳动力，已经停止了土纺土织生产；但是也有些地方，特别是产棉区，又发展了一批人民公社和社员个人的土纺土织生产。中央认为，棉花的土纺土织是一种落后的生产方法，不应当发展，特别是在目前棉花原料还不能充分满足机器纺织需要的情况下，更显然是对人力物力一项重大的浪费。《指示》要求各地党委向群众讲清道理，动员他们立即停止棉花的土纺土织，组织他们从事其他生产事业。必要时，应当从经济上坚决采取措施，使土纺土织无利可图。在棉花供应方面，应当立即停止供应土纺用棉，并且动员人民公社、生产队和社员把过去留下准备用于土纺的棉花卖给国家。

1963年10月9日，中共中央、国务院在《关于力争超额完成一九六三年度棉花收购任务的指示》中，提出要切实加强市场管理。无论城市或农村，无论集中产区或分散产区，棉花、土纱、土布在任何时候都不准进入集市贸易。棉农个人的自留棉和自留地、小片荒地生产的棉花，如果需要出售，只能卖给国家，也不准进入集市贸易。对于商品性的土纺土织，应当一律禁止，灾区也不例外。对有些地区已经出现棉花、土布的黑市交易和投机贩运活动，各地工商行政、公安、税务、国营商业、供销合作社和交通运输等有关部门，应当在各级党委和人民委员会的统一领导下，采取有效措施，加强市场管理。对于黑市交易，必须严格取缔，对于投机倒把分子，必须坚决予以打击。[①] 这次的规定比此前的任何相关规定说的都要明确，都要严厉。

四

调整时期搞活市场的一些措施，对于经济恢复起到了刺激作用，但是，自由市场的活跃，在当时来说，很多属于"资本主义投机倒把"性质。被列为一类物资的棉花、棉布（包括土纱土布），其市场流通和土纺织生产的活跃，更是明令禁止的。在城乡开展社会主义教育运动的背景下，1965年1月召开的全国财贸工作会议提出，要在市场上进行反对资本主义的斗争，这是社会主义和资本主义两条道路斗争的一个方面。

这次财贸工作会议纪要题为《关于当前在市场上反对资本主义的斗争和其他几个问题》，其中第一条是打击粮食投机，平抑集市粮价，第二条就是限制土纺土织，统一经营土纱土布。该纪要规定：

（1）对土纺土织要加以限制、逐步缩小。商品性的土纱土布由国家委托供销合作社统一经营，不许私人转手买卖，也不许合作商店、合作小组和个体商贩代购代销。

（2）要从原料上限制土纺土织。除了按照政策规定给社员留下的棉花以外，所有棉花要全部由国家统购。

（3）社员可以用自留棉自纺自织自用。自用有余需要出售的土纱土布，只准卖给供销合作社。

---

① 中共中央文献研究室：《建国以来重要文献选编》第17册，中央文献出版社1997年版，第155页。

（4）供销合作社经营土纱、土布，收购价格要使农民保本并有微利，销售价格要有利于打击投机。

（5）国家拨给灾区生产土布的废棉、低级棉，由供销合作社统一发放，成品也要由供销合作社统一收购，不准生产队和社员转手买卖。

（6）从事土纺土织的手工业，只允许"来料加工"，不准自购原料、自销成品。[①]

根据全国财贸工作会议精神，1965年2月，全国供销合作总社发出《关于土纺土织问题的通知》，要求加强对土纺土织工作的领导，打击投机倒把活动，同时要求河北、山东、江苏、浙江、河南、湖北、山西、陕西几省报送关于土纺土织情况的材料。[②] 3月，全国供销合作总社和中央工商行政管理局联合召开了有13个省5个县参加的土纺土织座谈会。在1954年实行统购统销之时，曾提出，由于对土纺土织的情况尚不掌握，仅对机纱布和半机纱布实行统购统销，手纺手织的土布暂不纳入统购统销，只是对农民自用有余的土布由国家统一收购，但同时也要求，要对土布的产销情况进行调查了解，在此基础上，逐步纳入统购统销范围。但自1954年到1965年的十余年里，对土纺土织的情况一直没有一个全国性的调查结果。1965年的会议是统购统销以后第一次就土纺土织问题召开的专业性会议。

座谈会上根据各地情况估算，1964年，全国生产土布约17亿尺，其中商品土布11亿尺，占64.7%；在商品土布中，农民用自留棉纺织的约5亿尺，手工业利用废旧原料生产的再生布4亿尺，用拨给灾区的次棉纺织的约2亿尺。还有6亿尺的非商品土布，当为农民自织自用的，即该年农民用自留棉纺织的土布共约11亿尺。会议又估计，这几年每年用于土纺土织的自留棉约有80万担，可产土布

[①] 中共中央文献研究室：《建国以来重要文献选编》第20册，中央文献出版社1998年版，第78、80—81页。

[②] 但笔者没有看到各省的具体材料。

12亿尺，其中进入市场的约5亿尺，即商品土布约占42%。[1]

据笔者估算，我国土布（手纺手织布，不包括机纱手织布）生产占全部棉布产量的比例，从1949年到1956年分别为：12.2%、9.9%、8.5%、7.9%、6.3%、5.6%、3.3%、1.3%，而1964年则达到11.5%。[2] 数字显示，除1949年外，1964年土布产量和占全部棉布产量的比例都超过了棉花、棉布统购统销前的水平。也就是说，经过十多年的统购统销，手纺手织业不仅维持了一个基本水平，而且有所发展。这一结果应该是管理者所没有料到和不愿看到的。

1965年8月21日，经国务院批准，全国供销合作总社和中央工商行政管理局根据会议情况，作出《关于加强对土纱土布管理的几项试行规定》。该规定从管理范围、原料供应、从业人员和生产单位、产品收购和经营等方面，在政策原则的基础上，进一步具体化。这是统购统销以后第一个关于土纱土布管理的规定。

不过，总的来看，关于土纺土织的管理从来没有达到令管理者满意的结果。"文化大革命"开始后，管理机构有的被撤销（工商行政管理局），有的工作几近瘫痪（商业部门），就更谈不上有效管理了。土纺土织在这个时期发展很快。这些也成为改革以后手工棉纺织业发展的物质基础。

五

纵观这十余年，土纺土织禁而不止。其原因，第一，从理论上说，政策规定本身界定并不是十分严谨。如禁止商品性土纺土织，但如何界定商品性和非商品性？什么叫作"自用有余"，自给的数量界限是什么？农民用自留棉纺织、拿到市场上出售的（或者说是"互通有无"的）那部分土布，属于什么性质？这些不明确，执行

---

[1] 全国供销合作总社、中央工商行政管理局：《关于农村土纺土织和今后意见给国务院的报告》，1965年5月25日。

[2] 具体计算方法见《制度变革与手工棉纺织业：1954—1965》。

起来自然难以决断，甚至自相矛盾。

第二，尽管维持、限制、淘汰的基本政策没有变，有时还禁令较严，但出于种种实际需要，如解决从业人员就业、照顾农民生计、救灾等，在具体工作中也总会留有缺口，因而也就不会达到政策所规定的严格限制或禁止的程度。如即使是在加强管理的1965年年底，为了救灾，仍拨给河北、山西、河南、山东、江苏几省低级棉10万担，用于给灾区土纺土织生产自救。①

第三，各地方政府出于自身利益考虑，对待土纺土织的态度和做法因时因地而异，所以在政策贯彻上并非一以贯之，有时甚而是矛盾的。

进一步说，关于土纺土织，还有许多可以探讨的问题。

例如，关于农民家庭"商品性"工副业生产存在的必要性问题。允许农民家庭从事工副业生产，这在20世纪60年代调整时期以后，已经不成问题。但是，对农民家庭工副业生产的性质，却没有明确界定，是仅仅为了补充农业生产的不足，解决一部分家庭收入，还是允许通过商品性生产使农民发家致富？后一点在当时看来是不能容许的，但在实际中却是不可避免的。反映在土纺土织问题上，严厉限制政策的实际结果并不理想，反而还事与愿违，适得其反，促进了手纺手织业的发展，从原本已经与市场建立联系的利用机纱织布的农民家庭生产退回到原料自给性的家庭生产。这是值得深思的。

再如，在发展机器工业的同时，对所谓"与之争夺原料的"农村工副业，能否留有余地，保留一条与之相互依存、共同发展的出路？这是解决农民增收的需要，也是当时解决劳动力就业问题的需要。1957年7月在全国人大一届四次会议上，薄一波在《关于一九五六年度国民经济计划的执行结果和一九五七年度国民经济计划草案的报告》中提出："我国人口多，劳动资源丰富。目前我国厂矿企业的职工已有多余，而工业又只能逐步地发展，不可能每年都大量

---

① 中华全国供销合作总社档案，1965年10月25日。

招收职工。因此，今后劳动就业不能只在工业方面打主意，而要更多地在农业、农副业和手工业方面打主意。"① 对此，李国伟委员在会议发言中就机器工业与手工业的关系问题提出：近年机器工业发达，手工业的经营面日渐窄狭，恐谈不到利用劳动资源和发掘潜在力量，尚须另作相当计划。李委员就手工业的发展问题提出建议，其中关于纺织业，他提出，苏北、山东的土布，及各地手工织造的毛巾，近年似乎都受着机织工业的影响，或者原料方面的限制，颇多无法经营，竞求转业，以致日渐凋落……从机器工业拨出一部分任务，交手工业来完成，俾可扩大工作面，以期人尽其用，劳动力不致虚耗。有很多机制工业的制品，可由手工业来完成。如布匹绸缎的织造，国内一向使用木机，若由国家统一调度，从人民生计出发来解决问题，似乎可由机织厂划出一部分任务，交手工业来完成，俾可容纳劳动力，匀出机织厂的力量来制造精细的织品，为行销国际市场之用，于国家经济方面有很大的好处，而手工业者亦得到照顾，可以自食其力。手工制布，或者稍粗，然颇结实耐用，正合乎勤俭节约的精神。（关于原料），可以推广国外加工任务，以补救国内原料的缺乏。② 这些很有见地的看法，在当时似不可行，但均为改革开放后的改革实践所证实。

（原载《当代中国史研究》2010 年第 2 期，发表时文字有删节）

---

① 中共中央文献研究室：《建国以来重要文献选编》第 10 册，中央文献出版社 1994 年版，第 457—458 页。
② 《更普遍地利用劳动资源——在第一届全国人民代表大会第四次会议上李国伟的发言》，《人民日报》1957 年 7 月 23 日。

统购统销制度下农民家庭棉纺织
成本收益探析

笔者曾就1954—1965年棉花统购和棉布统购统销时期的农民家庭棉纺织业写过两篇文章,[①] 分别从制度变革与政策变迁方面加以探讨。但问题还没有完全解决,就是说,国家实施工业化战略,加快城市机器工业的发展,通过严格的统购统销制度来掌握棉花、棉布等主要物质资源,从限制到严格禁止城乡手工棉纺织的发展,在这种情况下,农民为什么背道而驰,冒着违法违规的风险,同时,放着质量、花色、品种更优的机织棉布不用,而要像数百年来一样,继续选择家庭纺纱织布?本文拟利用调查资料,对这个时期农民家庭纺织的成本和收益进行一些考察。

一 农民家庭棉纺织的背景及概况

关于"文化大革命"前农村棉纺织业的情况在笔者前两篇文章中已有考察。为了便于理解本文以下的分析,在此,将其概况再略加叙述。

棉花统购和棉布统购统销同时开始于1954年9月,两项工作都是按照国家法令的程序进行的。与《关于实行棉布计划收购和计划供应的命令》《关于实行棉花计划收购的命令》两个《命令》的发布相配

[①] 分别为《制度变革与手工棉纺织业:1954—1965》(载《中国经济史研究》2009年第4期)、《棉花统购、棉布统购统销政策与手工棉纺织业》(载《当代中国史研究》2010年第2期)。与这两篇文章一样,本文中的农民家庭棉纺织业仅指农户自己纺纱织布,不包括针织业,也不包括完全使用机纱的手工织布。

合，各有关部门同时制定和发布了一系列实施条例和规定。这些命令和条例、规定在统购统销工作中具有法律效力，违犯者也就是违法违规。从字面规则上看，这些法规不可谓不严格，条款不可谓不全面、不细致。在正式法规之外，还有带有强制性的各级领导人的指示和讲话，都十分强调严格执行统购统销制度的重要性，执行中如出现问题的严重性，等等。如果这些法规、指示真的是不折不扣地被执行，那么从农村家庭棉纺织业来看，则已无多大生存余地。按照1956年确立的"停止发展，逐步淘汰"土纺土织的基本政策原则，到"文化大革命"前的1965年，十几年下来，农村土纺土织业应该基本上被取缔了。但事实并非如此。

根据1965年3月召开的13个省5个县的土纺土织座谈会上的调查估算，1964年，主要棉纺织区生产的土布约达17亿尺，其中商品土布11亿尺，占64.7%；在商品土布中，农民用自留棉纺织的约5亿尺，用拨给灾区的次棉纺织的约2亿尺，乡镇手工业利用废旧原料生产的再生布4亿尺。① 还有6亿尺的非商品土布，应为农民自织自用的。即这一年农民用自留棉纺织的土布约11亿尺，加上次棉纺织土布2亿尺，该年农民自纺自织生产的土布共约13亿尺。又据该会议估计，这些年每年约有80万担自留棉用于土纺土织，可产土布12亿尺，其中进入市场的约5亿尺，即商品土布约占42%。1964年全国棉产量为3325.4万担，收购量为3042万担，② 即自留棉为283.4万担，照此估算，用于土纺织的棉花约占自留棉的28.2%，占棉花总产量的2.4%。

与新中国成立初期比较，土纺土织布占全部棉布产量的相对比重在下降，但在绝对量上一直维持着一个基本水平。③ 同时，由于统

---

① 全国供销合作总社、中央工商行政管理局：《关于农村土纺土织和今后意见给国务院的报告》，1965年5月25日。

② 国家统计局编：《中国贸易物价统计资料1952—1983》，中国统计出版社1984年版，第128页。

③ 笔者找到的土布产量数字只到1957年，此后直到1963年不见有统计数字。可能是由于统计上的原因，有一个时期棉布统计不再单独统计土布产量，具体从哪一年开始还有待考证。

购统销后被断绝了机纱来源，原来已经使用机纱织布的农户，现在又回过头来自纺自织，所以土纺土织布的产量反而比新中国成立初期还有所增加。1964年土布产量（按照17亿尺计算）约为56667万米，超过新中国成立以后历年的产量水平，[1] 仅低于1936年。在全部棉布产量中的比重，仅低于1949年。[2]

农村棉纺织业能够长期存在，原因是多方面的，有制度和政策原因、市场需求原因等。其中特别是市场，[3] 即棉花、机织棉布和土布三者之间的价格和比价，决定着农民家庭纺纱织布的成本和收益，也决定了农民家庭的最终选择。农民家庭纺纱织布的成本和收益情况，前两文中没有详细考察，本文从这一角度再作探讨。

二 农民家庭棉纺织的成本和收益

农民家庭从事棉纺织的目的，历来为两个方面：一是解决自身穿用，再是出售纱、布以增加家庭收入。在本文所考察的这个时期，为解决穿用问题和增加家庭收入，农民可以有几种选择：[4] 第一种选择是，将棉花卖给国家，获得棉花收购价，然后用卖棉花的钱，去买国家供应的机织棉布；第二种选择是，自己植棉，自己纺纱织布，满足自家需用之外，还可以将多余的出售，获取货币收入；第三种选择，即从市场上购买棉花，自己纺纱织布，出售产品，获得货币收入，这种方式已属于商品性生产。以下分别考察这几种方式下的农民家庭的成本和收益。

（一）按照第一种选择，售棉买布，首先要了解计划管理下棉花的收购牌价和棉布零售价格。1954—1965年国家棉花收购牌价和棉

---

[1] 这是按照统计数字来说的，与实际产量会有差距，因为民间特别是广大农村地区的情况很难准确统计。
[2] 具体数字及计算见《制度变革与手工棉纺织业：1954—1965》一文。
[3] 计划管理下的棉花、棉布属于一类物资，绝不允许公开上市流通，因而这里的市场是指非法的"黑市"。
[4] 由于棉纱统购，并严禁供给农民，故近代以来的利用机纱织布的农户家庭棉纺织运行模式此时已不适用。

布零售价格见表1。①

表1　　　　　　　　1954—1965年棉花、棉布牌价

年份	棉花（皮棉）收购混合平均价格（元/百斤）	棉布零售混合平均价格（元/米）	棉布（21×21 36″白布）北京市零售价格（元/尺）
1954	87.9	1.08	0.288
1955	89.8	1.08	0.288
1956	89.8	1.07	0.288
1957	89.8	1.10	0.288
1958	89.0	1.11	0.287
1959	89.0	1.11	0.287
1960	89.0	1.20	—
1961	91.0	1.31	—
1962	91.0	1.54	—
1963	100.0	1.50	—
1964	100.0	1.50	0.26
1965	102.0	1.50	0.26

资料来源：棉花、棉布平均价格据国家统计局编《中国贸易物价统计资料1952—1983》，中国统计出版社1984年版，第453、445页；北京市棉布价格据成致平主编《中国物价五十年1949—1998》，中国物价出版社1998年版，第1116页。

从表1可见，自1954年棉花统购、棉布统购统销开始，到1965年，棉花的收购价格呈提高趋势，但提高幅度不大。其间，在1958年到1960年经济最困难时期，收购价格是在下降。棉布的零售价格，根据北京市纯棉白布看，价格长期未动，1964年以后有所下降。从全国混合平均价格看，1959年以前基本未动，1960年以后逐步调高，1963年调低以后未有变动。② 从棉花和棉布价格的变动趋势来

---

① 为保持著者行文原貌，文中涉及的图表样式、数据除有考证外均不修改。下同。（编者注）
② 1961年9月，为了保障职工基本生活必需品的价格稳定，国家作出稳定18类商品价格的规定，包括棉布、絮棉。1965年1月曾打算调整部分商品的价格，但很快1966年"文化大革命"爆发，物价冻结，直到改革开放以后才有所松动。

看，二者的比价是在扩大。

以下按照1964年价格计算（这一年棉花收购价格已经调高，棉布销售价格未动）。农民卖出1斤棉花的收入为：100元÷100斤＝1.0元/斤。棉布混合平均零售的价格为：1.50元÷3＝0.50元/尺，即出售1斤棉花可买2尺棉布。按北京市纯棉白布的价格计，可以买到约4尺。也就是说，农民拿卖出1斤棉花的钱去买棉布，可以买到2—4尺棉布。普通纯棉白布是最低价的棉布，因而这应该是棉花能够交换到的最高棉布数量了。统计资料显示的皮棉与白布的交换比价见表2。

表2　　　　　　　　皮棉与白布的交换比价

交换品	被交换品	全面抗战前七年平均	1950年	1952年	1957年	1965年
皮棉（百斤）	白布（尺）	350	286	277	283	315

资料来源：商业部商业经济研究所编著：《新中国商业史稿（1949—1982）》，中国财经出版社1984年版，第555页，原据国家统计局统计资料整理。

表2显示，新中国成立后，皮棉与白布的交换比价比全面抗战前降低，直到1965年还没有达到全面抗战前七年的平均水平。表中数据显示1957年每斤棉花可换白布2.83尺，1965年可换3.15尺，与上述的估计数基本符合。

（二）按照第二种选择，农民利用自己种植的棉花，自纺自织。按照一般估计，1斤棉花可织土布20平方尺，[①] 与机织棉布（宽幅2尺）相比，同样按宽幅2尺计，相当于机织布10尺长。也就是说，从实物量来说，同样是1斤棉花，农民自己用来纺纱织布，比上述售棉买布平均交换比价的3尺多布，能够多得到6尺（宽幅2尺）多布。

[①] 这里采用1957年9月《中国共产党中央委员会、国务院关于本年度棉花统购工作的指示》："一斤棉用于土纺土织最多能织20平方尺布，而用机器织布能织30多平方尺。"（《人民日报》1957年9月9日）关于手工纺织1斤棉花可织成的棉布数量，学界有多种估算，20平方尺为较低估计数。

农民自用有余的土布都是拿到市场上出售，① 如果计算市场收益，涉及的因素有劳动力成本、棉花成本、纺织工具成本以及土布规格和土布市场价格。农民利用自己种植的棉花纺纱织布，家庭劳动力不计算成本，纺织工具折旧亦可忽略不计。② 棉花成本如按照收购价格计算，为每斤1元。土布规格有窄幅、宽幅之分，窄幅土布为0.8尺至1.2尺宽，宽幅土布为2尺宽，各地生产土布以窄幅为多。1斤棉花可织土布20平方尺，按幅宽平均1.5尺计算长度，则20平方尺约合13尺长。根据一些地方的调查，20世纪60年代前期土布的市场价格见表3。

表3　　　　　　　　土布市场价格　　　　　　单位：元/尺

时间	地点	品种	价格	资料来源
1961年4月30日	湖北汉川县	土布	1.0	《商业工作简报》第199期
1962年8月4日	河南6个集市	土布	0.8—1.8	《货栈行情》第1期
1962年10月25日	上海南汇县	土布	1.5—1.8	《货栈行情》第3期
1962年10月25日	山东滨县	中等土布	1.2	《货栈行情》第3期
1962年10月25日	浙江桐乡乌镇	土布（幅2尺）	1—1.5	《货栈行情》第3期
1962年12月20日	安徽合肥、安庆	土布	1.2	《货栈行情》第5期
1962年12月20日	浙江桐乡乌镇	土布	1—1.2	《货栈行情》第5期
1964年6月30日	山西运城解州镇	土布	0.3—0.4	《物价简讯》第12期
1964年7月6日	贵州惠水县	土布	0.5—0.6	商业部调查
1964年11月21日	山西临县三交镇	土布	0.4	《供销合作简报》第93期
1964年11月21日	浙江临海、余姚等	土布换籽棉	1尺土布换1斤籽棉	《供销合作简报》第93期
1964年11月21日	山东广饶县	土布	0.5	《供销合作简报》第93期

---

① 按照政策规定，土布本应由供销合作社收购，但实际上供销社收购的极少，多数是在"黑市"上流通的。

② 这与传统农民家庭棉纺织业的计算方法是一样的，此外还有机会成本问题。关于传统农民家庭生产的成本收益计算，前人研究已很多，这里不再详细解释。

续表

时间	地点	品种	价格	资料来源
1964年12月15日	浙江黄岩路桥	籽棉	0.6—1.1元/斤	《物价简讯》第22—23期
1965年11月14日	湖北应城县	土布	0.18	《工商行政通报》第23期

上述资料中，1962年以前，土布价格多数在每尺平均1元以上，最高者达到1.8元。1964年以后，价格有所下降，平均在0.5元上下。60年代初，正是国民经济困难时期，集市贸易价格很高，1963年以后随着经济形势好转，集市价格开始下降，① 土布和棉花的市场价格走势亦与此同步。

按照表中价格计算，则1斤棉花可织成土布的市场收益为：

（1）按照1961—1962年每尺1元计算：

1元×13（尺）－1元（棉花成本，收购牌价）＝12元/尺

（2）按照1964年每尺0.5元计算：

0.5元×13（尺）－1元（棉花成本，收购牌价）＝5.5元/尺

可以看到，无论什么时期，农民家庭自己植棉并纺纱织布的收益都是相当高的。在20世纪60年代前后的经济困难时期，这可以说是一种高利行业，难怪引起中央的高度重视。1964年以后，经济状况好转，这时的土布价格可以视为一种通常市场价格，这时的收益也是相当可观的。利用自留棉，自纺自织，既解决了家庭穿用问题，又可增加收入。如果是留下超产棉（按政策规定本应卖给国家）私分，农户还可以多分棉，多织布，多卖钱。

（三）第三种选择是，在非法市场上购买高价棉花，自纺自织，出售产品。由于资料限制，笔者所得到的棉花和土布的市场价格数据很零散，无法对农民通过市场经营的成本收益进行规范的统计分析，这里只能用举例方法，略见一斑。为了计算上的可比性，这里选择的是同一（或相近）时间、同一（或相邻）地点

---

① 国家统计局：《中国贸易物价统计资料1952—1983》，中国统计出版社1984年版，第395页。

的棉花和土布价格（资料来源见表3）。购买1斤棉花织成土布出售的收益为：

例1：

1961年4月30日	湖北汉川县	棉花	6元/斤
	湖北汉川县	土布	1元/尺

计算：1元（土布市场价格）×13（尺）－6元（棉花成本，市场价格）＝7元/尺。

例2：

1962年7月6日	浙江黄岩县	棉花	8元/斤
1962年10月25日	上海南汇县	土布	1.5—1.8元/尺
	浙江桐乡县	土布（幅2尺）	1—1.5元/尺

说明：(1)上海的土布多来自江苏、浙江，可视为相近市场的价格，这里按照每尺平均1.4元计算。(2)按照幅宽2尺计，1斤棉花可织土布长10尺。(3)1962年7月6日浙江黄岩县棉花价格见《商业工作简报》第6期。

计算：1.4元×10（尺）－8元（棉花成本，市场价格）＝6元/尺。

例3：

1962年8月4日	河南8个集市	皮棉	4—8元/斤
	河南6个集市	土布	0.8—1.8元/尺

计算：1.3元（土布平均价格）×13（尺）－6元（棉花成本，市场平均价格）＝10.9元/尺。

例4：

1962年10月25日	山东2个市场	中等皮棉	4—7元/斤
	山东滨县	中等土布	1.2元/尺

计算：1.2元（土布市场价格）×13（尺）－5.5元（棉花成本，市场平均价格）＝10.1元/尺。

例5：

1964年11月21日	山西临县	棉花	4元/斤
	山西临县	土布	0.4元/尺

计算：0.4元（土布市场价格）×13（尺）－4元（棉花成本，市场价格）＝1.2元/尺。

上述例 5 中，北方的土布实际多为窄幅布，幅宽 0.8—1.2 尺，如平均按 1 尺计，1 斤棉花可织土布长 20 尺，0.4 元/尺×20 尺=8 元，扣除 4 元棉花成本，还可赚 4 元。

以上第三种选择的 5 个例子中，棉花与土布的市场价格变化是同步的。按照这些价格，无论怎么计算，买棉织布也仍然是盈利的，有的收益率达到 100% 以上。

比较上述三种选择，从获利程度来看，以第二种农民自植棉花、自纺自织成本最低，而收益最高。如完全遵从第一种选择，可以迎合国家需要，但农民的需求基本无法满足。

如果按照 1964 年商品土布 11 亿尺，平均市场价格每尺 0.5 元计算，这一年土布的市场收益为 5.5 亿元，占当年社会农副产品收购总额 271 亿元[①]的 2%，对于农民来说，这笔收入不可小视。

三　土布在农民家庭收入中的比重

一些典型调查说明了这个时期土布生产在农民家庭收入中的地位。兹举一例。

1965 年上半年，供销合作总社对辽宁省朝阳县七道岭公社大袁家窝铺生产队进行的调查。[②]

大袁家窝铺生产队属于贫困山区，以农业为主，农业中又以粮食生产为主，并非棉花主产区。生产队也种植一些棉花，1963 年、1964 年棉田面积占粮棉播种总面积的比重分别为 8.0% 和 6.6%。1963 年棉花收入占生产队农业收入的比重为 11%，占总收入的比重为 6.5%，1964 年这两个数字分别为 22% 和 12.4%。1964 年棉花种植面积绝对数与粮棉种植比例都是下降的，其收入比重提高是棉花单产提高的结果。

---

① 国家统计局：《中国贸易物价统计资料 1952—1983》，中国统计出版社 1984 年版，第 111 页。

② 1965 年 7 月全国供销合作总社关于四个地区副业生产的典型调查。

通过对这个生产队 6 个典型户的收入调查，6 户的自留地收入中均没有棉花收入，也就是说，如果农户总收入中有土布收入的话，那么他们的棉花原料很可能是来自生产队的分配。这样，在计算成本时，至多应该是扣除国家的棉花收购牌价。按照当时的统计口径，土布（包括出售布票）收入被列为"非正当收入"。根据调查，在这 6 户的家庭个体收入中，有 5 户存在"非正当收入"，其中有 2 户是来自单纯的出售布票，有 2 户是来自土布收入，有 1 户是既有土布收入又有布票收入。如果不算出售布票的收入，则存在土布收入的有 3 户，其土布收入占家庭总收入的比重见表 4。

表 4　　　　　　　　　农户家庭土布收入调查

	农户 1（孙姓）		农户 2（崔姓）		农户 3（单姓）	
	1963 年	1964 年	1963 年	1964 年	1963 年	1964 年
全年总收入（元）	290.35			430.9	740.0	654.29
其中：个体收入（元）	216.15			306	578	339.5
个体收入占总收入（%）	74.4			71	78.1	51.9
个体收入中土布收入（元）	48			69	214	18
土布收入占个体收入（%）	22.2			22.5	37	5.3
土布收入占总收入（%）	16.5			16	28.9	2.8

注：本表中的"总收入""收入"均指与"纯收入"相对应的"总收入"。关于"纯收入"的调查数据未列入表内。如果按照"纯收入"计算，则土布收入占个体纯收入的比重更高。

表 4 中，3 个农户家庭的个体经营收入占全年总收入的比重都在 50% 以上，其中属于"非正当收入"的土布收入占个体收入的比重基本在 20% 以上（农户 3 中，1963 年和 1964 年差距较大，如果两年平均，也在 20% 以上），占全年总收入的比重在 15% 以上。

该生产队并非处于棉花和土布产区，生产队和农户家庭植棉纺织主要还是为了解决自己的穿用问题（而将国家发给的布票出售，很多农户都有此项"非正当收入"）。那么在其他一些棉花和土布生产的主产区，商品性生产早已形成传统，土布产量大，收益也高，作为非法收入的土布收入在农户家庭经营中的比重肯定更高。在利益驱动下，一些地方的农民放弃"正当"的农业生产，专业经营"非正当"的纺纱织布，也就不足为怪了。①

四 土布市场为什么会长期存在

土布收益高源于土布市场的存在。人们正常需求无法通过合法渠道得到满足，计划定价机制下工农业产品比价扩大，这是土布生产和非法土布市场长期存在的根本原因。首先，在棉花和棉布生产不能满足生产、生活需求的情况下，国家总体上对人民消费的棉布计划供应量压得很低（见表5）。城乡居民的棉布需求都得不到满足，以致城市居民也要靠购买一些土布来弥补不足，尤其是那些接近农村的中小城市。

其次，在城乡居民的棉布计划供应上，城镇明显高于乡村，城乡的巨大差别使得农村的土布（还有机织棉布）市场尤为活跃。这是因为，从计划供应一开始，就不是按照实际需求，而是按照城乡人民购买力的原则来进行分配的。1957年商业部在报告中说，"因为城市和乡村人民购买力不同，历年发行布票的时候，都采取了城市多发一些布票，乡村少发一些布票的做法"②。统计资料显示的城乡人均棉布消费量见表5。

表5　　　　　　城乡居民人均棉布生活消费量　　　　单位：尺/人

年份	全国	城镇	乡村
1952	17.12	40.19	13.91

---

① 河北石家庄的土布贩卖到内蒙古、张家口，每匹可赚50—60元（《商业工作简报》1962年第6期）。浙江黄岩县有的农户不参加农业生产劳动，专搞土布，两三年获利1万元，有的农户要求全家退出劳动底分，专搞土纺土织，说是"有钱不怕没饭吃"（《供销合作简报》1964年第93期）。

② 1957年4月11日商业部关于1957年棉布供应问题的报告，见《1953—1957中华人民共和国经济档案资料选编·商业卷》，中国物价出版社2000年版，第275页。

续表

年份	全国	城镇	乡村
1953	22.03	48.00	18.25
1954	22.27	45.22	18.69
1955	20.55	37.63	17.82
1956	25.93	44.18	22.65
1957	20.47	34.20	17.91
1958	25.12	40.13	21.86
1959	29.17	40.81	26.32
1960	25.05	39.06	21.36
1961	8.60	15.26	6.97
1962	10.92	20.93	8.90
1963	11.80	22.25	9.71
1964	14.54	26.81	12.05
1965	17.47	31.82	14.53

资料来源：国家统计局编：《中国贸易物价统计资料 1952—1983》，中国统计出版社 1984 年版，第 36 页。

统计表中的棉布生活消费量，指的是全年"民用布"的消费量，并非等同于按人口计算的布票平均发放量，其中除基本定量外，还包括各种特殊需要的临时补助用布（如婚丧），以及奖售用布（1961 年以后对农民实行收购农产品奖售棉布政策）。① 对农村人口的人均布票发放量，据李先念 1962 年 11 月的讲话："过去每年供应每个农民平均大约 18 尺布，供应农村 50 多万件纱的针织品。一九六二年，平均只供应每个农民 6.5 尺布（基本定量 3 尺，鞋票布 0.5 尺，奖售布平均每人 3 尺），只供应农村 20 万件纱的针织品。……棉布和针织品是国家同农民进行商品交换的主要物资。……棉布和针织品的供应量大大减少，很难保证穿衣的基本需要。"②

---

① 奖售办法是给予配额指标（布票），农民需要用销售农产品的收入来支付棉布价款，农民往往将布票卖出，多数是卖给城镇人口，因而这一部分棉布实际还是流向城镇。
② 《李先念论财政金融贸易 1950—1991 年》下卷，中国财经出版社 1992 年版，第 79 页。

计划供应的数量不能满足需要，这是一方面。另一方面，由于农民的收入水平过低，即使拿到棉布配额，也无力支付价款。这就是布票市场大为活跃的原因。农民把布票拿出去卖掉，成为另一笔"非法收入"。此外，还存在有布票有钱也买不到布的情况。1956—1957年度布票发放数量与实际可供应的棉布数量之间，存在2900万匹布的缺口，不得不采取布票打对折使用的办法，即两尺布票购买一尺布。① 打折使用布票，是当时为对付棉布供应不足而经常采用的做法。

最后，根据表1中棉花收购价格与棉布混合平均价格计算，每百斤棉花可以换得的棉布数量见表6。表中显示，这个时期，每百斤棉花可以换得的棉布数量从80余米下降到60余米，表明二者的比价总体上呈扩大趋势。这种情况使农民处于交换的劣势，对农民的选择具有重要影响。

表6　　　　　　　　棉花与棉布交换数量变化

时间	棉花（百斤）换棉布（米）	时间	棉花（百斤）换棉布（米）	时间	棉花（百斤）换棉布（米）
1954	81.4	1958	80.2	1962	59.1
1955	83.1	1959	80.2	1963	66.7
1956	83.9	1960	74.2	1964	66.7
1957	81.6	1961	69.5	1965	68.0

五　简单评论

在棉花统购和棉布统购统销期间，农民家庭棉纺织是弥补国家计划供应不足的一条途径，农民穿用很大程度上是靠自纺自织，城

---

① 1957年4月11日商业部关于1957年棉布供应问题的报告，见《1953—1957中华人民共和国经济档案资料选编·商业卷》，第274页。

乡市场对棉布的需求在一定程度上也是靠土纺土织来补充。在合法与非法之间，存在巨大的利益空间。违法违规程度与获得利益的多少之间成正比。对这种违法违规国家也没有更为有效的管制措施，至多采取政治动员、思想教育或是部分奖励等办法来降低其发生程度。在这种制度下，可以想见，在卖棉花给国家再买机织棉布与留棉（或购棉）自纺自织这两者之间，农民在利益驱动下的选择取向。于是，在棉花购留、在农民家庭棉纺织存废上的博弈关系，构成这一时期农民与国家之间关系的一个重要方面。陈云在开始实行棉布统购统销时曾经说过，现在采取这个办法是不得已的，"实行棉布配售，无论是对消费者，对农民，还是对商业机关工作人员，都是不舒服的，也是很麻烦的。这个办法只能是暂时的，将来生产多了，供应充足了，就应该取消"[1]。

统购全部棉花，强制压低棉花收购价格，本意上是要降低城市机器工业的成本，同时淘汰农村手工业，为城市工业创造农村市场，以推动工业化的发展。但这种垄断购销办法和定价机制，反而造成了一个悖论性结果，逼迫着农村棉纺织业从近代以来的市场化趋势向家庭自给化回归，干扰了国家的战略意图。尽管这个时期国家一直强调要发展农村工副业，活跃城乡经济，但农村棉纺织这一重要农村工业的被禁止，减少了农民可用于交换的产品，影响了农村市场的活跃程度，也就阻碍着农村商品经济的发展。这一状况的根本改观，是在改革开放以后。

（原载《中国经济史研究》2010年第4期）

---

[1] 《陈云文集》第二卷，中央文献出版社2005年版，第548页。

新中国60年农村商品流通体制变迁及其路径逻辑

新中国成立后农村商品流通体制的变迁过程，以改革开放为标志，可分为两个阶段。第一个阶段是从以市场调节为主向计划管理体制转变的过程，简言之是"关"的过程；第二个阶段则是相反，是从计划管理体制向市场经济体制转变的过程，也就是"开"的过程。对这两个基本过程，学界早已耳熟能详。但是，当仔细梳理这两个过程时，我们惊奇地发现，后一个"开"的过程，与之前的"关"的过程，在路径顺序上竟表现出高度的一致性。这不能不引起我们的诸多思考，即在农村商品流通体制改革的路径选择上，有其内在的逻辑。因此，对变迁过程进行回顾与探讨，很有必要。

一 20世纪50年代以后农村商品流通从市场调节走向计划管理

（一）新中国成立后，为了迅速恢复国民经济，政府采取了鼓励城乡物资交流、扩大商品流通、活跃经济等一系列政策措施。这些政策措施的基本点，就是利用市场机制，调节社会资源配置，使有限的财力物力投向有利于经济恢复发展的事业。因此，从1949年到1952年，仅用了三年时间，就达到并超过了预期目标，经济恢复速度之快，令世人瞩目。

（二）1953年进入第一个五年计划建设时期，此后，中国经济开始从市场走向计划。国家基本建设投资大规模增长，引起市场上物资全面短缺。在生产能力有限、物资供求短期内难以平衡、市场机制与计划管理发生矛盾冲突的情况下，为了保证"一五"计划的顺利实施，政府在体制上进行了一系列变革，通过加强国家控制，来调节资源分配。从农村商品流通方面来说，首先就是对主要农副产品实行国家垄断购销，并由此开始，直至基本关闭农村商品自由市场。从时间表来说，这个最终结果的实现，并不是从一开始就被设计好了的（甚至可以说，这并不是最初所设想要达到的结果）。但是，大方向一旦确定，走上了这样一条路，后来的步骤就是被形势一步一步推着走，不得不为之的事情了。也就是说，实际经济运行推动着制度变革的过程。

1. 农副产品的统购统销（包括统一收购、预购派购）

1953 年 10 月开始的粮食、油料油脂统购统销，1954 年 9 月开始的棉花统购和棉布统购统销，是农产品流通领域的一场重大制度变革。进行大规模的经济建设，需要投入大量物资。但是，在当时应对经济紧张局势的各种可能的政策选择中，为什么会很快走到"必须"搞统购统销这一步，这并不完全是计划经济理论的结果，也是在当时市场机制下经济运行的结果。

土地改革后，个体农户成为农村的基本生产组织，也是农村市场的主体。农民对于把产品卖给谁，有权做出自己的选择。在市场机制下，其根据就是市场价格。卖给国家，或是卖给私商，要看谁出价高。国家曾试图通过调整牌价与市价关系的方式，来掌控价格变动，增加农产品收购量，但实际结果难如所愿。在供需关系调节下，市价上涨，远高于国家收购牌价，农民不愿把产品卖给国家，已经订立的预购、派购合同也不履行，许多重要工业原料和出口物资流入高价争购的厂商和私营经销商之手，国家收购计划难以完成，影响了工业原料、出口物资以及城市居民消费的正常供应。[①] 私营工商业的强大竞争力，对于当时财力不足而又要加速实现工业化目标

---

① 中国社会科学院、中央档案馆编：《1953—1957 中华人民共和国经济档案资料选编·综合卷》，中国物价出版社 2000 年版，第 1073 页。

的国家来说，是一个巨大的威胁。

市场供给的不稳定，与私商和农民两个方面的博弈，牵扯着国家大量财力、物力以及管理者的精力。为了保证有限的资源能集中用于主要目标，实行国家垄断购销，从制度上给以保证，可以在一定时期里，从根本上解决收购难的问题，解决生产、建设和人民生活的基本需求，维持一个较为稳定的环境，解除实现"一五"计划目标的后顾之忧，从而可以腾出手，腾出财力物力来解决其他同样紧迫的问题。可以说这是一个简便易行、见效快的办法。[①]但是，这种做法一旦实施，就不会仅仅停留在农产品购销这一步，而必然带动了整个经济体制的变革。此后的一系列过程都是由此开始的。

2. 对私营商业进行社会主义改造，农村市场流通主体单一化

农副产品国家垄断购销催生了农村市场流通主体结构的改变。统购统销制度一旦确定，首先受到冲击的就是农村私营商业。主要商品的经营权被剥夺，在国营商业和供销合作社的双重挤压下，即使不进行改造，其生存也难以为继。到1956年年底，农村私营商业已基本被排挤，尚余40余万小商小贩，分散在广大乡村，经营一些零星小商品。取而代之的是供销合作社与国营商业的一统天下。农村市场上商品流通主体和流通渠道单一公有制体制基本形成。

3. 国营商业与供销合作社分工，以及城乡市场的分割

在国营商业与供销合作社占据市场主导地位以后，接下来产生的问题是，国营商业与供销合作社二者的关系问题。[②] 起初二者并没

[①] 1958年11月，国家对商品实行分类分级管理，将农副产品也分为三类，其中一、二类属于国家统购统销物资。到1978年前，国家统一价格管理的农产品达到113种，占农民出售农副产品总额的94.4%，自由市场销售比重仅占4.6%（徐柏园：《培育和发展中国农村市场体系》，载农业部农村经济研究中心编《中国农村研究报告1990—1998》中册，中国财政经济出版社1999年版，第855页）。

[②] 供销合作社的集体所有制性质自20世纪50年代后期起，逐渐发生改变，实际上变成了第二大的国营商业。

有明确分工。在农产品收购和工业品销售方面，双方都承担着国家的购销任务。在城乡市场上，双方也都各自设置商业网。城市中有供销社的供销店和货栈，乡村中从县镇直至村庄，也有国营商业的零售店、代销店。这样，两个系统各成体系，双方在执行国家的购销任务时，便时常发生冲突，甚至是竞争，变成了"自家人"之间的争斗。为此，从1953年到1957年，对国营商业与供销合作社的经营范围进行了3次分工和2次调整，① 基本确定了国营商业与供销合作社的城乡分工原则，初步形成了国营商业、合作社商业的分工经营格局。这种经营格局在计划经济体制下，在一个时期里，对于改进和协调商品供销曾起到一定作用，但其长远结果是造成了城乡市场分割、地区分割，阻塞了商品按照经济规律进行流通的渠道，城乡之间商品流通不畅，工业品与农副产品的购销脱节，同时机构重叠，批发与零售脱节，严重阻碍商品流通。

4. 开放与关闭粮食与主要农副产品自由市场

粮、棉、油及一些重要农副产品是农村市场的主要商品，统购统销使它们退出自由市场流通，从而大大减少了市场商品量，农村市场趋于萧条，对农村经济造成负面影响。为了活跃农村市场，是否开放城乡自由市场的问题便应运而生。关于这个问题，实际上，从理论上说，即便是在当时，也是得到肯定的，有争议的只是开放的程度、范围等。但是，在实际经济运行中，自由市场的存在与加

---

① 1953年12月，中财委批转《关于划分国营商业与合作社商业对工业品、手工业品经营范围的共同决定》，按商品经营范围进行分工。1954年7月，中财委发出《关于国营商业与合作社商业城乡初步分工的决定》，按地区范围进行分工，确定了二者城乡分工总的原则，即国营商业负责城市市场，供销合作社负责农村市场。1955年4、5月间，商业部与全国供销合作总社进一步确定了在批发业务上按商品分工与地区分工相结合的原则。1956年3月，国务院曾下达《关于国营商业工业品经营机构下伸的决定》，决定国营专业公司的批发机构，下伸到县和县以下重要集镇，县级机构可经营零售，但机构设置过多、商品流转环节增加、效率下降等问题很快出现，同时加剧了同供销合作社之间的矛盾。1957年2月的全国商业厅（局）长会议决定，国营商业机构不再下伸。见中国社会科学院、中央档案馆编《1953—1957中华人民共和国经济档案资料选编·商业卷》，中国物价出版社2000年版，第561—576页；商业部商业经济研究所编著《新中国商业史稿（1949—1982）》，中国财政经济出版社1984年版，第51页。

强计划管理时时发生矛盾和冲突。二者的关系如何处理，始终没有找到一种合适的办法，在各种矛盾交织在一起时，不得不选择了简单关闭市场的办法。因此，主要农副产品的自由市场在经过了开放和关闭的几次反复过程之后，最终还是被关闭了。

5. 保留集市贸易

集市贸易是各种农村初级市场的统称，是中国农村传统市场网络中最基层的一级组织。集市贸易是传统经济中农户与市场直接联系的渠道，承担着农民之间互通有无，农民与外部市场联结、沟通和交换的职能。在私营商业被基本排除在农村市场外之后，农村集市通过供销合作社商业网、国营商业网与更高一级市场相联系，构成农村商业渠道的基础环节。改革开放前，集市贸易政策时紧时松。1957 年以后，直到 1962 年前，属于政策趋紧时期。1962 年以后，强调活跃农村经济，重申开放农村集市贸易。"文化大革命"期间，在一些地方曾一度取消集市贸易，但在广大农村地区，集市贸易反而一度活跃。集市上的商品有工业品、手工业品、国家收购后的剩余农产品、农村副业产品等。1955 年，全国有农村集市 36000 多个。[①] 1965 年为 37000 个。到 1975 年年底为 31238 个，1976 年年底为 29227 个，1977 年年底为 29882 个，1978 年年底为 33302 个。1976 年至 1978 年，每年集市贸易的粮食上市量为 30 亿—40 亿斤。[②] 可见，在改革前的 20 多年里，农村集市贸易没有发展，但在农村经济中一直存在。集市贸易是计划经济下开的一个口子，保持了农村初级市场的商品交流，对当时的农村经济和社会起到一定的稳定作用，也成为后来农村商品流通体系改革的一个突破口。

总之，通过以上步骤安排，到改革开放前，农村商品流通体系

[①] 阎顾行（时任供销合作总社副主任）：《中国农村的农民贸易》，《大公报》1955 年 6 月 3 日。

[②] 商业部工商管理局：《一九七六年全国集市贸易情况》（1977 年 4 月 28 日）,《一九七七年农村集市贸易情况》（1978 年 4 月 15 日）,《一九七八年农村集市贸易情况》（1979 年 3 月 23 日）。粮食上市量为当年粮食成交额除以粮食平均价格的估计数。

基本被纳入了计划管理的轨道。

二 20世纪80年代以后农村商品流通从计划管理向市场经济体制转变 ①

第一，1978年以后的农村家庭联产承包责任制改革，使农户重新成为市场主体，农村市场流通体系必须与之相适应，进行改革势在必行。但如何进行改革，在改革路径选择上，经历了一个摸索和调整的过程。

第二，1984年前的"逆向"改革过程。这里所说的"逆向"，是相对于上述市场"关"的过程顺序而言的，即计划管理的"收缩"步骤与市场"放开"步骤的反向一致性。这个时期，在理论上还没有突破计划经济的理论框架，在改革方向上，还是在计划经济的体制框架内，逐步增加一点市场调节的因素。

在农村商品流通体制改革方面，是以"调"为主。首先是开放集市贸易，② 这是计划管理时期所最终保留的因素，开放只是对既有现实的一个承认，并给予其合法发展地位。由于并未取消农副产品的计划购销（1979年减少了一些农副产品统派购的品种），能够在集市贸易上交易的农副产品种类和数量，并没有增加多少，城乡的商品交流渠道没有大的改观。1978年以后，农村集市数量开始呈上升趋势，到1980年为37890个，只达到1965年的水平。1984年，集市数量为50356个。集市贸易成交额占社会商品零售额的比重，1965年为10.8%，1979年为10.17%，1980年为11.37%，刚刚超过1965年的水平，1984年为14.34%，增长也不快。③

其次是提高粮食、棉花等主要农副产品收购价格，实行超购加

---

① 这一部分的内容除了根据中共中央、国务院及有关部门的文件外，其他参考文献有国务院研究室课题组《农产品流通体制改革与政策保障》，红旗出版社1992年版；张晓山、李周主编《中国农村改革30年研究》，经济管理出版社2008年版。

② 1979年9月28日《中共中央关于加快农业发展若干问题的决定》。

③ 农业部计划司：《中国农村经济统计大全1949—1986》，农业出版社1989年版，第428—429页。

价，恢复议购议销。① 调整或提高农副产品价格，在计划经济时期也是有的，1963 年、1965 年曾经两次较大幅度提高和调整一部分工农业产品的价格。提价只是调整工农业产品的比价关系，并不是价格放开、随行就市的市场行为。议购议销也是计划经济时期采取过的措施。故此举只是对"文化大革命"中被停止的原有管理手段的恢复。

总的来看，在 1984 年以前，农村市场有了改变，有一定活跃性，但严格讲，已有措施只是在思想解放的背景下，对原计划经济体制下存在的那部分带有市场因素的经济的一种合理性、合法性承认，以及范围上的扩大，并不是从制度上进行根本性改革。

现行农村商品流通渠道和市场建设与农户家庭经营制度改革所带来的巨大效应不相适应。农产品和工业品销售渠道不畅，农民的产品卖不出去，有了钱也买不到对路的工业品。在 1982 年 1 月关于农村工作的第一个中央一号文件中就提出要改善农村商品流通，指出这是当前存在的一个突出问题，农村商业不适应发展商品经济的需要，以至农村多种经营刚有初步发展就出现了流通不畅、买难卖难等问题。这个时期也提出了一些改革设想，也出台了一些改革流通体制的决定，如 1982 年 6 月《关于疏通城乡商品流通渠道的决定》，1983 年 2 月《关于改革农村商业流通体制若干问题的试行规定》，1984 年 7 月《关于进一步做好农村商品流通工作的报告》。但在当时的理论框架下，一方面强调要改革，另一方面还在强调计划为主，因而改革路径不顺，无论怎么放活，到计划购销这一步就迈不过去了，改革难有突破性进展。真正落实且有成效的改革是在以后几年。

最后，1984 年 10 月，党的十二届三中全会明确提出社会主义经济是"有计划的商品经济"，取代了"计划经济为主，市场调节为辅"的提法。新的提法是理论上的一个重要突破，尽管还留有计划经济的尾巴。② 承认社会主义经济是"有计划的商品经济"，即肯定

---

① 1979 年 9 月 28 日《中共中央关于加快农业发展若干问题的决定》。
② 吴敬琏、张问敏：《社会主义与市场经济理论》，见张卓元主编《论争与发展：中国经济理论 50 年》，云南人民出版社 1999 年版。

了中国经济的市场取向的改革,经济体制改革进入了放开搞活的新阶段。在农村商品流通体制改革方面,1985年1月1日中共中央、国务院《关于进一步活跃农村经济的十项政策》(即中央一号文件),是对农村商品流通体制进行根本性改革的开端。从制度上进行根本改革,路径上顺过来了(也就是从上述"关"的过程的第一步开始改革),接下来的过程也就顺势而为,改革一步一步进入轨道。

其一,取消农副产品统派购制度,初步放开经营权。1985年关于农村工作的中央一号文件是一个历史性文件。这个文件对农产品统派购制度进行了历史评价,同时指出了它的弊端及对深化改革所造成的影响,指出,必须进一步改革农村经济管理体制,进一步把农村经济搞活。文件提出要改革农产品统派购制度,取消统购统销,从1985年起,除个别品种外,国家不再向农民下达农产品统购派购任务,按照不同情况,分别实行合同定购和市场收购。取消统派购以后,农产品不再受原来经营分工的限制,实行多渠道直线流通。农产品经营、加工、消费单位都可以直接与农民签订收购合同;农民也可以通过合作组织或建立生产者协会,主动与有关单位协商签订销售合同。进一步放活经济之后,农民将从过去主要按国家计划生产转变为面向市场需求生产,国家对农业的计划管理,将从过去主要依靠行政领导转变到主要依靠经济手段。[①] 这是一个根本性的改革。随着统派购制度改革,农村中流通与生产不相适应的各种问题和矛盾必将进一步暴露,也就推动着农村商品流通体制进行一系列实质性改革。

其二,取消了统派购制度后,首先面对的,就是解决流通主体单一化问题。要打破国营商业与供销合作社的一统天下,恢复被取缔的多种经济形式的商业主体,实现市场流通主体多元化。1984年以前,虽多次提出要发展多种经济形式的流通组织,但由于习惯势

[①] 到1991年,在社会农副产品收购总额中,属于国家统购的部分,只占1/4,3/4的农产品恢复了市场交换(国务院研究室课题组:《农产品流通体制改革与政策保障》,红旗出版社1992年版,第1页)。

力和老的框框束缚，许多实质性问题没有根本解决。① 统派购制度改革后，需要在新的思路下，对农村商品流通体制进行深入改革，建立起多种经济形式并存的商品流通体系。

流通主体多元化的过程包括：

（1）深化国营商业和供销合作社体制改革，打破国营商业企业"大锅饭"，推行承包经营责任制，增强活力；恢复供销合作社的集体商业的性质，使它在组织农村经济生活中发挥更大的作用。②

（2）发挥各种集体、个体商业以及其他商业渠道的作用，鼓励他们采取灵活多样的经营形式，从事购销活动，并从制度规定上给以鼓励和扶持。③

其三，疏通城乡商品流通渠道，打通城乡市场，解决城乡市场分割问题。与取消统派购制度、市场流通主体多元化相伴随的，就是城乡市场分割的阻碍。由供销合作社和国营商业经营分工形成的城乡市场分割局面不解决，任何流通主体也无法施展拳脚。改革城乡市场分割的经营体制顺理成章被提上日程。这个工作是从两个方向进行的，一是工业品下乡渠道，一是农产品进城渠道。

工业品下乡渠道。这一改革开端于1982年。④ 为了扩大工业品销售，决定把过去工业品流通按城乡分工的体制改变为按商品分工、城乡通开的新体制。改革原则是按商品分工，城乡统管，由国营批发公司全面负责，统筹安排全国城乡市场，打破地区封锁，按经济

---

① 1984年7月19日国务院批转国家体改委、商业部、农牧渔业部《关于进一步做好农村商品流通工作的报告的通知》。

② 1987年6月10日国务院批转国家体改委、商业部、财政部《关于深化国营商业体制和供销合作社体制改革意见》。

③ 1991年10月28日《国务院关于进一步搞活农产品流通的通知》，鼓励集体和个人进入流通领域，发展多渠道经营，规定：对于凡是放开经营的农产品，集体商业和个体工商户都可以经营，可以长途贩运，也可以从事批发业务；对申请从事农产品流通活动的集体和个人，要准予注册和领取营业执照；要允许它们在银行或信用合作社开户、结算，并建立风险保证金制度；对进城从事农产品流通活动的农民，有关部门要在经营场地等方面提供方便；要通过引导、服务、管理和健全有关法规，逐步提高多渠道流通的规范化和组织化程度。

④ 1982年6月17日国务院发布《关于疏通城乡商品流通渠道扩大工业品下乡的决定》。

合理的原则组织商品流通。按商品流转规律组织商品流通，在计划经济时期也曾设想过，但在当时部门、地区分割的体制下，无法真正实施。

农产品进城渠道。这一改革过程，先是开放城市农贸市场，允许农民进城直接销售自己的产品。城市集市数，1979年为2226个，到1988年发展到12181个。[①] 从20世纪80年代后期起，伴随农业产业化过程中的贸工农一体化，各类农工商公司成立，产供销一条龙，整合流通渠道，将销售网直接设到城市，设到销区，减少了商品流通环节。在政策上规定，国营商业、外贸企业、供销合作社、农产品加工企业、农业（畜牧、水产）科技推广部门、乡镇企业等，凡有条件的都可以不受行政区划的限制，牵头或参与产销一体化经营活动。鼓励发展产销一体化的经营组织。[②]

作为历史遗留问题的国营商业和供销合作社的城乡分工经营，此时也必须进行改革。按照商品分工的原则，一般工业品的批发，以国营商业为主经营；农业生产资料以供销合作社为主经营；农副产品的批发，由国营商业和供销合作社分别经营；国营商业和供销合作社的零售商品可以交叉经营。要打破城乡封锁、条块分割的局面，疏通各条流通渠道。各条渠道不受行政区划的限制，根据经济合理的原则，国营商业可以下乡设点经营批发，兼营必要的零售业务；供销合作社可以进城设点经营批发，兼营必要的零售业务。

其四，开放农村自由市场，加强农产品市场体系建设。这是随着各项改革深入进展必然会提出来的问题。20世纪50年代的关闭市场，是适应对农产品实行计划购销的需要。现在，反过来，农产品购销放开以后，为了搞活流通，必须加强市场体系建设。以1990年试办郑州粮食批发市场为标志，进入了农产品市场体系建设的时期。

[①] 在统计中，1978年以前没有城市集市的统计数据，从1979年起，开始有了城乡集市的分类统计数据，见《中国商业外经统计资料：1952—1989》，中国统计出版社1990年版，第265—266页。

[②] 1991年10月28日《国务院关于进一步搞活农产品流通的通知》。

（1）以粮食为主的主要农产品市场。1994 年 5 月 9 日国务院《关于深化粮食购销体制改革的通知》提出，要加强粮食市场体系建设，总的原则是积极发展粮油初级市场，巩固发展批发市场，逐步建立健全统一、开放、竞争、有序的粮油市场体系。

（2）农副产品批发市场。随着农副产品流通的扩大，各级各类农产品批发市场成为农产品流通的主要渠道。1991 年 10 月 28 日国务院《关于进一步搞活农产品流通的通知》，提出逐步建立和完善以批发市场为中心的农产品市场体系。提出，建立农产品市场体系是我国流通体制改革的一个重要方面。要继续发展多种形式的农产品初级市场，同时有计划地建立若干主要农产品的批发市场，逐步形成以批发市场为中心的农产品市场体系。要在现货交易的基础上，逐步向远期合同和期货贸易发展。要制定批发市场发展规划，并纳入各地经济发展和城乡建设总体规划，作为公共事业来办。

总之，从 20 世纪 80 年代中期起，到 90 年代以后，随着市场经济体制改革方向的确立，农产品流通体制改革，以及农村商品市场体系建设都进入快速发展时期。

三 进入 21 世纪以后从体制改革走向制度创新[①]

进入 21 世纪，中国农村商品流通体制改革和市场体系建设，在改革的基础上进入了制度创新的新阶段，并取得了显著成效。农产品市场化程度逐步提高，基础设施逐步改善，初步形成多层次、多主体、多类型的农村商品市场流通新格局。

20 世纪 90 年代初期，全国有农产品批发市场 1600 多个[②]，到 2009 年，达到 4500 多个，承担着近 70% 以上的农副产品流通。乡

---

① 本部分数据除注明者外，均来自《经济日报》2009 年 8 月 22 日第 2 版。
② 国务院研究室课题组：《农产品流通体制改革与政策保障》，红旗出版社 1992 年版，第 1 页。

村集市数 1998 年已达到 65050 个，城乡共计 89177 个[①]。2009 年，由农业部与商务部共同开发的鲜活农产品"绿色通道"达到 4.5 万千米，贯通全国 31 个省（区、市）。农产品直接进城，超市成为大中城市的农产品重要零售渠道，一些大中城市农产品超市销售量已占到当地农产品零售总量的 20% 以上。农产品期货市场规模不断扩大，当前上市的 18 个期货品种中，农产品占了 12 个，市场运作日益规范，价格发现和套期保值的功能开始发挥。随着信用系统、结算支付系统和验货配送系统的建立健全，农产品电子商务已开始向网上交易支付的高级形态发展。农村经纪人、个体运销户、农民合作经济组织和农业产业化龙头企业等逐渐成为农产品市场流通的主力。据不完全统计，到 2009 年上半年，从事农产品流通、科技、信息等中介服务活动的农村经纪人达到 600 万以上，农民合作经济组织达到 15 万个，农业产业化龙头企业超过 4300 多家，成为农产品市场流通中的新生力量。

四　小结

通过对新中国 60 年农村商品流通体制变化的简单回顾，可以看出，变化过程表现为两大阶段，其基本路径是从市场走向计划，又从计划走向市场。在"关"与"开"的两个过程中，表现出：（1）变化顺序（或称路径）高度的一致性，即从市场客体开始，随之导致市场主体结构、城乡市场关系、市场体系和建设等一系列变化。（2）重要事件上，反复过程的相似性，如在粮食市场问题上[②]。农村商品流通体制改革是比较成功的，其原因，是较早地走上了从根本上进行改革的路径。

农村商品流通体制变迁和改革为什么会有这种路径上的一致性

[①]《中国统计摘要 1999》，中国统计出版社 1999 年版，第 126 页。
[②] 粮食市场在计划时期的关闭与改革后的开放过程，都出现过反复，其过程也具有高度相似性。

或相似性？笔者认为，这不是偶然的。农村商品流通体制改革，在路径选择上，并不是随意的。或者说，所谓"摸着石头过河"，这个"石头"其实也不是盲目的、可以随意"摸"来的，而是有其内在的支配逻辑。这个逻辑存在于现实经济运行中，体现在历史过程中。这也启发我们，当对计划经济体制进行改革的时候，不仅要向前看，探索改革的道路和发展方向，也还需要回过头去，了解计划经济体制的形成过程。通过总结和发现历史，对我们顺利实现改革、探索中国式的发展道路，应该有所助益。

（本文为2010年7月云南昆明中国经济史学会年会参会论文）

中华人民共和国第一次手工业普查简析

手工业是我国传统经济的重要组成部分。1949 年以后，手工业仍"在国民经济中占很大比重，是在一个很长的时期内不可缺少的一种经济形式"。① 但对手工业整个行业的基本情况，从来就没有过全国范围的、全面的调查统计。中华人民共和国成立初期，出于经济建设、对私改造等各项任务的需要，政府进行了一系列摸底性的全国经济普查或调查，1954 年开始的历时两年的手工业普（调）查②就是其中之一。这是手工业全面社会主义改造的基础工作和前奏。

近年学界对手工业的研究中，发掘利用了很多新的史料，如档案、调查报告等，多数是地方性的。③ 而最早的全国范围的手工业资料，仍然只有 1954 年的全国性大规模调查成果，相关研究常有提及，调查数据也常被利用。但也只是限于数据利用，对这些数据本身则缺少判断和分析，因而有必要对这次普（调）查情况进行考察和初步探讨。本文旨在提出问题，期待更深入的研讨。

一 第一次手工业普查的目的和过程

中华人民共和国成立前及成立初期，曾经有过一些调查，有的

---

① 《中共中央关于应当重视手工业的指示》，1953 年 3 月 31 日，中共中央文献研究室：《建国以来重要文献选编》第 4 册，中央文献出版社 1993 年版，第 122 页。
② 这次全国手工业调查，包含普查和重点行业与典型户（企业）调查，大体同时进行，从 1954 年 7 月正式启动，至 1956 年下半年结束。本文主要分析普查的情况。
③ 赵晋：《新中国手工业问题研究述评》，《中共党史研究》2017 年第 2 期。

是专门的手工业调查,有的是在农村社会经济调查或现代工业调查中包含了手工业的内容。但囿于当时的社会环境和技术条件,这些调查仅限于部分行业或部分地区,因而都是局部性的。①

国民经济恢复时期一些手工业调查的另一个问题是,由于缺少一个全国统一的调查领导机构,② 各地根据需要自行其是,因而调查范围、口径、划分标准等大相径庭,很不一致。在国家统计局召开的会议上,各地对此提出了很多具体问题。如:土地改革后许多手工业者分了土地,与农业结合了,这种手工业怎么算;合伙经营的手工业生产算工场手工业,还是个体手工业;农业和手工业结合,主业和副业如何划分,如河北把最大的织布业算入副业,不算入手工业;各地行业划分不同,需要统一行业分类,等等。这种状况的结果是同一个指标,各地统计结果不同,各有各的数字,各说各的话。③ 在国家统计局层面上,由于这些调查(不仅是手工业)是由各地各部门按照自己的需要分散进行的,调查范围和时间、要求,以及指标设计、部门分类和计算方法等都不同,故调查结果虽然在局部范围曾发挥过作用,但不能进行全国综合,不能互相比较,因而不能作为制定全国性的社会主义改造政策和计划安排的依据。④

1953年起,"一五"计划开始实施,三大改造逐步推进,都要求加强政府管理的计划性,首先要摸清国情。在手工业调查之前,

---

① 如1926年7月中华教育文化基金会社会调查部的北京家庭手工业调查,1929年中央研究院社会科学研究所的农村经济调查,1936年11月中央研究院社会科学研究所的中国棉纺织业调查(未全部完成),1950年8月"中研院"社会研究所的南京城乡经济调查(见《中国社会科学院经济研究所编年史》,内部资料);20世纪三四十年代由中国农村经济研究会组织领导的农村社会经济调查(见《〈中国农村〉论文选》,人民出版社1983年版)。民国时期的调查还可见彭南生《20世纪上半叶中国乡村手工业的调查研究》,《华中师范大学学报》(人文社会科学版)2006年第2期。中华人民共和国成立前各根据地、解放区内进行的经济调查(分别出版有资料汇编);1950—1953年一些省区进行的手工业调查(见中国科学院经济研究所编《手工业资料汇编1950—1953》,1954年11月)。

② 国家统计局成立于1952年8月。

③ 1953年手工业调查会议记录,见徐建青、董志凯、赵学军《薛暮桥笔记选编》第1册,社会科学文献出版社2017年版,第416—417页。

④ 国家统计局工业统计司:《我国过渡时期私营工业调查统计》,中国统计出版社1958年版,第1—2页。

已经进行的全国性经济调查主要有全国工农业生产总值和劳动就业调查（1952年）、全国仓库普查（1952年）、私营商业及饮食业普查（1953年）、第一次全国人口普查（1953年）、全国城市公用事业调查（1953年）、私营10人以上工业企业调查（1954年）等，而对当时在国民经济中占有重要地位的手工业还是情况不明。对手工业进行全国性调查势在必行。

这次全国手工业调查的最终目的，是为编制手工业社会主义改造计划提供统一的、较真实的统计依据，以便对手工业进行行业摸排，制定政策，逐步进行改造；把手工业生产统一纳入国家计划，统筹安排机器工业与手工业之间的关系。① 这次手工业调查，是在中央政府领导下，由国家统计局和中华全国供销合作总社（1954年11月，中央手工业管理局成立后，即由手工业管理局代替了供销合作总社）具体组织实施的。1954年7月5日至12日，国家统计局、中华全国供销合作总社联合召开全国手工业调查工作会议。会议讨论了手工业调查的目的、调查方案、手工业的划分界线和产值计算方法等问题，研究并确定了1954年全国手工业调查方案。② 同年8月，国家统计局、中华全国供销合作总社联合颁发《1954年个体手工业及私营10人以下工业企业调查综合方案》，并制发了综合表式。为了做好广大农村地区的调查，9月17日，国家统计局转发了《中央农村工作部请各级农村工作部参加手工业调查工作的通知》，要求各级农村工作部要重视这一调查工作，各省市统计局与合作社要在当地党委和财委的领导下立即开展调查，保证按时完成汇总任务。③ 此举意味着手工业调查在城乡全面铺开。此后，从中央到地方，对手工业调查进行了密集部署。

按照《综合方案》，这次调查分为两个部分，第一个部分是手工

---

① 赵艺文：《组织全国手工业调查逐步地进行社会主义改造》，《统计工作通讯》1954年第5期。

② 李惠贤：《全国手工业调查工作会议》，《统计工作通讯》1954年第5期。

③ 国家统计局编：《中华人民共和国统计大事记1949—2009》，中国统计出版社2009年版，第31、32页。

业调查，其中又分为两个方面，一是个体手工业普查，二是手工业重点行业调查和典型户（企业）调查；第二个部分是对私营 10 人以下工业企业的调查。几个调查统一布置，分阶段有重点同时进行。1954年下半年首先进行个体手工业普查，及对金属制品和棉纺织（包括针织）行业进行调查。① 1954 年 7 月的会议以后，各地先后组织调查工作组，开展调查。至 1955 年 1 月，大部分地区结束了普查，进入全面综合阶段。国家统计局与中央手工业管理局于 1955 年 1 月初发出做好手工业调查总结的联合通知，要求各地进行全面总结，并拟定了文字分析提纲和调查工作总结提纲。② 1955 年 4 月，国家统计局、中央手工业管理局联合颁发《关于对个体手工业重点行业进行调查的通知》及《1955 年个体手工业重点行业调查方案》，要求在 1954 年普查（调查）的基础上，对全国手工业进行一次系统的、完整的排队工作，在本年内摸清棉织、针织、制糖、造浆造纸、铁业、木器、陶瓷、皮革、特种手工艺品 9 个重点行业的基本情况。③ 5 月 16 日，中共中央在批准《关于第四次全国手工业生产合作会议的报告》的指示中，在肯定手工业重要作用的同时，指出，我国手工业经济，行业复杂、分散、面广，变化多，有关部门曾作过不少调查研究，但至今情况还是不全不透。为此，各地在对手工业的某些行业进行社会主义改造和生产安排的同时，必须继续对当地各种手工业进行全面的深入的调查研究，务期在今明两年内，把手工业重要行业的基本情况彻底摸清楚，以便于对手工业进行安排和改造。④ 这意味着中央要求加快调查速度。故调查部署将 1955 年内 9 个重点行业的调查改为进入全

---

① 国家统计局：《中华人民共和国统计大事记 1949—2009》，第 31 页。
② 《国家统计局与中央手工业管理局发出关于总结全国手工业调查工作的联合通知》，《统计工作通讯》1955 年第 1 期。
③ 中共北京市委党史研究室、北京市档案馆：《北京市手工业社会主义改造资料》，中共党史出版社 1992 年版，第 523 页；中华全国手工业合作总社、中共中央党史研究室编：《中国手工业合作化和城镇集体工业的发展》第 1 卷，中共党史出版社 1992 年版，第 696 页。
④ 中共中央文献研究室：《建国以来重要文献选编》第 6 册，中央文献出版社 1993 年版，第 201—202 页。

部手工业行业的调查阶段。6月2日,中央召开了两项调查①经验交流会议,讨论和总结1954年的调查工作,对1955年的调查做了必要的解释和说明。② 11月1日,中央手工业管理局要求各省、市手工业管理局、手工业生产合作社联合社,对手工业重点行业调查要抓紧领导,按期完成工作任务。③ 调查工作伴随着社会主义改造的快速进展,手工业社会主义改造到1956年上半年基本完成。1956年8月下旬,中央手工业管理局、全国手工业合作总社筹委会党组召开全国手工业改造工作汇报会议,同年11月18日,中共中央批转了这次会议的报告,这也标志着第一次手工业调查工作的结束。

二 手工业普查的内容和方法

按照国家统计局的调查方案,④ 1954年手工业普查的范围,是全国城乡个体手工业和私营10人以下工业企业,⑤ 不包括已经实现合作化的手工业合作社(小组)。其概念规定如下:

（一）手工业

（1）个体手工业。具体包括:独立小商品生产者;为消费者和其他商业机构进行加工的手工业者(包括流动手工业者);手工业者中的老弱或丧失劳动能力者,虽然自己不参加主要劳动,如雇佣工人不超过3人,也视为个体劳动者。（2）个体手工业者的合伙组织。

---

① 指1954年4月开始的私营10人以上工业企业调查和7月开始的手工业调查。
② 中共北京市委党史研究室、北京市档案馆:《北京市手工业社会主义改造资料》,第277页。
③ 中共北京市委党史研究室、北京市档案馆:《北京市手工业社会主义改造资料》,第529页。
④ 笔者没有找到国家统计局的调查方案原文,只找到山西省的《一九五四年个体手工业调查方案》(见《山西政报》1954年第21期),该方案基本上是按照国家统计局的方案制定的。本文参考了该方案。
⑤ 按照当时的理论定义,雇佣3人以上即视为资本主义性质(王思华:《关于手工业调查中的几个问题》,1954年12月,中华全国手工业合作总社、中共中央党史研究室编:《中国手工业合作化和城镇集体工业的发展》第1卷,第197页)。但按照对私改造部署,私营10人以下工业企业(含工场手工业)纳入手工业社会主义改造,私营10人以上工业企业(含工场手工业)纳入资本主义工商业的社会主义改造。

（3）农民兼营商品性手工业。调查内容包括：按主要行业进行分类的基本情况（户数、从业人数、产值）；主要产品产量。

（二）私营10人以下（不包括10人）工业企业

指全部职工在4—9人的工业企业，不论是否使用机械动力设备，包括现代工业和工场手工业。全部职工不包括资方人员。企业认定以1954年上半年私营10人以上工业企业调查时的划分为准。调查内容包括企业单位数，全部职工及其中工人数、在职资本家及资本家代理人数，1954年总产值及其中接受国家及合作社加工、订货、统购、包销、专卖、收购等数字，1954年93种主要产品的产量、销量。

调查的内容按照国家统计局制发的统一表式填报各项指标，调查报告中还要附以详细的文字说明。此外，各地还结合本地实际，制发相应的表格。调查的时间点、户数和人数均以1954年10月底为准，全年性指标如产值产量等，以1—10月实际加11—12月预计数为全年数。

由于个体手工业和10人以下小规模工业企业包括的范围和内容复杂，因此，特别要求在调查中要分清几个概念的区别。

（1）个体手工业与工场手工业的划分标准。个体手工业系指业主或其家庭成员参加主要劳动，不雇佣工人和学徒，或虽雇佣但不超过3人的小商品生产者。雇佣工人与学徒超过3人者，一般视为资本主义性质的工场手工业。

（2）个体手工业合伙组织与资本主义联营企业的划分标准。个体手工业合伙组织系指由独立劳动者联合进行生产，生产资料归劳动者自有或集体所有，共同劳动，相互之间不存在雇佣关系，或只雇佣自己劳动的助手和学徒。这种合伙具有合作性质，但当时尚未纳入合作社系统的领导，故列入此次个体手工业调查范围。资本主义联营企业则是指几个资本家联合组织的资本主义企业，企业内存在劳资关系。

（3）自产自销、前店后厂式的生产，其工业（或手工业）户与商业户的划分。国家统计局规定，凡自产自销，或自产自销外兼营一部分非自产产品的，属于工业（或手工业）户；以贩卖别人商品为主，附带自产一部分产品，或附带进行包装、挑选、安装、修理的，均划归商业户。但在实际调查中，工商业户的划分还要与当地税务部门协商，以便从工商行政管理和社会主义改造的原则出发来确定。

（4）农村个体手工业与农民兼营商品性手工业的划分。农民家庭用自产原料或外购原料，专门为了出卖而进行的手工业生产，其家庭成员中，专门从事手工业生产，或主要依靠手工业生产维持生活的，属于个体手工业者；但主要依靠农业生产，农闲时从事商品性手工业生产的成员，仍属于农民，其生产属于农民兼营商品性手工业。

（5）区分农家副业、农民家庭自给性手工业与商品性手工业。[1]

不过，中国地域广阔，手工业本身情况复杂，这些概念划分只是原则性的，在现实调查中如何归类，如何计算，很难按照要求准确把握，这就给具体调查留下了很大的自主空间，形成各地调查口径及调查结果的巨大差异。这也可以说是实际调查中产生种种问题的客观原因。

个体手工业的情况是人数众多，流动性大，规模小，行业繁杂、分散，产品零碎。调查的组织与方法，一般在省级由省统计局统一指导，市县级成立调查办公室，组织调查工作组，抽调专门调查人员，并对调查人员进行先期培训。同时，根据城市与农村的不同特点，采取不同方法。在城市，居民居住区及手工业者工作场所较为集中，一般按照行政区、街道，依靠工商联、同业公会、街道办事处、手工业生产组长、街道积极分子来进行。调查方法主要有：入户调查；按区划片或按行业召开手工业者调查会，在会上发表填报登记；召集政府部门、手工业公会等相关知情人员，召开手工业调查座谈会，搜集资料；由调查组设立填表站，组织手工业者到指定

---

[1] 国家统计局工业统计司：《我国过渡时期私营工业调查统计》，第8—12页；国家统计局：《中华人民共和国统计大事记1949—2009》，第31页；《山西省一九五四年个体手工业调查方案》，《山西政报》1954年第21期。

地点填表。在农村，地域宽广，个体手工业行业分布和从业人员居住分散，又有农户兼营的商品性手工业，因此，手工业调查的领导主要依靠乡村基层组织即乡政府，上级派有调查工作组驻乡，调查工作由乡村基层干部和具有一定文化水平的乡村积极分子具体执行。调查工作采取按区、乡、村进行，对手工业集中的重点乡派驻干部，其他乡派干部巡回检查、督促。调查方法包括：召开熟悉情况的乡村干部调查座谈会，搜集手工业资料，包括户数、从业人员数等；召开手工业者调查会进行登记，或上门入户登记；对不易掌握的情况，采取典型调查、摸底推算的方法。① 特别是最后一种，在农村采用得比较多。

以上是普查方法。对于重点行业调查，一般是采取选点摸底、据点推算的方法。即选择有代表性的典型户，进行详细调查，同时利用现有资料进行核对，据此推算整个行业的情况。

三 对普查结果的简单分析

1954 年的全国手工业普查（调查），是在中央政府及各地各级党委、财委、农委的领导下，广泛动员，严格要求，集中人力，限期完成的。相比于此前的历次手工业调查，这次调查地域覆盖面最广，动员人力最多。参加调查工作的人员，除各级当地人员外，还组织了大批城市干部参加调查。② 杭州市成立了由 18 名干部组成的调查办公室，同业公会组织 60 多名专职干部，并发动会计数百人，共同组成调查队伍。③ 上海、天津、河南等 9 个省市，参加调查工作

---

① 国家统计局工业统计司：《我国过渡时期私营工业调查统计》，第 90—95 页；《开封市手工业调查试点工作总结摘要》，《浙江省是怎样组织手工业调查的》，均见《统计工作通讯》1954 年第 5 期。

② 中国科学院经济研究所也是这次调查的参与单位之一，派出了相关人员参加调查（见《中国社会科学院经济研究所编年史》，内部资料），并承担了全部资料的最后汇总和调查报告的编撰工作。

③ 《浙江省是怎样组织手工业调查的》，《统计工作通讯》1954 年第 5 期。

的有 2727 人。① 全国各地参加手工业调查的干部有 16000 多人。②

这次手工业普查（调查）的资料成果（包括整理既往调查资料）主要有：

（1）中国科学院经济研究所编：《手工业资料汇编 1950—1953》。

（2）中国科学院经济研究所手工业组编：《1954 年全国个体手工业调查资料》。

（3）一些单位上报的调查报告（油印本），收藏于中央档案馆（包括中央手工业管理局、国家统计局的档案，以及一些行业管理部门的档案，如五金业、棉纺织业、盐业等调查资料）；中国科学院经济研究所（现中国社会科学院经济研究所）也收存一些资料（油印本）。

从各地调查资料来看，调查成果总体上应该得到肯定。首先，大体了解了全国城乡手工业地区分布、行业种类、供产销基本情况。其次，由于相对农村来说，城市手工业较为集中，调查人员素质相对较高，故城市手工业的行业类型、户数、从业人员数据相对较为接近实际。最后，个体生产通常是自产自销，随做随卖，没有产销记录，故产值数据一般是采取按户估算或按典型户推算的方法，城乡皆如此。城、乡比较，前者的数据应该更为接近实际。

但是，这次调查的结果，也并不尽如人意，存在诸多问题。这些问题直接影响了手工业调查的质量。

第一，尽管在调查工作开始之时，即通过文件、会议和培训等方式，在各场合对调查范围及其概念内涵、指标等详加解释，但各地在具体掌握上仍然五花八门。国家统计局副局长王思华在谈到手工业调查中的几个问题时说：几年来各地组织了很大力量，进行过多次手工业调查，取得了不少资料。但由于调查的范围、方法和划分的标准极不一致，因而在全国范围内不能取得一个较完整、统一

---

① 赵艺文：《把私营工业统计工作继续提高一步》，《统计工作通讯》1955 年第 1 期。
② 邓洁：《1954 年手工业社会主义改造工作的总结和 1955 年的任务》，见中华全国手工业合作总社、中共中央党史研究室《中国手工业合作化和城镇集体工业的发展》第 1 卷，第 203 页。

的资料。由于调查口径不一致,所取得的资料在一个地区内不能全面汇总,在时间上也不便于前后比较。① 这是他在 1954 年 12 月的讲话,正是手工业普查的收尾阶段。尽管讲话是以普查之前的情况为例,但这些问题在 1954 年的普查(调查)中依然存在。部分地区的数据不理想,不能用。一个例证就是,在 1957 年出版的由中国科学院经济研究所汇总的《1954 年全国个体手工业调查资料》中,山东、江苏、湖北、湖南、广东、广西、热河等手工业大省,只有几个省会城市的资料,竟然缺少省级总报告。② 由此,这次普查没有形

---

① 有关情况在不同场合多次被提到。1954 年 12 月,王思华在《关于手工业调查中的几个问题》的讲话中具体指出:"最近国家统计局和科学院把过去调查的材料整理成了一份《手工业资料汇编 1950—1953》,在这份资料中,就连手工业的户数、人数等简单指标在全国来讲尚拿不出一个全面、确切、科学的数字。其原因主要是由于过去调查口径不一致,如在这份资料中提到关于手工业产值在工农业产值中所占的比重:一九五二年四川占百分之二十点八二,浙江占百分之十八,福建占百分之十三点二五,安徽占百分之九点四四。从以上数字看相差悬殊,四川省的手工业可能比安徽省多,但不致相差这样大。这些数字可能是口径不一致,因此便难以作为全国编制计划决定政策的科学依据。"《人民日报》社论《积极领导手工业者走合作化道路》一文中曾指出:'目前我国从事手工业生产的达二千四百五十多万人',但又有人说:全国约有手工业者一千万人。这两个数字究竟哪个对呢?我认为这些资料都是来自下面,都有一定的根据,只是因为调查的口径不同,故有不同的数字。如果把农民兼营的手工业包括在内,那么全国就有二千多万人,如果只算独立的手工业者和手工业工人,全国在一九五二年便只有一千万人左右。"《人民日报》同一社论中又指出:'全国每年手工业生产总值约在百万亿以上'。我们知道一九五二年全国工场手工业产值约五十五万亿元,个体手工业产值约五十三万亿元,农村副业的手工业产值约六十八万亿元。所谓手工业生产总产值约在百万亿元以上,是指前两种的产值呢,或者是指后两种呢?是不明确的。"(中华全国手工业合作总社、中共中央党史研究室编:《中国手工业合作化和城镇集体工业的发展》第 1 卷,第 190—191 页。)时任国家统计局私营企业处处长的赵艺文指出:"过去各地都进行了不少次的手工业调查,但这些调查所包括的范围很少是一致的:有的把资本主义的工场手工业列入手工业;有的只把小商品生产的个体手工业列为手工业;有的把全部农村手工业均划入手工业;有的又把依附于农村自然经济的手工业当作农家副业,而将商品生产的农村手工业列入手工业;甚至有些把理发、洗衣、澡堂等服务业和卖馒头、炸油条等饮食业也当作手工业;有些将手工业者为消费者加工的产值全部计算,有的则只计算其中一部分。像这样界限不清、范围不一所调查出的资料,如果不重新加以整理,就不能统一,不能真实地说明问题,结果不仅使人们对手工业的认识十分混乱,而且会造成各种错误的印象。"(赵艺文:《组织全国手工业调查逐步地进行社会主义改造》,《统计工作通讯》1954 年第 5 期。)

② 据编者说明,资料来源为中央手工业管理局和国家统计局,也就是说,提供者本身没有这些省份的省级报告(中国科学院经济研究所手工业组编:《1954 年全国个体手工业调查资料》"编者说明",生活·读书·新知三联书店 1957 年版,第 1—2 页)。

成一个全面的全国总报告。即使统计表格中有全国性数字，也是有缺失的、不完整的。

第二，也不能苛责各地在具体操作中存在的问题。如上所述，尽管对调查范围和指标做了一些原则性规定，但面对实际调查中的复杂情况，确实很难准确把握。加之当时统计机构刚刚建立，各地基层干部和农村干部的专业水平不高，所以，对一些调查统计数据的准确性，尤其需要谨慎分析。

例如，关于个体手工业与农民兼营商品性手工业的划分。中国传统的农民家庭经济历来是农业与手工业相结合的，其家庭生产既有成员间的自然分工，也有相互协作配合。如何划分出是家庭内的个体手工业成员，还是家庭兼营手工业的成员？即使能划分出来，又如何划分家庭手工业产值中，哪些是个体手工业产值，哪些是家庭兼营手工业产值？在没有收入统计的情况下，如何区分哪些是作为农家副业，哪些是商品性手工业？这些情况都反映在后来的统计报告（报表）中。所以，从调查统计中可以看到，有的地方虽有农户兼营商品性手工业的产值数字，但其户数和从业人员数栏中是空白的；有的省份则没有提到农户兼营商品性手工业。[1]

由此，引出关于农村家庭兼营商品性手工业的从业人数问题。多处资料提到，当时农户兼营商品性手工业的人数为1000余万人。[2]

---

[1] 在《1954年全国个体手工业调查资料》中，有省级（不含直辖市）数据的共20个省。其中农户兼营商品性手工业，只有产值数字的有辽宁、黑龙江、安徽、福建、河南、江西、广东、四川、内蒙古、热河、甘肃、青海、新疆没有相关数据，即没有户数和从业人员数的共计13个省。

[2] "1952年，……农民兼营手工业生产人员有1200多万人。""据1954年秋季普查结果……农民兼营商品性的手工业，全国从业人员估计约一千万人上下。"（白如冰：《关于1955年上半年手工业社会主义改造工作情况和下半年工作安排的报告》，1955年7月8日）"据1954年统计，……农民兼营商品性手工业生产的从业人员1000余万人。"（白如冰：《关于手工业社会主义改造初步规划的报告》，1955年12月21日）"据1954年统计，……全国尚有1000多万个农民兼营商品性的手工业者（不包括农副业）……"（邓洁：《关于农村手工业改造工作中的若干问题和意见》，1956年4月9日），分别参见中华全国手工业合作总社、中共中央党史研究室编《中国手工业合作化和城镇集体工业的发展》第1卷，第1、313、328、414页。

但正如上述 1954 年的普查，多数地区的调查报告中并没有农户兼营商品性手工业的户数和从业人员数。有的报告则只是笼统地提到，农户兼营商品性手工业规模小而分散，故产值低而总户数和从业人员多。加之，这次调查并没有全国汇总数。故有理由怀疑"1000 余万人"这个数字的统计依据和可靠性。据 1953 年全国人口普查和 1954 年农民家庭收支调查的情况，[①] 估计当时全国农户总数在 1 亿户左右，据此，即使一户统计一人兼事手工业，则"1000 余万人"只占农户总数的 10%，从历史上农村经济的情况来看，这个比例恐怕是偏离实际的。国家统计局在总结 1954 年的调查工作时指出，农村干部水平太低，没有经验，农村统计组织机构不健全，以致还难以取得正确的统计数据。在 1955 年 1 月国家统计局和中央手工业管理局关于总结全国手工业调查工作的通知中，关于资料的可靠程度，特别指出要很好地总结农村的调查方法。[②] 直到在 1956 年的统计表中，仍是只有农民兼营商品性手工业的产值数据，而没有户数和从业人数。[③] 在社会主义改造中，这部分人被纳入农业社会主义改造，大部分被组织到农业合作社（只有少数专业的农村个体手工业者被组织成为隶属于农业社的手工业合作社〔小组〕），因而"农民兼营商品性手工业"的数字就更无从统计了。

又如，关于手工业总产值，由于统计口径问题，在不同的统计资料中，在工农业总产值一样的情况下，手工业总产值相差悬殊。故同样是计算手工业总产值占工农业总产值比重，所得结果也相差

---

① 1953 年全国人口普查，农村人口约为 5.05 亿（见《中华人民共和国国家统计局关于全国人口调查登记结果的公报》，《人民日报》1954 年 11 月 1 日）。1954 年全国农家收支调查，农村户均人口 4.8 人（见《1954 年农家收支调查简要资料》，《统计工作》1957 年第 10 期）。

② 贾启允：《1954 年统计工作情况和对 1955 年统计工作的意见》，《统计工作通讯》1955 年第 3 期；《国家统计局与中央手工业管理局发出关于总结全国手工业调查工作的联合通知》，《统计工作通讯》1955 年第 1 期。

③ 中华全国手工业合作总社、中共中央党史研究室编：《中国手工业合作化和城镇集体工业的发展》第 1 卷，第 716 页。该书统计表原据国家统计局，下同。

悬殊，且没有任何解释。① 在现有的各种统计资料中，对手工业户数、从业人数、产值的统计，更是五花八门，一个资料一个样，完全对不上。②

除了统计数据本身的问题，现实调查中的反调查，也会影响手工业产值调查的准确性。由于业主对普（调）查的顾虑较大，不排除在登记填报过程中的虚假申报。如浙江杭州市一饴糖业户，自报资产10万元（旧币），而同业公会所掌握的资料为1100万元（旧币）。某缝纫店自报营业额仅为同业公会掌握数字的1/10。③

第三，概念体系设计以及对私改造实施中的计划管理所带来的问题。这次手工业调查的目的是为社会主义改造提供安排依据，概念体系分类带有时代局限性。如调查范围的设计，按照生产组织形式划分为工场手工业（其中又分为雇工10人以上的私营工业、雇工10人以下的小型企业）、个体手工业、农民家庭手工业；按照经济性质（产权结构）划分为合作社、合作小组、资本主义企业、小型私营企业、合伙企业、个体生产等。根据这种分类，按照经济性质安排部门归口分工管理。④ 对产供销的调查，是以部门分工、计划管理为基础，从行业发展取舍、原材料分配等方面着眼，来设计调查

---

① 以1954年为例，在《1954年全国个体手工业调查资料》（第252页表2）中，该年工农业总产值为1035.41亿元，手工业（包括工场手工业和个体手工业）产值为179.89亿元，手工业产值占工农业总产值比重为17.4％。在《中国手工业合作化和城镇集体工业的发展》（第1卷，第709页表5）中，工农业总产值相同，但手工业（包括手工业合作组织、个体手工业、农民兼营商品性手工业）总产值为105.03亿元，手工业产值占工农业总产值比重为10.14％，因为其中没有包含工场手工业的数字，但在统计资料中并没有加以说明。

② 实际上，有时领导者讲话中引用的数字也是自相矛盾或相互矛盾的。因篇幅所限，本文不详述。可参阅时任中央手工业管理局局长白如冰、中央手工业管理局副局长邓洁、国家统计局副局长王思华的讲话。中华全国手工业合作总社、中共中央党史研究室编：《中国手工业合作化和城镇集体工业的发展》第1卷。

③ 《浙江省是怎样组织手工业调查的》，《统计工作通讯》1954年第5期。

④ 手工业改造过程中归口管理混乱，有的归手工业部门（雇佣3人以下的城镇个体手工业），有的归工业部门（雇佣4人以上的私营企业），有的归商业部门（前店后厂中的前店），有的归城市服务部（修理业、服务业），有的归农业部门（农业社兼营手工业，农村个体手工业，农民家庭兼营商品性手工业，家庭副业手工业）。中华全国手工业合作总社、中共中央党史研究室编：《中国手工业合作化和城镇集体工业的发展》第1卷，第396、448、467页。

指标。依照这种分类方法取得的调查数据不能完全适合经济学的范畴体系和研究需要。如，没有手工业和现代工业之间关系的全产业链的调查统计，[1] 这个情况还不如民国时期的调查。[2] 又如，由于部门分工管理，手工业供产销调查完全取决于各部门出于社会主义改造的考虑，在手工业行业之间、行业内部，反而人为地割断了生产链条，统计上各自为政，分头上报，没有手工业生产本身的自然链条的完整调查统计。[3]

就手工业来说，还存在统计数据的交叉现象。如，在《1954年全国个体手工业调查资料》的附表中：（1）表1中全部工业总产值的统计分类为：国营工业、合作社工业、公私合营工业、私营工业、个体手工业。但是，按照当时的统计规则，其中合作社工业产值中包含了供销、消费合作社的加工工厂和手工业生产合作社，私营工业产值中包含了10人以上工场手工业的产值，这些本应列入手工业产值，所以，如果依据此表观察全部手工业产值，就不能仅看最后一项，从而低估了手工业的地位。（2）表2中的工农业总产值统计分类为：工业（其中包括现代工业、工场手工业）、手工业、农业及其副业。根据前述，实际有相当一部分农村手工业产值被计入农民家庭副业（副业产值按规定计入农业产值）。[4] 所以，在统计手工业产值时，应从工业产值中析分出工场手工业产值，并尽可能找到农村副业产值的分类统计数据，从中析分出农村手工业产值，否则也会低估了手工业的地位。薛暮桥在一次讲话中提到：统计工作中还

---

[1] 中国经济发展的实践证明，现代工业的发展与手工业有着不可分割的联系。直至改革开放后，无锡等地乡镇工业的起步，仍离不开家庭手工业（包括使用小机械生产）的合作，后者是生产链条中的一个重要环节。

[2] 典型代表作如严中平的《中国棉纺织史稿》。

[3] "过去从改造分工考虑较多，对社会经济生活的整体性考虑不足，因而把一些行业人为地割裂开来了。""（社会主义改造）高潮中，由于不能不划分改造范围，……以致把工商业原来的整体性人为地割裂开来了。"中华全国手工业合作总社、中共中央党史研究室：《中国手工业合作化和城镇集体工业的发展》第1卷，第447、467页。

[4] 如河南、北京、天津、西安等，见《1954年全国个体手工业调查资料》"编者说明"，第1页。

有一些薄弱环节，对私营小型工业和个体手工业的数字还很不确实，对私营经济特别是个体经济的统计带有很大的估算成分，分类也不够明确，以致历年统计数字变化很大，最近发现个体手工业中有 6 亿元以上的产值误划入私营小型工业。①

总之，由于手工业生产分散、规模小、行业和产品种类多等特点，情况复杂，手工业的统计数据取得不易。在新中国成立初期的经济调查中，手工业调查（包括各地方和中央）的次数最多，但取得的数据也问题最大，以上仅为举例。近年关于新中国手工业问题的研究又受关注，而对其统计数据的质量关注不够。本文旨在提示，有关手工业的各种统计都只是提供了一个框架，在利用具体数据时，需警惕大而化之地运用资料，要谨慎鉴别，注意其概念内涵，与其他来源的数据相互参照，注意对相关数据进行比较和分析，以期做出相对准确、符合实际的判断。

（原载《中国经济史研究》2019 年第 6 期）

---

① 薛暮桥：《大力提高统计资料的质量》（1955 年 2 月），《薛暮桥文集》第 4 卷，中国金融出版社 2011 年版，第 112 页。

编选者手记

本文集编选的文章分为清代经济史和新中国经济史两部分。作者于1983年考入经济所中国经济史专业读研，师从方行先生。毕业后留所工作，先是在中国经济史研究室，以后又转入中国现代经济史研究室从事科研。这些年里，作者先后受教于两个研究室的各位老师、同人。作者关于清代经济史方面的文章，多数都经过方行先生的审读和点拨。如果读者认为作者的文字还有可取之处，则是得益于经济所的学术环境，以及各位老师、同人的指教。如有什么问题，完全由作者本人负责。

几点说明：（1）文章中的一些提法，是当时学术语境下的概念，如"封建""建国初期"，今天看来或许会有争议，但如改写，也不符合历史，考虑到并不影响文章的基本观点，编选时未作修订。（2）这次编选对文章中的一些史料和引文进行了核对和订正，文字做了少量修订，个别题目有改动。（3）作者早期的文章标注不很规范，文献信息不完整，在这次编选过程中，尽可能查补了注释缺项。但由于时间较久，有的实在难以查找，有的本所独有的资料由于经济所搬家图书打包也来不及查核了，只能留下缺憾，在此致歉。

徐建青

2019年12月5日

《经济所人文库》第二辑总目(25种)

（按作者出生年月排序）

《汤象龙集》　　《李伯重集》
《张培刚集》　　《陈其广集》
《彭泽益集》　　《朱荫贵集》
《方　行集》　　《徐建青集》
《朱家桢集》　　《陈争平集》
《唐宗焜集》　　《左大培集》
《李成勋集》　　《刘小玄集》
《刘克祥集》　　《王　诚集》
《张曙光集》　　《魏明孔集》
《江太新集》　　《叶　坦集》
《李根蟠集》　　《胡家勇集》
《林　刚集》　　《杨春学集》
《史志宏集》